W0247441

BLUTSGRENZEN

VAMIK VOLKAN

BLUTS-GRENZEN

Die historischen Wurzeln
und die psychologischen
Mechanismen ethnischer Konflikte
und ihre Bedeutung
bei Friedensverhandlungen

Übersetzt aus dem Englischen
von Klaus Kochmann

Lektorat: Redaktion Zeiten / Petra Frese

SCHERZ

gelöscht

STADTBIBLIOTHEK
ULM

2567-99

Die Originalausgabe erschien unter dem Titel
«Blood Lines» bei Farrar, Straus and Giroux, New York

1. Auflage 1999
Copyright © 1997 by Vamik Volkan
Alle deutschsprachigen Rechte beim Scherz Verlag, Bern, München, Wien.
Alle Rechte der Verbreitung, auch durch Funk, Fernsehen, fotomechanische Wiedergabe,
Tonträger jeder Art und auszugsweisen Nachdruck, sind vorbehalten.

INHALT

▐▐▐

Tödliche Unterscheidungen: Der Aufstieg der ethnischen Gewalttätigkeit

Die Berliner Mauer ist nicht eingestürzt. Sie wurde seit dem 9. November 1989 unter Jubel Stück um Stück, Stein um Stein niedergerissen. Teile der Mauer wurden von jenen, die sie niederrissen, als Souvenir mitgenommen – einige Stücke davon tauchten in Läden im Westen als Andenken an einen kalten Krieg auf, der allem Anschein nach vorüber war. Anderer Steinschutt wurde möglicherweise von jenen zu Staub zertrampelt, die dieses Symbol der Spaltung ausgelassen niederrissen oder auch später von Leuten, die dort einfach Tag um Tag entlanggingen und überhaupt nicht mehr darüber nachdachten.

Die Berliner Mauer war nicht nur eine physische Barriere, sondern auch ein konkretes Symbol einer psychologischen Grenze zwischen den westlichen Demokratien und der von den Sowjets beherrschten kommunistischen Welt. Und genau wie die Mauer nicht einfach nur ein einziges glattes Gebilde aus Beton war, sondern aus vielen Ziegeln und Steinen bestand, war die Welt, die sie verkörperte, in Wirklichkeit ein Amalgam aus vielen Bestandteilen. Sie umfaßte eine beträchtliche Anzahl von einzelnen Nationen und ethnischen Gruppen mit ihren jeweils eigenen Geschichten und Erbschaften.

Wie auch immer es mit dem Zement der kommunistischen Ideologie und der bürokratischen Macht beschaffen war, der die einzelnen ethnischen Gruppen den größten Teil des 20. Jahrhunderts über zusammengehalten hatte, diese verschiedenen und ausgeprägten Nationen blieben intakt. Die Sowjetunion war schließlich nicht das erste Reich, das sich viele Volksgruppen einverleibte und später unterging. Auch in früheren Zeiten großen Wandels und des Zerfalls von Imperien gewannen ethnische Gruppierungen angesichts der wieder errungenen Freiheit ihre Selbstbestimmung zurück. Oftmals waren derlei Veränderungen von viel Blutvergießen begleitet.

Die Auflösung der Sowjetunion war ein schrittweise vor sich gehender Prozeß. Es begann mit Perestroika und Glasnost, die Anzeichen für ein Dahinschwinden des Kommunismus als legitimer Regierungsmacht in Osteuropa wuchsen. Ein neues Gefühl des Lebens in einer friedlichen Welt machte sich bemerkbar; das «Reich des Bösen» ging, so schien es, unter, als der kalte Krieg Geschichte wurde.

Im April 1990 erschien in dem sowjetischen politischen Satiremagazin *Krokodil* eine Zeichnung, wie sie die Sowjetgeschichte bislang nicht gesehen hatte. Sie zeigte einen Mann, der seinen Hutrand tief ins Gesicht gezogen hatte und einen Mantel mit hochgeschlagenem Kragen trug, um sein Gesicht zu verbergen. Ganz vorsichtig versuchte er mitten in der Nacht die Parole «Lang lebe die Kommunistische Partei» auf eine Mauer zu schreiben. Noch wenige Jahre zuvor bekamen die Leser des *Krokodil* stets nur Zeichnungen mit amerikanischen Adlern, die im Begriff waren, hilflose Menschen zu verschlingen, zu sehen – das war kommunistische Propaganda, die sich als Humor ausgab.

Es gab andere Zeichen des Wandels. Die Künstler auf der Arbatstraße in Moskau stellten nicht länger nur Gemälde mit wohlbekannten Landschaften und Gebäuden aus, sondern auch solche Bilder, die politische Botschaften enthielten. Eines von ihnen zeigte beispielsweise den Staatspräsidenten Michail Gorbatschow bei dem Versuch, ein ruiniertes Sowjetschiff ins Dock zu bringen. Auf einer anderen Darstellung sah man eine über-fließende Toilettenschüssel, die mit einer Sowjetflagge als Segel ziellos im Meer umhertrieb. Ein großes Ölgemälde über die Stalinzeit zeigte angekettete Menschen und Berge von Schädeln unter dem Schatten des Diktators. Dichter deklamierten Verse über die Freiheit, und an den Straßenecken wurden politische Reden gehalten. Solche Vorkommnisse ließen die Arbatstraße wie eine Art Hydepark erscheinen, wo sich die Freiheit der Rede an den «speakers» zeigt, die ihre Überzeugungen einem jeden verkünden, der ihnen zuhören will.

Neben diesen greifbaren, positiven Ergebnissen von Glasnost und Perestroika waren im Moskau von 1990 auch negative und problematische Aspekte des sozialen Wandels zu beobachten. Es gab deutliche Zeichen des ökonomischen Zusammenbruchs, und flüsternd sprach man von der *Smuta* oder Smutnoje Wremja. Damit bezog man sich auf die Phase zwischen 1584 und 1613, als in Rußland aufgrund eines Machtvakuums Chaos und Gewalt herrschten.[1] Man sorgte sich um die Rolle des Militärs und die Zukunft des Sowjetreiches. Am furchterregendsten war die Kontroverse über die Unabhängigkeit verschiedener Sowjetre-publiken und die damit verbundenen ethnonationalistischen Ge-fühle, die sich in überraschenden Zusammenhängen äußerten.

So sammelten die Sowjets beispielsweise nach dem gewalti-gen Erdbeben in Sowjetarmenien im Jahr 1988 Blutspenden für die armenischen Opfer. Auch wurde unter den Nachbarn Ar-meniens, den Aserbeidschanern, Blut gespendet, doch weiger-ten sich die Armenier, diese Gabe zu akzeptieren, und dies selbst noch, als sich die Zahl der Opfer auf mehr als 25 000 erhöhte. Die uralte Feindschaft zwischen Armeniern und Aserbeidscha-nern war wie andere Spannungen in Transkaukasien während der Sowjetära weitgehend unterdrückt worden. Mit Perestroika und Glasnost brachen zwischen Armeniern und Aserbeidscha-nern Kämpfe aus. Es ging um die autonome Region von Na-gorny Karabach, ein umstrittenes Territorium von ca. 4400 Quadratkilometern innerhalb Aserbeidschans, dessen Bevölke-rung von 188 000 Menschen zu 88 Prozent armenisch war.[2] Zum

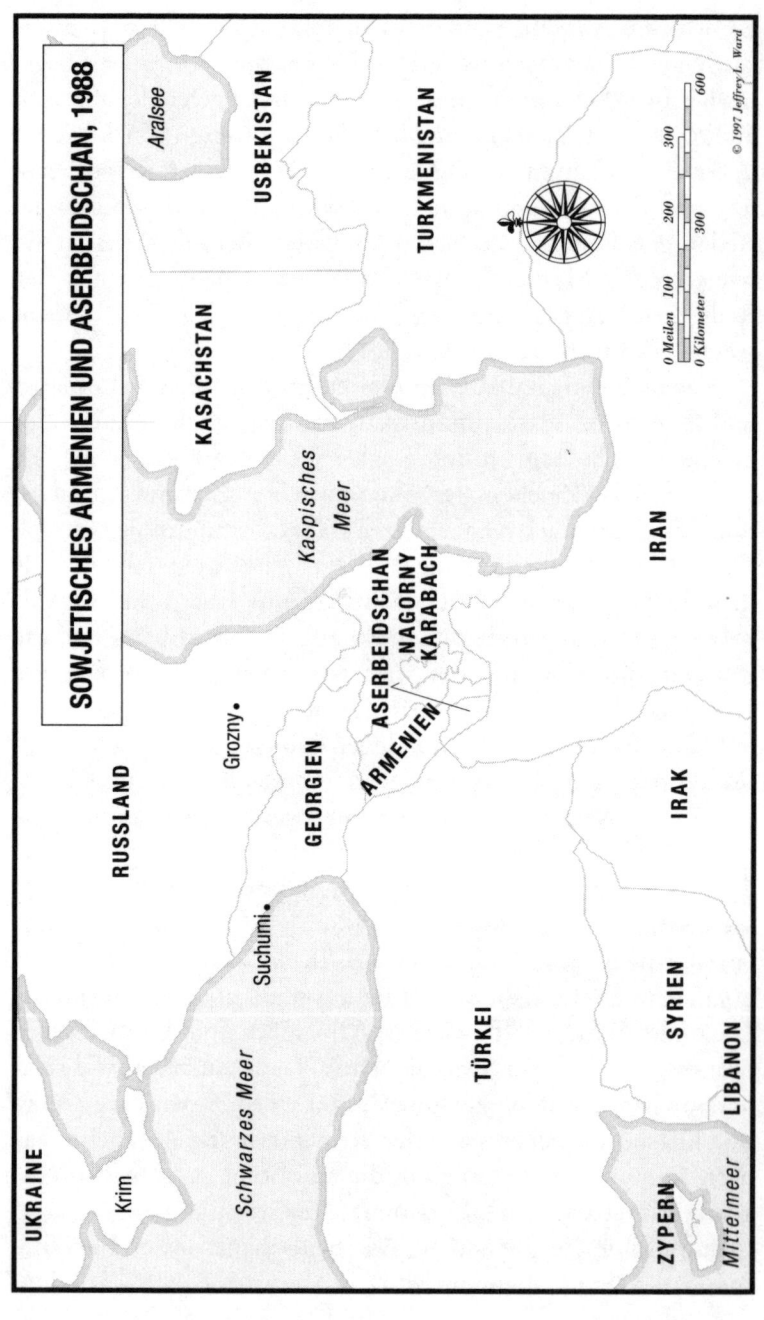

SOWJETISCHES ARMENIEN UND ASERBEIDSCHAN, 1988

UKRAINE

Krim

Schwarzes Meer

RUSSLAND

Grozny

Suchumi

GEORGIEN

TÜRKEI

ARMENIEN

ASERBEIDSCHAN

NAGORNY KARABACH

KASACHSTAN

Kaspisches Meer

Aralsee

USBEKISTAN

TURKMENISTAN

IRAN

IRAK

SYRIEN

LIBANON

ZYPERN

Mittelmeer

0 Meilen 100 200 300
0 Kilometer 300 600

© 1997 Jeffrey L. Ward

Zeitpunkt des Erdbebens waren die Spannungen so groß, daß die Armenier es vorzogen, körperlich zu leiden oder sogar zu sterben, statt aserbeidschanisches Blut in ihren Adern zuzulassen. Die Infusion von aserbeidschanischem Blut galt als symbolische Vergiftung der armenischen Identität.

Die Sowjets begriffen nicht, warum die brüderliche Liebe unter dem Kommunismus nicht ausreichte, Armenier und Aserbeidschaner zusammenzuhalten. Warum war der Sowjetmensch niemals Wirklichkeit geworden? Warum waren die ethnischen Gruppen trotz der Russifizierung durch das Sowjetsystem so unterschiedlich und separiert geblieben, daß es als undenkbar galt, Blut miteinander zu teilen? Für was stand dieses Blut? Gab es eine psychologische Erklärung dafür, warum sich die Armenier weigerten, lebensrettendes Blut anzunehmen? Und wenn dies der Fall war, spielten dann auch psychologische Streitpunkte innerhalb der ethnischen Konflikte eine Rolle?

Um Antworten auf derlei Fragen zu finden, wandte sich die Moskauer Führung daher an Psychologen. Doch hatte man den Sowjetpsychologen jahrzehntelang praktisch vorgeschrieben, was sie zu untersuchen hatten, und ihr Denken beschränkte sich so auf bestimmte Gebiete. Die neuen Fragen nun fielen nicht in das Wissensgebiet ihrer zentral vorgeschriebenen Ausbildung, so daß es für sie nicht einfach war, die «Blutlinien» der Ethnizität zu analysieren, die die Armenier dazu veranlaßten, aserbeidschanisches Blut abzulehnen.

Inzwischen hatte das Center for the Study of Mind and Human Interaction (CSMHI – Zentrum für die Untersuchung der Psyche und der menschlichen Interaktion) der Universität von Virginia im Jahre 1989 einen Vertrag mit der Sowjetregierung unterzeichnet. Diese interdisziplinäre «Denkfabrik» habe ich 1987 gegründet und seitdem auch geleitet. Auf der Grundlage dieses Vertrages arbeiteten wir mit sowjetischen Psychologen und Politologen zusammen, um Grundfragen der sowjetisch-amerikanischen Beziehungen, auch unter dem Einfluß von Glasnost und Perestroika, zu untersuchen.

Das wissenschaftliche Personal des CSMHI umfaßt Psychoanalytiker, frühere Diplomaten, Historiker und andere Sozialwissenschaftler. Als eine Gruppe von uns im April 1990 Moskau besuchte, stellte sich heraus, daß sich die Sowjets sehr intensiv mit ethnischen Fragen auseinandersetzten, so etwa mit dem Konflikt zwischen Armeniern und Aserbeidschanern. Ein sowjetischer Historiker faßte die Lage so zusammen: Wenn es den Sowjets nicht schnell gelinge, das Gewaltpotential psychologischer Kräfte zu beherrschen, die hinter den ethnischen und nationalistischen Bewegungen steckten, dann könne die mächtige Sowjetunion so leicht wie ein Keks zerbröseln.

Diese Äußerung sollte sich als prophetisch erweisen. Als das CSMHI genau ein Jahr später erneut Moskau besuchte, waren die Risse in der Struktur der UDSSR nicht mehr zu übersehen. Die baltischen Republiken hatten ihre Unabhängigkeit erklärt, und der Konflikt zwischen Armeniern und Aserbeidschanern war an einem Punkt angelangt, an dem der Notstand verkündet wurde. Im Januar 1990 wurden 17 000 Sowjetsoldaten nach Nagorny Karabach und an die Grenze zwischen Armenien und Aserbeidschan verlegt. Auch anderswo in der Sowjetunion traten ethnische Probleme an die Oberfläche, so in der Republik Moldawien.

Moldawien setzt sich bei einer Bevölkerung von 4,5 Millionen Menschen aus verschiedenen ethnischen Gruppen zusammen. 65 Prozent sind Moldawier, 14 Prozent Ukrainer und 13 Prozent Russen. Darüber hinaus existiert eine kleine Minderheit von nicht einmal 200 000 Menschen, die zum einzigartigen Volk der Gagausen gehören. Sie sind zwar Christen, aber dennoch ein Turkvolk. Als nun das sowjetische Machtzentrum in Moskau immer schwächer wurde, entwickelte sich unter den Moldawiern, Ukrainern, Russen und Gagausen ein stärkeres Gefühl für ihre Identitätsunterschiede. So verlangten die Gagausen trotz ihrer relativ kleinen Zahl die Autonomie; die Moldawier wünschten weniger russischen Einfluß. Die Spannungen wuchsen.

Unter Gorbatschow zog die sowjetische Regierung es vor, in

Moldawien eine friedliche Lösung zu finden. Doch waren Verhandlungen bei innenpolitischen Angelegenheiten für Moskau eine unbekannte Aufgabe, sie waren bislang eine exklusive Domäne der Außenpolitiker, Diplomaten und Außenhandelsbeamten. Die Sowjetregierung beschloß daher, eine Gruppe von Unterhändlern nach Moldawien zu schicken, doch machten diese einen taktischen Fehler, was vielleicht daran lag, daß sie sich hinsichtlich der anstehenden Streitfragen zu wenig auskannten. Zum Schauplatz der Verhandlungen wurde die neutrale Stadt Bendery bestimmt, nachdem die Gagausen zuvor Kischinew, die Hauptstadt, in der die Moldawier dominierten, abgelehnt hatten. Die nächste direkte Flugverbindung von Moskau ging nach Kischinew, und so reisten die Moskauer Delegierten auf dieser Strecke. Auf dem Flughafen in Kischinew trafen sie mit der moldawischen Delegation zusammen, und die beiden Gruppen beschlossen, gemeinsam per Auto nach Bendery zu fahren. Unglücklicherweise schlossen die gagausischen Delegierten daraus sogleich, daß die Moskauer Verhandlungsführer nicht neutral seien, so daß die Vermittlungsbemühungen schließlich scheiterten.[3]

Für die Regierung Gorbatschow bestand eine dringende Notwendigkeit, die ethnischen Probleme innerhalb der Sowjetunion zu verstehen und Lösungen für sie zu finden. Im Frühsommer 1991 luden mich Sowjetfunktionäre nach Moskau ein, um Seminare über ethnische Probleme und Verhandlungstechniken durchzuführen. Die Einladung kam von Oleg Peressypkin, einem früheren sowjetischen Botschafter in Libyen und im Jemen, der nunmehr der Rektor der Diplomatischen Akademie des sowjetischen Außenministeriums war.

Kurz nachdem ich die Einladung angenommen hatte, kam es in der Sowjetunion zum «Augustputsch». Dieser Umsturzversuch hat allem Anschein nach außer Gorbatschow niemanden überrascht – die Armee war für eine ganze Reihe blutiger Unterdrückungen von Feindseligkeiten nicht zur Rechenschaft gezogen worden. Führende Sowjetfunktionäre waren zu der Überzeugung gelangt, daß die Union «nicht durch die verfassungsgemäßen zivilen Körperschaften, sondern durch die Armee und andere – Gesetze durchsetzende – Körperschaften regiert werden».[4] Gorbatschow legte dem KGB, der sich im Grunde mit der Kommunistischen Partei verschmolzen hatte, keine Zügel an; und schließlich fand er sich im August unter Hausarrest wieder und wurde später von Boris Jelzin «gerettet». Der Untergang des Sowjetreichs war damit endgültig Wirklichkeit geworden.

Drei Monate nach dem Putsch war der politische Wandel in Moskau unübersehbar geworden. Vorbei an zertrümmerten Standbildern Lenins und Stalins in Parks und an anderen öffentlichen Orten, gelangte ich zur Diplomatischen Akademie, einem alten, heruntergekommenen Gebäude in der Ostozhenka-Straße in der Nähe des Moskwaflusses, wo die Sowjetdiplomaten ausgebildet wurden. Im langen Korridor vor dem Büro des Rektors, der zum Hauptkonferenzsaal führte, hatte es zuvor Glasvitrinen gegeben, in denen gemeinsam mit Bildern und Statuen Lenins Dokumente zur Huldigung der kommunistischen Lebensart ausgestellt worden waren. Nun waren diese Ausstellungsstücke mit Ausnahme eines einzigen langen, in Handarbeit hergestellten Teppichs, auf dem Lenin zu sehen war, verschwunden. Bilder von Gorbatschow, Jelzin, George Bush, François Mitterrand, Margaret Thatcher und sogar Dan Quayle hatten die Sowjethelden und die ideologischen Deklarationen ersetzt. Dieser dramatische Platzwechsel der «Ikonen» erweckte den Eindruck, daß für die Sowjets eine neue und andersartige Identität durchgesetzt und angenommen worden war; aber unterhalb der Oberfläche war die Identitätsfrage keineswegs so eindeutig geklärt.

Delegierte aus den Sowjetrepubliken, darunter auch aus den baltischen Republiken, die bereits ihre Unabhängigkeit erklärt (oder wieder erreicht) hatten,[5] sowie auch General Wladimir Illarionow, Moskaus Polizeichef, hatten sich zu einem viertägigen Workshop in der diplomatischen Akademie versammelt. Im

Verlauf der Veranstaltung begannen verschiedene Vertreter, lange, vorbereitete Reden voller Statistiken über die ethnische Zusammensetzung ihrer jeweiligen Republiken zu halten. Während die Aserbeidschaner ihre Ansicht über den Konflikt um Nagorny Karabach darlegten, hörten die armenischen Vertreter höchst aufmerksam zu und legten lautstarken Protest ein. Als dann ein moldawischer Sprecher Probleme in seiner Republik darlegte, setzten die Armenier ihre Gespräche unter sich leise fort und ignorierten ihn. Die Tataren versuchten, die Krim als ihr Ursprungsgebiet in Anspruch zu nehmen, und wiesen die Ansprüche der Ukrainer und der Russen zurück, da diese ihrer Meinung nach erst später auf die Halbinsel gekommen seien.[6] Inzwischen versuchten Delegierte aus der Republik Georgien, die befürchteten, daß die Abchasen und Südosseten in Georgien Verwüstungen anrichten würden, um ihre eigene Souveränität durchzusetzen, die ethnischen Differenzen innerhalb ihrer Republik herunterzuspielen. Die Abchasen und die Südosseten wollten nicht als georgische Bürger definiert werden und betonten ihre Identität als eigene Gruppen – als separate Ethnien, die souverän sein sollten.

Damit kam ein ganz fundamentales Problem zum Vorschein. Norman Itzkowitz, Professor für Geschichte an der Princeton University, erklärt: «Der Nationalismus gründet sich auf die Annahme, daß die Grundspaltung innerhalb der Gesellschaft vertikal verläuft und die Menschen in ethnonationale Gruppen unterteilt. Der Marxismus auf der anderen Seite behauptet, daß die Grundspaltung innerhalb der Gesellschaft eine horizontale ist, die über die Grenzen hinaus die Menschen in Klassen einteilt.»[7] Während der Blütezeit des Kommunismus gab es derart viel Vertrauen in die Ideologie und in die Brüderlichkeit unter den Völkern der Sowjetunion, daß es kaum Schaden anzurichten schien, wenn man die ethnische Zugehörigkeit oder die Nationalität der Menschen in die Personalausweise eintrug, die für Reisen innerhalb der Sowjetunion erforderlich waren. Während man in erster Linie ein Sowjetbürger war, wurde man dennoch als Lette, Usbeke, Tschetschene, Ingusche und so weiter klassifiziert. Damals konnte sich niemand vorstellen, daß die Aufrechterhaltung dieser zweitrangigen Unterschiede auf die Sowjetunion später einmal zurückfallen würde, wenn nämlich viele dieser Gruppen sich von der UDSSR lösen wollten. Armenier, Aserbeidschaner, Dagestaner, Kasachen, Tataren, Litauer und andere begannen damit, vertikale Spaltungen innerhalb der Sowjetunion voranzutreiben. Sie sprachen nun von armenischer Geschichte, von aserbeidschanischer Identität, von den Unterschieden zwischen Dagestanern, Kasachen, Tataren, Litauern. Fragen nach der Gruppenidentität gehörten genau zu den Themen, die unter dem Kommunismus lange Zeit unterdrückt worden waren. Zweifel und Ängste angesichts der dramatischen Veränderungen, die sich vollzogen hatten, reduzierten sich auf eine alles überragende Frage: Wer sind wir denn jetzt?

Die Kriege, die in einigen Teilen der Sowjetunion, etwa zwischen Armenien und Aserbeidschan, ausbrachen, eskalierten bis zu dem Punkt, an dem die vier Genfer Konventionen von 1949 und das erste Protokoll von 1977 verletzt wurden, nach denen die internationalen Kriegsverbrechertribunale die Art der Kriegführung beurteilen. 1993 beschrieb das Internationale Komitee vom Roten Kreuz den armenisch-aserbeidschanischen Krieg folgendermaßen:

> Unter den Kriegführenden mangelt es vollständig an Wissen über internationale Rechtsbestimmungen hinsichtlich humanitärer Handlungsgrundsätze zwischen Kriegsparteien. Im Konflikt kam es zu Kriegsrechtsverletzungen grausamster Art; darunter Massentötungen unbewaffneter Zivilisten, Geiselnahmen, Angriffe auf besiedelte Gebiete, in denen es keine militärischen Ziele gibt, Befehle zur Hinrichtung von Kriegsgefangenen, faktische Durchführung «ethnischer Säuberungen» und

Restriktionen der Bewegungsfreiheit der Zivilbevölkerung, um etwaige Gebietsverluste auszuschließen, um nur einige wenige Beispiele zu nennen.[8]

Als die Truppen der Republik Georgien im August 1992 nach Abchasien eindrangen und dessen wichtigste Stadt Suchumi «eroberten», «kam es zu verheerenden, ethnisch begründeten Plünderungen, Raub, Mißhandlungen und Morden».[9] Als im Gegenzug die abchasischen Streitkräfte und ihre Verbündeten im September 1993 Suchumi besetzten, «begingen sie extensive Gewalttätigkeiten gegen die georgische Zivilbevölkerung, töteten viele Frauen, Kinder und ältere Menschen, nahmen einige von ihnen als Geiseln und folterten andere… Sie ermordeten auch in großer Zahl georgische Zivilisten, die auf dem von den Abchasiern besetzten Territorium geblieben waren.»[10] Es wird berichtet, daß Soldaten beider Seiten Frauen vergewaltigten. In Tadschikistan sind seit dem Zusammenbruch der Sowjetunion 50 000 Menschen umgekommen, und wir alle sind an den Fernsehgeräten Zeugen des gewalttätigen Chaos in Tschetschenien geworden, bei dem allein in Grosny mehr als 30 000 Menschen getötet worden sind.

Nachdem der Zusammenhalt, für den die Sowjetunion zuvor gesorgt hatte, einmal zu zerfallen begann, entwickelten sich Differenzen, aus denen sehr schnell ausgewachsene Konflikte und Gewalttätigkeiten wurden. Unruhen innerhalb der UDSSR griffen auf andere kommunistische Länder Osteuropas über. Die Aufteilung der Tschechoslowakei in die Tschechische Republik und die Slowakei verlief recht friedlich, was hauptsächlich auf die Erinnerung an den Prager Frühling in den 60er Jahren zurückzuführen war sowie auf führende Persönlichkeiten wie Václav Havel. Aber in der Sozialistischen Föderativen Republik Jugoslawien herrschte eine ganz andere Situation.

In Jugoslawien hatte das kommunistische System selbst die

rechtlichen Voraussetzungen für den Zusammenbruch des Landes geschaffen. Das kommunistische Jugoslawien setzte sich aus sechs Republiken, zwei autonomen Regionen und mehreren unterschiedlichen ethnischen Gruppen zusammen. Sieben Jahre vor seinem Tode schuf Marschall Josip Tito, damals das Staatsoberhaupt des kommunistischen Jugoslawien, eine Verfassung, die dafür sorgte, daß keine einzelne ethnische Gruppe ganz Jugoslawien beherrschen konnte. Die Macht sollte unter den Vertretern von sechs Republiken und zwei autonomen Provinzen aufgeteilt werden; das Land sollte kollektiv regiert werden, während die Präsidentschaft abwechselnd von Vertretern der Republiken übernommen wurde. Obwohl die Serben im früheren Jugoslawien die zahlenmäßige Mehrheit bildeten, mußten sie im Rahmen dieser Verfassung die Macht mit anderen Gruppen teilen. Dieses Prinzip der kollektiven Führung funktionierte jedoch niemals richtig. Der Zusammenbruch der inneren Strukturen wurde begleitet vom Auftauchen neuer politischer Führungspersönlichkeiten, die im Unterschied zu Havel ethnonationalistische Gefühle schürten und ethnische Konflikte der übelsten Art heraufbeschworen.

Nach den Schrecken des Holocausts war man im allgemeinen davon überzeugt, daß es in Europa niemals wieder systematische Gewalttätigkeiten geben würde. Doch zwischen dem Sommer 1991, dem Beginn des serbisch-kroatischen Krieges, und dem Winter 1995, dem Ende des Bosnienkrieges, wurden im Herzen Europas, im früheren Jugoslawien, Konzentrationslager errichtet und Massengräber ausgehoben. Die Welt erfuhr von Körperverletzungen, Zwangsumsiedlungen, Massenmorden, organisierten Vergewaltigungen von Männern und Frauen gleichermaßen und von männlichen Gefangenen, die man zwang, die Hoden ihrer Mitgefangenen abzubeißen. 1992 ließ man Gefangene im Militärgefangenenlager von Karaterm in der Nähe der Stadt Prijedor hungern. Ihre tägliche Verpflegungsration bestand aus «einem Stück Brot und einem Löffel Kohl oder Bohnen».[11] Die Bilder dieser hungernden, halbnackten Männer mit einer Haut wie Leichentüchern über vorstehenden Knochen flimmerten über die Fernsehschirme unserer Erde. Der Begriff der «ethnischen Säuberung» wurde zu einem geläufigen Ausdruck.

Zwar hatten viele von uns ein neues Zeitalter des Friedens und der Stabilität erwartet, doch die Auswirkungen des Zerfalls der Sowjetunion und der kommunistischen Welt ähnelten eher den tumultreichen Phasen nach dem Zusammenbruch von Reichen wie dem Osmanischen Reich nach dem Ersten Weltkrieg und dem britischen, französischen, belgischen und portugiesischen Kolonialreich nach dem Zweiten Weltkrieg. Die Hinterlassenschaft all dieser Ereignisse begleitet uns noch heute.

Wenden wir uns einem anderen Schauplatz ethnischer Konflikte zu, dem afrikanischen Kontinent.

Wenn man das Stammessystem (Tribalismus) versteht, ein Konzept, das die Anthropologen der Kolonialzeit verbreitet haben, kann man die Unruhen in Afrika besser erklären. Der nigerianische Politologe Okwudiba Nnoli behauptet, im Denken der kolonisierten Völker habe der Tribalismus im Rahmen der rassistischen Ideologie einen wichtigen Platz eingenommen: «Er wurde als ein primitiver und barbarischer Mythos dargestellt, der eine Besonderheit der Afrikaner war. Er galt als Hauptverbindungsglied zwischen der angeblich geschichtslosen, primitiven und barbarischen afrikanischen Vergangenheit, in der es kein System der Ethik und keine menschlichen Verhaltensgrundsätze gab, auf der einen Seite und der ‹Zivilisationsmission› und der ‹Bürde des weißen Mannes›, der kolonialen Ordnung auf der anderen.»[12]

Die Europäer bezeichneten jede Sprachgruppe in Afrika als einen Stamm und vernachlässigten dabei vollständig das Wesen ihrer jeweiligen gesellschaftlichen Entwicklung. Nnoli behauptet: «Was die Kolonialisten als Tribalismus bezeichneten, ist empirisch anderswo in der Welt als Ethnizität zu beobachten.»[13] Spaltungen von Großgruppen, ob man sie als Stämme oder als ethnische Gruppen bezeichnet, wurden durch die Kolonialmächte ermutigt. Den Massen wurde suggeriert, daß es sich bei ihren Häuptlingen um fähige Führer handelte – solange diese ihr Volk zur Zufriedenheit der Kolonialherren verwalteten. Diese Ermutigung zur Unterscheidung und Spaltung von Gruppen und die Schaffung von Antagonismen unter Stämmen, die die Kolonialmächte als «rückständig» betrachteten, und jenen, die sie als «fortgeschritten» ansahen, geschah im wesentlichen im Sinn des Prinzips «teilen und herrschen», und dies half dem kolonialen System, so lange zu überleben. Im allgemeinen waren die «rückständigen» Gruppen ökonomisch schlechter gestellt als die «fortgeschrittenen» Gruppen. Dieser Gegensatz spiegelte nicht nur stammesmäßige (ethnische) Unterscheidungen wider, sondern auch wirtschaftliche und gesellschaftliche.[14]

Viele afrikanische Gruppen griffen auf ihre vorkolonialen Verwandtschaftsverbindungen und Loyalitäten zurück,[15] um eine «Stammesidentität» zu schaffen. Als die Kolonialmächte Afrika verließen, erwiesen sich die Versuche, das Problem der Spaltungen zwischen ethnischen Gruppen, die oftmals innerhalb eines neugebildeten Staats zusammengeworfen wurden, zu lösen, als weitgehend erfolglos. Die meisten dagegen eingesetzten Rezepte wurden als «ethnische Arithmetik», «ethnischer Ausgleich» oder als «ethnisches Proportionalprinzip» bekannt. So herrschte etwa in den 6oer Jahren innerhalb des sambischen Kabinetts ein vorsichtiges Gleichgewicht, das dafür sorgte, daß sowohl die Bemba aus dem Norden als auch die Lozi aus dem Süden vertreten waren. Es wurden Quotenregelungen angewandt, um in Burundi, Kenia und Uganda das ethnisch-regionale Gleichgewicht aufrechtzuerhalten oder wieder zu schaffen. Die erste nigerianische Republik (1960–1966) bestand aus drei Hauptregionen. Jede dieser Regionen wiederum wurde von einer einzelnen ethnischen Mehrheit beherrscht. Als dieses Arrangement scheiterte, wurden in Nigeria viele Einzelstaaten als untergeordnete föderative Elemente geschaffen, und man versuchte Quotenregelungen bei der Zulassung zu Schulen und der Ernennung von Beamten anzuwenden. Darüber hinaus wurden gewisse Maßstäbe und Ansprüche angepaßt, um die sozioökonomisch weniger fortgeschrittenen ethnischen Gruppen zu fördern.[16] Doch alle Arithmetik konnte den Ausbruch massiver ethnischer Gewalttätigkeiten in Uganda, Äquatorial-Guinea, Angola, Kenia, Togo und anderswo nicht verhindern. Keines dieser Ereignisse entsprach jedoch in seinem Ausmaß an menschlicher Tragik jenen in Ruanda und Burundi.[17]

Im Jahr 1962 wurden Ruanda und Burundi als unabhängige Staaten in der Region der Großen Seen Afrikas aus einem Territorium gebildet, das zuvor unter dem Namen Ruanda-Urundi bekannt war. Dieses Gebiet war 1899 unter deutsche Kolonialherrschaft gelangt und 1916 an Belgien gefallen. Von diesem Zeitpunkt an bis zur Unabhängigkeit von Ruanda und Burundi verwaltete Belgien dieses Territorium zunächst unter einem Mandat des Völkerbundes und später in Treuhandverwaltung für die Vereinten Nationen. Die Gegend war vor allem von zwei Volksgruppen besiedelt, den Tutsi (Watusi) und den Hutu, die Religion und Sprache (Kirundi) gemeinsam hatten.

Obwohl es schwierig ist, größere Teile der vorkolonialen Geschichte des Volks der Tutsi zu rekonstruieren, weil es hierzu nur sehr wenige schriftliche Dokumente gibt, nimmt man doch im allgemeinen an, daß sie als Eroberer von Norden her (möglicherweise aus Äthiopien) in diese Region gelangten. Vor der Ankunft der Tutsi waren die Hutu als «das Bantuvolk» bekannt – was in der Kirundisprache einfach «menschliche Wesen» bedeutet. Der Name Hutu, der für «Sklave» oder «Diener» steht, wurde von den Tutsi eingeführt. Im Kollektivgedächtnis dieser beiden Gruppen bestimmt die Zugehörigkeit zu den Tutsi oder den Hutu eine spezifische politische und ökonomische Beziehung der Gruppen zueinander, wie sie etwa der zwischen Grundbesitzer und Pächter oder zwischen Herrn und Knecht entspricht.[18]

Sowohl in Burundi als auch in Ruanda leben weit weniger Tutsi als Hutu. 1992 hatte Burundi eine Bevölkerung von etwas über sechs Millionen Menschen, davon waren 85 Prozent Hutu, 14 Prozent Tutsi und ein Prozent Twa (Pygmäen). Die Bevölkerung von Ruanda betrug etwas über acht Millionen Menschen, davon waren knapp 90 Prozent Hutu, neun Prozent Tutsi und ein Prozent Twa. Unter der belgischen Herrschaft blieb die politische Vormachtstellung der Tutsi-Minorität erhalten, da sie als der «fortgeschrittenere» Stamm galt. Die bewußten und unbewußten rassistischen Haltungen der Kolonialmächte, also sowohl der Deutschen als auch der Belgier, trugen dazu bei, die Unterschiede zwischen Hutu und Tutsi aufrechtzuerhalten.

Tutsi sind meist hoch gewachsen und haben eine lange, dünne Nase – sie sehen also europäischer aus als Hutu, die oftmals kleiner sind und eine flache, breite Nase haben. Eine Bevorzugung der Tutsi wurde von der belgischen Kolonialverwaltung institutionalisiert und durch ein kommunales Einwohnermeldesystem verstärkt, zu dem ein Foto jeden Bürgers gehörte und das seine ethnische Zugehörigkeit dokumentierte. Jeder Bürger, der älter als 17 Jahre alt war, mußte einen Personalausweis bei sich führen, auf dem die ethnische Zugehörigkeit des Trägers verzeichnet war.[19] Da aber beide Volksgruppen mehr als vier Jahrhunderte lang in der gleichen Region gelebt und untereinander geheiratet hatten, hatten sich die körperlichen Unterschiede zwischen vielen Tutsi und Hutu allmählich so weit verringert, daß die meisten Ausländer nicht mehr imstande waren, zwischen Mitgliedern der beiden Gruppen allein anhand körperlicher Charakteristika zu unterscheiden. Die Hutu und die Tutsi selber wissen allerdings immer noch ganz genau, wer wohin gehört. Während der Kolonialzeit, als die Unterschiedlichkeit der beiden Gruppen hervorgehoben wurde, wurden die Bindungen ebenfalls verstärkt, und das Bild des anderen begann immer stärker dem eines Feindes zu ähneln. Die Ethnizität wurde damit zum Kriterium einer tödlichen Unterscheidung.

Vor der Unabhängigkeit führten ethnische Streitigkeiten in Ruanda 1959 zu einer blutigen Rebellion der Hutu, zum Bürgerkrieg und zur Abschaffung der von den Vereinten Nationen unterstützten Tutsi-Monarchie. Nach der Unabhängigkeit kam es 1963 zu einem erfolglosen Tutsi-Putsch gegen die Hutu-Regierung. Ein weiterer Staatsstreich brachte 1973 die Tutsi wieder an die Macht. 1978 wurde eine demokratische Verfassung entworfen, und die erste gewählte gesetzgebende Versammlung wurde 1981 etabliert. Man versuchte, die Macht zu teilen, dennoch blieben die stammesmäßigen und regionalen Spaltungen problematisch. Nachdem der ruandische Präsident Juvenal Habyarimana und der burundische Präsident Cyprien Ntaryamira im April 1994 bei einem niemals aufgeklärten Flugzeugabsturz umkamen, begannen die von Hutu geführte Armee Ruandas und ihre Verbündeten ein zwei Monate währendes systematisches Massaker an Tutsi und gemäßigten Hutu und töteten dabei schätzungsweise 500 000 Menschen. Als dann aber die Hauptstadt im weiteren Verlaufe jenes Jahres an die Tutsi-Rebellen fiel, wurden Zehntausende fliehende Hutu niedergemetzelt, und das Wüten der polarisierten ethnischen Wirren ging weiter.

Die Lage im benachbarten Burundi war ebenso entsetzlich. Dort rebellierten die Hutu 1965 gegen eine Tutsi-Monarchie, die sich 1966 auflöste. Doch beherrschte in der Folgezeit eine Reihe von Tutsi-dominierten Militärregierungen das Land. Zum schlimmsten Blutvergießen kam es 1972/73 während einer gescheiterten Hutu-Rebellion, bei der vermutlich 100 000 Menschen ums Leben kamen, bei denen es sich meist um Hutu handelte. Dies führte wiederum zu einer Flut von Hutu-Flüchtlingen nach Tansania und Zaire. Der erste Hutu-Präsident, Melchior Ndadye, wurde 1993 gewählt, doch Tutsi-Truppen ermordeten ihn im gleichen Jahr. In den Wochen danach starben Tausende von Hutu und Tutsi, und es kam zu weiteren Flüchtlingsströmen in die Nachbarländer. Im Sommer 1996 suchte der damalige Präsident von Burundi, Silvestre Ntibantunganya, Zuflucht in der Residenz des US-Botschafters und wurde daraufhin durch einen Tutsi, Pierre Buyoya, ersetzt.

Im Oktober 1996 verursachte der ständige Konflikt zwischen Hutu und Tutsi Spannungen zwischen Zaire und den Tutsi. Zaire war die Zufluchtsstätte für etwa 1,5 Millionen Hutu-Flüchtlinge, die meist aus Ruanda kamen und im Frühjahr und Sommer 1994 vor den ethnischen Massakern in jenem Lande geflohen waren. Scheinbar versuchte die Regierung von Zaire unter Mithilfe von Hutu, die zur früheren ruandischen

Armee gehörten, die den Völkermord von 1994 begangen hatte, die Banyamulenge-Tutsi aus dem östlichen Zaire zu vertreiben. Die Banyamulenge waren vor Jahrzehnten aus Ruanda nach Zaire eingewandert, und nun warf ihnen die Regierung von Zaire vor, sie würden Unruhen auslösen. Als es zu schweren Kämpfen zwischen zairischen Soldaten und zairischen Tutsi kam, mußten 225 000 Hutu-Flüchtlinge aus ihren Lagern fliehen, weil sie von Tutsi wie von zairischen Regierungssoldaten angegriffen wurden.

Ab November 1996 wurde die Lage in Ostzaire komplizierter, als die Truppen des schon lange kämpfenden Rebellenführers Laurent-Désiré Kabila versuchten, diese Region (ein Gebiet, das etwa so groß ist wie die US-Ostküste von New York bis Atlanta) unter ihre Kontrolle zu bringen. Dies führte zur Vertreibung von vier Millionen Zairern und von 450 000 meist dem Hutu-Volk angehörenden Flüchtlingen aus Ruanda und Burundi, die in der Region Zuflucht gefunden hatten.

Die zairische Regierung des Präsidenten Mobutu Sese-Seko half, Hutu-Flüchtlinge zu bewaffnen, damit sie die Regierung im Kampf gegen die Mobutu-Gegner unterstützten. Dazu ließ sie sogar mit Gewalt Kisten mit Schußwaffen auf UN-Flugzeuge laden, die nach Tingi-Tingi flogen, einem riesigen UN-Lager außerhalb von Lubutu. Nach einem siebenmonatigen Bürgerkrieg, der zu Mobutus Sturz und dem Fall der Hauptstadt Kinshasa führte, benannte Kabila Zaire im Mai 1997 in Demokratische Republik Kongo um.

Wie diese Beispiele zeigen, wird der ethnische Konflikt zu einer immer gefährlicheren Erscheinung, die Jahr für Jahr eine schwindelerregende Zahl von Opfern fordert. Nach den Statistiken des internationalen Friedensforschungsinstituts SIPRI in Stockholm und des Conflict Resolution Program des Carter Center in Atlanta blieb die Zahl der größeren bewaffneten Konflikte seit 1986 konstant: Es gibt in jedem beliebigen Augenblick zwischen 30 und 40 kriegerische Auseinandersetzungen auf der

Welt. Der Begriff *größerer bewaffneter Konflikt* wird definiert als «ausgedehnte Kampfhandlung zwischen militärischen Kräften von zwei oder mehr Regierungen oder von einer Regierung und mindestens einer organisierten bewaffneten Gruppe, die mit den Kämpfen zusammenhängende Todesfälle von mindestens tausend Menschen während des gesamten Konflikts zur Folge hat».[20] In den Jahren 1987 und 1988 erreichte die Anzahl der größeren bewaffneten Konflikte mit 39 Fällen eine Spitzenstellung. 1991 fiel ihre Anzahl auf 30, steigerte sich jedoch 1994 wieder auf 33 (nach Einschätzung des Carter Center) oder 34 (nach Einschätzung des SIPRI). Diese ereigneten sich an 27 oder 28 verschiedenen Stellen. Die Statistiken für 1995 benennen 30 größere bewaffnete Konflikte an 25 verschiedenen Orten. Doch während sich die Anzahl derartiger Konflikte reduziert hat, nahmen ihre Intensität und die Zahl der Todesopfer zu.

Außerdem ist ein Anwachsen des ethnischen Terrorismus festzustellen. Heute gibt es mehr terroristische Angriffe von seiten ethnisch oder religiös inspirierter Gruppen als durch weltliche Gruppen oder Individuen. «Patterns of Global Terrorism» (Formen des weltweiten Terrorismus), ein jährlicher Bericht des US-Außenministeriums, stellte im Jahre 1996 eine weitere Tendenz fest: Von Einzelpersonen oder Gruppen durchgeführte Angriffe haben den staatlich geförderten Terrorismus durch Länder wie Kuba, Iran, Irak, Libyen, Nordkorea, Sudan und Syrien in den Schatten gestellt.

Hunderttausende von Menschenleben sind während dieses Jahrzehnts durch ethnische Konflikte oder damit zusammenhängende Auseinandersetzungen zwischen großen Gruppen ausgelöscht worden. Ein SIPRI-Bericht von 1996 zeigt, daß es allein im früheren Jugoslawien seit dem Beginn der dortigen bewaffneten Auseinandersetzungen im Jahr 1991 65 000 Tote gab – 55 000 in Bosnien-Herzegowina und 10 000 in Kroatien. In Afghanistan, Algerien, Angola, Aserbeidschan, Bangladesch, Burundi, Georgien, Großbritannien, Guatemala, Indien, Indonesien, Irak, Iran, Israel, Kambodscha, Kolumbien, Liberia, Myanmar (Burma), Peru, auf den Philippinen, in Ruanda, Somalia,

Sri Lanka, Sudan, Tadschikistan, der Türkei und Zaire hat es Hunderttausende weiterer Opfer gegeben. Aber besonders wichtig ist es, daß viele dieser Konflikte innerhalb der Grenzen eines einzigen Landes stattgefunden haben. Sie gelten als ethnisch, religiös und kulturell bedingte Großgruppenkonflikte, die mit Identitätsfragen zu tun haben, nicht aber als nationale Konflikte zwischen souveränen Staaten. Dieses globale Phänomen der mit Identitätsfragen zusammenhängenden ethnischen, religiösen und kulturellen Großgruppenkonflikte veranlaßte Hugh D. S. Greenway dazu, 1992 im *Boston Globe* folgendes zu schreiben: «Die Gesetze und die Regeln des zivilisierten Umgangs miteinander, die es Völkern verschiedener Kulturen erlauben, in Frieden zusammenzuleben, erleben überall in Europa und darüber hinaus einen Niedergang… Die Furien des ethnischen Hasses wüten.»[21]

Angesichts der Allgegenwart ethnischer, religiöser und kultureller Konflikte besteht die dringende Notwendigkeit zu begreifen, warum Menschen einander über ihre individuellen Motive hinaus mit dem Ziel töten, ihre Großgruppenidentitäten zu schützen und aufrechtzuerhalten. Was zwingt sie, Rache zu nehmen für Unrecht, das man ihren Vorfahren oder anderen Blutsverwandten angetan hat? Was geschieht mit dem «Wir-Gefühl» einer Gruppe, damit ihre Unterschiedlichkeit von anderen todbringend wird? Solche Fragen sind das Thema dieses Buches.

Trotz des Wiederauflebens ethnischer Auseinandersetzungen sowie der Belege für komplexe und miteinander verwobene psychologische Probleme in vielen Fällen reagierten die Werkzeuge und Praktiken der Außenpolitik und der Sozialpsychologie nur sehr langsam auf das sich wandelnde internationale Umfeld. Die Diplomatie ist ein Begriff, der sich bis zu den alten Griechen zurückverfolgen läßt. Das Wort selber leitet sich von *diplomata* (gefaltete Dokumente) ab, was nahelegt, daß frühe Diplomaten vermutlich Sendboten waren, die Vorschläge für Verhandlungen überbrachten. Schließlich entwickelte sich die Diplomatie weiter, um den Bedürfnissen zu genügen, die mit dem Fortschritt von Zivilisation, Technik und Wissen entstanden.[22] Der Begriff der Realpolitik, den Ludwig von Rochau 1853 eingeführt hat, stellt immer noch die wichtigste Grundlage der modernen Diplomatie dar. Von Rochau riet den Politikern, klug einzuschätzen, was der Gegner wirklich will, statt nur das in Betracht zu ziehen, was er sagt, und er riet dazu, wenn notwendig, zum Gebrauch von Gewalt bereit zu sein. Schließlich erlangte der Begriff die Bedeutung einer rationalen Bewertung und realistischen Einschätzung der zur Verfügung stehenden Optionen für die eigene und die gegnerische Gruppe.[23]

Diese Perspektive ist gewiß wertvoll. Wenn man das internationale Milieu jedoch *nur* in Hinblick auf Bündnisse, Chancen, Wirtschaftspotentiale, militärische Stärke und andere reale Faktoren analysiert, dann überbetont man dabei das Rationale und Traditionelle. Dies soll nicht heißen, daß Politiker und Staatsmänner die emotionalen oder psychologischen Implikationen von Handlungen und Stellungnahmen außer acht lassen, doch reicht ihr Interesse im Normalfall nicht über die Sichtweise von Lobbyisten und Interessenvertretern hinaus, die versuchen, Ergebnisse zu manipulieren oder zu modifizieren, um zu bestimmten konkreten und kalkulierten Resultaten zu gelangen.

Das Anwachsen von ethnischen und anderen Konflikten zwischen Großgruppen, die sich auf Fragen der Identität zurückführen lassen, hat jedoch begonnen, die Praxis der traditionellen Diplomatie und die Aktivitäten der Vereinten Nationen zu beeinflussen. Diplomaten erkennen allmählich, daß komplexe neue Weltkonflikte nicht mit den Methoden der Realpolitik beurteilt werden können und auch nicht leicht durch Verhandlungen mit herkömmlichen diplomatischen Mitteln aus der Welt zu schaffen sind. Weil viele ethnisch bedingte Konflikte und Feindseligkeiten sich nicht zwischen, sondern innerhalb souveräner Staaten abspielen, erweisen sich die Außenpolitik und die traditionelle Diplomatie als wenig effizient. Darüber hinaus verbietet es der Artikel 2.7 der UN-Charta den Vereinten Nationen ausdrücklich, sich in Angelegenheiten einzumischen, die «im wesentlichen der inneren Rechtsprechung eines jeden Staates» unterliegen. Aber selbst wenn zwei souveräne Staaten beteiligt sind, ignorieren die betreffenden Seiten manchmal die Vorschriften der Genfer Konventionen und die Grundsätze der bilateralen oder multilateralen Beziehungen.

Richard T. Arndt, der auf eine 24jährige Erfahrung auf dem Gebiet der kulturellen Diplomatie zurückblicken kann, hat festgestellt: «Viele Kulturen auf der Welt, die über Jahre unterdrückt waren und unsichtbar unter fremder Herrschaft existierten, haben sich in jüngster Zeit wieder aufgerichtet, sind an die Oberfläche des internationalen Bewußtseins gelangt, nachdem sie ihre Suche nach politischer und sozialer Identität mit manchmal gewaltsamen Mitteln begonnen haben.»[24] Arndt regt an, den Ansatz der Diplomatie für das nächste Jahrzehnt zu überdenken, um den Anforderungen, die durch wachsende kulturelle Diversifizierung, Interaktion, Auseinandersetzung und Kooperation entstehen, gerecht werden zu können. Der Politologe Donald Horowitz bemerkt, daß die Leidenschaft, die in ethnischen Konflikten zum Ausdruck kommt, «nach einer Erklärung ruft, die dem Bereich der Gefühle gerecht wird», und daß «ein blutiges Phänomen nicht durch eine blutleere Theorie erklärt werden kann».[25]

Das vorliegende Buch will diese Lücke in der Literatur zu diplomatischen Fragen schließen, indem es die Prinzipien der Psychoanalyse bei der Suche nach der Bedeutung der kulturellen Identität, der ethnischen Zugehörigkeit und der Leidenschaften anwendet, die mit derlei Beziehungen verbunden sind. Aber zunächst müssen emotional aneinandergebundene Großgruppen genau definiert werden, um die wiedererwachte Furie in den internationalen Beziehungen zu erkennen.

KAPITEL 1

Ethnische Zelte: Die Beschreibung von Großgruppenidentitäten

Herkömmlicherweise glauben wir gern, daß die Menschheit sich von den übrigen Lebewesen durch ihre Rationalität unterscheidet, durch die Fähigkeit, vernünftig zu handeln und die Dinge durch das bewußte Erwägen von Alternativen einzuschätzen. Wir nehmen gerne an, daß wir gewöhnlich auf einer rationalen Ebene handeln. Nur eine kleine Minderheit unter uns, nämlich jene, die wir für psychisch krank halten, gilt als irrational oder unvernünftig.

Diese Betonung der individuellen Rationalität wird dann in einer oftmals übertriebenen Weise auf unsere Führungskräfte, unsere Institutionen und Organisationen sowie schließlich auf unsere Regierungen ausgedehnt. Während wir anerkennen, daß der einzelne zu irrationalen Handlungen, zur Überlagerung seiner Vernunft durch Gefühle neigt, neigen wir dazu zu glauben, daß größere gesellschaftliche und politische Einheiten für diese natürlichen, menschlichen Tendenzen weit weniger anfällig sind. Betrachten wir jedoch sowohl in jüngster Zeit als auch im Verlaufe der Geschichte die Interaktion von Menschen, die sich in kollektiven Einheiten organisiert haben, dann wird die Vorstellung fragwürdig, daß diese Körperschaften weniger zu bestimmten psychischen Schwächen neigen als die Individuen, aus denen sie sich zusammensetzen. Bei der gewalttätigen und brutalen Verwüstung des früheren Jugoslawien, beim fürchterlichen Stammeskrieg in Ruanda und bei zahllosen anderen Handlungen, die zwischen Nationen oder ethnischen Gruppen ablaufen, scheinen sich die Grenzen zwischen dem Rationalen und dem Irrationalen, dem Verhalten von Individuen und Gruppen zu überschneiden.

Paradoxerweise liegen an den Wurzeln vieler Gruppenkonflikte Blutsbande, die in Krisenzeiten eine Art von Grenze darstellen, die nicht überquert werden kann. Zwei Gruppen, die über Generationen hinweg Nachbarn gewesen sind, können sich plötzlich in gnadenlose Feinde verwandeln. Individuelle Wertmaßstäbe können durch einen Kollektivwillen und die monströsen Visionen eines charismatischen Führers verdrängt werden. Es ist für uns schwierig, das Entsetzliche solcher Handlungen zu begreifen oder die Verletzungen zu verstehen, die Opfer und Überlebende davontragen. Manchmal können wir nur die eine Frage stellen: «Wie konnte das geschehen?»

Es gibt verschiedene Mittel, durch die wir versuchen, Konflikte sowohl innerhalb von Nationen oder ethnischen Gruppen als auch zwischen diesen zu begrenzen, vor ihnen abzuschrecken und sie einzudämmen. Institutionen wie die Vereinten Nationen, die NATO, die OPEC, GATT und zahllose andere übernationale Regierungs- und Nichtregierungsorganisationen versuchen, Feindseligkeiten durch Verhandlungen, Sanktionen und andere Formen der Einflußnahme zu lenken oder einzudämmen. Doch diese Institutionen gehen die primäre Frage nicht an, die da lautet: «Wie konnte das passieren?» Sie widmen sich ebensowenig der Frage, warum blutige Kriege zwischen Nachbarn nicht nur weiterhin existieren, sondern sich stark vermehren.

Seit langem bereits versucht man, die komplexe Beziehung zwischen der Einzelpersönlichkeit und ihrer ethnischen, religiösen und nationalen Gruppe zu begreifen. Schon die ältesten Dichter und Propheten, die Philosophen, Anthropologen und politischen Theoretiker bis zu den Pionieren der Psychologie wie Sigmund Freud haben immer wieder versucht, sowohl die bewußten als auch die unbewußten Motive menschlicher Wesen und ihr Verhalten in sozialen Zusammenhängen zu verstehen. Moderne Staatsmänner haben ebenfalls die Bedeutung psychologischer Prozesse bei inneren und internationalen Beziehungen in Betracht gezogen.

Zwar gibt es durchaus zahlreiche Unterschiedlichkeiten zwischen dem Denken eines Individuums und einer Gruppe, doch die Werkzeuge der Psychologie und insbesondere der Psychoanalyse können Licht auf die Gruppenidentität und das Gruppenverhalten werfen, und dies nicht, weil sie sich mit unseren unbewußten Trieben oder dem Faden der psychosexuellen Entwicklung beschäftigen, sondern wegen der stillschweigenden Annahme, daß jedes Individuum und jede Gruppe komplexe und eigene Methoden besitzt, sich mit den Anforderungen der inneren und der äußeren Welt auseinanderzusetzen.

███

Was also sind dann diese Blutsbande der Ethnizität, die die Angehörigen einer Gruppe so stark miteinander verbinden?

Das Wort *ethnisch* stammt vom griechischen Wort *ethnos* und bedeutet Gesellschaft, Volk oder Stamm. Der Anthropologe George De Vos definiert eine ethnische Gruppe als eine Gemeinschaft derer, «die über eine gemeinsame Reihe von Traditionen verfügen, die nicht von anderen, mit denen sie in Kontakt stehen, geteilt werden».[1] Zu De Vos' Liste der Traditionen gehören volkstümliche religiöse Überzeugungen und Praktiken, die Sprache, ein Gefühl historischer Kontinuität, eine gemeinsame Abstammung, ein Ursprungsort und eine gemeinsame Geschichte. Ihm zufolge gibt es stets einen mythologischen Ursprung der Gruppe, und «dieser umfaßt ein Konzept einer ungebrochenen biologischen, genetischen Kontinuität über die Generationen hinweg, auf den manchmal spezielle Charakteristika der Gruppe zurückgeführt werden».[2] Das Gefühl, einzigartig und besonders zu sein, ist für De Vos begleitet von einer Überzeugung, sich von anderen zu unterscheiden. Eine Gruppe stützt ihre ethnische Selbsteinschätzung, ihre Eitelkeit und ihr Überlegenheitsgefühl auf den Vergleich mit einer anderen ethnischen Gruppe, gewöhnlich einem Nachbarn.

Der Anthropologe Howard Stein konzentriert sich auf subjektive Kriterien zur Definition der Ethnizität als Kennzeichen persönlicher und gesellschaftlicher Identität; Ethnizität ist eine Art zu denken, nicht eine Kategorie der Natur.[3] Doch gibt es auch jene, die sich mehr für objektive Kriterien interessieren – also für körperliche Besonderheiten und für die kulturelle und soziale Gemeinschaft.[4] Die Kategorisierung physischer Merkmale entspricht jedoch nicht dem volkstümlichen Gebrauch des Begriffs *Ethnizität*. Der Konflikt zwischen orthodoxen Serben, katholischen Kroaten und muslimischen Bosniern im früheren Jugoslawien wird als ein ethnischer Konflikt betrachtet, doch die Menschen aus allen drei Gruppen haben das gleiche Blut (genetische Erbe) – sie alle sind Südslawen. Ihre unterschiedlichen Geschichten, Kulturen und Religionen verleihen ihnen ihre jeweiligen ethnischen Identitäten. Es wäre demnach nicht korrekt, das Problem im früheren Jugoslawien als einen «ethnischen» Konflikt zu bezeichnen und sich dabei auf die Vorstellungen jener Anthropologen zu stützen, die die Ethnizität als eine Funktion physischer Charakteristika betrachten.

Angesichts der Bandbreite seines Gebrauchs sollte das Konzept der Ethnizität flexibel sein, denn die Blutsverwandtschaft, die unterschiedliche Gruppen voneinander unterscheidet, reicht über eine einfache Betrachtung von genetischen Gemeinsamkeiten hinaus. Wenn man subjektive Kriterien außer acht läßt, kann man scheinbar nicht verstehen, warum eine große Gruppe von Menschen sich als einzigartig empfindet. Einige Wissenschaftler wollten objektive Kriterien gern noch weiter entwickeln und haben sogar versucht, ethnische Gruppen mit Hilfe von Schädelmessungen, Nasenprofilen und dergleichen zu kategorisieren.[5] Aber dies bedeutet eine Verwechslung von Rasse mit Ethnizität.

Trotz der sehr häufigen Überschneidungen in der Alltagssprache stellen die Begriffe *Rasse* und *Ethnizität* keine Synonyme dar. Rassenunterschiede gründen sich auf die Annahme, daß menschliche Wesen sich in verschiedene Untergruppen, entsprechend ihrer jeweiligen biologischen Besonderheiten, einteilen lassen. Beispielsweise werden Variationen hinsichtlich der physischen Erscheinung, der Hautfarbe, der Haarbeschaffenheit oder der Gesichtszüge für Merkmale unterschiedlicher menschlicher Rassen gehalten. Solche Unterscheidungen können zu Rassismus führen, wenn man sie als Ausdruck unterschiedlicher Stufen der menschlichen Entwicklung betrachtet und sie benutzt, um von ihnen die Vergabe oder die Verweigerung von Rechten und Privilegien abhängig zu machen.

Die traditionelle Variante des Rassismus ist selbstverständlich noch nicht vollkommen verschwunden, aber eine Art von Neorassismus hat weitgehend seinen Platz eingenommen, der sich nicht auf die Biologie stützt, sondern auf die Anthropologie und auf eine ideologische Überzeugung, die die Unterschiedlichkeit hervorhebt. In Westeuropa beispielsweise werden Gastarbeiter und Neueinwanderer aus dem Mittleren und Nahen Osten, dem indischen Subkontinent und Afrika zu Zielscheiben dieses Phänomens.[6] Ein Bericht der Vereinten Nationen von 1992 stellt dazu fest:

> Heute, am Ende des 20. Jahrhunderts, ... betont die rassistische Ideologie beispielsweise die Einzigartigkeit der Sprachen, der Religionen, der mentalen und gesellschaftlichen Strukturen und der Wertesysteme von Immigranten afrikanischer, arabischer oder asiatischer Herkunft mit dem Ziel, die Notwendigkeit, menschliche Gemeinschaften voneinander getrennt zu halten, zu rechtfertigen. Dies geht sogar so weit, daß man behauptet, die Erhaltung ihrer eigenen Identität liege im Interesse der betreffenden

Gemeinschaften. Unter Inanspruchnahme eines radikalen kulturellen Pluralismus versucht der neue Rassismus, der sich auf kulturelle Unterschiede beruft, paradoxerweise als wirklicher Antirassismus aufzutreten und Respekt für alle Gruppenidentitäten an den Tag zu legen.[7]

Die Identitäten von Großgruppen sind letztlich die Folge einer historischen Kontinuität, der geographischen Realität, des Mythos von einem gemeinsamen Ursprung und anderer gemeinsam erlebter Ereignisse: Sie entwickeln sich auf natürliche Weise. Sie sind weder schlecht noch gut, sondern ein ganz gewöhnliches Phänomen. Wenn ethnische Gruppen sich selber definieren und differenzieren, dann entwickeln sie stets einige Vorurteile zugunsten ihrer eigenen Gruppe und zu Ungunsten anderer. Daher kamen Mitglieder des Committee of International Relations of the Group for the Advancement of Psychiatry zu dem Schluß: «Die Ethnizität existiert überhaupt nicht außerhalb von interethnischen Beziehungen.»[8] Es gibt also ein Maß von Ethnozentrismus, das universell erscheint, und beide Extreme des Spektrums sind unerwünscht. Das eine Extrem bedeutet Nichtdifferenzierung zwischen Gruppen, stellt also eine Art der Identitätskonfusion (oder Verschmelzung) dar, die das Zugehörigkeitsgefühl der Angehörigen stören würde und dem natürlichen Bedürfnis der Menschen zuwiderliefe, ähnliche andere zu finden. Das andere Extrem ist dagegen der Ethnozentrismus, der so bösartige Formen annehmen kann, daß man ihn nicht mehr vom Neorassismus unterscheiden kann. Ethnische Differenzierung und Ethnozentrismus sollten nicht vollständig verdammt werden; innerhalb bestimmter Grenzen sind sie durchaus gesund oder akzeptabel.

In einigen Fällen gibt es eine bestimmte Verbindung zwischen ethnischen Gruppen und Nationen. Der Unterschied zwischen einer Nation und einer ethnischen Gruppe besteht darin, daß eine Nation politische Autonomie und anerkannte

Grenzen voraussetzt oder zumindest Institutionen, die Rollen, Positionen und Status hervorbringen.[9] Die meisten Nationen umfassen mehr als eine ethnische Gruppe, und daher bezeichnen einige Wissenschaftler ethnische Gruppen als «Subnationen».[10] Andere benutzen den Begriff *Ethnonationalismus*, um zum Ausdruck zu bringen, daß ein Volk beiden Konzepten verbunden ist.

Nach der Bildung der französischen und der amerikanischen Republik im 18. Jahrhundert wurde der Nationalismus im 19. Jahrhundert, als das Aufkommen vereinigter Nationalstaaten die Karte West- und Mitteleuropas neu gestaltete, zu einer tonangebenden politischen Bewegung. Seitdem ist die Fähigkeit des Nationalismus, «zu hingebungsvollem Handeln in der Geschichte zu inspirieren, nur mit dem zu vergleichen, was in früheren Zeiten die Religion leisten konnte».[11] Doch die politisch-rechtliche Definition des Begriffs *Nation* bleibt problematisch, und da Nationen auf unterschiedliche Weise entstanden, unterscheidet sich auch der Grad, in dem Nationen Menschen aufnehmen oder ausschließen, in dem Ansprüche oder Klagen laut werden, von einer Nation zur anderen.[12]

In Frankreich tauchte der Nationalismus auf, als die Menschen sich zusammenschlossen, um die Revolution gegen Bedrohungen von außen zu verteidigen. Die uralte Aufgabe der Religion, ein Gefühl der Zusammengehörigkeit zu vermitteln, wurde vom moderneren Konzept der Nationalität übernommen. Die Franzosen teilten weiterhin ihre religiösen Überzeugungen mit anderen außerhalb ihres Nationalstaats, aber die Nation sorgte nun für eine Grenzziehung, für ein neues Bezugssystem für ihre religiöse Zusammengehörigkeit. Darüber hinaus gründete sich der französische Nationalismus auf bereits existierende bürokratische Strukturen, die teilweise von der Monarchie Ludwigs XVI. und von der Kirche übernommen wurden. Um ein französisches Nationalgefühl hervorzubringen, bedurfte es eines sehr blutigen gemeinsamen Kampfes. Dazu äußerte die französische Psychoanalytikerin Janine Chasseguet-Smirgel: «Obwohl die Idee des Nationalismus mit der

Freiheit und universalistischen Idealen verbunden sein mag, führte sie manchmal auch zu Partikularismus, Rassismus, Totalitarismus und Zerstörung. In seiner nationalsozialistischen Variante führte der Nationalismus tatsächlich Krieg gegen die liberalen und demokratischen Ideale, die sich im Zusammenhang mit der Aufklärung und der Französischen Revolution entwickelt hatten.»[13]

Während die Französische Revolution zu einer Terrorherrschaft herabsank, wurden andere Nationalstaaten ohne Blutvergießen gebildet. Kuwait beispielsweise wurde 1759 von der Familie des Scheichs Al-Sabah und zwei anderen arabischen Familien gegründet, die auf der Suche nach einem besseren Leben aus anderen Teilen der arabischen Halbinsel dorthin immigrierten. Im Laufe der Jahrhunderte schlossen sich ihnen andere Familien, teils arabischer, teils persischer Herkunft, aus nahegelegenen Gegenden an. Langsam kam es zu einer Verschmelzung, und obwohl es Bedrohungen von außen gab, die zur Einigkeit im Innern Anlaß gaben, mußten sich die Kuwaitis nur mit wenigen Krisen auseinandersetzen, die die Vergangenheit oder die Zukunft ihrer Nation in Frage stellten.[14]

Der Historiker und Psychoanalytiker Peter Loewenberg behauptet, daß sich andere Nationen aus einer Synthese verschiedenartiger Einflüsse entwickelten. Die Vereinigten Staaten, Brasilien, Indonesien und Israel sind, so behauptet er, allesamt «erfundene Nationen» und verfügen «jeweils über einen anmaßenden, sich selbst anbetenden und verherrlichenden Nationalismus».[15] Diese Nationen aus der reichen Vielfalt historischer, ethnischer und religiöser Wurzeln zu bilden, so erklärt Loewenberg, machte «Akte mentaler Erfindung einer legendären gemeinsamen Vergangenheit» erforderlich, die «gewöhnlich glorreich, aber manchmal auch von Verfolgung geprägt [ist], sowie die Unterdrückung der ‹Subnationen›, von Einheiten also, die kleiner sind als eine Nation».[16]

Menschliche Wesen haben stets in emotional zusammengehaltenen Großgruppen wie Stämmen oder Clans gelebt. Der Psychoanalytiker Erik H. Erikson schuf den Begriff *Pseudo-*

speciation (etwa Pseudo-Artbildung), um die Tendenz zu beschreiben, den eigenen Stamm oder die eigene ethnische Gruppe als menschlich darzustellen, während man die anderen Gruppen als untermenschlich ansieht. Erikson vermutete, daß primitive menschliche Wesen sich als Schutzmaßnahme gegen ihre unerträgliche Nacktheit die Schutzmaßnahmen niederer Tiere aneigneten, indem sie Tierhäute, Federn oder Klauen trugen. Auf der Grundlage dieser äußerlich getragenen Kleidungsstücke entwickelte jeder Stamm, jeder Clan oder jede Gruppe ein Identitätsgefühl und die Überzeugung, im Gegensatz zu den Nachbarn allein über menschliche Identität zu verfügen.[17]

Ursprünglich interessierten sich benachbarte Stämme in erster Linie für die Grundlagen des Überlebens, für den Wettbewerb um Nahrungsmittel und Güter. Als sich die Menschheit weiterentwickelte, wurden den Gegenständen, die zuvor nur zur Befriedigung der Grundbedürfnisse Ernährung, Wärmeversorgung und Bewaffnung gedient hatten und um die die Nachbarstämme miteinander konkurrierten, andere Bedeutungen zugeschrieben. Federn und Klauen etwa wurden nicht nur ihrer physischen Brauchbarkeit wegen geschätzt, sondern wurden wegen der psychologischen Nützlichkeit zu Symbolen, die beispielsweise die Selbstachtung steigerten. Diese Symbole spiegelten die bewußten und unbewußten Bedürfnisse und Wünsche der jeweiligen Gruppe wider und entwickelten sich langsam weiter zu Fahnen, Flaggen, Liedern, Kleidungsmoden und anderen kulturellen Indikatoren, die gemeinsame Identitäten am Leben halten und die reale und die mythische Geschichte der Gruppe reflektieren. Die gemeinsame Sprache, ein Gefühl der Zugehörigkeit zu dem Land, in dem ihre Vorfahren begraben waren, und eine gemeinsame Religion formten die Identität der Gruppe weiter und unterschieden sie von den anderen, den potentiellen Feinden.

Die starke Beschäftigung der Menschheit mit dem jeweils anderen taucht in frühen Dokumenten und Sprachen auf, in denen das Konzept mit den entsprechenden Nebenbedeutungen entwickelt wird. Die alten Chinesen beispielsweise betrachteten sich selber als Menschen und sahen andere Rassen als *kuei* oder Jagdgeister. In den Vereinigten Staaten nannten sich die Apachen selber *indeh*, «das Volk», und bezeichneten alle anderen als *indah*, «Feind».[18] Die Mundurucú im brasilianischen Regenwald unterteilen ihre Welt mit wenigen Ausnahmen in Mundurucú, die «Leute», und Nicht-Mundurucú, die *pariwat* oder Feinde sind.[19] In der englischen Sprache bezieht sich der Begriff *barbarian* auf Ausländer; mit anderen Worten also auf jene, die unzivilisiert und rücksichtslos sind und deren Werte sich von den eigenen unterscheiden. Obwohl Anthropologen weiterhin darüber diskutieren, ob die Ansicht «wir sind menschlich, und sie sind weniger als menschlich» universell ist, so ist diese doch sehr weit verbreitet. Der Dichter W. H. Auden schrieb in *The Sea and the Mirror*, wenn wir kein verhaßtes «sie» hätten, gegen das wir uns wenden können, gäbe es auch kein liebendes «wir», zu dem wir uns hinwenden können.[20]

Wenn eine Großgruppe mit einer anderen interagiert, dann wirkt das «Wir-Gefühl», ob es sich nun auf religiöse, ethnische, nationale oder rassische Zugehörigkeit bezieht, als eine unsichtbare Kraft in dem sich entwickelnden Drama. Es mag nützlich sein, diese verborgene Kraft mit einer physiologischen Grundfunktion wie dem Atmen zu vergleichen. Die meisten von uns sind sich des Atmens nicht bewußt, wenn unsere Lungen normal funktionieren. Aber wenn wir uns eine Lungenentzündung zuziehen, dann bemerken wir plötzlich jeden einzelnen Atemzug. In ähnlicher Weise interessieren sich die einzelnen Menschen gewöhnlich überhaupt nicht für ihre Großgruppenidentität, solange diese nicht bedroht wird. Wenn eine Gruppe sich im ständigen Konflikt, ja sogar im Krieg mit einer Nachbargruppe befindet, können sich ihre Mitglieder plötzlich ihrer Großgruppenidentität bis zu dem Punkt bewußt werden, an dem diese alle anderen Interessen, die individuelle Nöte und gar das Überleben betreffen, bei weitem überflügelt. Die Psychologie des Wir-Gefühls kann möglicherweise wertvolle Auskünfte darüber geben, wie und warum Großgruppenidentitäten als unsichtbare Kraft wirken können.

In seinem Werk *Massenpsychologie und Ich-Analyse*, seinem wichtigsten Beitrag zu diesem Thema, unterschied Sigmund Freud zwischen der Individualpsychologie – also den Belangen des einzelnen, die sich auf die Befriedigung und geistige Kontrolle über seine inneren Impulse (instinktiven Triebe) und Wünsche beziehen – und der Gruppenpsychologie. Die Gruppe, so stellte er fest, war nicht identisch mit der Summe ihrer Teile. Zunächst begann Freud mit der Untersuchung der Theorien des französischen Soziologen Gustave Le Bon vom Ende des 19. Jahrhunderts. Le Bon hatte behauptet, der einzelne verliere innerhalb einer Gruppe einen großen Teil seiner Besonderheit und handele statt dessen in Übereinstimmung mit den homogenen Bedürfnissen, die die Gruppe zusammenhalten.[21] Freud glaubte, daß die Auslöschung der Unterschiedlichkeit zwischen Individuen, zu der es unter der Vorherrschaft einer Kollektiveinheit kommt, auf die Befreiung von vormals unterdrückten, rassischen Bedürfnissen zurückzuführen ist, die die Gruppe hat. Wenn die Individualität ausgelöscht wird, kommen diese unbewußten Bedürfnisse im einzelnen an die Oberfläche. Da sie von anderen Mitgliedern der Gruppe geteilt werden und es sich tatsächlich um wesentliche Berührungspunkte zwischen ihnen handelt, wird die Gruppenidentität durch die Diktate dieser Wünsche geformt und es wird ihr eine Richtung gegeben.

Freud brachte die wachsende Beeinflußbarkeit unter den Gruppenmitgliedern mit der Libido in Zusammenhang, das heißt mit der Bildung und Aufrechterhaltung von Liebesbindungen. Da die irrationale Kapitulation des individuellen Intellekts die ebenso willentliche Verführbarkeit durch kollektive emotionale Impulse einschließt, vermutete er, daß dieser Austausch nur durch die Kraft der Libido zustande kommt. Wenn das Gruppengefühl sich aus Beziehungen herausbildete oder ergab, die auf dem Vorbild familiärer Beziehungen basierten, dann konnte die gleiche libidinöse Grundlage die Ursache für die Auslöschung der Einzigartigkeit des Individuums innerhalb der

Gruppe sein. Die Beeinflußbarkeit, durch die man anderen gestattet, übermäßigen Einfluß über das eigene Ich auszuüben, folgt dieser Auslöschung als eine Manifestation des libidinösen Drangs, sich mit einer Gruppe in Harmonie zu fühlen und nicht abseits zu stehen.

Freud betrachtete die Kirche und das Heer als Beispiele williger Aufgabe der Individualität. Beide sind künstliche Gruppen, die um die Autorität eines einzelnen Führers strukturiert sind und in denen die Mitglieder als gleich betrachtet werden, wobei die Gleichheit libidinös definiert ist. Gleich zu sein bedeutet hier, gleichermaßen geliebt zu werden, entweder von Christus oder vom Oberkommandierenden. Gleich zu sein heißt auch, andere Mitglieder der Gruppe zu lieben und sich mit ihnen zu identifizieren.

Individuen erwarten von der Gruppe, daß sie genau die vitalen Bedürfnisse befriedigt, die sie selbst befriedigen wollen. Diese Kongruenz führt sie dazu, die Gruppe zu idealisieren, sich mit ihr zu identifizieren und sie zu lieben. Die Menschen stellen ihr kritisches Denkvermögen zurück und überbetonen die Gruppenwerte. Demut und Unterwerfung treten an die Stelle der Einsicht, so daß viele, die sich des gleichen Liebesobjekts bedienen, mit dem Objekt und den Gruppenmitgliedern libidinös verbunden sind. Gruppenmitglieder wollen auch, daß eine Person sie führt. In einer bestimmten Weise ist der Mensch ein Herdentier, das nach Zugehörigkeit zu einer starken Gruppe unter einem starken Führer strebt.

Freud leitete seine Gruppentheorien in erster Linie vom Ödipuskomplex ab und sprach die Vermutung aus, daß jede Feindseligkeit zwischen einem Mitglied und dem Führer von diesem Mitglied in die Art von Loyalität und Unterwerfung transformiert werden muß, die aus einem erfolgreich gelösten ödipalen Konflikt resultiert. So wie sich der Sohn mit dem ödipalen Vater identifizierte, so identifiziert sich das Gruppenmitglied mit dem Führer.

Doch die Auffassung, man könne die Gruppenpsychologie einfach durch Analogie zum Ödipuskomplex veranschaulichen, ignoriert, daß sich die psychologische Struktur von Individuen sowohl in präödipalen als auch in späteren Stufen entwickelt, also zwischen der früheren individuellen Evolution und dem Beginn einer Gruppenpsychologie. Freuds Anwendung seines Wissens über die Entwicklung der Einzelpersönlichkeit auf die Gruppe ist zwar nützlich, aber unvollständig.

Unter einer gemeinsamen Belastung regredieren große Gruppen, wie es auch Individuen in solchen Fällen tun.[22] Sie fallen zurück in primitive Verhaltensweisen. Sie können dann die Umgebung als gefährlicher betrachten, als sie es ist, und andere als mächtiger ansehen, als sie es sind. Freuds Erklärung der Beziehung zwischen Führer und Gefolgsleuten im Heer oder in der Kirche ist auf die Untersuchung der Psychologie von ethnischen oder nationalen Gruppen anwendbar, wenn diese bedroht werden und regredieren. Sie reicht aber nicht aus, um die Beziehungen zwischen Führer und Geführten in normalen Situationen oder etwa die Rolle der Aggression beim Menschen zu erklären und etwas darüber auszusagen, wie und warum das Engagement in emotional zusammengehaltenen Großgruppen manchmal zu Massengewalttätigkeiten und schrecklichen Handlungen führt.

Um die Psychologie der Großgruppen in einer greifbareren Weise zu erklären, möchte ich hier gern die Analogie eines großen Zeltes aus Leinwand einführen. Man stelle sich vor, man habe von Kindheit an gelernt, zwei Schichten von Bekleidung zu tragen. Die erste Schicht paßt haargenau. Sie entspricht der Identität einer Person. Die zweite Schicht, die ethnische (die einer emotional verbundenen Großgruppe), ist eine lose Umhüllung, die das Individuum so schützt, wie ein Elternteil, ein nahestehendes Familienmitglied oder eine andere Bezugsperson ein Kind behütet. Weil dieser Teil der Bekleidung nicht eng anliegt, schützt er auch andere Mitglieder der Gruppe und ähnelt in einem gewissen Sinn einem großen Stoffzelt. Während eine Zeltstange oder ein Pfosten (der Führer) das Zelt aufrecht hält, stellt die Leinwand selber einen eigenen Beschützer der Gruppe dar. In ihrer Beziehung zu dem Zelt sind alle Gruppenmitglieder – ob männlich oder weiblich, ob reich oder arm – gleich. Sie sind nicht nur deshalb miteinander verbunden, weil sie den gleichen Führer lieben, sondern weil sie diese zweite Stoffschicht miteinander teilen, während sie immer noch die erste anhaben. Die Aufgabe des Führers (des Pfostens) besteht darin, das Zelt vor dem Zusammenbruch zu bewahren. Doch der Stoff des Zeltes überlebt viele Führer. In einem gewissen Maße werden Führer – in offener Wahl in einer demokratischen Gesellschaft und mit anderen Mitteln in anderen Gesellschaften – entsprechend der Natur der Zeltbahnen ausgewählt. Die Führer müssen sozusagen imstande sein, das Gewicht des Zeltstoffes zu tragen und auf die spezifischen Bedürfnisse der Gruppe zu reagieren. Die Reaktion der Führungsperson auf ihre eigenen inneren Wünsche und Veranlagung beeinflußt wiederum die Gefolgschaft. Umgekehrt schaffen die Kollektividentität und die Wünsche der Gefolgsleute eine Atmosphäre, die es einem bestimmten Typus von Führer gestattet, die Herrschaft zu erlangen.

Freuds Theorie der Gruppenpsychologie konzentriert sich in der Hauptsache auf die Massen von Individuen zu dem Zeitpunkt, da sie sich um den Zeltpfosten (den Führer) versammeln und sich miteinander identifizieren. Dazu kommt es, wenn die Gruppenmitglieder sich einer gemeinsamen Gefahr bewußt werden. Doch die Großgruppe schafft sich eine eigene Identität, und die Zeltbahnen repräsentieren die gemeinsame Identität der Großgruppe. Sie gewährt den Angehörigen der Gruppe in der gleichen Weise Schutz, wie eine Mutterhenne ihren Küken einen sicheren Zufluchtsort schafft, indem sie ihre Flügel ausbreitet.

Freuds Theorie muß erweitert werden, will man die gleichermaßen wichtige Rolle der Gruppenidentität erklären und deren psychologische Bestandteile überprüfen. Die Großgruppenidentität erklärt den Zusammenhalt von Gruppenmitgliedern in gefahrlosen Zeiten, in denen es keine Furcht oder Regression gibt, besser. Wenn es aber gemeinschaftlich geteilte Ängste und Regressionen gibt, dann sammelt man sich nicht nur um den Zeltpfosten, sondern die Mitglieder der Gruppe beschäftigen sich auch mit dem Reparieren und Flicken der Risse und Löcher in der Leinwand des Großgruppenzeltes. Tatsächlich besteht der Hauptgrund dafür, sich um den Zeltpfosten zu versammeln, darin, die Großgruppenidentität zu sichern. Unter gewissen Bedingungen können die Bemühungen um die Stabilisierung des Zeltes und die Reparatur der Leinwand nach einer Erschütterung auch gewalttätiges Massenverhalten umfassen.

▮▮▮

Freud blieb vorsichtig, wenn es darum ging, psychoanalytische Konzepte auf die Arbeitsfelder der Diplomaten anzuwenden. In einem Briefwechsel aus dem Jahr 1932, der unter dem Titel «Warum Krieg?» veröffentlicht wurde, fragte Albert Einstein Freud, ob es eine Methode gebe, die «Menschheit vom Verhängnis des Krieges zu befreien». Freud erwiderte, es gäbe keine Hoffnung, die aggressiven Neigungen der Menschheit auszuschalten.[23] Aber beide Korrespondenzpartner dieses Briefwechsels befürworteten eine zentrale Autorität wie den Völkerbund, den Vorläufer der Vereinten Nationen, zur Überwachung der weltpolitischen Angelegenheiten und zur Aufrechterhaltung des Weltfriedens. Freud war von seinem Briefwechsel mit Einstein enttäuscht, und er war vom Völkerbund enttäuscht.

Seit Freud hat eine ganze Reihe von Psychoanalytikern Beiträge zur Psychologie der Großgruppen geliefert. Doch haben diese Beiträge im allgemeinen von kollektiven Ausdrucksformen der inneren Impulse des Individuums gehandelt. Weder die Erklärung, Kriege seien aufgrund der aggressiven Triebe der Menschen unvermeidlich, noch die Theorie, ein Staat werde mit einem Elternteil oder manchmal auch mit der eigenen Persönlichkeit gleichgesetzt, war von größerem praktischen Nutzen für die Außenpolitik. 1971 forderte dann der deutsche Psychoanalytiker Alexander Mitscherlich seine Kollegen eindringlich auf, sich an Forschungen über das kollektive Verhalten von Gruppen in Zusammenarbeit mit Wissenschaftlern anderer Fachgebiete zu beteiligen. Er warnte die Psychoanalytiker davor, sich selber auf einen ausschließlich medizinischen oder klinischen Standort zu beschränken. Wenn sie ihre Horizonte nicht erweiterten, so behauptete Mitscherlich, werden sich die Psychoanalytiker in eine selbstgeschaffene Isolation begeben.[24] Sein Plädoyer wurde jedoch weitgehend ignoriert. Interessanterweise war es sechs Jahre später ein Politiker, der ägyptische Präsident Anwar el-Sadat, der indirekt eine Einladung an Psychologen und Psychiater aussprach, Seite an Seite mit Diplomaten zu arbeiten. Dies führte zu neuen psychoanalytischen Einsichten über emotional zusammengehaltene Großgruppenidentitäten und Verhaltensweisen, die praktische diplomatische Konsequenzen haben könnten.

2

▯▯▯

Anwar el-Sadat reist nach Jerusalem: Die Psychologie internationaler Konflikte aus der Nähe betrachtet

Im Jahre 1977 überraschte der ägyptische Präsident Anwar el-Sadat die politische Welt mit der Ankündigung, er werde nach Israel reisen. Angesichts der spannungsgeladenen arabisch-israelischen Beziehungen zu jener Zeit erschien eine derartige Absicht als kühn, ja beinahe unvorstellbar, und viele Israelis glaubten nicht, daß Sadats Besuch Wirklichkeit werden würde. Als sein Flugzeug am 19. November in Israel landete, standen bewaffnete israelische Soldaten heimlich zum Eingreifen bereit. Bis zu dem Moment, da Sadat israelischen Boden betrat, gab es den Verdacht, die Ägypter könnten ein Kamikazeflugzeug ins Herz Israels schicken.

Am nächsten Tag sprach Sadat vor dem israelischen Parlament, der Knesset, und brachte den Wunsch zum Ausdruck, über politische Alltagssorgen hinaus zu einer tiefergehenden Versöhnung zu gelangen:

> Doch es gibt noch eine weitere Mauer. Diese Mauer ist eine psychologische Barriere zwischen uns. Eine Barriere des Verdachts, eine Barriere der Zurückweisung,

eine Barriere der Furcht, der Täuschung,
eine Barriere der Halluzination ohne jede
Handlung, Tat oder Entscheidung.
Eine Schranke der verzerrten und verstüm-
melten Interpretation jedes Ereignisses und
jeder Stellungnahme. Und es ist diese psychologische Sperre, von der ich in offiziellen Äußerungen gesagt habe, sie stelle mehr
als 70 Prozent des gesamten Problems dar.
Durch meinen heutigen Besuch bei Ihnen
möchte ich danach fragen, warum wir uns
die Hände nicht voller Glauben und Ernst-
haftigkeit reichen, so daß wir gemeinsam
diese Schranke niederreißen können?[1]

Sadats Äußerung bedeutete nicht nur einen großen Schritt zur
Überwindung uralter Differenzen zwischen zwei Gruppen,
sondern führte in den Vereinigten Staaten auch zur Bereitstel-
lung von Mitteln zum Studium der psychologischen Barriere,
die «70 Prozent» des arabisch-israelischen Problems darstellte.
Eine Gruppe innerhalb der American Psychiatric Association –
die später als Committee on Psychiatry and Foreign Affairs bekannt wurde – organisierte sechs große und zahlreiche kleinere
Zusammenkünfte in den Vereinigten Staaten, dem Nahen Osten
und an verschiedenen Orten Europas, die dem Versuch galten,
die Elemente dieser Mauer verstehen zu lernen. Palästinenser
von der Westbank und aus Gaza nahmen ab 1983 an diesen Zusammenkünften teil. Die Amerikaner, meist Psychiater und
auch einige Diplomaten, teilten sich unter den kleinen Gruppen
auf und agierten dort als Katalysatoren, die den Dialog in Gang
hielten, Widerstände auflösten und für eine Atmosphäre der Zusammenarbeit sorgten.[2] Zu den israelischen, ägyptischen und
palästinensischen Delegierten gehörten ebenfalls Psychiater,
Diplomaten (wie der ägyptische Botschafter Tahseen Basheer),
frühere hohe Offiziere (wie General Shlomo Gazit, der frühere
israelische Spionagechef und Planer der Befreiungsaktion von

Entebbe im Jahr 1976) und Inhaber öffentlicher Ämter (wie Bürgermeister Elias Frej aus Bethlehem).

Die Untersuchung des arabisch-israelischen Konfliktes aus einer psychologischen Perspektive während der sechsjährigen Phase von 1980 bis 1986 schuf eine Umgebung, die es, wie der frühere stellvertretende amerikanische Außenminister Harold Saunders sagte, möglich machte, daß «Ideen in der Luft lagen»: Es entstanden kreative neue Methoden, friedliche Lösungen für ein internationales Problem zu formulieren. Die Lösungsvorschläge kamen nicht aus der offiziellen Regierungspolitik, aber sie entwickelten sich innerhalb eines wachsenden Kreises von einflußreichen Leuten, die die Politik beeinflussen konnten. Saunders erkannte, daß die Entscheidungsträger in den Regierungen, wenn sie sich einmal für eine politische Linie entschieden haben, sich allen entgegensetzen, die eine neue Linie vorschlagen. Doch sobald deutlich wird, daß die übliche Politik ineffektiv ist, suchen die politischen Entscheidungsträger zuerst in der allgemeinen Stimmungslage nach neuen Inspirationen.

Die Zusammenkünfte schufen dauerhafte Beziehungen zwischen den Teilnehmern, die wegen ihres Einflusses daheim dazu beitrugen, den Dialog zur Schaffung einer friedlichen, aber realistischen Koexistenz mit ihren Feinden auszuweiten. Einige Teilnehmer dieser Konferenzen wie Shimeon Shamir, der israelischer Botschafter in Ägypten und später in Jordanien wurde, waren später offiziell als Diplomaten tätig.

Als die israelischen und ägyptischen Repräsentanten erstmals im Januar 1980 in den Vereinigten Staaten zusammentrafen, begannen sie zunächst damit, die ihnen von der jeweils anderen Gruppe in der Vergangenheit angetanen Ungerechtigkeiten ins Gedächtnis zu rufen, als gehe es darum, in einem Wettstreit darüber anzutreten, wer denn mehr gelitten habe. Es handelte sich hier im wörtlichen Sinne um einen Wettbewerb: Die Vertreter beider Seiten unterbrachen einander und weigerten sich sogar, der anderen Seite zuzuhören. Emotionen, die sich auf ungerechte oder demütigende Ereignisse in der jüngsten Vergangenheit bezogen, weckten Erinnerungen an ähnliche Vorgänge in weit, ja teilweise Jahrhunderte zurückliegenden Zeiten.[3] Viele Hinweise auf historische Ereignisse schienen ohne schlüssige Verbindung zum gegenwärtigen arabisch-israelischen Konflikt zu sein. Es wurden historische Leiden in Erinnerung gerufen, die den gegenwärtigen Feind mit Feinden aus der Vergangenheit in Verbindung brachten. Die Israelis wiesen auf die Tatsache hin, daß August Rohlings *Protokolle der Weisen von Zion*, das schlimmste Produkt der antisemitischen Haßliteratur, ins Arabische übersetzt und in Tausenden von Exemplaren verbreitet wurde. Selbst wenn die ägyptischen Vertreter bei dieser Konferenz weder Rassisten waren noch der Verbreitung von Haßliteratur zustimmten, so brachten die Israelis sie dennoch indirekt mit europäischen Antisemiten in Zusammenhang. Der Kern der Wahrheit, daß nämlich einige Araber tatsächlich Rohlings Machwerk übersetzt hatten, machte es den Israelis nur leichter, zwei unterschiedliche Gruppen von Leuten, nämlich ihre früheren und ihre gegenwärtigen Feinde, miteinander in Verbindung zu bringen. Als die Araber mit Hinweisen auf Haßliteratur über sie in Israel konterten, beeindruckte dies die Israelis, was nicht verwundert, keineswegs.

Dieser Wettbewerb um die Aufzählung historischer Unrechtstaten schien sich ungewollt zu ergeben. Ganz selten gab es Mitgefühl für die Leiden der «feindlichen» Gruppe (ob nun der Israeli oder der Ägypter); statt dessen zeigte sich die Unfähigkeit, sich mit den Qualen der anderen zu identifizieren. Es gab nur ein ganz isoliertes Interesse an der eigenen Hilflosigkeit und den eigenen Verlusten. In einer bestimmten Weise vergrößerte die Heraufbeschwörung vergangener Unrechtstaten die aktuelle Vorstellung, Bedrohungen und Gefahren ausgesetzt zu sein. Sie verstärkte auch das Gefühl der Gruppenidentität unter den Beteiligten, die allem Anschein nach an der Notwendigkeit festhielten, sich auf sich selbst zu konzentrieren und in erster Linie auf Erfahrungen der Vergangenheit, und seien sie auch negativer Art, zurückzugreifen.

Anfänglich griffen die Moderatoren der Debatte häufig zu

früh in den Fluß der Aufzählung von Leiden ein und versuchten, emotionale Angriffe zu unterbinden. Aber es gelang ihnen nur zeitweise, einen Themenwechsel herbeizuführen. Der intensive Wettbewerb kam am dritten Tag der Tagung abrupt zum Ende, und dies nicht wegen irgendeiner «therapeutischen Maßnahme», sondern wegen einer spontanen Interaktion zwischen einem ägyptischen Mann und einer israelischen Frau. Der Wendepunkt ergab sich in einem der Kleingruppengespräche, seine Auswirkungen verbreiteten sich aber bald auf alle Beteiligten. Er entsprang der plötzlichen Erkenntnis, daß alle Beteiligten ein negatives und bedrohliches Gefühl miteinander verband: Angst. Jede Gruppe hatte ihre eigene mentale Vorstellung von den Leiden der Vergangenheit. Aber wenn man ähnliche Gefühle für derlei Erfahrungen miteinander teilte, hieß das nicht, daß man die Unterschiede zwischen Israelis und Ägyptern auslöschen mußte: Beide Seiten konnten durchaus ihre Gruppenidentitäten behalten und gleichzeitig Mitgefühl mit der anderen Gruppe empfinden. Als beide Gruppen dies einmal erkannt hatten, schuf die gegenseitige Anerkennung der Leiden und der Furcht der anderen eine positive Atmosphäre für gemeinsame Diskussionen.

Die bedeutsame Wende ergab sich aus ganz bescheidenem Anlaß. Abd El Azim Ramadan, Historiker der Monofeia-Universität in Kairo und Journalist, beherrschte die Diskussion in seiner Kleingruppe, indem er die Vorteile eines Palästinenserstaats hervorhob, ohne anderen überhaupt eine Chance zu geben, ihre Meinung vorzutragen. Ramadan stellte sich als ein religiöser und ernsthafter Sozialist und gleichzeitig als Antizionist dar. (In späteren Begegnungen, als er die Israelis nicht mehr als Bedrohung für sich selbst oder für Ägypten begriff, zeigte sich eine andere Seite von Ramadans Persönlichkeit: Er besaß Humor und Witz.) Nechama Agmon, eine Kinderpsychiaterin aus Jerusalem, unterbrach Ramadans Monolog und fragte, wie er sie davon überzeugen könne, daß ihre Angst vor einem Palästinenserstaat unbegründet sei. Agmon stammte aus Atorat, das in der Nähe von Jerusalem und der arabischen Stadt Ramallah liegt. In

Atorat hatte Agmon friedliche Zeiten erlebt, als die in der Nähe lebenden Araber und die Israelis Freunde waren, und sie hatte Zeiten des Konflikts kennengelernt, in denen die Felder der Umgebung mit Blut getränkt waren. Ramadans Ausführungen hatten in ihr alte Ängste wiedererweckt, die besonders einen arabischen Angriff im Jahr 1929 betrafen, als eine britische Truppeneinheit, die versprochen hatte, die Einwohner von Atorat zu schützen, dies nicht tat. Agmon übertrug ihre Gefühle aus der Vergangenheit auf eine Fragestellung der Gegenwart, nämlich die der Bildung eines Palästinenserstaats, und wollte nun wissen, wie Ramadan ihre Befürchtungen ausräumen könne. Ramadan antwortete: «Ich glaube nicht, daß ihr Israelis Angst gehabt habt. Israelis kennen gar keine Angst.» Agmon war darüber entsetzt, und dieser Wortwechsel bedeutete das schnelle Ende der Begegnung an jenem Tage.

Doch am nächsten Morgen bat Ramadan vor der gleichen Kleingruppe um das Rederecht. Er hatte die ganze Nacht nicht schlafen können und über das Geschehene nachgedacht. Während er schlaflos dalag, rang er mit der Frage, ob er Agmon vertrauen könne und ob die Israelis wirklich so furchtlos seien, wie er so lange geglaubt hatte. Er beschloß, den Koran zu Rate zu ziehen, und er fand dort drei Stellen, in denen von der Angst des Moses die Rede war. Diese Textpassagen las er nun der Gruppe in arabischer und in englischer Sprache vor. Und er fügte dann hinzu: «Ich habe nie gedacht, daß Moses Furcht gekannt hat. Nun aber weiß ich, wenn Moses Angst gehabt hat, dann kann es bei Ihnen auch der Fall gewesen sein. Also glaube ich Ihnen, Nechama.»

Oberflächlich betrachtet mag man erwarten, daß Ramadan erfreut darüber war zu erkennen, daß ein Mitglied der feindlichen Gruppe ein derart negatives Gefühl wie die Furcht kannte, aber zunächst war er unfähig, diese Möglichkeit zu akzeptieren. Seine Weigerung schien zum Ausdruck zu bringen, daß er es nicht dulden konnte, mit dieser Frau das Gefühl zu teilen, Opfer zu sein. Als er dann Agmons Furcht anerkannte, gestand er damit den Israelis zu, Unrecht erlitten zu haben, und damit stellte er den Status der Ägypter als einziger wirklich verletzter Gruppe in Frage.

Aber der Austausch hatte noch eine tiefere psychologische Bedeutung: Ramadans Bestehen darauf, daß die Israelis keine Furcht kennen, war ein Ausdruck seiner Überzeugung, daß die Israelis im Unterschied zu den Ägyptern gefühllos seien, sie waren eben «keine Menschen». Als Folge der direkten Zusammenkunft mit seinem «Feind» und der Entdeckung einer unerwarteten Empathie für Agmon suchte er im Koran nach Hilfe. Er erlebte die plötzliche Verbindung zwischen emotionaler Erfahrung und intellektuellem Verstehen, die die Israelis wieder zu Menschen machte. Nachdem er ihre menschliche Identität anerkannt hatte, mußte Ramadan auch zugestehen, daß sie Leid und damit zusammenhängende negative Gefühle ertragen mußten.

Unter normalen Umständen betrauern die Menschen mit der Zeit Verluste – von Menschen, Land, Prestige –, die mit traumatischen Ereignissen in der Vergangenheit verbunden sind, und arbeiten sich durch Gefühle der Angst, der Hilflosigkeit und der Erniedrigung. Zu trauern und sich einen Weg durch die Auswirkungen eines Unrechts zu bahnen sind Anzeichen für die allmähliche Akzeptanz einer Veränderung. Die «verlorenen» Komponenten – etwa ein Elternteil oder ein Land – existieren in der aktuellen Realität nicht länger; sie können die Wünsche der Trauernden nicht mehr befriedigen.

Die traumatischen Ereignisse der Vergangenheit, wie sie bei den von der American Psychiatric Association geförderten arabisch-israelischen Gesprächen erwähnt wurden, klangen so, als hätten sie gerade am Tag zuvor stattgefunden. Die Gefühle, die mit ihnen verbunden waren, erwiesen sich als so frisch, daß deutlich wurde: Eine wirkliche Trauer um die Verluste, die mit diesen Ereignissen verbunden waren, hatte noch nicht stattgefunden. Darüber hinaus handelten die Vertreter gegnerischer Gruppen, als wären sie persönlich Zeugen solcher Ereignisse gewesen, selbst wenn einige dieser Geschehnisse bereits stattgefunden hatten, als sie noch gar nicht geboren waren.

Dies stellt ein Beispiel für den Zusammenbruch des Zeitgefühls dar, bei dem Interpretationen, Phantasien und Gefühle über ein gemeinsames, geteiltes Trauma aus der Vergangenheit sich mit jenen vermischen, die die Gegenwart betreffen. Unter dem Einfluß eines Zusammenbruchs des Zeitgefühls können Menschen möglicherweise vergangene Ereignisse noch intellektuell von gegenwärtigen unterscheiden, doch emotional wird eine Verbindung zwischen den beiden Begebenheiten hergestellt.

3

Gewähltes Trauma:
Unaufgelöstes Trauern

Menschen können Veränderungen nicht akzeptieren, ohne über das Verlorengegangene zu trauern. Das Trauern stellt eine unbewußte Reaktion dar, zu der es beim Verlust eines geliebten Menschen oder einer geliebten Sache kommt, oder wenn ein Verlust unmittelbar bevorsteht, so etwa, wenn ein Elternteil im Sterben liegt. Wir trauern aber auch über den Verlust von Personen und von Dingen, die wir hassen, denn wie die Liebe verbindet uns auch der Haß miteinander. Die menschliche Natur verleiht uns eine schmerzhafte, aber letztlich effektive Methode, unsere früheren Bindungen loszulassen, uns innerlich der Abwesenheit von verlorengegangenen Menschen oder Dingen anzupassen und unser eigenes Leben fortzusetzen. Wenn wir mit der Trauerarbeit aufhören, dann haben wir neuen Schwung und eine Befreiung, die sich darin ausdrücken können, daß wir uns auf neue Projekte einlassen und neue Freundschaften pflegen.[1]

Die typische Trauer von Erwachsenen beim Tod eines geliebten Menschen setzt sich aus zwei Stufen zusammen. Zunächst kommt es zu einer Trauerkrise. Diese ereignet sich während der ersten paar Monate nach dem Tod. Sie ist geprägt durch Schock, Verleugnung, Trauer und Schmerz darüber, daß man den Kontakt zu dem Verstorbenen verloren hat. Es ist wichtig, auf dieser ersten Stufe Wut zu empfinden. Es handelt sich dabei in Wirklichkeit um einen Schrei der Empörung, als wolle man sagen: «Wie kannst du es wagen, mich zu verlassen!» Diese Wut wird dann oft umgeleitet und gegen andere gerichtet – gegen Verwandte beispielsweise oder gegen einen Arzt, der die verstorbene Person behandelt hat. Die Wut markiert die Erkenntnis, daß das Verlorengegangene niemals zurückkehren wird.

Doch bereits vor dem Ende der ersten Stufe setzt die zweite Stufe ein, die gewöhnlich als «Trauerarbeit» bezeichnet wird.[2] Sie zielt darauf ab, den Trauernden an die gewandelte Wirklichkeit anzupassen. Während der zweiten Stufe beginnt eine innere Überprüfung von Hunderten von Erinnerungen und den mit ihnen verbundenen Gefühlen. All dies ist ebenfalls schmerzvoll und wird doch von der emotionalen Akzeptanz des Verlustes begleitet. Dieser Prozeß ermöglicht es dem Trauernden, seine Beziehung zu der toten Person in eine Erinnerung zu verwandeln, die nicht mehr andere Gedanken überschattet.[3]

Der Trauerprozeß eines Erwachsenen ähnelt dem Verheilen einer Wunde. Der Vorgang benötigt Zeit und vollzieht sich allmählich. Das Trauern endet dann gewöhnlich im Laufe etwa eines Jahres nach wichtigen Jahrestagen – einer Heirat, einer Geburt oder eines Urlaubs –, die ohne die verstorbene Person erlebt werden. Aber wie eine Einzelperson auf Verlust oder Veränderung reagiert, hängt von einer Vielzahl äußerer oder innerer Umstände ab. Wenn es auf irgendeiner dieser Stufen des Trauerprozesses Komplikationen gibt, dann können diese die Verarbeitung des Verlustes verhindern. Ein plötzlicher Todesfall beispielsweise erschwert gewöhnlich die Reaktion des Trauernden, weil er psychologisch darauf nicht vorbereitet ist. Todesfälle durch Selbstmord, Mord oder Totschlag machen die Anpassung ebenfalls sehr schwierig, manchmal sogar unmöglich. Das gleiche gilt für Gefühle der Schuld, der Scham, der Erniedrigung und der Hilflosigkeit, wenn diese mit dem Tod zusammenhängen. Je stärker ein Individuum von einem geliebten Menschen abhängt, desto schwerer wird es ihm fallen, um die verlorengegangene Person zu trauern.

Wenn das Trauern seinen erwarteten Verlauf nimmt, dann identifiziert sich der Trauernde mit bestimmten Aspekten der verstorbenen Person, etwa mit deren Idealen und Aufgaben. Auf diese Weise wird der Trauernde von dem Verlorengegangenen weniger abhängig, und es ist ihm möglich, die verstorbene Person loszulassen. (Eine Analogie dazu stellt die Identifizierung mit einem Lehrer dar, wenn ein Schüler versucht, ein bestimmtes Maß an Wissen zu beherrschen. Wenn das Wissen vermittelt oder das Problem einmal gemeistert ist, benötigt der Schüler den Lehrer nicht mehr.) Eine starke Identifizierung mit Aspekten eines verstorbenen Menschen ist ein grausames Geschenk wegen des Schmerzes, der mit dem Trauerprozeß verbunden ist.

Aber nicht alle Trauerprozesse verlaufen so glatt. Das Trauern kann auch dazu führen, daß ein Trauernder seinen Schmerz in Depressionen verwandelt. In diesem Falle vollzieht der Trauernde eine schlechte Identifikation mit dem Bild der toten Person; er identifiziert sich unterschiedslos, sowohl mit den geliebten als auch mit den verhaßten Aspekten des Verstorbenen. Unbewußt möchte der Trauernde gleichzeitig das Bild des Verstorbenen bewahren und zerstören. Daraus ergibt sich ein endloser innerer Kampf, und dieser wird als Depression und Schuldgefühl erlebt, weil man sich vom Bild des Verstorbenen lösen möchte. Der depressiv Trauernde leidet mit der Absicht, eine Beziehung zum Objekt der Trauer herzustellen, das «in seinem Inneren» begraben ist.

Manchmal machen Komplikationen beim Trauern Menschen zu ewig Trauernden. Sie bleiben Jahr um Jahr ganz von einer ambivalenten Vorstellung über den Verstorbenen beherrscht, aber sie sind nicht im üblichen Sinn depressiv, weil sie sich nicht wirklich mit diesem Bild identifizieren. Ewig Trauernde leben symbolisch in der Welt des Toten, sie führen noch Jahre nach dem Todesfall innere Gespräche mit dem Bild der toten Person.

Sie können auch Beziehungen zu bestimmten Besitztümern des Toten aufbauen, als handele es sich hierbei um magische Dinge. Das Taschentuch oder die Uhr des verstorbenen Vaters können beispielsweise mit den Emotionen seines Sohnes besetzt werden, der diese Dinge in eine Schublade einschließt. Er kann sie weder benutzen noch reparieren, aber er muß stets wissen, wo sie sich befinden. Solche verbindenden Objekte stellen die Brücke zwischen dem ewig Trauernden und dem Toten dar. Das verbindende Objekt wird zu einem Treffpunkt zwischen dem Trauernden und der verstorbenen Person. Der stets Trauernde bleibt unbewußt in einem Schwebezustand: Er kann den Toten ins Leben zurückbringen, indem er sich durch das vermittelnde Objekt auf ihn bezieht, oder er kann ihn «töten», indem er das symbolische Objekt wegwirft, um mit seiner Trauerarbeit fortzufahren. Aber er bringt keine dieser Handlungen zu Ende und verbleibt statt dessen in einem ständigen Trauerzustand. Es gibt beispielsweise Mütter, die das Bett ihres verstorbenen Kindes Abend für Abend aufschlagen, selbst wenn sie vom Verstand her wissen, daß das Kind nie wieder zurückkehren wird.[4]

Wie Einzelpersonen oder Familien trauern auch Großgruppen. Die Mitglieder einer Gruppe, die einen gemeinsamen Verlust erlitten haben, durchlaufen einen ähnlichen psychologischen Trauerprozeß. Als die Bilder der Explosion der Raumfähre Challenger am 28. Januar 1986 über die Bildschirme flimmerten, betraf dieser Verlust die Amerikaner in ganz persönlicher Weise. Zum Zeitpunkt dieser Tragödie behandelte ich gerade einen Patienten, dessen ältere Schwester einige Jahre zuvor plötzlich gestorben war. Die Reaktion meines Patienten auf die Explosion der Challenger drehte sich um die Astronautin, Christa McAuliffe, die wie die Schwester dieses Mannes eine Lehrerin gewesen war. Die Trauer meines Patienten über McAuliffe führte zu einer Erneuerung der nicht zu Ende geführten Trauer um seine eigene Schwester.

Die Challenger-Katastrophe beschwor auch eine kollektive

Reaktion herauf. Frau McAuliffe hatte das Privileg, die Challenger-Astronauten begleiten zu dürfen, durch einen Wettbewerb errungen, den die National Aeronautics and Space Administration (NASA) veranstaltet hatte; sie sollte vom Weltraum aus Unterricht erteilen. Überall in den Vereinigten Staaten saßen Kinder in ihren Klassenzimmern bereit, um sie am Bildschirm zu sehen, statt dessen explodierte die Weltraumfähre vor ihren Augen.

Kurz nach diesem Unglück begannen die Amerikaner von der Ostküste bis zur Westküste allerorten damit, die gleichen geschmacklosen Witze zu erzählen. Frage: Wie kann man beweisen, daß die Challenger-Astronauten Schuppen hatten? Antwort: Am Strand wurden ihre *Head and Shoulders* gefunden (dt. Kopf und Schultern, ein amerikanisches Shampoo gegen Schuppen). Psychologisch gesehen, signalisierten dieser und andere grausame Scherze den Beginn des Gruppentrauerns. Witze machten die Trauer erträglich, indem sie Lachen hervorriefen, und halfen den Amerikanern dabei, die tragische Realität zu akzeptieren. Indem sie die Witze erzählten oder anhörten, versuchten die Amerikaner auch, mit ihrem Schock über das Versagen der US-Technologie fertig zu werden. Es war zu einem Vertrauensverlust gekommen, und die Leute mußten sich der neuen Lage anpassen.

Kurze Zeit nach der Challenger-Katastrophe erwies sich die Bedeutung von Witzen zur Beschwichtigung von Trauergefühlen erneut, als die Stadt Mexiko von einem Erdbeben heimgesucht wurde. Mitten in der Stadt stürzten zahlreiche Gebäude ein. Ich flog dorthin, um die Gruppenreaktion auf diese Katastrophe zu untersuchen. Kurz nach meiner Ankunft fragte mich mein Gastgeber, ob ich den Unterschied zwischen Mexiko-Stadt und einem Krapfen kenne? Die Antwort lautete: In beiden Fällen fehle das Innere. Dies war ein grausamer Scherz, der wiederum den Beginn des Trauerns widerspiegelte.

In den Fällen der Challenger-Explosion und des Erdbebens von Mexiko-Stadt war die Gruppentrauer eine relativ unkomplizierte Angelegenheit. Es gab keine chronischen gesellschaftlichen Wunden, die zurückblieben. In solchen Fällen läßt sich die Gesellschaft nach dem anfänglichen Schock und Versuchen, Gefühle des Verlustes umzukehren, auf religiöse und kulturelle Rituale ein, die im Laufe der Zeit mit abnehmender Intensität an den Jahrestagen solcher Ereignisse wiederholt werden. Die kollektive Trauerarbeit wird schließlich immer schwächer, und die Anpassung der Gesellschaft án diese gemeinsamen Verluste geschieht im allgemeinen stillschweigend.

Doch bei bestimmten Arten von Tragödien kommt es zu komplizierteren Prozessen von Gruppentrauer. Dies geschieht dann, wenn ein größerer Teil einer Gruppe direkt betroffen ist oder der Verlust einen länger andauernden Schaden verursacht. In Reaktion auf die Morde an führenden Persönlichkeiten wie John F. Kennedy und Martin Luther King beispielsweise haben die Medien dazu beigetragen, einen schrittweisen Gruppentrauerprozeß durch die ritualisierte Beachtung von Jahrestagen zu fördern.

Wenn es sich um ein besonders schweres gemeinsames Trauma handelt, wie es bei den Verlusten von Kennedy und King der Fall war, können sich die Gedenkaktivitäten über viele Jahre hinziehen. Die Reaktion Amerikas auf den Tod von Söhnen und Töchtern im Vietnamkrieg reichte ebenfalls tief, aber sie kam nicht voll zum Ausdruck, bis schließlich viele Jahre später das Vietnam War Memorial in Washington D.C. errichtet wurde.[5] Ein großer Teil des Traumas, welches der Vietnamkrieg ausgelöst hatte, befand sich bereits durch seine Verarbeitung im Film, in der Literatur und durch ständige Aktivitäten in Politik und Medien im Prozeß der Auflösung. Trotzdem kommt dem Bau von Monumenten nach großen kollektiven Verlusten ein eigener Platz innerhalb des gesellschaftlichen Trauerns zu. Derlei stellt beinahe eine psychologische Notwendigkeit dar. Gebilde aus Stein oder Metall funktionieren als Bindeglieder, die die Gruppe zusammenhalten. Ihre uneingeschränkte Haltbarkeit macht sie zu psychologischen Räumen, die Emotionen bewahren und begrenzen.

Die amerikanischen Verluste im Vietnamkrieg waren hoch,

und die Gedenkstätte trug sehr stark dazu bei, den Trauerprozeß zu unterstützen, der die Verletzungen heilen ließ. Doch in anderen Situationen kann gemeinsam erlittenes Unheil die Mitglieder einer Gruppe verwirrt, hilflos und allzu ängstlich zurücklassen. Sie sind dann zu furchtsam, gedemütigt und zornig, um den Trauerprozeß zu vollenden oder überhaupt erst beginnen zu lassen. In diesen Fällen können die Gruppenmitglieder ihre Passivität gegenüber dem Ereignis nicht in konstruktive Reaktion umwandeln.

Schweres Unheil ruft nicht nur starke Gefühle der Hilflosigkeit hervor, sondern schafft auch noch eine andere Art von Verlust, die der Soziologe Kai T. Erikson den Zusammenbruch «des Gewebes der Gemeinschaft» genannt hat.[6] Zwei Arten von Ereignissen können solche Auswirkungen haben. Die erste Gruppe schließt natürliche (z. B. einen Taifun) oder von Menschen gemachte Katastrophen (z. B. Tschernobyl) ein, bei denen jene, die leiden, nicht das Gefühl haben, bewußt von anderen zur Aufopferung oder zur Bestrafung ausgewählt worden zu sein. Die Hilflosigkeit, die sich hier ergibt, ist nicht begleitet von Erniedrigung oder einem Verlust an menschlicher Würde. Solche Katastrophen betreffen gewöhnlich nur ein begrenztes geographisches Gebiet, und nicht jedes Mitglied der Großgruppe spürt die Auswirkungen unmittelbar.

Bei der Katastrophe von Buffalo Creek im Februar 1972 brach ein Damm aus Schlacke in den Bergen von West Virginia zusammen. Ein mehr als 25 Kilometer langes Tal mit 16 Ortschaften und vielen Lagerplätzen für Kohle wurde überschwemmt. Dabei kamen 127 Menschen um. Der Damm war aus dem Abraum der Kohleförderung errichtet worden, und sein plötzlicher Zusammenbruch löste Flutwellen aus, die bis zu 10 Meter hoch waren. Die Überlebenden waren wie betäubt; sie konnten keine Beziehungen zueinander aufbauen. Außerdem fühlten sie sich schuldig und machten sich Vorwürfe, weil sie überlebt hatten, während andere gestorben waren. Langfristig konnten sie sich trösten, indem sie dem Geschehen eine höhere Bedeutung zuschrieben (also beispielsweise erklärten, es habe sich hier um Gottes Willen gehandelt[7]). Nach einem Ereignis wie der Katastrophe von Buffalo Creek kommt es sogar vor, daß sich eine Gemeinschaft durch eine steigende Geburtenrate regeneriert.[8]

Die zweite Art von Ereignis, die das «Gewebe der Gemeinschaft» schädigt, wird durch eine andere Gruppe von Menschen, den Feind, oftmals eine Nachbargruppe, verursacht. Im Jahre 1992 arbeiteten Neal Kight und Harold Bare, zwei Geistliche aus Charlottesville, Virginia, an einem Projekt mit Navajo-Indianern mit. Eine örtliche Zeitung interessierte sich für ihre Arbeit und schickte einen ihrer Reporter, David A. Maurer, zu ihnen, um die beiden zu interviewen. Die Pastoren machten Maurer deutlich, daß sie glaubten, daß für viele Navajos die Zeit im Jahr 1864 stehengeblieben ist, als Kit Carson und seine Leute ihre Lebensgrundlage zerstörten. Im Laufe jenes Jahres verloren etwa 8000 Navajo-Indianer in New Mexico ihre Häuser, als US-Soldaten unter der Leitung von Carson ihren Besitz niederbrannten und zerstörten. Die Indianer wurden dann zu einem beinahe 500 Kilometer weiten Marsch bis nach Fort Sumner in New Mexico gezwungen, wo man sie unter grausamen Bedingungen vier Jahre lang gefangenhielt. Während des Marsches und der Gefangenschaft starben 2500 von ihnen. Dieser Marsch wurde unter dem Namen «Der Lange Marsch» bekannt. Pastor Bare bemerkte dazu:

> Die Navajo berichteten mir über den «Langen Marsch», und zuerst dachte ich, sie erzählten von einem Ereignis, das erst am Vortag geschehen sei. Ich war wirklich überrascht, als mir klar wurde, daß sie über etwas sprachen, das sich vor mehr als 125 Jahren abgespielt hatte... Für die Indianer ist der «Lange Marsch» so real wie die Morgensonne.[9]

Weil ihre große Heimsuchung ihre Zahl derart verminderte, waren die Navajo, die den «Langen Marsch» überlebten, gezwungen, die Erinnerung an die Tragödie und ihre Gefühle darüber an ihre Nachkommen weiterzugeben, als könnten spätere Generationen die Trauer ausleben und die Anpassung an das Leben nach der Tragödie zum Abschluß bringen, die ihre Vorfahren nicht vollziehen konnten.

Diese Art von Trauma verschärft Gefühle der Erniedrigung und der Hilflosigkeit, die posttraumatische Belastungsreaktionen (posttraumatic stress disorder PTSD) auslösen können. Bei der PTSD bleibt die verinnerlichte Variante des Traumas, lange nachdem die überwältigende physische Gefahr verschwunden ist, in den Köpfen der Opfer bestehen. Die Geschädigten erleben das Trauma erneut in Tagträumen und Träumen, sie leiden an Gedächtnisverlust, sie werden möglicherweise übervorsichtig oder setzen sich andererseits Gefahren aus, ohne diese richtig einzuschätzen. Ihre Reaktionen anderen gegenüber sind oftmals von Verhaltensweisen durchzogen, die eigentlich gegen die Verursacher des Traumas gerichtet sind. Sie tauschen ihre eigene Identität mit der der Aggressoren aus, und sie verschmelzen Aspekte verschiedener Ereignisse miteinander. Personen, die unter PTSD leiden, verhalten sich, als verfügten sie über eine innere Schaubühne, auf der verschiedene Schauspieler (in den Rollen von Opfern, Tätern und Rettern) ständig ein Drama aufführen. PTSD greift in die Alltagsaktivitäten des Denkens und des Entscheidungfällens ein; es behindert auch die Einleitung oder die Vollendung der Trauerarbeit. Wenn eine ganze Gesellschaft ein massives Trauma erlebt hat, können die zu Opfern gewordenen Erwachsenen unter einer zusätzlichen Art von Schuld und Scham leiden, weil sie nicht fähig gewesen sind, ihre Kinder zu beschützen.[10]

Eine der Methoden, mit diesem gemeinsamen Dilemma fertig zu werden, besteht für den einzelnen darin, seine traumatisierten (gefangenen) Vorstellungen (Bilder) von sich selber aufzunehmen, sie zu externalisieren und sie außerhalb seiner selbst unter Kontrolle zu bringen. Der Fall eines Patienten, den ich einmal behandelt habe, verdeutlicht die Mechanik des Aufnehmens solcher Vorstellungen, selbst wenn er kein Opfer eines gemeinsamen Traumas war.

Dieser junge Mann litt unter erblich bedingten Schwierigkeiten mit einer seiner Hände. Im Alter von fünf Jahren und von zehn Jahren hatte er zwei sehr schmerzhafte chirurgische Eingriffe über sich ergehen lassen müssen. Die zweite Operation war gleichzeitig mit einer dritten im Genitalbereich, wo er sich bei einem Unfall eine Verletzung zugezogen hatte, erfolgt. Der Vater dieses Jungen, ein Alkoholiker, hatte sich über diese Verletzung lustig gemacht und dem Jungen gesagt, aus ihm würde niemals etwas Rechtes werden. Selbst wenn der chirurgische Eingriff ihm irgendwie helfen könne, würde aus dem Jungen niemals ein wirklicher Mann werden, meinte der Vater. Selbstverständlich bedeutete dies für den Jungen eine tiefe Erniedrigung. Operationen hatten die körperlichen Deformationen des Jungen korrigiert, aber als Erwachsener hielt er sich selbst immer noch für behindert. Er arbeitete als Pfleger in einem orthopädischen Krankenhaus und kümmerte sich dort um behinderte Menschen.

Er ging mit diesem Problem um, indem er ein Ersatzobjekt für sein eigenes traumatisiertes Ich bei den chronischen orthopädischen Patienten fand. Den inakzeptablen Aspekt seines eigenen Ichs hüllte er ein und projizierte ihn auf andere, die seiner Vorstellung von seinem traumatisierten Ich entsprachen. Dann unterwarf er sich selber einem starken Zwang, für die Behinderten zu sorgen. Mit anderen Worten, er versuchte, sich selbst durch diese Patienten in dem orthopädischen Krankenhaus zu «reparieren», die die Ersatzobjekte seines eigenen, nun phantasierten, behinderten Ichs darstellten. Das Schlüsselkonzept besteht hier in der Externalisierung von Teilen des eigenen Selbst. Solange dieser Mann imstande war, die Hoffnung aufrechtzuerhalten, diese externalisierten Anteile (die orthopädischen Patienten) effektiv wiederherzustellen, verhielt er sich im Alltagsleben so, als wäre er nicht verletzt, gedemütigt oder hilflos. Aber natürlich zahlte er einen Preis für seine weiterbestehende Erniedrigung und seinen Verlust, indem er in einem Beruf arbeiten mußte, den er nicht mochte.

███

Bei der Übertragung über Generationen hinweg externalisiert eine ältere Person unbewußt ihr traumatisiertes Ich auf die sich entwickelnde Persönlichkeit eines Kindes. Ein Kind wird dann zu einem Ersatzobjekt für die unerwünschten, besorgniserregenden Anteile einer älteren Generation. Weil die Älteren Einfluß auf das Kind haben, übernimmt das Kind deren Wünsche und Erwartungen und wird dazu getrieben, dementsprechend zu handeln. Es wird damit zur Aufgabe des Kindes zu trauern, die Erniedrigung und die Gefühle von Hilflosigkeit, die sich aus dem Trauma seiner Vorfahren ergeben, umzukehren.

Einmal hatte ich Gelegenheit, drei Generationen einer Familie zu untersuchen. Die hier dargestellten Einzelheiten stellen nur die Kernpunkte aus einer weit größeren Fülle von Informationen dar, die ich über diese Familie während meiner Untersuchung sammelte.[11] Der Mann in der ersten Generation war während des Zweiten Weltkriegs Kriegsgefangener in einem japanischen Lager gewesen. Man hatte ihn geschlagen, gefoltert und gezwungen, menschliche Exkremente zu entsorgen sowie seine toten Kameraden zu begraben. Kurzum, man hatte ihm das Gefühl äußerster Hilflosigkeit und extremer Erniedrigung vermittelt. Ich möchte diesen Mann hier Gregory nennen. Nach seiner Entlassung aus dem Kriegsgefangenenlager kehrte er in die Vereinigten Staaten zurück, wo er eine Frau heiratete, die bereits einen kleinen Jungen hatte. Der erste Ehemann dieser Frau hatte sie verlassen, als ihr gemeinsamer Sohn noch sehr klein war, und er spielte keine weitere Rolle im Leben dieses Jungen.

Dieser kleine Junge, er hieß Peter, wurde von seiner Mutter und seiner Großmutter aufgezogen, die den biologischen Vater des Jungen, tatsächlich aber Männer überhaupt haßten. Sie kehrten ihre Aggression gegen Peter, indem sie ihn überfütterten, bis er dick war. Als Gregory Mitglied dieser Familie wurde, spürte er eine unheimliche Zuneigung zu diesem kleinen Jungen, den er als einen Gefangenen der beiden Frauen sah. Peter seinerseits wurde ein geeignetes Ersatzobjekt für das von Demütigungen geprägte Selbstbild des früheren Gefangenen.

Gregory ließ Peter ein rigoroses Bodybuilding-Programm absolvieren und begann ihn so aufzuziehen, daß er als Gegengewicht zu den haßerfüllten Haltungen seiner Mutter und seiner Großmutter ein übertriebenes Selbstwertgefühl entwickelte. Als Peter erwachsen wurde, schenkte ihm Gregory ein Gewehr und brachte ihm das Jagen bei. Indem er Peter «rettete» und ihm das Gefühl vermittelte, über Verletzungen und Erniedrigungen erhaben zu sein, versuchte Gregory genauso wie der Krankenpfleger in dem orthopädischen Hospital den Schaden, den er selber erlitten hatte, zu reparieren. Seine Bemühungen führten dazu, daß Peter die Identität eines Machos entwickelte. Die Jagd hatte für sie beide eine unbewußte symbolische Bedeutung. Durch Gesten und Handlungen machte der ältere Mann dem jüngeren klar, daß «es besser ist, der Jäger zu sein, als der Gejagte». Peter wurde ein Jäger, aber kein Sportsmann. Wann immer er Furcht empfand, tötete er Dutzende von Tieren gleichzeitig, indem er sie mit einem Maschinengewehr geradezu niedermähte. Das «Jagen» wurde seine Art, Gefühle der Machtlosigkeit zu leugnen. In der nächsten Generation veränderte sich die Bedeutung der Übertragung: Peters eigene Tochter wurde eine Tierärztin, die sich um verletzte Tiere kümmerte und deren Leben rettete.

Die Person in der ersten Generation dieser Familie kann man als jemanden mit einer traumatisierten (beschränkten) Selbstvorstellung bezeichnen, die er in sich aufnahm und auf ein Mitglied der zweiten Generation externalisierte, um zu versuchen, den Schaden zu reparieren. Die Person in der zweiten Generation, die die Wünsche des Älteren aufgenommen hatte, externalisierte wiederum die traumatisierten Aspekte ihrer selbst und des Stiefvaters auf Tiere – so träumte dieser Mann beispielsweise von sich als einem fetten, häßlichen, ungehörnten Hirsch – und tötete sie, um so die schlechten Gefühle, die sie repräsentierten, auszulöschen. Seine Tochter, die Tierärztin, wendete sich auch in erster Linie wiedergutmachenden Tätigkeiten zu. In symbolischer Weise rettete sie die Tiere, die ihr Vater getötet hatte (so wie ihr Großvater Peter gerettet hatte), und dies geschah ebenfalls durch Externalisierung.

Übertragungen von einer Generation zur anderen sind nicht einfach das Ergebnis des Weiterreichens von Geschichten über eine erniedrigende Notlage von den Eltern zu den Kindern. Verhaltensmuster und nichtverbale Botschaften werden intuitiv erkannt und lösen ein entsprechendes Handeln aus. Die Übertragungen von traumatisierten Selbstvorstellungen geschehen beinahe so, als würde in die Persönlichkeiten der jüngeren Generation durch ihre Beziehungen zu der vorangegangenen Generation psychologisches Erbgut eingepflanzt. Das übertragene psychologische Erbgut betrifft sowohl die individuelle Identität als auch das spätere Erwachsenenverhalten. Aber es ist wichtig, daran zu denken, daß das Übertragene sich auf dem Weg von einer Generation zur nächsten auch verändern kann.

Die Auswirkungen eines großen und erniedrigenden Unglücks, das alle oder die meisten Angehörigen einer Großgruppe direkt betrifft, schmieden eine Verbindung zwischen der Psychologie des einzelnen und jener der Gruppe. Unmittelbar nach solch einem Ereignis beginnt dessen mentale Repräsentation, die allen Mitgliedern gemeinsam ist, Form anzunehmen. Diese mentale Repräsentation besteht aus der kompakten Sammlung gemeinsamer Gefühle, Vorstellungen, Phantasien und aus Interpretationen des Ereignisses sowie aus Bildern bedeutender Gestalten, etwa eines gefallenen Führers. Ein mentaler Schutz gegen schmerzhafte oder inakzeptable Gefühle oder Gedanken gehört auch dazu. Wenn die mentale Repräsentation so belastend wird, daß Mitglieder der Gruppe nicht mehr imstande sind, das Trauern über ihre Verluste einzuleiten oder zu Ende zu bringen oder ihre Gefühle der Erniedrigung umzukehren, dann werden ihre traumatisierten Bilder von ihrem Selbst an spätere Generationen in der Hoffnung weitergegeben, daß andere fähig sein werden, zu trauern und zu bewerkstelligen, was die frühere Generation nicht leisten konnte. Weil die traumatisierten Selbstbilder, die von Mitgliedern der Gruppe weitergegeben werden, sich alle auf das gleiche Unglück beziehen, werden sie Teil der Gruppenidentität, ein ethnisches Kennzeichen auf den Bahnen des ethnischen Zeltes.

Eine andere Methode des Umgangs mit den Auswirkungen eines Traumas besteht darin, sich selbst davon zu distanzieren. Manchmal kommt es vor, daß die Mitglieder einer Gruppe, die von dem Trauma nicht direkt betroffen waren, jenen aus dem Weg gehen, die betroffen sind. Nach dem Zweiten Weltkrieg reagierten beispielsweise viele Israelis mit Schamgefühlen auf gewisse Aspekte des Holocausts, und konsequenterweise distanzierten sie sich von Überlebenden. Viele der Überlebenden, die in den 40er Jahren ohne Familien nach Israel kamen, wurden wegen Depressionen sofort in psychiatrischen Krankenhäusern untergebracht. Zahlreiche der offiziellen Krankenakten dieser Menschen erwähnten nicht einmal, daß es sich hier um Holocaust-Opfer handelte; unter vielen psychiatrischen Fachkräften gab es eine Verschwörung des Schweigens.[12]

Der Grund hierfür lag den israelischen Psychoanalytikern Rafael Moses und Yechezkel Cohen zufolge in «dem Wunsch, daß diese schrecklichen Ereignisse in Wahrheit nicht stattgefunden haben sollten, daß sie uns nicht berühren sollten und daß man sich nicht zu sehr dessen bewußt sein sollte, was eigentlich passiert war».[13] Umgekehrt konnten die Holocaust-Überlebenden ihre Erfahrungen nicht offen zum Ausdruck bringen, was die Spaltung zwischen jenen, die direkt vom Unglück betroffen waren, und jenen, die es nicht waren, vertiefte. Die Überlebenden erhielten den Spitznamen «Seife», was andeutete, daß es sich hier um schwache Menschen handelte, die man leicht «wegwaschen» konnte. Erst Jahre später wurde eine versteckte Dimension dieses Spitznamens öffentlich erkannt: Die Nazis pflegten nämlich aus den Leichen der Opfer Seife zu produzieren.[14] Der Versuch, die Holocaust-Opfer zu ignorieren, war nur eine kurzlebige Angelegenheit und mußte selbstverständlich scheitern.

Heute leben die meisten jüdischen Menschen mit dem Vermächtnis, «niemals zu vergessen».[15] Der Holocaust wird mit früheren Beispielen der Verfolgung der Juden und mit antisemitischen Stimmungen in Verbindung gebracht, die für die Juden ein Gefühl geschaffen haben, ein besonderes, unsicheres Schicksal und eine gemeinsame Identität zu haben, was selbst dann gilt, wenn sie von den Stätten des Holocausts weit entfernt leben. Peter Loewenberg berichtet eine ergreifende Geschichte darüber, wie bei einem festlichen Essen zu Rosch Ha-Schanah, dem jüdischen Neujahrsfest, an dem er teilnahm, eine Halbwüchsige ihre Eltern und andere Gäste in Verlegenheit brachte, indem sie die Frage stellte, inwieweit sie denn jüdisch sei und was sie von ihren Altersgenossen und Klassenkameraden unterscheide.

> Nach einem beträchtlichen Hin und Her durch das gesamte Spektrum der kulturellen und religiösen Identität fragte ihr Vater, wie denn Anne Frank wußte, daß sie Jüdin war. Dieses Heraufbeschwören einer schrecklichen Zeit, als die Identität durch eine gnadenlose äußere Welt, die das «Schicksal» darstellte, definiert wurde, brachte die Auseinandersetzung für den Augenblick zum Abschluß. Die junge Dame gab zu, daß sie im gleichen Sinne wie Anne Frank in nicht aufhebbarer Weise jüdisch sei, weil beide potentiell den historischen und soziopolitischen Kräften unterworfen seien, die über ihr Schicksal bestimmten.[16]

Die von Moses und Cohen dargelegte Psychodynamik zwischen jenen, die direkt von einem Unglück betroffen sind, und jenen, die weiter entfernt davon sind, kann zwischen der verfolgten Generation und ihren direkten Nachkommen ebenfalls auftauchen. Wegen dieser Dynamik können spätere Generationen möglicherweise versuchen, die Erinnerung an das vergangene Ereignis auszulöschen. In diesem Fall bleibt die Erinnerung an das Trauma der Vergangenheit für mehrere Generationen latent. Es existiert nur innerhalb des psychologischen Erbgutes der Mitglieder der Gruppe und wird innerhalb der Kultur stillschweigend anerkannt – beispielsweise in der Literatur und in der Kunst –, aber dieses Trauma kommt nur unter bestimmten Bedingungen mit Macht wieder an die Oberfläche. So kann zum Beispiel ein politischer Führer eine latente Gruppenerinnerung wiedererwecken, die das kollektive Denken, die Wahrnehmung und das Handeln beeinflußt. Wenn eine derartige gemeinsame mentale Repräsentation des ursprünglichen Unrechts wieder aktiviert wird, dann kann dies die Wahrnehmung einer Großgruppe verzerren. Neue Feinde, die an gegenwärtigen Konflikten teilhaben, können als neue Erscheinungsform eines alten Feindes aus historischen Zeiten gesehen werden. Obwohl das ursprüngliche Ereignis ohne jeden Zweifel erniedrigend war, verändert sich die Funktion seiner mentalen Repräsentation. Nun dient sie dazu, die Individuen in der Gruppe zusammenzuhalten, ihre Selbstachtung paradoxerweise zu steigern und ihre Versuche zu fördern, die von den Vorfahren erlittene Erniedrigung umzukehren.

Wenn es die historischen Umstände einer neuen Generation nicht gestatten, die Gefühle von Machtlosigkeit in der Vergangenheit umzukehren, dann bindet immer noch das gemeinsame Unglück die Mitglieder der Gruppe aneinander. Doch statt die Selbstachtung einer Gruppe zu steigern, verbindet die mentale Repräsentation des Ereignisses ein Volk nun durch ein fortwährendes Gefühl der Hilflosigkeit, als seien alle Mitglieder der Gruppe zu einem Leben als Opfer bestimmt. Der indische Psychoanalytiker Sudhir Kakar stieß bei seiner Untersuchung von Gewalttätigkeiten zwischen Hindus und Moslems in Südindien während der Unruhen 1990 in Hyderabad auf ein derartiges Beispiel.

Hyderabad wurde im späten 16. Jahrhundert gegründet und war ursprünglich die Hauptstadt des südindischen Königreichs von Golconda. Man sah in dieser Stadt «das Abbild des Himmels auf Erden».[17]

Sie wurde beherrscht von Muslimen, deren Kultur ihre Wurzeln in der arabischen, türkischen und persischen Lebensweise hatte. Aber die Herrschaft des Islam schloß die Hindus nicht aus Positionen in der Verwaltung und von einem gewissen Maß an politischer Macht aus. Hyderabad blieb eine reiche, multikulturelle Stadt, bis die Industrialisierung zu einer demographischen Verschiebung führte. Als man am Musifluß jenseits von Hyderabad Fabriken errichtete, verließ ein großer Teil der muslimischen Elite die Stadt und ging nach Pakistan. Die wunderschöne Altstadt wurde zu einem Ghetto voller Armut und Entbehrungen.

Bei der Trennung von Indien und Pakistan im Jahr 1947 forderten einige Kreise, daß Hyderabad entweder ein Teil Pakistans oder ein autonomer Muslimstaat werden sollte, da es einen muslimischen Herrscher hatte. Doch aufgrund seiner großen Hindubevölkerung und seiner Lage wurde Hyderabad ein Teil Indiens, und in der Folgezeit stieg die Hindubevölkerung auf 40 Prozent an.

Ernsthafte Gewalttätigkeiten zwischen Hindus und Moslems brachen am Vorabend der Teilung Indiens 1947 aus und haben sich bis in die letzten Jahre hinein fortgesetzt. Gleichzeitig hat sich die demographische Verschiebung zwischen dem alten und dem neuen Hyderabad umgekehrt; die Muslime sind in die Altstadt «wie in eine Festung» geflohen, wo sie nun ungefähr 70 Prozent der Bevölkerung ausmachen, während sich die Hindus in die Außenbezirke begeben haben, was zu einer noch deutlicheren Trennung der beiden Gemeinschaften geführt hat.[18]

Die Muslime beherrschen die Stadt, aber sie haben so lange mit der Erinnerung an das Elend gelebt, daß sie sie weiterhin als Teil ihres Vermächtnisses pflegen. In überzeugender Weise beschreibt Kakar die indischen Muslime, insbesondere jene, die zu den oberen und mittleren Klassen gehören, als Menschen, die unter dem «andalusischen Syndrom» leiden:

Dieses Syndrom bezieht sich selbstverständlich auf die große muslimische Zivilisation auf der Iberischen Halbinsel, die [am Ende des 15. Jahrhunderts] abrupt zu Ende ging und die islamische Welt in einen Zustand der Schwermut versetzte. Sie hinterließ eine Sehnsucht nach der verlorenen Glorie der muslimischen Gesellschaft am Mittelmeer… In Hyderabad, mit seiner Geschichte, die auffallende Ähnlichkeiten zum Schicksal Andalusiens aufweist, insbesondere was das abrupte Ende der muslimischen Herrschaft betrifft, ist das untröstliche Leid weiter verbreitet als in den meisten anderen Teilen [Indiens].[19]

Die gemeinsamen Gefühle unter den armen Muslimen von Hyderabad sind einer Depression näher als einem fortwährenden Trauern. Der Verlust kollektiver Selbstidealisierung und die emotionalen Belastungen durch historische Leiden machen zusammen aus diesen Menschen bereitwillige Opfer der Umstände.

Ich benutze den Begriff «gewähltes Trauma», um die kollektive Erinnerung an ein Unglück zu beschreiben, das die Vorfahren einer Gruppe betraf. Es geht hier selbstverständlich um mehr als einfach um eine Erinnerung; es handelt sich um eine gemeinsame mentale Repräsentation des Ereignisses, und diese schließt realistische Informationen, phantasierte Erwartungen, intensive Gefühle und die Abwehr inakzeptabler Gedanken ein.

Da eine Gruppe sich nicht freiwillig für die Opferrolle entscheidet, haben einige meiner Kollegen an dem Begriff «gewähltes Trauma» Anstoß genommen. Aber ich behaupte, daß das Wort «gewählt» wiedergibt, wie genau eine Großgruppe unbewußt ihre Identität definiert, indem sie die verletzten Ich-

Strukturen und die Erinnerungen an die Traumata der Vorfahren über die Generationen hinweg nährt. So pflegen beispielsweise die Tschechen die Erinnerung an die Schlacht von Bilá Hora im Jahr 1620, durch die die tschechische Nation zu einem Teil der Habsburger Monarchie wurde und ihre Unabhängigkeit für beinahe 300 Jahre verlor. Die Schotten halten die Erinnerung an die Schlacht von Culloden lebendig, als Bonnie Prince Charlie 1746 vergeblich versuchte, die englische Krone für einen Stuart zurückzugewinnen. Der Indianerstamm der Lakota pflegt mentale Repräsentationen des Massakers der Big Foot Band bei Wounded Knee im Jahr 1890. Die Juden werden den Holocaust «niemals vergessen». Die Krimtataren definieren ihre Gruppenidentität durch ihre Deportationen von der Krim 1944.

Die Schiiten pflegen alljährlich eine extreme Form der Erinnerung an ein gewähltes Trauma, indem sie ihres religiösen Führers al-Husayn ibn'Ali durch ritualisierte Selbstgeißelungen am Jahrestag seines Martyriums gedenken. Erinnerungen und Gefühle, die historischen Traumata gelten, können auch auf indirekte oder sogar verborgene Weise zum Ausdruck gebracht werden. Subtile symbolische Proteste gegen die spanische Eroberung Mexikos, die vor nahezu 500 Jahren stattfand, werden beispielsweise immer noch in den mexikanischen Volkstänzen zum Ausdruck gebracht. Offiziell feiern diese Tänze die Ankunft der römisch-katholischen Religion, aber heimlich stellen sie eine Niederlage der Konquistadoren dar, kehren also die Geschichte um.[20]

4

Alter Zündstoff für ein modernes Inferno: Zusammenbruch des Zeitgefühls in Bosnien-Herzegowina

Im Dezember 1994 begab sich der frühere US-Präsident Jimmy Carter nach Bosnien-Herzegowina. Er hoffte, ein Ende des Blutvergießens zu erreichen und sowohl die bosnischen Muslime als auch die bosnischen Serben zu einer Rückkehr an den Verhandlungstisch bewegen zu können. Wenn die Kämpfe auch nur für eine kurze Zeit aufhörten, dann konnte dies eine Chance für diplomatische Bemühungen bedeuten. Es gelang dem früheren Präsidenten, eine viermonatige Feuerpause und eine Vereinbarung zur Wiederaufnahme von Friedensgesprächen zu erreichen.

Zu Carters Begleitung zählten seine Ehefrau Rosalynn Carter, der frühere Botschafter Harry Barnes, Direktor des Conflict Resolution Program am Carter Center sowie die stellvertretende Direktorin Joyce Neu. Sie trafen mit Radovan Karadžić, dem damaligen Führer der bosnischen Serben, und mit Ratko Mladić, deren militärischem Befehlshaber, zusammen. Wie Neu berichtet, hatten Carter und seine Leute kaum Karadžić und Mladić gegenüber Platz genommen, da begannen ihre serbischen Gesprächspartner bereits darzulegen, was ihnen in den 600 Jahren seit der Schlacht auf dem Amselfeld angetan worden sei.

Carter war bereits über die Grundzüge der serbischen Geschichte ins Bild gesetzt worden, und es überraschte ihn daher nicht, daß in einem 1994 stattfindenden Treffen, bei dem es um gegenwärtige dringende Angelegenheiten ging, die Erinnerungen an die Ereignisse von 1389 eine so vorherrschende Rolle spielten. Während also Karadžić und Mladić ausführlich über die Schlacht auf dem Amselfeld, einer Hochebene im Kosovo, über die Unterdrückung der Serben und ihr Gefühl der Verantwortung für die Sicherheit ihrer Gruppe sprachen, schwiegen die Amerikaner und gestatteten es den Serben, ihre Emotionen zu entladen, die eine jahrhundertealte Erinnerung betrafen.[1]

Tatsächlich geht das Leid der Serben sogar auf Ursachen zurück, die vor der Schlacht auf dem Amselfeld im Kosovo lagen. Zwischen dem 6. und 8. Jahrhundert n.Chr. wanderten slawische Völker aus der Kaukasusregion auf die Balkanhalbinsel und vermischten sich mit der dort ansässigen Bevölkerung. Sie teilten sich in Gruppen wie Serben, Kroaten und Slowenen auf. Zu Beginn des 9. Jahrhunderts waren die Serben durch byzantinische Missionare zum Christentum bekehrt worden und zählten zur orthodoxen Kirche Konstantinopels (das heutige Istanbul). Beim Niedergang des Byzantinischen Reiches im 12. Jahrhundert schufen die Serben ihr eigenes Königreich und eine autonome Kirche. Unter der Nemanjiden-Dynastie vergrößerten die Serben fast 200 Jahre lang ihren Herrschaftsbereich. Das Königreich erreichte seinen Höhepunkt unter der Herrschaft seines äußerst beliebten Königs Stephan Dušan. Am Ende von dessen 24jähriger Regierungszeit kontrollierte Serbien ein Gebiet, das von der kroatischen Grenze im Norden bis zum Ägäischen Meer im Süden und von der Adria im Westen bis Konstantinopel im Osten reichte. Dušan starb im Jahr 1355, und die Dynastie der Nemanjiden endete nach dem Tode seines Nachfolgers. 1371 wählten serbische Feudalherren Lazar Hrebeljanović zum Führer Serbiens. Einigen Quellen zufolge soll Lazar an Dušans Hof erzogen worden sein, wo er seine Laufbahn begann. Er nahm den Titel eines Fürsten oder Herzogs an, nannte sich also nicht Zar, König oder Kaiser.

DAS EHEMALIGE JUGOSLAWIEN
Dayton-Friedensabkommen

ÖSTERREICH

UNGARN

• Zagreb

KROATIEN

OST-
SLOWENIEN

JUGOSLAWIEN
Serbien

•Bihac

•Banja Luka

Belgrad •

Tuzla •

BOSNIEN

Srebrenica

Sarajevo •

KROATIEN

Mostar •

JUGOSLAWIEN
Montenegro

Adriatisches Meer

ALBANIEN

KONTROLLIERTE ZONEN

Moslems } muslimisch-
kroatische
Kroaten } Föderation

Republik Serbien

0 Meilen   50   100
0 Kilometer   100   150

© 1997 Jeffrey L. Ward

Am 28. Juni 1389 stießen Fürst Lazar und sein Heer auf Kosovo Polje, dem Amselfeld, mit dem Heer des osmanischen Sultans Murat I. zusammen. Sowohl Lazar als auch Murat fielen bei dieser Schlacht. Etwa 70 Jahre später gelangte Serbien unter die Hoheit des Osmanischen Reiches und gehörte bis 1829 zu dessen Territorium, als es schließlich seine Autonomie errang. Vollkommen unabhängig wurde Serbien 1878, als es vom Berliner Kongreß als Staat anerkannt wurde. Aber einige Gebiete wie die Provinz Kosovo und das benachbarte Albanien blieben bis 1912 osmanisches Gebiet.

Die Osmanen hatten tatsächlich die meisten Gebiete erobert, die später Jugoslawien gehören sollten. Bosnien und Herzegowina waren seit Mitte des 15. Jahrhunderts und bis zum späten 19. Jahrhundert osmanische Territorien. Kroatien und Ungarn wurden 1526 erobert, aber die Osmanen blieben dort nur für 173 Jahre, danach wurde Kroatien den Habsburgern unterstellt. Die Tatsache, daß das römisch-katholische Kroatien bei weitem nicht so lange unter osmanischer Herrschaft blieb wie das orthodoxe Serbien, schuf sowohl eine religiöse als auch eine historische Trennung der beiden Völker. Ein anderer Riß ergab sich daraus, daß einige Slawen in Bosnien bereits im ersten Jahrhundert unter osmanischer Herrschaft zum Islam übertraten. Dies waren die Vorfahren der heutigen bosnischen Muslime.

Nach dem Ersten Weltkrieg führte der Versuch, alle Südslawen politisch zusammenzuschließen, zur Bildung des Königreichs der Serben, Kroaten, Slowenen. Dieser Staat, das spätere Jugoslawien («Land der Südslawen», im Unterschied zu den Nordslawen wie etwa den Polen und den Slowaken), umfaßte fünf Teilstaaten: Serbien, Kroatien, Montenegro, Slowenien und Bosnien. Wie nicht anders zu erwarten, wurde dieses Königreich durch ständige Streitereien unter seinen verschiedenen Volksgruppen zerrissen. Die orthodoxen Serben versuchten, ihre Herrschaft auszuweiten, und dagegen wehrten sich die katholischen Kroaten.

Während des Zweiten Weltkriegs wurde Jugoslawien von der deutschen Wehrmacht besetzt, und ein kroatisches Marionettenregime, das aus Mitgliedern der faschistischen Ustascha-Bewegung bestand, wurde von den Besatzern eingesetzt. Die Ustaschi erklärten die Unabhängigkeit Kroatiens und vergrößerten dessen Territorium einseitig um einige von Serben bewohnte Gebiete. Indes kam es schließlich in Jugoslawien zu einem Dreifrontenkrieg zwischen den von den Nationalsozialisten unterstützten kroatischen Ustaschi, den serbischen monarchistischen Tschetniks und den kommunistischen Partisanen. Verschiedenen Quellen zufolge brachte die Ustascha während des Krieges zwischen 350 000 und 750 000 Serben um. Die Tschetniks ihrerseits töteten Kroaten und bosnische Muslime, unter denen sich viele Unterstützer der Ustascha befanden. Die Partisanen töteten ebenfalls etwa 100 000 Menschen. Dabei begingen alle beteiligten Seiten Akte von äußerster Grausamkeit. Aber was die Zahlen angeht, so verübte die Ustascha die meisten Mordtaten, und sie richtete schließlich auch Konzentrationslager nach Nazi-Vorbild ein. Während dieses Konflikts kam in Bosnien ein Drittel der Bevölkerung ums Leben.

1945 wurde ein zweites Jugoslawien als kommunistischer Staat geschaffen. An seiner Spitze stand der frühere Partisanenführer Marschall Tito. Seiner ethnischen Abstammung nach war Tito halb Kroate und halb Slowene. Das kommunistische Jugoslawien umfaßte wie zuvor das Königreich nach dem Ersten Weltkrieg die fünf bereits erwähnten Teilstaaten, die nun Republiken hießen, plus Mazedonien, das einstmals ein Teil Serbiens gewesen war, nun aber unter Tito den Status einer unabhängigen Republik erhielt. Bosnien-Herzegowina war die einzige Republik, in der nicht eine einzelne ethnische Gruppe deutlich vorherrschte.[2] Der im Süden Serbiens gelegene Kosovo war eine autonome Provinz, und seine Bevölkerung bestand größtenteils aus albanischen Muslimen. Die Provinz Wojwodina in Nordserbien mit ihrer großen ungarischstämmigen Bevölkerung besaß ebenfalls einen unabhängigen Status.

Unter dem kommunistischen Regime lebten Serben, Kroaten, Slowenen, Montenegriner, bosnische Muslime und Angehörige anderer ethnischer Gruppierungen ohne offen zutage tretende Konflikte zusammen. Aber diese Harmonie herrschte nur an der Oberfläche – mörderische Zwietracht existierte weiter, durfte allerdings unter dem Kommunismus nicht sichtbar zum Ausdruck gebracht werden. Anstelle von direkten, offenen Auseinandersetzungen gab es subtile Streitereien. So bemühten sich etwa 1967 einige kroatische Intellektuelle darum, den Status der kroatischen – lateinischen – Schrift jenem der serbischen – kyrillischen – Schrift anzugleichen. In den späten 60er und frühen 70er Jahren verlangten kroatische Nationalisten die Bildung eines unabhängigen Kroatien.

Im Kampf gegen diese Probleme entwickelten die Kommunisten das Konzept des «jugoslawischen Menschen», das dem sowjetischen Ideal des Sowjetmenschen ähnelte und in dem Angehörige sämtlicher Völker durch die übergeordneten Ziele der kommunistischen Ideologie verbunden und auf diese Weise gleich wurden. In gewisser Weise erwies sich die Schaffung eines «jugoslawischen Menschen» als Erfolg. In Bosnien-Herzegowina waren vor dem Zerfall des kommunistischen Jugoslawien mehr als ein Viertel aller Ehen Mischehen, und weniger als drei Prozent der Muslime nahmen an Gebeten in den Moscheen teil.[3] Dies zeigte ein bestimmtes Maß von Distanz gegenüber der muslimischen Identität und eine scheinbare Bindung an eine übergreifende kommunistische Identität.

Während der Winterolympiade von 1984 in Sarajevo in Bosnien-Herzegowina konnten Besucher eine einzige Eintrittskarte kaufen, die ihnen den Zugang zu ausgewählten Moscheen, kroatisch-katholischen Kirchen, serbisch-orthodoxen Gotteshäusern und Synagogen gestattete. Menschen, die außerhalb Jugoslawiens die Olympiade am Fernseher verfolgten, konnten den Eindruck gewinnen, in Sarajevo lebe eine multiethnische, multireligiöse Bevölkerung von Jugoslawen harmonisch zusammen. Doch zu ebendieser Zeit sahen sich Serben in Belgrad Filme an, die den Zweiten Weltkrieg lebhaft in Erinnerung riefen, die Grausamkeiten der Ustascha und die «Ruhmestaten» der Serben wieder greifbar machten und die Serben so zur Feindseligkeit gegenüber ihren kroatischen Nachbarn anstachelten.

Dasselbe Medium, das der Außenwelt ein Bild der Harmonie darbot – das Fernsehen –, war das Schlüsselelement bei der Verschärfung der Spaltungstendenzen innerhalb des früheren Jugoslawien.[4]

Der offizielle Zusammenbruch des früheren Jugoslawien setzte im Juni 1991 ein, als Slowenien die Unabhängigkeit erklärte. Dies verlief recht friedlich, was vor allem daran lag, daß es in Slowenien nur wenige Serben gab, die beschützt werden mußten. Der Krieg zwischen den Slowenen und der jugoslawischen Volksarmee (JNA) dauerte nur fünf Tage. Die 1945 geschaffene Volksarmee wurde von Serben dominiert: 60 Prozent ihrer Offiziere waren Serben, obwohl weniger als 40 Prozent der gesamten Bevölkerung des früheren Jugoslawien Serben waren.[5]

Als Kroatien im gleichen Monat seine Unabhängigkeit erklärte, ergab sich eine ganz andere Situation. Vor allen Dingen lebten in Kroatien viele Serben, und der Konflikt zwischen orthodoxen Serben und katholischen Kroaten eskalierte. Beide Seiten erinnerten sich stärker als zuvor an ihre jahrhundertealten historischen Differenzen, an ihre Leiden während des Zweiten Weltkriegs, an ihre religiösen Gegensätze, an die Schmerzen, die ihnen die jeweils andere Seite bereitet hat. Politik und Emotionen gingen ineinander über. Es kam zum Krieg zwischen den Kroaten und der jugoslawischen Volksarmee, deren alte Strukturen sich auflösten und die bald vollständig von den Serben beherrscht wurde. Kroaten fielen «ethnischen Säuberungen» in bislang kroatischen Gebieten zum Opfer, die die Serben für traditionell serbischen Heimatboden hielten. Die Europäische Gemeinschaft und insbesondere Deutschland wendeten den Begriff der Selbstbestimmung (der beim Zerfall der Kolonialherrschaft geschaffen worden war) auf die jugoslawischen Teilstaaten an und erkannten – möglicherweise voreilig – im Januar 1992 die Unabhängigkeit von Slowenien und Kroatien an.

Im Dezember 1991 gab die Regierung von Bosnien-Herzegowina bekannt, daß auch sie nach Unabhängigkeit strebe. In Bosnien-Herzegowina gab es jedoch drei wichtige ethnische

Gruppen: Muslime, Serben und Kroaten. Bei einem am 1. März 1992 durchgeführten Referendum entschieden sich die Muslime und die Kroaten für die Unabhängigkeit. Die 1,2 Millionen Serben auf bosnischem Territorium, die 31 Prozent der Bevölkerung ausmachten, boykottierten jedoch das Referendum, und ihr politischer Führer, Radovan Karadžić, warnte vor einem Bürgerkrieg zwischen ethnischen Gruppen, falls die Unabhängigkeit Bosnien-Herzegowinas anerkannt werde. Die bosnischen Serben wollten in einem unabhängigen Bosnien-Herzegowina nicht zu einer zweitklassigen Minderheit werden. Gespräche über die Möglichkeit, Bosnien-Herzegowina aufzuteilen, scheiterten im März 1992. Im folgenden Monat begann, einen Tag nachdem die 12 Außenminister der Europäischen Gemeinschaft und die US-Regierung Bosnien-Herzegowina als unabhängige Nation anerkannt hatten, das Gemetzel in Bosnien. Direkt oder indirekt unterstützte die jugoslawische Volksarmee die Serben in Bosnien und ihr Programm der «ethnischen Säuberung».

An die Stelle des früheren Jugoslawien traten nun eine Reihe neuer Staaten: Slowenien, Kroatien, Bosnien-Herzegowina und das dritte Jugoslawien, die sogenannte Bundesrepublik Jugoslawien, die sich aus Serbien und Montenegro sowie den vormals autonomen Regionen Wojwodina und Kosovo zusammensetzte. Mazedonien, das zum ersten Jugoslawien gehört hatte, bis es schließlich im zweiten Jugoslawien unter Tito eine eigene Republik wurde, errang die Unabhängigkeit ohne bewaffnete Auseinandersetzungen und erhielt den Namen Republik Mazedonien.

Im November 1995 waren die Vereinigten Staaten in Dayton im US-Bundesstaat Ohio Gastgeber der Verhandlungen zwischen Slobodan Milošević, dem Präsidenten der Bundesrepublik Jugoslawien, dem kroatischen Präsidenten Franjo Tudjman und dem bosnischen Präsidenten Alija Izetbegović, einem Muslim. Am 21. November 1995 einigten sie sich auf einen Friedensschluß. Nach dem Dayton-Abkommen sollten die Grenzen von Bosnien-Herzegowina bestehen bleiben, aber ungefähr

49 Prozent des Landes von einem bosnisch-serbischen Staat kontrolliert werden, der Rest von einer muslimisch-kroatischen Föderation, die auch Sarajevo einschließen sollte. Darüber hinaus einigte man sich darauf, daß verurteilte Kriegsverbrecher keine Ämter innehaben dürften. Kurz darauf schickten die Vereinigten Staaten, Belgien, Großbritannien, Frankreich, die Türkei und andere NATO-Länder sowie Rußland Friedenstruppen nach Bosnien-Herzegowina. Nun, da Soldaten aus verschiedenen Ländern in Bosnien stationiert waren, wurde Bosnien nicht länger einfach nur als ein weitentferntes Schlachtfeld betrachtet; es war zu einem Ort von emotionalem und intimem Interesse für Menschen in aller Welt geworden.

Ein derart kurzer Überblick zu den jüngsten Ereignissen im früheren Jugoslawien kann nicht allen Faktoren gerecht werden, die bei den dortigen Konflikten eine Rolle spielen. Die Situation ist vergleichbar mit einer Zwiebel, bei der man Haut um Haut entfernt, bloß um darunter jeweils eine weitere zu entdecken. Ich habe hier den Schwerpunkt auf die mentale Repräsentation der Schlacht auf dem Amselfeld gelegt, nicht um nahezulegen, daß dieses gewählte Trauma wirklich die bewaffneten Konflikte der Jahre 1992 bis 1995 in Bosnien-Herzegowina auslöste, sondern um zu zeigen, daß es das Feuer nährte, sobald Bosnien einmal zu brennen begonnen hatte. Die Einzelheiten der Geschichte dieser Schlacht sind vielen Menschen, die in die Krise von Bosnien-Herzegowina verwickelt sind, bekannt, aber ihre unterschwellige Bedeutung bleibt weitgehend unerforscht.

Menschen neigen vielfach dazu, das Denken und Verhalten jener, die innerhalb anderer politischer Systeme leben, andere Traditionen und ein anderes gemeinsames Geschichtsverständnis haben, im Rahmen ihres eigenen politischen Systems, ihrer eigenen Tradition und ihrer eigenen Geschichte zu interpretieren.[6] In ähnlicher Weise muß man bei der Untersuchung eines Ereignisses aus einer anderen Kultur oder aus einem anderen

Zeitalter daran denken, daß all dies in einem «fremden» Zusammenhang geschah und man das Ereignis nicht verstehen kann, ohne das Denken und Verhalten an jenem Ort und zu jener Zeit zu verstehen.

Während der mittelalterlichen Zeiten der Schlacht auf dem Amselfeld existierte noch kein Nationalismus im heutigen Sinne. In der christlichen Welt des Balkans gab es Zaren und Zarinnen, Fürsten und Fürstinnen, Herren und Damen und schließlich gewöhnliche Leute, die ihren Herren dienten. Der religiöse Glaube und die Kirche beherrschten das Denken. Doch die religiösen Grenzen waren fließend genug, um es christlichen Herrschern oder Adligen zu gestatten, ihre Töchter mit benachbarten muslimischen Herrschern zu vermählen. In Serbien lebten die Serben in Clans, die aus großen Familien mit bis zu 100 Menschen zusammengesetzt waren, die alle unter einem Dach lebten. Diese Tradition führte zu zwei Phänomenen, die allem Anschein nach miteinander im Widerspruch zu stehen schienen: Die Familienbande waren eng, und dennoch gab es ständig Fehden. Sich unablässig wandelnde Beziehungen führten zur Bildung und Neubildung von Bündnissen und Gegnerschaften. Blutsbande und Verwandtschaftsbeziehungen, Hofintrigen und persönliche Launen von Führern spielten bei politischen und militärischen Ereignissen eine wichtige Rolle.[7]

Darüber hinaus vertrat man im Mittelalter auch andere Auffassungen über Leben und Tod. Im Jahre 1348, also gerade einmal 41 Jahre vor der Schlacht auf dem Amselfeld, fegte die Pest über die Balkanhalbinsel hinweg und raffte ganze Bevölkerungsteile dahin. Der Tod war allgegenwärtig, und dies führte zu einer Stärkung des Glaubens an den Himmel und die Hölle, zu einer wachsenden Identifizierung mit religiösen Gestalten, und es förderte den Glauben an Engelsvisionen. Da es eine Naturwissenschaft in unserem Sinne nicht gab, wurde die Begründung für die Ereignisse in volkstümlichen Traditionen und Gottes Wille gesucht.

Die Gegner der Serben, die osmanischen Türken, waren zum Zeitpunkt der Schlacht auf dem Amselfeld noch geradezu

Neuankömmlinge der Geschichte. Ihre Vorfahren waren zentralasiatische Hirtennomaden gewesen, deren Reichtum aus Schafen und Kamelen bestand und deren militärische Überlegenheit sich auf ihre Fähigkeit gründete, vom Rücken ihrer Pferde aus mit Pfeil und Bogen zu schießen. Im 9. und 10. Jahrhundert n. Chr. begannen einige Turkstämme, nach Westen zu wandern. Während dieser Wanderschaften wurden sie islamisiert. Nachdem sie bei Manzikert (dem heutigen Malazgirt) in Ostanatolien im Jahr 1071 ein byzantinisches Heer geschlagen hatten, errichteten die Türken unter der Dynastie der Seldschuken in Anatolien ein türkisches Reich und vermischten sich mit der örtlichen Bevölkerung. Nach dem Zusammenbruch jenes Reiches trat eine Gruppe von Türken, die sich an der Grenze zu byzantinischen Reichsgebieten niedergelassen hatten, als neue türkische Macht unter ihrem Gründer Osman hervor. Diese Gruppe sollte als die Osmanen oder Ottomanen in die Geschichte eingehen. Osmans Sohn Orhan, der von 1326 bis 1360 regierte, heiratete die Tochter des byzantinischen Kaisers Johannes VI. Kantakuzenos und bildete auf diese Weise eine byzantinisch-osmanische Allianz. 1352 errichteten die Osmanen bei Gallipoli auf der europäischen Seite der Dardanellen einen Brückenkopf und dienten bei innerbyzantinischen Auseinandersetzungen als Söldner. Bald aber begannen sie, ihre eigenen Interessen in Europa zu verfolgen, und machten die besiegten bulgarischen und einige serbisch-christliche Herren zu ihren Vasallen. Die Gründe für die Schlacht auf dem Amselfeld sind nicht eindeutig überliefert. Die naheliegendste These lautet, daß der serbische Führer Lazar sich weigerte, Vasall des türkischen Sultans Murat I. zu werden, oder daß er ein Vasall gewesen war, dann aber die Unabhängigkeit anstrebte.[8]

Die frühosmanische Gesellschaft wurde durch sozialen Egalitarismus geprägt, der jedoch im 14. Jahrhundert verschwand und durch eine neue gesellschaftliche Struktur ersetzt wurde. Der Sultan hatte ein erbliches Recht zu herrschen, und die religiösen Auffassungen jener Zeit auferlegten ihm und seinen Gefolgsleuten die Verpflichtung, die Länder der Ungläubigen für den Islam zu erobern. Unter dem osmanischen System wurden die unterworfenen Völker aufgrund ihrer Religion und nicht ihrer ethnischen Zugehörigkeit in Kategorien eingeteilt. Man war also demnach ein Orthodoxer oder ein Muslim, nicht aber ein Serbe, Grieche oder Bulgare. Wenn sie aber einmal unter osmanischer Kontrolle standen, dann waren alle gleich – dies galt ohne Unterschied für Christen, Juden und Muslime –, obwohl die Muslime «gleicher als andere» waren.[9] Auf dem Balkan befand sich ein großer Teil des Landes in den Händen von Klöstern, und es gab Feudalstrukturen. Raphaela Lewis, die das Alltagsleben im Osmanischen Reich untersucht hat, bemerkt dazu: «Durch Vertreibung der Großgrundbesitzer bereiteten die Türken dem alten Feudalismus auf dem Balkan ein Ende und eröffneten den Kleinbauern, die sich dankbar mit der türkischen Herrschaft abfanden und ihren Wohltätern loyal gegenüberstanden, neue Möglichkeiten.»[10]

Die meisten Serben waren nicht bereit, sich den Türken zu unterwerfen und den Eroberern gegenüber ihre Treue zu erklären, denn sie betrachteten sich als Angehörige eines großen, expandierenden Volkes. Statt dessen entschlossen sie sich zum Widerstand. Während Lazar der mächtigste unter den serbischen Herren war, erstreckte sich seine Autorität jedoch nicht auf alle freien serbischen Führer. Um strategische Allianzen zu schließen, gab er seine Tochter Mara an Vuk Branković und seine Tochter Vukosava an Miloš Kobilić (oder Obravić). Beide Bräutigame waren serbische Fürsten, die später im Kosovo an der Schlacht auf dem Amselfeld teilnahmen.[11]

Da es keine Augenzeugenberichte gibt, bleibt die historische Wahrheit über die Schlacht auf dem Amselfeld unbekannt. Die Geschichte der Schlacht auf dem Amselfeld ist jedoch von vielen serbischen, türkischen, griechischen und anderen Chronisten erzählt worden.[12] Ganz eindeutig gab es auf dem Amselfeld eine richtiggehende Schlacht. Einige Quellen behaupten, die türkischen Streitkräfte seien den serbischen zahlenmäßig überlegen gewesen, und andere sagen das Gegenteil.[13] Die Türken wurden verstärkt durch Slawen, Griechen und andere christliche Soldaten aus den europäischen Gebieten, die sie bereits erobert hatten. Zu Lazars Streitmacht zählten – außer den Serben – auch Bosnier, Ungarn und Deutsche.

Es hat den Anschein, daß die Hauptschlacht an zwei aufeinanderfolgenden Tagen ausgefochten wurde und daß beide Seiten dabei ernsthafte Verluste erlitten. Zu den Toten zählten auch zwei Söhne von Sultan Murat. Am zweiten oder vielleicht auch am dritten Tag des Kampfes tötete Miloš Kobilić den türkischen Heerführer.[14] Die meistverbreitete Darstellung vom Tod des Sultans besagt, daß Kobilić vorgab, zur türkischen Seite übertreten zu wollen, und vor den Sultan gebracht wurde. Als Murat ihm, wie es der Brauch war, seinen rechten Fuß zum Kuß darbot, beugte sich Miloš nieder, als wolle er diesen küssen, zog jedoch plötzlich sein Messer aus dem Ärmel und erstach den Sultan.[15] Wie nicht anders zu erwarten, wurde Miloš Kobilić verhaftet und später von den Türken hingerichtet. Während der Sultan im Sterben lag, wurde Lazar gefangengenommen und an das Totenbett des Sultans gebracht. Nun ordnete entweder Murat persönlich oder sein Sohn und Nachfolger Bayezit Lazars Hinrichtung an.[16] Der Fürst wurde enthauptet. Zumindest eine serbische Quelle fügt dem noch hinzu, daß Murat Lazars Mut derart bewundert habe, daß er ihn töten ließ, damit die beiden im Himmel zusammensein konnten.

Wegen des Chaos, das auf den Tod der beiden Führer folgte, war das unmittelbare Ergebnis der Schlacht auf dem Amselfeld unklar. Der neue türkische Sultan Bayezit zog sein Heer nach Edirne (Adrianopel), nicht weit von Konstantinopel, zurück und hob damit zeitweise die Gefahr für die «freien» Teile Serbiens auf.

▌▌▌

Nach der Schlacht wurde Murats Leichnam – mit Ausnahme seiner inneren Organe – nach Bursa in Anatolien zurückgebracht, das damals die osmanische Hauptstadt war. Dort wurde er neben den Gräbern seiner Vorfahren bestattet. Im Kosovo errichtete man über der Begräbnisstätte von Murats inneren Organen ein Grabmal mit einer Kuppel. Im Inneren drapierte man einen steinernen Sarg mit einem wundervollen grünen Tuch, und an das Kopfende setzte man einen weißen Turban.

Ein osmanischer Soldat namens Hacı Şefik, der eine orts-ansässige Frau geheiratet hatte und ursprünglich aus Buchara in Zentralasien stammte, erhielt den Auftrag, für die Pflege des Grabes zu sorgen. Seine Nachkommen nahmen den Familien-namen Türbedar (Grabpfleger) an, und 600 Jahre lang bewachte diese Familie die hier bestatteten Organe von Murat.

Die Überreste dieses Grabmals sind inzwischen zu Trüm-mern zerfallen. Heutzutage kann man kaum mehr die gelbe Bemalung der Wände oder die blaue Bemalung der Kuppel er-kennen. Vor dem Grabmal steht ein uralter Baum, der vier Jahr-hunderte alt ist und dessen Stamm am Boden in zwei Teile ge-spalten ist, als symbolisiere er die vielen Trennungen, für die die Schlacht auf dem Amselfeld steht: die Enthauptung Lazars, die Entfernung der Organe Murats aus seinem Leichnam, die Spal-tung zwischen dem osmanischen und dem serbischen Heer und die zwischen dem Islam und dem Christentum.

Während die Osmanen diesen Teil der Welt noch besaßen, war dieses Monument für die Muslime von magischer Bedeu-tung. Ein Kristallkandelaber hing über dem sargartigen Gebilde. Der Legende nach drehte sich der Kandelaber nach der einen oder anderen Seite, je nachdem, ob der Wunsch eines Besuchers in Erfüllung gehen würde oder nicht. Heutzutage liegt ein Überbleibsel dieses Kandelabers in einer Ecke der Gruft.

Jahrhundertelang stellten die Nachkommen der Familie Tür-bedar jeden Abend ein Gefäß mit Wasser vor den Turban, und jeden Morgen entdeckten die Besucher, daß Murat – oder sein Geist – das Wasser getrunken hatte. Fahri Türbedar, ein Mann mit einem schwarzen Schnurrbart, der wie die Türken der spätosmanischen Zeit einen Fez trägt, bewacht gegenwärtig das Grabmal. Er lebt mit seiner Frau und einer Tochter in einem Hause im Garten von Murats Denkmal. Er beklagt sich darüber, daß die gegenwärtige türkische Regierung sich nicht darum gekümmert habe, Mittel zur Pflege und Reparatur dieser Stätte zur Verfügung zu stellen. Seine Großmutter hatte am Ende des Zweiten Weltkriegs einen anschaulichen Traum, in dem ein starker Mann, der Murat repräsentierte, an ihrem Schlafzimmerfenster erschien und ihr mitteilte: «Ich verlasse euch. *Gavurs* (Ungläubige) bewohnen nun dieses Land. Ich kehre nach Bursa zurück.» Seit diesem Tage war das Gefäß mit Wasser, das die Grabpfleger vor den Turban stellten, stets voll geblieben, womit deutlich wurde, daß Murat in der Tat fort war.[17]

Die Geschichte des Traums von Fahris Großmutter und vom Ende der Familientradition des «magischen» Leerens des Wassergefäßes stellte eine Parallele zum türkischen Engagement in diesem Teil der Welt dar. In ihr spiegelt sich das Gefühl wider, daß dieser Teil Europas nicht mehr den Türken gehört. Für sie ist die mentale Repräsentation der Schlacht auf dem Amselfeld zu einer Erinnerung geworden, die so blaß ist wie die von der Sonne verblichene gelbe Farbe an den Mauern des Grabmals von Murat.

Was mit Lazars Leichnam – und mit seinem Kopf – geschah, ist eine andere Geschichte mit bedeutsamen psychologischen Auswirkungen. Lazars Körper und sein abgetrennter Kopf wurden in das zentralserbische Kloster von Ravanica zurückgebracht. Dort wurde der Fürst im Rahmen einer religiösen Zeremonie heiliggesprochen, an der die Würdenträger der serbischen Kirche und die überlebenden Adligen teilnahmen. In der Zwischenzeit regierten Lazars Ehefrau Milica, ihr junger Sohn und ihr überlebender Schwiegersohn Vuk Branković weiterhin ihre jeweiligen Territorien, litten jedoch unter innerfamiliären Auseinandersetzungen und ungarischen Angriffen von Westen her. Im Osten übten die Türken weiterhin Druck auf die Serben aus. Als Reaktion auf diesen Druck vermählte Milica ihre jüngste Tochter Olivera mit Bayezit. Ein weiteres Mal wurde eine Ehe benutzt, um eine politische Lösung zu erreichen. Diesmal war der Schwiegersohn ein früherer Feind, ein muslimischer Türke und höchstwahrscheinlich genau der Mann, der die Hinrichtung des Vaters seiner neuen Ehefrau angeordnet hatte.

Währenddessen gab Milicas anderer Schwiegersohn, Vuk

Branković, gegenüber Bayezits Macht nach. Getreu den mittelalterlichen Gewohnheiten waren politische Angelegenheiten mit familiären eng verknüpft, und Lazars Sohn, Stefan Lazarević, und seine Leute schlossen sich ebenfalls später dem Feind seines Vaters, Bayezit, im Kampf gegen den Eroberer Tamerlan in Anatolien, in der Nähe des heutigen Ankara, an. Die Osmanen erlitten eine Niederlage, und Bayezit wurde von Tamerlans Leuten gefangengenommen. Er starb in der Gefangenschaft. Aber Stefan Lazarević überlebte die Schlacht, kehrte nach Serbien zurück und verband das Territorium seines Vaters mit jenem, das Vuk Branković, dem Gatten seiner Schwester, gehört hatte. Allem Anschein nach gingen die Fehden zwischen den Familien Lazarević und Branković weiter, aber unter Stefan Lazarević erfreute sich Serbien bis 1459 einer wirtschaftlichen und kulturellen Blüte, bis die osmanischen Türken dann schließlich Serbien ein Ende bereiteten. Sechs Jahre zuvor hatten sie Konstantinopel erobert und damit das Byzantinische Reich vernichtet.

Trotz eines Zwischenraums von 70 Jahren zwischen der Schlacht auf dem Amselfeld und dem Ende Serbiens entwickelte sich allmählich eine volkstümliche Überlieferung, die die beiden Ereignisse gleichsetzte. Es ist keineswegs die historische Wahrheit (oder eine der vielen Versionen derselben), die für die serbische Kollektivpsyche von Bedeutung ist. Wichtig ist vielmehr die gemeinsame mentale Repräsentation der Schlacht auf dem Amselfeld und der Gestalten, die dabei Schlüsselrollen spielten. Während Jahrzehnte und Jahrhunderte vergingen, wurden mit Mythen angereicherte Berichte über die Schlacht durch eine starke mündliche und religiöse Tradition in Serbien von Generation zu Generation überliefert, die das serbische Grundgefühl einer traumatisierten gemeinsamen Identität verstärkten.

Dieses gewählte Trauma ist ein wahrnehmbarer Teil der gegenwärtigen serbischen Identität. Als sich Albaner auf dem «heiligen Boden» des Kosovo niederließen, wurde das wie «eine schwärende Wunde in der nationalen Selbstachtung» betrachtet.[18] Der Politologe Marko Marković gelangte zu der Auffassung, daß das Gedenken an den Kosovo und das Amselfeld für die Serben einen «heiligen Schmerz» darstellt und «die bloße Erwähnung dieses Namens genügt, um einen Serben bis in die Tiefen seiner Seele zu erschüttern». Das erklärt er mit einer Analogie: «Was für Israel die Zerstörung des Tempels in Jerusalem bedeutet und was Golgatha für die Christen darstellt, das ist Kosovo für die Serben.»[19]

Nach seiner Hinrichtung und Heiligsprechung wurde Fürst Lazar als ein Märtyrer betrachtet, und die Mönche von Ravanica etablierten dort einen Lazarkult. Dann starb sein Sohn Stefan Lazarević. Auf ihn folgte ein Mitglied der Familie Branković, und der Einfluß des Lazarkults schwand beträchtlich dahin.

Höchstwahrscheinlich trugen die Spannungen zwischen den Dynastien Lazarević und Branković dazu bei, daß das Interesse am Gedenken an Fürst Lazar gewaltig abnahm, aber die Mönche von Ravanica blieben dem Kult treu und fuhren fort, die Erinnerung an Lazar, Miloš Kobilić und die Schlacht auf dem Amselfeld im Kosovo neuen Generationen zu überliefern. Das Andenken an Lazar und den Kosovo ist ansonsten durch Guslaren, Volkssänger, die eine Gusle genannte Fiedel mit einer einzigen Saite spielen, durch eine starke mündliche Tradition sowie später auch durch Schulen, die diese Geschichte als Teil des serbischen kulturellen Erbes vermittelten, erhalten geblieben.

Als die türkische Herrschaft sich in Serbien durchsetzte, begannen viele Serben, in Richtung Norden auszuwandern. Im Jahr 1690 brachen die wenigen übriggebliebenen Mönche des Klosters von Ravanica auf, nahmen den Leichnam von Lazar mit und schlossen sich der Wanderung nach Norden an. Lazar wurde nun ein «Exilierter». Die Mönche verwahrten seinen mumifizierten Leichnam und seinen abgetrennten Kopf diesmal in einem Schrein in der Region Fruska Gora nördlich von Belgrad. Mit seinen sterblichen Resten, so scheint es, reiste auch sein Mythos überall dorthin, wo immer Serben sich niederließen. Der heilige Lazar und die mentale Repräsentation der Kosovo-Ereignisse gehören jetzt allen Serben.

Im gewählten Trauma der Serben mußte Lazar verziehen werden, daß er das Schicksal Serbiens besiegelt hatte. Der Legende zufolge erschien der heilige Ilya dem Fürsten als grauer Falke am Vorabend der Schlacht mit einer Botschaft der Jungfrau Maria. Lazar wurde vor folgende Alternativen gestellt: Er konnte die Schlacht gewinnen und sich ein Königreich auf Erden verdienen, oder er konnte die Schlacht verlieren, den Märtyrertod sterben und ein himmlisches Königreich erringen. Ein weitverbreitetes serbisches Volkslied erinnert an Lazars Dilemma:

> Lieber Gott, was soll ich tun und
> welches Königreich soll ich wählen?
> Soll ich das Königreich des Himmels
> wählen
> oder das Königreich auf Erden?
> Wenn ich das Königreich wähle
> Das Königreich auf Erden
> Ist das irdische Königreich
> von kurzer Dauer
> Und das himmlische reicht
> von jetzt bis zur Ewigkeit.
> Der Zar wählte das Königreich
> im Himmel.[20]

Durch die Verbreitung dieser Legende versuchten die Serben kollektiv, Gefühle der Scham und der Erniedrigung zu leugnen. Aber Hilflosigkeit und Opferrolle konnten nicht verleugnet werden, da sie unter osmanischer Herrschaft keine Macht besaßen, wieder zu ihrer ruhmreichen Vergangenheit zurückzukehren. Die Serben identifizierten sich mit dem Martyrium der Legende. Tatsächlich entsprach ein Gefühl des Märtyrertums ihrer vor-osmanischen Selbstauffassung. Selbst während der Ära der Nemanjiden-Dynastie glaubten die Serben, daß sie sich selbst für andere Christen in Europa geopfert, indem sie als ein Puffer gegen die vordringenden muslimischen Türken gedient hatten. Doch wurde das Opfer der Serben, die der griechisch-orthodoxen Kirche angehörten, von ihren römisch-katholischen Nachbarn in Europa nicht anerkannt.

Die Ereignisse und Gestalten der Schlacht auf dem Amselfeld vermischten sich mit Elementen von Begebenheiten und Persönlichkeiten der christlichen Mythologie. Im Laufe der Jahrzehnte wurde sogar ein symbolisches Letztes Abendmahl zum Bestandteil dieser Geschichte.[21]

Vor der Schlacht streiten sich Fürst Lazars Töchter Mara und Vukosava über die Frage, welche von ihnen den bedeutenderen Gatten habe. Vukosava besteht darauf, daß Miloš der bessere Mann sei. Dadurch beleidigt, schlägt Mara, die Ehefrau des Vuk, ihre Schwester ins Gesicht, und Vukosava eilt zu ihrem Gatten Miloš, um ihm über diese Beleidigung zu berichten. Miloš als ehrenhafter mittelalterlicher Ritter sucht nun schnellstens Vuk auf, beleidigt ihn und fordert ihn zu einem Duell mit Lanzen heraus. Lazar versucht vergeblich, zwischen den beiden Männern Frieden zu stiften. Sie begegnen einander nun im Duell zu Pferde. Schließlich schlägt Miloš Vuk von seinem Pferd herunter und bereitet sich darauf vor, seinem Gegner den Garaus zu machen, wie es der Brauch verlangte. Eine Familientragödie wird jedoch verhindert, als Lazar und andere Edelleute die beiden Schwäger zwingen, miteinander Frieden zu schließen. Die Gegner versöhnen sich nun demonstrativ in aller Öffentlichkeit, aber es handelt sich nicht um eine wirkliche Aussöhnung. Vuk hegt weiterhin Groll gegen Miloš und verleumdet ihn bei jeder Gelegenheit.

Nun aber betritt Murat den Schauplatz der Ereignisse. Vuk erzählt Lazar, man könne Miloš nicht vertrauen, denn er verschwöre sich heimlich mit Murat und den Osmanen. «Miloš ist ein Verräter», verkündet Vuk. In Lazar regt sich der Verdacht, daß Vuk die Wahrheit sagt. Er entschließt sich, Miloš auf die Probe zu stellen. Am Abend vor der Schlacht auf dem Amselfeld (oder einer anderen Quelle zufolge während der Schlacht) veranstaltet der Fürst ein großes Festessen, an dem eine Reihe von Herren teilnehmen, darunter die verfeindeten Schwäger.

Damit ist die Szene bereitet für ein Letztes Abendmahl, bei dem Lazar die Rolle des Christus und Miloš die des Judas spielt. Im Lauf des Mahls erhebt sich Lazar, hält einen Becher Wein in die Höhe und verkündet Miloš, daß er des Verrats angeklagt ist. Dann bietet er den Becher Miloš an. Ohne zu zögern, trinkt Miloš den Wein und zeigt damit, daß er nicht befürchtet, der Wein könne vergiftet sein. Er besteht die Prüfung.[22] Eine Lithographie aus dem 19. Jahrhundert zeigt einen Heiligenschein aus Sonnenstrahlen über einem wie ein Heiliger erscheinenden Lazar, während Miloš ins gleiche Licht getaucht ist.[23]

Einige Chronisten deuten an, Miloš habe den Sultan Murat getötet, um seine eigene Unschuld zu beweisen. Als er dann selber von den Türken aus Rache umgebracht wurde, wurde er ein Märtyrer, was eine ironische Umkehrung seiner früheren Stellung bedeutet.

Unter osmanischer Herrschaft wurden die Serben zu ewigen Leidtragenden. Die «Niederlage» vom 28. Juni 1389 wurde zum gemeinsamen Verlust, der nicht angemessen betrauert werden konnte, aber ständig in die Erinnerung zurückgerufen werden mußte. Die Schlacht im Kosovo entwickelte sich im Kopf der Serben zu einer Art von gemeinsamem, abstraktem Denkmal. Einer Volkssage zufolge «weinten» die Blumen, die auf der Hochebene des Schlachtfelds wuchsen, um Serbien – dies bezog sich auf die Tatsache, daß ihre Stengel gekrümmt waren und die Blumen ihre Köpfe vor Trauer hängen zu lassen schienen. Die Serben hielten an ihrer Identität als Opfer fest und glorifizierten ihre Opferrolle im folgenden Lied:

> Trinkt, Serben, von Gottes Ruhm
> Und erfüllt das christliche Gesetz
> Und selbst wenn wir unser Königreich
> verloren haben
> So wollen wir doch unsere Seelen nicht
> verlieren.[24]

Während der ersten Jahrhunderte nach seinem Tod wurde Lazars Bild eng mit dem des gekreuzigten Jesus in Verbindung gebracht. Offensichtlich hielten die Serben wie Lazar an dem Gedanken an ein himmlisches Königreich fest. Der Gedanke, daß sie sich hätten anders entscheiden und ein Königreich auf Erden wählen können, wurde bis zum Erwachen des Nationalismus in Europa im 19. Jahrhundert und bis zum Niedergang des Osmanischen Reiches nicht ausgesprochen. Während die gemalten Ikonen von Lazar und Miloš aus der Zeit der Renaissance die beiden typischerweise wie Heilige oder wie Christus mit bekümmerten Gesichtern und Schriftrollen und Kreuzen in den Händen darstellen, zeigen Bilder aus dem späten 19. und frühen 20. Jahrhundert sie fast stets als kraftvolle Kriegergestalten mit zornerfüllten Augen und erhobenen Schwertern. Man begann, sich Lazar als einen wiederauferstandenen Retter vorzustellen; Miloš und er wurden von tragischen Märtyrern in heroische Rächer umgewandelt.

Nach zahlreichen politischen Ränkespielen und mehreren Kriegen verhalfen die europäischen Mächte 1829 Serbien zur Autonomie.[25] 1878, als Serbien ein souveräner Staat wurde, verlor das Osmanische Reich Bosnien an die Österreicher. Die Provinz Kosovo verblieb unter osmanischer Kontrolle. Der Einfluß Österreichs in der Region wuchs (1909 erkannten das Osmanische Reich und Serbien die Annexion Bosnien-Herzegowinas durch Österreich an). Die Österreicher versuchten, den «Kosovo-Geist» der bosnischen Serben zu unterdrücken, damit diese aufhörten, über Rebellionen nachzudenken und dabei Lazar, den Rächer, als Leitfigur zu betrachten.

Sehr bald schon steckte Serbien selbst in den Balkankriegen von 1912/13. Während dieser Kriege wurde der Kosovo nach mehr als 500 Jahren befreit. Ein junger Soldat erinnert sich an diese Befreiung so:

> Schon der bloße Klang dieses Wortes – Kosovo – verursachte eine unbeschreibliche Erregung. Dieses eine Wort wies zurück in

die dunkle Vergangenheit – fünf Jahrhunderte weit. In ihm lebt unsere gesamte traurige Vergangenheit – die Tragödie des Fürsten Lazar und des gesamten serbischen Volkes ...
Jeder von uns schuf sich ein eigenes Bild des Kosovo, während wir noch in den Kinderschuhen steckten. Unsere Mütter sangen uns in den Schlaf mit Liedern über den Kosovo, und in den Schulen hörten unsere Lehrer nie damit auf, Geschichten von Lazar und Miloš zu erzählen ...
Mein Gott, was stand uns bevor: einen befreiten Kosovo zu erleben ... Als wir im Kosovo ankamen, ... starrten uns die Geister von Lazar, Miloš und den Märtyrern des Kosovo an.[26]

Für diesen Soldaten und für andere seinesgleichen «bedeutete, viele Türken umzubringen, nicht nur seine Vorfahren zu rächen, sondern auch den Schmerz zu lindern, den er selber verspürte».[27] Die Eroberung des Gebietes, das so eng mit den Heldenlegenden von Lazar und Miloš verbunden war, schien das gemeinsame Gefühl der Opferung und der Machtlosigkeit zumindest zeitweise umzukehren.

Weniger als zwei Jahre nach der Befreiung des Kosovo ermordete am 28. Juni 1914, dem Jahrestag der Schlacht auf dem Amselfeld im 14. Jahrhundert, ein bosnischer Serbe namens Gavrilo Princip den Erzherzog Franz Ferdinand von Österreich-Ungarn und seine schwangere Frau in Sarajevo und löste damit den Ausbruch des Ersten Weltkriegs aus. Über Princip wissen wir, daß er als Halbwüchsiger wie die meisten serbischen Jugendlichen von den umgewandelten, nationalistischen Vorstellungen von Lazar und Miloš als Rächer vollkommen beherrscht war. Die Tatsache, daß es der Erzherzog gewagt hatte, Sarajevo am Jahrestag der Schlacht im Kosovo zu betreten, wurde von vielen Serben als bewußte Beleidigung begriffen.[28] Princip wollte durch die Erschießung des Erzherzogs Österreich-Ungarn treffen, das die Stelle des Osmanischen Reichs als «Unterdrücker» übernommen und versucht hatte, den Geist des Kosovo zu unterdrücken. Der Besuch des Erzherzogs am Jahrestag der Schlacht auf dem Amselfeld verband zwei «Unterdrücker» auf anachronistische Weise miteinander. Nach dem Ersten Weltkrieg wurde das Königreich der Serben, Kroaten und Slowenen gegründet.

Slobodan Milošević, ein untersetzter Jurist, Bankier und Politiker mittleren Alters, war einer derjenigen, die die mentale Repräsentation der serbischen Geschichte verkörperten. Im April 1987 nahm er als kommunistischer Parteibürokrat an einer Zusammenkunft von 300 Parteidelegierten im Kosovo teil. Damals waren nur zehn Prozent der Bevölkerung des Kosovo serbischer Abstammung. Die Mehrheit bestand, wie auch heute, aus albanischen Muslimen. Während dieser Zusammenkunft versuchte eine Menschenmenge aus Serben und Montenegrinern, sich den Weg in die Kongreßhalle zu erzwingen, um Klagen über die Not der Serben im Kosovo vorzubringen. Die örtliche Polizei verhinderte das Eindringen der Menge. In diesem Moment begab sich Milošević nach vorn und teilte den Leuten mit, daß niemand das Recht habe, sie zu unterdrücken. Die Masse reagierte mit wilder Aufregung und begann das Lied «Hej Sloveni», die Nationalhymne, zu singen und brüllte dann: «Wir wollen Freiheit! Wir werden den Kosovo nicht aufgeben!» Milošević seinerseits blieb bis zur Morgendämmerung – 13 Stunden lang – in der Kongreßhalle und hörte sich die Klagen dieser Menschen über die Opferrolle der Serben im Kosovo an. Später erklärte er in einer Rede, die Serben im Kosovo stellten keine Minderheit dar, da der «serbische Kosovo immer ein Teil Serbiens bleiben wird».

Milošević ging aus dieser Erfahrung als ein anderer Mensch hervor, er trug nun das Gewand des serbischen Nationalismus.

Ich weiß nicht genug über ihn, um sagen zu können, ob sich dieser Wandel plötzlich vollzog. Wahrscheinlich hatte er bereits eine Zeitlang mit der Idee gespielt, den Nationalismus für seine politischen Zwecke einzuspannen. Jene, die Milošević kennen, beschreiben ihn als abwechselnd zurückhaltend und zornig, als einen gerissenen und egozentrischen Politiker. In Belgrad sagt man: Man sollte jeden Menschen bedauern, den Milošević als seinen Freund bezeichnet hat.

Milošević wurde 1941 als zweiter Sohn eines orthodoxen Theologen während der nationalsozialistischen Besatzungszeit geboren. Er heiratete seine Jugendliebe Mirjana Marković. Abgesehen von seiner Ehe scheint er nicht viele andere dauerhafte und vertrauensvolle Beziehungen geknüpft zu haben. Wie ihr Gatte hatte auch Mirjana eine traumatische Kindheit. Ihrer Mutter wurde vorgeworfen, in nationalsozialistischer Haft Informationen über die Partisanen preisgegeben zu haben. Nach dem Krieg wurde sie von den Kommunisten hingerichtet. Mirjana blieb jedoch Kommunistin und wurde zu einer Art Propagandistin der kommunistischen Ideologie.

Es gibt Hinweise darauf, daß Milošević aus einer zerrütteten Familie kommt: Als er sieben Jahre alt war, schoß sich sein Lieblingsonkel, ein Heeresoffizier, eine Kugel in den Kopf; als er 14 war, tat sein Vater, der sich nach dem Zweiten Weltkrieg von seiner Ehefrau getrennt hatte, dasselbe. Als Milošević dann schließlich Anfang 30 war, beging seine Mutter, eine Lehrerin und Kommunistin, die aus einer prominenten Familie der Oberschicht stammte, Selbstmord.[29] Wie auch immer seine persönlichen Motive ausgesehen haben mögen – Milošević hat sich von einem anonymen Apparatschik zu einem öffentlich auftretenden Nationalisten gewandelt, der die patriotischen Gefühle des serbischen Volkes aufrüttelte. Er belebte den Gedanken an die Schlacht auf dem Amselfeld wieder und stärkte die Erinnerung, um aus ihr das Recht der Serben auf Rache abzuleiten.

Als man sich 1989 dem 600. Jahrestag der Schlacht auf dem Amselfeld näherte, waren Milošević und seine Gefolgsleute entschlossen, Lazars Leichnam aus dem «Exil» heimzubringen.

Man legte Lazars Überreste in einen Sarg und brachte diesen in jedes serbische Dorf und in jede serbische Stadt, wo große Massen von trauernden, schwarzgekleideten Menschen ihn empfingen.[30] Ob Milošević ursprünglich beabsichtigte, den Wunsch nach echter Rache hervorzurufen, bleibt unklar. Es hat den Anschein, als habe er die Gruppenidentität und den Nationalstolz der Serben stärken wollen, um seine politische Stellung zu festigen, und damit hatte er Erfolg. Die Serben begannen ein Gefühl zu entwickeln, als habe sich die Niederlage auf dem Amselfeld erst kürzlich ereignet. Das war möglich, weil das gewählte Trauma in wirksamer, wenn auch manchmal nur latenter Weise jahrhundertelang lebendig gehalten worden war.

Die kommunistische Phase stellte eine derartige Latenzperiode dar, doch selbst damals gab es Anzeichen dafür, daß das psychologische Erbgut der Erinnerung an die Ereignisse im Kosovo weiterhin von einer Generation zur nächsten weitergegeben wurde. Die Schlacht auf dem Amselfeld wurde bereits den Schulkindern in der Grundschule als das bedeutsamste Ereignis der serbischen Geschichte nahegebracht. In den 70er Jahren erregte ein Film über diese Schlacht das Interesse der Serben, doch geriet das Werk bald in Mißkredit, weil der Regisseur ein Kroate war. Eine 1971 geschaffene Bronzefigur, die den Fürsten Lazar mit drohendem Blick in dem Moment zeigt, als er gerade das Schwert zu ziehen beginnt, wirkt ganz eindeutig kriegerisch.[31] Es wurden sogar serbische Rotweine der Marke «Zar Lazar» und «Zarin Milica» verkauft, die die Bilder von Fürst Lazar und seiner Frau auf den Flaschenetiketten trugen. Symbolisch gesehen wurde also ihr «Blut» von der Bevölkerung konsumiert.

Die Tatsache, daß Milošević den Kosovo in den Mittelpunkt stellte, reaktivierte diese «Erbanlagen». Aufgrund dieser Ermutigung spürten die Serben in sich wieder das Trauma ihrer Vorfahren. Während sie Lazars Leichnam bei seiner Rundreise durch Serbien empfingen, weinten sie, klagten und hielten Reden, in denen sie versicherten, daß sie eine derartige Niederlage niemals wieder zulassen würden.

Milošević befahl, auf einer Anhöhe oberhalb des Amselfeldes ein riesiges Denkmal zu errichten. Das Monument aus rotem Stein, der Blut symbolisiert, erhebt sich 30 Meter hoch über den «trauernden» Blumen. Lazars Worte, die er vor der Schlacht sprach, sind in dieses Mahnmal eingemeißelt und fordern jeden Serben auf, zum Amselfeld zu eilen, um gegen die Türken zu kämpfen. Jeder Serbe, der es versäumt, diesem Ruf zu folgen, so warnen Lazars Worte, wird zukünftig weder Nachkommen haben noch fruchtbares Land, auf dem Früchte und Getreide wachsen. Das Monument besteht aus einer Plattform, die umgeben ist von «geschoßförmigen Zementtürmen, in die ein Schwert und die Zahlen 1389–1989 eingemeißelt sind».[32] Indem er die Jahreszahlen 1389 und 1989 miteinander verband, verbreitete Milošević erneut die uralte Botschaft Lazars und verknüpfte die Deutungen und Gefühle, die mit der Schlacht auf dem Amselfeld zusammenhingen, mit jenen von 1989.

Am 28. Juni 1989, dem 600. Jahrestag der Schlacht im Kosovo, brachte ein Hubschrauber Milošević auf das Amselfeld. Nachdem er den Helikopter verlassen hatte, «übernahm er das Podium von tanzenden Mädchen in traditionellen Volkstrachten und löste in der Menge mit einer einfachen Botschaft ein Gefühl glühender Verehrung aus: Niemals wieder würde der Islam die Serben unterdrücken».[33] Auf einem Foto von dieser Massenveranstaltung kann man sehen, daß Lazars Botschaft, die die Serben auffordert, zum Kampf gegen die Türken aufs Amselfeld zu eilen, auf den T-Shirts vieler Anwesender aufgedruckt war.

1990 fanden in den sechs jugoslawischen Republiken Wahlen statt. Außer in Serbien und Montenegro erlitten die Kommunisten überall Niederlagen. In Serbien hießen die Kommunisten nun Sozialistische Partei Serbiens, und Milošević war zum Führer dieser Partei gewählt worden. Die Provinz Kosovo wurde zu einem Polizeistaat. In der Zwischenzeit wurden die Türken erneut zum eindeutigen und gegenwärtigen Feind. Die türkische Botschaft in Belgrad stand unter der Leitung von Hasan Aygün, der in Abwesenheit eines offiziellen Botschafters als Vertreter der Türkei fungierte. In dieser Atmosphäre eines verschärften serbischen Nationalismus mußte er feststellen, daß er als Staatsfeind Nummer eins in der serbischen Hauptstadt galt. Wo immer er auch hinkam, fragte man ihn: «Warum wollt ihr [Türken] uns angreifen?»

Aygün gewann den Eindruck, fast jeder Serbe sei davon überzeugt, daß ein türkischer Angriff unmittelbar bevorstehe, und er fürchtete daher um seine persönliche Sicherheit. Es handelte sich hier um eine Art von «kollektiver Paranoia»[34]. Ein großer Teil der Bevölkerung hielt Türken für Feinde und sah in den bosnischen Muslimen bewußt oder unbewußt Türken.

Aygün erlebte auch, daß serbische Jugendliche ein neues Spiel gefunden hatten: Sie spielten mit geladenen Pistolen russisches Roulett. Viele der Teenager endeten dabei im Krankenhaus – tot oder mit Kopfverletzungen. Wie Lazar sahen sich diese Jugendlichen vor die Wahl gestellt: Martyrium und Tod oder Leben und Revanche gegen die Türken.

Zu jener Zeit war Horst Grabert deutscher Botschafter in Belgrad. Manchmal traf er mit Milošević zusammen. Der Deutsche wollte den Serben gern vor der Gefahr eines sich ausbreitenden Nationalismus warnen, und so erzählte er eines Tages als Warnung die Fabel von Johann Wolfgang von Goethes «Zauberlehrling». Als sein Lehrherr einmal abwesend ist, so heißt es in diesem Gedicht, versucht der Lehrling selber die Zauberkünste seines Herrn anzuwenden und befiehlt einem Besen, die Hausarbeit zu übernehmen und Wasser zu einem Becken zu schaffen. Aber als das Becken schließlich mit Wasser gefüllt ist, verfügt der Lehrling nicht über die Zauberkräfte, um dem Besen Einhalt zu gebieten. Er hackt ihn deshalb entzwei. Doch kaum hat er den verzauberten Besen zerschlagen, erwachen beide Teile wieder zum Leben, und beide machen sich erneut an die Arbeit, nun mit doppelter Kraft.

Botschafter Grabert wollte Milošević damit klarmachen, daß er ohne den alten Zaubermeister Marschall Tito möglicherweise nicht imstande sein würde, der Verdoppelung und der Ausbreitung des Nationalismus Einhalt zu gebieten. Ganz offensichtlich wußte Milošević diesen Ratschlag nicht zu schätzen; statt dessen warf er Tito sogar eine antiserbische Politik vor. Im Juni 1992 beschuldigte Milošević seinen «Freund» und Mentor Ivan Stambolić, den damaligen Präsidenten des dritten Jugoslawien, er schütze die Serben in der Provinz Kosovo nicht. Milošević fädelte den Sturz von Stambolić ein und wurde selbst zum nächsten Präsidenten gewählt. Zuvor hatte er Radovan Karadžić und andere zu einem Treffen zusammengerufen.

Karadžić stellt auch einen interessanten Fall dar. Er kam im Jahre 1945 in Petnjica, einem isolierten Bergdorf im westlichen Montenegro, zur Welt. Die Menschen in Petnjica sind besonders stolz auf ihre Geschichte: Vor 400 Jahren weigerten sich ihre Vorfahren, Steuern zu zahlen, und rebellierten gegen die Osmanen. Karadžić' Vater war ein Tschetnik, der während des Zweiten Weltkriegs gegen die kommunistischen Partisanen Titos gekämpft hatte. Später, unter der Herrschaft von Tito, kam Karadžić' Vater für fünf Jahre in Haft. Einige Dorfbewohner behaupten, er sei verhaftet worden, weil er Titos kommunistische Regierung verraten habe; andere jedoch berichten, er sei wegen Inzests mit einer Kusine verurteilt worden.[35]

Weil ihr Mann im Gefängnis war, und vielleicht auch aus anderen Gründen, stand Karadžić' Mutter, Jovanka, beinahe mittellos allein da und mußte fünf Kinder aufziehen: vier Jungen und ein Mädchen. Als Karadžić elf Jahre alt war, zog die Familie nach Nikšić, wo die Kinder zur Schule gehen konnten.

Im Alter von 15 Jahren ging Karadžić nach Sarajevo und fand es sehr schwierig, in städtischen gesellschaftlichen Kreisen anerkannt zu werden. Die Soziologin Beverley Allen bezeichnet den jungen Karadžić als «einen unbeholfenen Tölpel vom Lande mit ungehobelten Manieren», der «aus den Bergen gekommen» war.[36] Später studierte er jedoch Medizin und Psychiatrie und heiratete eine Psychiaterin. Eine Zeitlang arbeitete er als Vereinsarzt für den Fußballclub von Sarajevo, dabei unterstand er einem bosnischen Muslim, mit dem er befreundet war. Sein Trauzeuge war ebenfalls ein Muslim.[37] Einigen Berichten zufolge neigte er zum Glücksspiel und zur Flasche.[38] Karadžić war außerdem ein Dichter. In den Jahren 1974/75 nahm er an einem Kurs für kreatives Schreiben an der Columbia University in New York teil. Über sein Leben in New York ist wenig bekannt, man weiß nur, daß er eine Lesekarte der Bibliothek der Columbia University hatte.

Mit Anfang Zwanzig begann er, seine Gedichte zu veröffentlichen, und er schrieb auch einige Kinderbücher. Seine ersten drei Gedichtbände wurden verfaßt, bevor er sich zu einem nationalistischen politischen Führer wandelte. Doch behandeln die frühen Gedichte Themen, die mit der Opferrolle, den Sehnsüchten der Vorfahren und Heldenmythen zu tun haben. Gelegentlich hat er seine Gedichte selber auf der Gusla begleitet – wie es die traditionellen Guslaren taten.[39]

Die Geschichte von Karadžić' Wandel beginnt 1985, als er wegen Betrugs – Mißbrauch öffentlicher Mittel zur Baufinanzierung – verurteilt wurde und, wie schon sein Vater zuvor, ins Gefängnis mußte, wo er 11 Monate blieb, ehe ein serbischer Richter für seine Freilassung sorgte. Während seiner Haft entwickelte er Vorstellungen über einen bevorstehenden Heiligen Krieg der Muslime in Bosnien. Er glaubte, die Muslime würden ihn und andere Serben ermorden.[40] Er war entweder wirklich von dieser Gefahr überzeugt oder er fand sie nützlich, um mit ihr seinen Einfluß als nationalistischer politischer Führer zu erweitern. Karadžić' persönlicher Wandel verfestigte sich, als er seine Identität als Gefangener mit der Gefangenenidentität seiner Vorfahren verschmolz – er war keineswegs immun dagegen, sich über die Geschehnisse zwischen der Schlacht auf dem Amselfeld und der Gegenwart hinwegzusetzen und das gewählte Trauma der Serben in sich zu tragen. Nach seiner Entlassung aus dem Gefängnis war er zur Rache entschlossen.

Im Jahr 1990, also nach seiner Gefängniserfahrung, veröffentlichte er sein letztes lyrisches Werk *Crna bajka* (Die schwarze Fabel). Die Psychiater Kenneth Deklava und Jerrold Post, die die Gedichte in *Crna bajka* untersucht haben, beobachteten an ihnen einen deutlichen Wandel der Sprache. Während Karadžić' frühere Werke «ein kollektives Gespür für Mythen und Opfer» widergespiegelt hatten, brachte *Crna bajka* «seine großspurige Phantasie und sein Gefühl der Vorherbestimmung» zum Ausdruck.[41] Höchstwahrscheinlich erlitt Karadžić im Gefängnis psychische Verletzungen. Dort in der Haft schrieb er das Gedicht «Ein Mann, der aus der Asche auferstanden ist», in dem er behauptet, daß er Erniedrigung erdulden kann, wenn er eine Art von Wiedergeburt erleben darf. In einem anderen Gedicht, «Kalemegdan», wird die Situation umgekehrt. Diesmal sind seine Vorfahren Gefangene. Schließlich erreichen sie ihre Freiheit. Durch Gleichsetzung seines Leids mit dem Schicksal seiner Vorfahren erhielt Karadžić sein eigenes nationalistisches Gefühlsleben künstlich aufrecht. Er beschreibt Serben, die in der Festung Belgrad, umzingelt von vordringenden Türken, in der Falle sitzen. Die Serben sind hilflos, sie können nichts anderes tun, als «des Zaren [Lazar] Rückkehr zu erwarten, die unser Schicksal krönen wird, als sei es bestimmt von Geburt an».[42]

In *Crna bajka* ist das Bild des Mutterlands, in das er zurückkehrt, von Kummer geprägt. Karadžić schrieb auch über Gavrilo Princip und verglich dabei Princips Schüsse auf Erzherzog Franz Ferdinand mit Schüssen «in die Wunde eines Zeitalters», das «unserem [der Serben] Geist» Auftrieb geben würde.[43]

Nach dem Zusammenbruch des früheren Jugoslawien arbeiteten serbische Führer in der Jugoslawischen Föderation und in Bosnien zusammen an Vorbereitungen von «Säuberungen» der bosnischen Serben von bosnischen Muslimen (sowie auch Kroaten). Intellektuelle wie Dobrica Cosić von der serbischen Akademie der Künste und Wissenschaften schlossen sich den Politikern an und heizten den serbischen Nationalismus heftig an. Die Trennung von Serben und bosnischen Muslimen und die Festigung einer rigiden psychologischen Grenze zwischen beiden wurde zu einer Notwendigkeit.

Die bosnischen Muslime, die Opfer der «ethnischen Säuberungen» waren, stammten von Südslawen ab, die im Laufe des ersten Jahrhunderts nach der osmanischen Eroberung zum Islam übergetreten waren. Während die Serben Christen blieben, wechselten viele Slawen in Bosnien ihre Religion, eine scheinbare Anomalie, die einige Historiker durch die sogenannte Bogomilen-Hypothese erklären. Der Bogomilismus entwickelte sich in Bulgarien im späten 10. Jahrhundert und erlebte in Bosnien im 13. und 14. Jahrhundert eine Blütezeit. Die Anhänger dieser religiösen Reformbewegung, die sich nach einem bulgarischen Priester benannte, glaubten, daß Gott und der Teufel ein gleiches Maß an Macht besäßen. Sie wiesen den Glauben an die Kreuzigung und an die Heiligkeit der Jungfrau Maria zurück. Aus diesen Gründen wurden sie als Ketzer betrachtet und galten gleichermaßen als Feinde der katholischen wie der orthodoxen Christen. Als die muslimischen Osmanen eintrafen, entschieden sich die Bogomilen für den Islam als Alternative gegenüber dem Katholizismus oder der Orthodoxie. Einige Historiker sind jedoch von der Richtigkeit dieser Theorie nicht überzeugt.[44] Sie behaupten, bestimmte Südslawen seien nur deshalb Muslime geworden, um die Steuern nicht zahlen zu müssen, die die Osmanen von Nichtmuslimen verlangten.

Unter den Osmanen brachten die bosnischen Muslime epische Gesänge hervor, die ihre ruhmreiche Vergangenheit widerspiegelten. In Sarajevo gab es viele prächtige muslimische Sehenswürdigkeiten, darunter die Gazi-Hüsrev-Bey-Moschee, ein architektonisches Meisterwerk aus dem Jahre 1530. Diese Moschee und eine Bibliothek gleichen Namens, die mehr als 4000 Manuskripte in arabischer, türkischer und persischer Sprache enthielt, wurden während des Bosnienkonflikts in den 90er Jahren zerstört.

Die bosnischen Muslime, die als eine Art verlängerter Arm der Osmanen betrachtet wurden, dienten als Ersatzobjekt für massive Projektionen von unerwünschten Eigenschaften der Serben, darunter Aggressivität. Man sollte jedoch die Rolle der bosnisch-muslimischen Führung bei der Etablierung Bosniens als attraktives Ziel für diese Projektionen nicht unterschätzen. Und dies ist ein Faktor, der in den Medien nur wenig Beachtung fand.

Zwar bewies Tito aus politischen Gründen Toleranz gegenüber dem muslimischen Glauben, indem er zwischen 1945 und 1968 den Bau von 300 Moscheen gestattete (mit Finanzmitteln, die Araber zur Verfügung stellten), doch investierten die bosnischen Muslime während der kommunistischen Ära nicht viel in ihre Religion. Daß es mehr Moscheen gab, hieß nicht, daß sie auch von mehr Gläubigen besucht wurden. Der radikale, fundamentalistische Islam wurde von außerhalb Jugoslawiens unterstützt, und innerhalb der bosnisch-muslimischen Gesellschaft gab es weltliche und radikale Segmente gleichermaßen. Als sich der Zusammenbruch des früheren Jugoslawien ankündigte, errangen radikale Islamisten politische Macht. Der bosnische Muslimführer Alija Izetbegović, ein religiöser Mann, brachte in Schriften, die bis in die 70er Jahre zurückreichen, seinen Traum von einer islamischen Macht oder einem islamischen Reich zum Ausdruck, das sich von Marokko bis nach Indonesien erstreckt. Dieser Traum kommt den Serben als Ersatzobjekt für ihre Projektionen sehr gelegen.[45]

Serbische Propagandisten fingen an, die Muslime zu beschuldigen, einen Heiligen Krieg (Dschihad) gegen sie vorzubereiten. In Wirklichkeit jedoch besaßen die Muslime keinerlei militärische Macht und viel zu unzulängliche Waffen, um einen derartigen Schritt in Betracht zu ziehen. Je häufiger es zu solchen Projektionen kam, desto mehr sah man in den bosnischen Muslimen bewußt oder unbewußt osmanische Türken, also die Feinde im Rahmen des gewählten Traumas der Serben. Je stärker sich die «Gefährlichkeit» der bosnischen Muslime entwickelte, desto mehr fürchteten die Serben diese. Sie fürchteten außerdem, daß ihre beabsichtigte Aggression in einem Bumerang-Effekt auf sie selber zurückschlagen könnte. So entstand die kollektive Vorstellung, man müsse die Muslime ausrotten,[46] und die zu dieser Zeit herrschende emotionale Atmosphäre bewirkte, daß die Serben als Gruppe bereitwillig auf die Manipulationen ihrer politischen und militärischen Führer reagierten. Tatsächlich agierten diese Führer gemäß der bestehenden psychischen Disposition ihrer Gruppe. Damit war der Weg geebnet für die «ethnische Säuberung» der bosnischen Muslime.

Im November 1995, als Slobodan Milošević, Franjo Tudjman und Alija Izetbegović sich mit dem US-Unterstaatssekretär Richard Holbrooke und seinen Mitarbeitern in Dayton im US-Bundesstaat Ohio trafen, wurden zwei türkische Journalisten, eine Frau namens Münire Acım und ein Mann namens Ali Koçak, von bosnisch-serbischen Streitkräften gefangengenommen und 19 Tage lang festgehalten, bevor man sie wieder freiließ. Die beiden wurden zwar physisch nicht gefoltert, mußten jedoch um ihr Leben fürchten. Bei wiederholten Verhören fragten die Serben die türkischen Journalisten: «Habt ihr nicht 500 Jahre lang über uns geherrscht? Wollt ihr noch immer über uns herrschen?» Die Leute, die die Journalisten gefangenhielten, waren davon überzeugt, daß viele der NATO-Piloten, die serbische Stellungen in Bosnien bombardierten (um die Serben an den Verhandlungstisch und zu einer politischen Lösung zu zwingen), Türken waren. Immer wieder bedrohten sie die beiden Reporter: «Wir werden mit euch tun, was eure Vorfahren mit uns getan haben – eure Finger einen nach dem anderen brechen und euch an einer seidenen Schnur aufhängen.»[47] Damit bezogen sie sich auf die osmanische Hinrichtungsmethode.

Die Formulierung «Wir werden mit euch tun, was eure Vorfahren mit uns taten», ist ein Schlüssel zu der psychologischen Triebkraft hinter der systematischen Vergewaltigung von bosnisch-muslimischen Frauen *und* Männern während des Bosnienkonflikts. Bei Aufruhr und Krieg kommt es häufig zu Vergewaltigungen, bei denen gesteigerte Ausdrucksformen der Aggressivität unbewußt Ausdrucksweisen der Sexualität verstärken und Aggression und Sexualität miteinander verwechselt werden. Vergewaltigung wird dann zum Ausdruck einer primitiven und erniedrigenden Art von Aggression, während sie auf einer bewußten Ebene zur Einschüchterung des Feindes dienen soll.

In Bosnien waren die Vergewaltigungen von Rachsucht und Planmäßigkeit geprägt, als müsse die gesamte bosnisch-muslimische Kultur geschändet und zerstört werden. Die Soziologieprofessorin Ruth Seifert erklärt dies folgendermaßen: «In ‹schmutzigen Kriegen› ist es nicht notwendigerweise der Sieg über eine fremde Armee, sondern die Zerstörung einer Kultur, die als das wichtigste Ziel der Kriegführung betrachtet werden kann. Denn nur durch deren Zerstörung – und dies bedeutet die Vernichtung von Menschen – kann eine Entscheidung erzwungen werden.»[48]

Auf einer unbewußten Ebene hingen die systematischen Vergewaltigungen mit einer osmanischen Institution, die man Devsirme (Knabenlese) nannte, zusammen. Ihre mentale Repräsentation wurde jener der Schlacht auf dem Amselfeld und der Unterwerfung durch die Türken hinzugefügt. Mit Beginn der Herrschaft von Murat I. im Jahr 1359 bedeutete die Devsirme 400 Jahre lang die Rekrutierung von Staatsdienern aus der christlich-orthodoxen Bevölkerung des Reiches. Christliche Jugendliche wurden wie eine «Sondersteuer» eingefordert, die der Sultan erhob.

Sie wurden ihren Familien entrissen, mußten zwangsweise zum Islam konvertieren und wurden zu Dienern des Sultans erzogen. Von diesen Jugendlichen – männlich, unverheiratet und im Alter von 8 bis 18 – kam im Durchschnitt einer auf 40 christliche Haushalte in ausgewählten Gemeinden. Osmanische Beamte wählten bei diesen Gelegenheiten nur die physisch stärksten Knaben aus und schlossen Waisen, Jungen mit Kenntnissen, die für die örtliche Wirtschaft lebenswichtig waren, einzige Söhne und solche mit Verhaltensauffälligkeiten oder körperlichen Gebrechen aus.

Professor Norman Itzkowitz, eine Autorität auf dem Gebiet der Geschichte des Osmanischen Reiches, beschreibt die strengen Regeln, denen man dabei folgte, so: Die Vertreter der Behörden begaben sich in christliche Gegenden des Balkans und

…schickten Ausrufer in die Dörfer, um die örtlichen Würdenträger zu benachrichtigen. Die Väter wurden aufgefordert, ihre Söhne zur Musterung zu bringen, und sie wurden dabei von den Priestern begleitet, die die Taufakten mitbrachten. Die Janitscharenoffiziere [Militäroffiziere, auf türkisch *yeni çeri*, «neue Truppen»] überprüften dann die Jugendlichen. Name, Alter, Herkunft, Wohnort und eine Beschreibung jedes Knaben, der ausgewählt wurde, wurden in einem Register verzeichnet, von dem ein Duplikat hergestellt wurde. Die ausgewählten Knaben wurden dann in Gruppen von 100 bis 150 gesammelt, erhielten besondere Kleidung und wurden von einer Janitschareneskorte, die eine Kopie der Personalakte bei sich trug, nach Istanbul gebracht. Die andere Kopie blieb beim Rekrutierungsoffizier. Nachdem alle Jugendlichen im Hauptquartier in Istanbul versammelt waren, verglich man die beiden Register, um sicherzustellen, daß unterwegs keinerlei Austausch vorgenommen worden war, denn es war allgemein bekannt, daß einige Eltern versuchten, ihre Kinder von der Aushebung freizukaufen. Als dann später die persönlichen Vorteile, die sich aus der Devsirme ergaben, deutlich wurden, versuchten andere wiederum ihre Söhne «hineinzukaufen».[49]

Das Schicksal dieser Jungen hing von dem Karriereweg ab, den man für sie auswählte. Einige erhielten die beste Erziehung, die es in der islamischen Welt überhaupt geben konnte, und wurden für Verwaltungspositionen im Reich vorbereitet. Sie studierten

Theologie sowie Türkisch, Persisch, Arabisch, Musik, Kalligraphie, Mathematik, Miniaturmalerei, Reiten, Bogenschießen und Ringen. Einer der bedeutendsten Großwesire des Osmanischen Reiches, Sokollu Mehmet Pasha (der als Bajca Sokolović zur Welt gekommen war) war ursprünglich ein Serbe, dessen Aufstieg sich innerhalb des Devsirme-Systems vollzogen hatte. Er diente nacheinander drei osmanischen Sultanen, darunter auch Suleiman dem Prächtigen, während der Phase der größten osmanischen Expansion. Die meisten Jugendlichen arbeiteten auf türkischen Bauernhöfen, auf denen sie Türkisch lernten. Dann wurden sie als Mitglieder der gefürchteten Janitscharen zum Militär eingezogen. Laut Fürst Lazarovich und Eleanor Calhoun verhielt es sich mit ihnen so: «Um die Mitte des 16. Jahrhunderts bestand der Kern der türkischen Armee aus Janitscharen von serbischem Blut, die ihre Schwerter gegen ihre eigenen Mütter und Väter richteten.»[50]

Selbst wenn diese Knaben persönliche Vorteile aus der Devsirme zogen, kann man sich vorstellen, daß die Familien, aus denen diese Jungen stammten, nicht nur schwer unter dem Verlust litten, sondern auch zwiespältige Gefühle gegenüber ihren Söhnen hegten, die nun zu der herrschenden Gruppe und genau der Verwaltung und Armee angehörten, die ihre eigene ethnische Gruppe unterdrückte. Der Stolz der Eltern auf die Leistungen ihrer Söhne lag im Widerstreit mit ihrer Scham wegen deren neuer Rolle und Religion. Mit Blick auf die historischen Leiden der Serben wurde die Devsirme schließlich gleichgesetzt mit sozialer Vergewaltigung.

Die systematischen Vergewaltigungen der 1990er Jahre spiegeln das Bedürfnis wider, die Scham und die Erniedrigung umzukehren, die mit dieser gesellschaftlichen Vergewaltigung zusammenhingen, indem man den bosnischen Muslimen – und damit auch den Türken – das antat, was letztere den Serben angetan hatten. Das gemeinschaftliche unbewußte Gefühl, Anspruch auf Rache zu haben, schuf eine kollektive und regressive Moral, die die bewußt geplanten Gewalttätigkeiten förderte.

Als der Journalist Roy Gutman vom *New York Newsday*

1991 Banja Luka, die zukünftige Hauptstadt des bosnisch-serbischen Staates, besuchte, untersuchte er die serbische Propaganda, die dazu beitrug, den Weg für die folgenden Gewalttätigkeiten zu bereiten. In einer Propagandaveröffentlichung hieß es:

> Auf Befehl der islamischen Fundamentalisten aus Sarajevo sollen serbische Frauen im Alter zwischen 17 und 40 Jahren ausgesondert und einer besonderen Behandlung unterzogen werden. Den krankhaften Absichten zufolge, die diese Leute schon seit vielen Jahren hegen, sollen diese Frauen durch orthodox-islamischen Samen geschwängert werden, um eine Generation von Janitscharen in jenen Gebieten hervorzubringen, die [die Fundamentalisten] als die ihren betrachten, also auf dem Boden der islamischen Republik. Mit anderen Worten ist also gegen die serbischen Frauen ein vierfaches Verbrechen geplant: die Entfernung aus ihren eigenen Familien, die Schwängerung mit unerwünschtem Samen, die Austragung eines Fremdlings und dann sogar die Fortnahme des Kindes von der Mutter.[51]

Dieses Sendschreiben sollte unter den Serben die Befürchtung hervorrufen, daß bosnische Muslime die Absicht hätten, die Devsirme wieder zu etablieren und eine neue Janitscharenarmee zu schaffen. In diesem Gedanken steckte ein Körnchen Wahrheit; der bosnische Muslimführer Izetbegović hatte in seinen Reden und Schriften die Möglichkeit einer islamischen Initiative in Bosnien angedeutet.[52] Doch die Wiedererrichtung einer Janitscharenarmee war eine reine Phantasievorstellung mancher Serben.

Als Gutman mit Major Milovan Milutinović, einer Schlüs-selfigur der serbischen Propagandamaschine, sprach, war er er-schrocken über dessen Anspielungen auf die Janitscharen:

> Seine Hinweise auf die Janitscharen er-staunten mich einigermaßen: «Über wel-ches Jahrhundert sprechen Sie denn?» fragte ich. Er erwiderte: «Es handelt sich hier um ein neues und relativ junges Phä-nomen. Es ist ein Verbrechen gegen Frauen. Es verfolgt häßliche Ziele, die man sich in der zivilisierten Welt kaum vorstellen kann. Sie versuchen, das zu tun, was sie schon vor Jahrhunderten getan haben.»[53]

Gutman betrachtete Milutinović' Erklärung «als die seltsam-ste, die ich je von einem Soldaten gehört habe».[54] Das Konzept des Zusammenbruchs des Zeitgefühls jedoch liefert einen Weg zum Verständnis von Milutinović' allem Anschein nach irratio-naler Erklärung und der Auswirkungen eines gemeinsamen Gefühls, zur Rache berechtigt zu sein.

Weitere Beweise für die Verbindung zwischen den Greueln in Bosnien-Herzegowina und den Ereignissen früherer Jahr-hunderte offenbarten sich in einem Dokumentarfilm der BBC über das Blutbad an muslimischen Männern in Srebrenica, das sich im Juli 1995 ereignete.[55] Ein überlebender Zeuge des Mas-sakers berichtete, er habe gesehen, wie man muslimische Män-ner in ein Gebäude schaffte, in dem sie erschossen wurden. Als er das Stöhnen eines Mannes gehört habe, der nicht getötet wor-den sei, sei ein Serbe ins Gebäude zurückgegangen und habe ge-sagt: «Was, du lebst noch? Fick doch deine türkische Mutter!», und dann habe er ihn erschossen.

Die Serben hatten von den bosnischen Muslimen erwartet, daß diese sie vernichten wollten. Diese Vorstellung veranlaßte sie zu dem Versuch, ihre eigene Bevölkerungszahl durch die Vergewaltigung bosnisch-muslimischer Frauen zu erhöhen. Die

Serben entschieden, daß ein Kind, das von einer nichtserbischen Frau geboren wurde, die von einem Serben vergewaltigt worden war, eben ein Serbe sein würde und trotz aller genetischen Tatsachen keinerlei Spuren der Identität seiner Mutter in sich trage.[56]

Als serbische Knaben unter dem osmanischen Devsirme-System eingezogen und zu muslimischen Osmanen gemacht wurden, erklärte man die biologischen Gene ihrer Eltern für irrelevant. Nun versuchten die Serben, die biologischen Gene von nichtserbischen Frauen zu entwerten, indem sie jene weiblichen Wesen als Mittel benutzten, um mehr Serben zum Kampf gegen Muslime (und Kroaten) zu produzieren. Inzwischen töteten sie außerdem bereits existierende muslimische Söhne bosnischer Frauen. Die neuen Söhne dieser Frauen würden «Serben» sein, und die Zahl der serbischen Männer würde sich damit vergrößern.[57]

Eine besondere Methode, junge muslimische Männer zu töten, wurde auch eindeutig mit dem Devsirme-System in Verbindung gebracht. In osmanischen Zeiten, als man christliche Jugendliche einsammelte, um sie zu Muslimen zu machen, führte man an ihnen Beschneidungen durch, wie sie von ihrer neuen Religion gefordert wurden. Während des Krieges in Bosnien-Herzegowina wurden einige der muslimischen Männer in der Gefangenschaft nicht nur vergewaltigt, man zwang sie auch, muslimische Kameraden zu kastrieren. Alexandra Stiglmayer berichtet von einem derartigen Beispiel: «Am 17. Juni 1992 zwangen serbische Wächter den 21jährigen Emin J., einen Liter Motorenöl zu trinken und dann die Hoden von drei Mitgefangenen, die bereits halb zu Tode geprügelt worden waren, abzubeißen und zu verschlucken.»[58] Bei der religiösen Beschneidung wird die Vorhaut des Penis als Symbol einer Verlagerung der männlichen Identität entfernt, hier handelt es sich um einen *Rite de passage*, der außerdem den einzelnen mit seiner ethnischen oder religiösen Gruppe noch enger verbindet. Was die Serben in Bosnien taten, war von Aggression erfüllt. Dieser Racheakt bedeutete nicht nur, dem anderen anzutun, was einem von diesem angeblich angetan worden war, sondern er beruhte auch auf mörderischer Wut. Der Akt der Beschneidung wurde weitergeführt bis zur Kastration und zum Tode.

Die Geschichte der Schlacht auf dem Amselfeld zeigt die verschiedenen Wege, auf denen ein gewähltes Trauma eine Gruppe beeinflussen kann. Die Annahme eines gewählten Traumas kann den ethnischen Stolz erweitern, kann das Gefühl, zum Opfer gemacht worden zu sein, verstärken und eine Gruppe sogar anspornen, die Verletzungen, die ihre Vorfahren erlitten haben, zu rächen. Die Erinnerung an das gewählte Trauma wird benutzt, um ethnische Angriffslust zu rechtfertigen. Wie die Bilder von der Schlacht im Kosovo und ihrer serbischen Helden über sechs Jahrhunderte hinweg lebendig blieben, so wurde diese Geschichte ein ständiges und bedeutsames Thema für zahllose künstlerische Äußerungen. Sie erscheint seit Jahrhunderten auf Ikonen, in Volksliedern, Gedichten, Gemälden, Skulpturen, Dramen, Filmen, Denkmälern und gelehrten Diskussionen wie ein religiöses Symbol, das das Gefühl der Serben stützt, ein «auserwähltes Volk» zu sein.[59]

Während die Serben nach dem Zusammenbruch Jugoslawiens von ihren Führern manipuliert wurden, hielten sie an der Erinnerung an die Schlacht auf dem Amselfeld fest. Sie nährte bei den Serben das gemeinsame Gefühl, ein Recht auf Rache zu haben, das die offizielle Propaganda und die Gewalttätigkeiten sanktionierte. Aber die übrige Welt stimmte mit Karadžić' und Mladić' Rachewünschen nicht überein, und sie wurden vom internationalen Kriegsverbrechertribunal wegen ihrer Rolle bei diesen Gewalttätigkeiten zu Kriminellen erklärt. 1996 wurden beide aus ihren offiziellen Ämtern entfernt, dennoch sind sie in den von Serben beherrschten Gebieten Bosnien-Herzegowinas immer noch auf freiem Fuß.

Doch nach dem Abkommen von Dayton neigte die Weltmeinung, insbesondere in den Vereinigten Staaten und Europa, dahin, Milošević' politische Macht für legitim zu erklären, statt ihn für die Tragödien im früheren Jugoslawien verantwortlich zu machen. Der frühere UN-Generalsekretär Boutros Boutros-Ghali war der Ansicht, Milošević könnte sich bei den Bemühungen um Frieden im früheren Jugoslawien zu einem Partner entwickeln. Der Westen half Milošević, sich ein weiteres Mal zu wandeln – und zwar diesmal zu einem demokratischen Führer. Dabei benutzte man Scheinargumente wie das nationale Interesse und die Weltordnung, um solche Entscheidungen zu rechtfertigen. Milošević wurde als ein Mitakteur bei den Bemühungen um die Aufrechterhaltung des Weltfriedens akzeptiert.

Doch dann gewann im November 1996 eine Koalition von politischen Parteien, die gegen Milošević waren, unter dem Namen Zajedno («Zusammen») die Kommunalwahlen in Belgrad und in 14 der 19 größten Städte Jugoslawiens. Es kam zu Protesten, als Milošević versuchte, die Wahl für ungültig zu erklären. Trotz der bitteren Kälte begannen die Universitätsstudenten auf den Straßen Belgrads laut zu demonstrieren. Schließlich standen die Demonstranten der Polizei gegenüber. Im Dezember kam eine Delegation der 55 Staaten umfassenden Organisation für Sicherheit und Zusammenarbeit in Europa (OSZE) auf Milošević' Einladung nach Belgrad. Die OSZE-Delegation bestätigte, daß es schwere Wahlfälschungen gegeben habe, sie besaß aber kein Mandat, um in inneren Angelegenheiten Jugoslawiens zu vermitteln. Die Zajedno-Führer Zoran Djindjić, Vuk Drasković und Vesna Pesić drängten auf eine Fortsetzung der Proteste. Die Regierung der Vereinigten Staaten und die europäischen Regierungen sahen Milošević nun in einem anderen Licht. Im Februar 1997 akzeptierte er schließlich die Wahlergebnisse vom vorangegangenen Herbst.

Angesichts der Tendenz von ethnischen Gruppen, sich in Spannungslagen um ihre Führer zu sammeln, sind die Ereignisse des Herbstes 1996 in Jugoslawien seltsam. Sie deuten darauf hin, daß die Verbindung zwischen dem Führer und einem Teil seiner Gefolgsleute zerstört worden war.[60] Doch selbst wenn Milošević die Macht in Jugoslawien verlieren sollte, ist es schwierig vorherzusagen, wie das weitere Schicksal des dortigen bösartigen Nationalismus aussehen wird. Der wichtigste Oppositionsführer, Vuk Drasković, war früher einmal der Anführer einer rechtsgerichteten, paramilitärischen Kampforganisation. Zoran Djindjić war mit einigen fanatischen serbischen Nationalisten befreundet, und seine politischen Bündnisse haben viele Veränderungen durchlaufen. Über ihn schrieb John Pomfret, ein Reporter der *Washington Post*, Djindjić' «bemerkenswerte Reihe von Wandlungen – vom Anarchisten in den 70ern zum Liberalen in den 80ern zum Nationalisten in den frühen 90ern und zum Demokraten heute – macht ihn zum Kandidaten für die Rolle des ersten ‹Teflonserben›... Als Milošević seine Politik änderte, um auf den Frieden zuzusteuern, da hätschelte Djindjić die serbischen Kriegstreiber in Bosnien. Als Milošević den Friedensvertrag von Dayton unterzeichnete und damit den Konflikt in Bosnien beendete, leistete Djindjić nur halbherzig Unterstützung.»[61]

Vier Jahre nach dem Beginn der internationalen Untersuchungen über Kriegsverbrechen in Bosnien ist erst ein Serbe wegen Verbrechen gegen die Menschlichkeit verurteilt worden, und zwar Dusko Tadić, der nur einen niederen Rang bekleidete. Im Mai 1997 berichtete eine Londoner Nachrichtenagentur, daß britische Regierungsbeamte (damals unter Premierminister John Major) sich geweigert hatten, britische Spionageberichte zu übergeben, die angeblich Verbindungen zwischen Milošević und den «ethnischen Säuberern» in Bosnien von 1992 belegten. Allem Anschein nach vertrat man die Ansicht, es würde den globalen Interessen dienlicher sein, wenn man schlafende Hunde nicht wecke. Dies mag ein Prinzip einer guten Realpolitik sein, da Serbien und die es umgebenden Gebiete in ein noch größeres Chaos fallen könnten, wenn man Milošević offiziell in Mißkredit brächte. Dennoch könnte der «Schutz» von Kriegsverbrechern schwere psychologische Folgen haben, weil die kollektive Moral dadurch Schaden erleiden würde. Wenn Führer, die direkt mit Gewalttätigkeiten zu tun hatten, nicht bestraft werden, dann werden die Serben, ob sie es zugeben oder nicht, ihre Scham und ihre Schuld verinnerlichen, und solche Gefühle werden dann an spätere Generationen weitergegeben. Und Opfer wie die bosnischen Muslime werden immer stärkere Rachegefühle entwickeln, wenn sie die Täter nicht vor Gericht bringen können. Sobald die Friedenstruppen Bosnien einmal verlassen, wird es dann zu Vergeltungsbestrebungen kommen, und dies gilt insbesondere, da die bosnischen Muslime heute besser bewaffnet sind als je zuvor. Im besten Fall wird diese neue Wunde im Herzen Europas eine häßliche Narbe hinterlassen. Im schlimmsten Fall wird sie weiterschwären.

Wir-Gefühl: Identifizierungen und gemeinsame Ersatzobjekte

Die mentale Repräsentation eines historischen Ereignisses, das Gefühle des Erfolgs und des Triumphs auslöst, also das, was ich «gewählten Ruhm» nenne, kann die Mitglieder einer Großgruppe zusammenführen. Üblicherweise sind solche Triumphe verdiente Siege über eine andere Gruppe. Das Adjektiv «verdient» ist hier notwendig, weil einige Ereignisse, die zunächst als Siege betrachtet werden mögen, später als erniedrigend angesehen werden. Die «Triumphe» des nationalsozialistischen Deutschland beispielsweise wurden von den meisten Deutschen der folgenden Generationen als verbrecherisch betrachtet.

Gewählter Ruhm wird zur Stärkung des Selbstgefühls der Gruppe reaktiviert. Wie gewählte Traumata werden sie im Lauf der Zeit stark mythologisiert. Die Juden erinnern sich an die legendäre Geschichte der Makkabäer, die den zerstörten Tempel von Jerusalem wiedererrichteten und den Geist einer unterdrückten Gruppe wieder stärkten. Und die Briten erinnern sich an die Schlacht um England, bei der die Royal Air Force erfolgreich Hitlers Streitkräfte fernhielt. Nach dem Zusammenbruch der Sowjetunion und der Herabsetzung der Triumphe der kommunistischen Periode (wie etwa der Oktoberrevolution) hielten die Russen um so stärker fest an der mentalen Repräsentation ihres «Großen Vaterländischen Krieges» gegen die Nazis als zentralem Orientierungspunkt ihrer Gruppenidentität.

Während des Golfkriegs hing Saddam Hussein in bedeutendem Maße von gewähltem Ruhm ab und brachte sich selbst sogar mit Helden der Vergangenheit in Verbindung, um sein Volk zu veranlassen, ihm zu folgen. Einmal verglich er sich mit Sultan Saladin, der 1169 in Ägypten an die Macht kam und die Gegenwehr vereinigte, um die Kreuzfahrer zu besiegen. Allerdings handelte es sich bei Saladin nicht um einen Araber, sondern um einen Kurden. Während des iranisch-irakischen Krieges in den 80er Jahren hatte es Hussein nicht das geringste ausgemacht, irakische Kurden mit Giftgas zu ermorden. Nun aber, da es um seinen Ruhm und seine Allmacht ging, fand er es angemessen, als Inkarnation eines Kurden aufzutreten.

Der gewählte Ruhm wird wie die gewählten Traumata von den Kindern einer Gruppe übernommen. Gewählter Ruhm beeinflußt die Identität jedoch weniger durchdringend als gewählte Traumata, weil seine Auswirkungen weniger komplex sind. Gewählte Traumata bringen eindringliche Erfahrungen des Verlustes und Gefühle der Erniedrigung, der Rache und des Hasses mit sich. Diese lösen eine Vielzahl von unbewußten Verteidigungsmechanismen aus, die darauf abzielen, diese Erfahrungen und Gefühle umzukehren. Gewählter Ruhm dagegen führt einfach zu stärkerer libidinöser Bindung, ohne daß sich die Notwendigkeit einer Umkehrung dieser Gefühle ergibt.

Das heißt nicht, daß gewählter Ruhm nicht zu den integralen Bestandteilen einer Großgruppenidentität gehören kann. Ein Ereignis, das zu einem positiven Wandel im politischen System eines Landes oder zu einer Kulturrevolution führt, kann zu einem wichtigen Aspekt der Identität einer Gruppe werden. Die gemeinsame mentale Repräsentation eines Unabhängigkeitskriegs ist beispielsweise ein starkes, verbindendes Element für eine Großgruppe. Symbolische Darstellungen gewählter Ruhmestaten werden voller Stolz zur Schau gestellt.

Der verstorbene Boris Lomov, der in den späten 80er Jahren Direktor des Instituts für Psychologie der Akademie der Wissenschaften der UDSSR war und davor eine Schlüsselstellung als Verhaltensforscher am sowjetischen Weltraumprogramm innehatte, trug eine Leninnadel auf seinem Jackettaufschlag, wann immer er die Vereinigten Staaten besuchte. In den Jahren 1989 und 1990 nahm er an inoffiziellen Gesprächen teil, bei denen es um sowjetisch-amerikanische Beziehungen und um die Etablierung eines fortlaufenden Dialogs zwischen Sozialwissenschaftlern aus beiden Ländern ging. Sobald er seine Gruppenidentität bedroht fühlte, spielte er stets in geradezu ritueller Weise mit seiner Leninnadel. Ich schloß daraus, daß diese Nadel, ein totes Objekt also, Lomovs Weg war, eine symbolische Verbindung zwischen sich und dem «sowjetischen Zelt» herzustellen, sooft er sich auf amerikanischem Boden befand.

Während unserer arabisch-israelischen Gespräche 1984 hatte ich ein ähnliches Phänomen beobachtet. In einer Kleingruppe saß ich zufällig zwischen General Shlomo Gazit, einem früheren hochrangigen israelischen Offizier, der für den Gazastreifen verantwortlich gewesen war, und Eyad Sarraj, einem Palästinenser, der später an der Spitze der palästinensischen unabhängigen Kommission für Bürgerrechte in Gaza stand. Dr. Sarraj, der erstmals an diesen Gesprächen teilnahm, war frustriert, denn er hatte nur unter großen Schwierigkeiten von Israel die Genehmigung erhalten, zu diesen Gesprächen nach Österreich zu reisen. Obwohl wir versucht hatten, eine stabile, sichere Umgebung für Diskussionen zu schaffen, in der sich Feinde als Gleiche empfinden konnten, spürte ich das Unbehagen dieses stolzen Mannes. Als die Kleingruppensitzung begann, wandte er sich dem israelischen General zu und sagte:

> Sie waren der letzte israelische Militäroffizier, der das Kommando in Gaza hatte und sich fair gegenüber den Arabern verhielt. Ich schätze es nicht im geringsten, unter israelischer Besatzung zu leben, aber ich re-

spektiere Sie persönlich als Menschen. Nachdem Ihre Amtszeit jedoch vorüber war, erwies sich keiner der neuen Militärbefehlshaber als so fair zu uns, wie Sie es gewesen waren. Heutzutage bedeutet es stets das Ende einer Karriere, israelischer Militärbefehlshaber in Gaza zu werden. Die Israelis schicken einfach ihre unerwünschten Offiziere zu uns. Diese Offiziere wissen das, und sie sind frustriert und uns gegenüber ungerecht.

Während er sprach, wurde Dr. Sarraj von seinen Gefühlen überwältigt. Er steckte eine Hand in seine Tasche und verkündete laut: «Solange ich dies habe, können Sie mir meine Identität nicht wegnehmen.» Während es klar war, daß er über ein Objekt in seiner Tasche sprach, offenbarte er nicht, was er mit dem Wort «dies» meinte. Es stellte sich heraus, daß es sich um einen kleinen Stein handelte, auf den die palästinensischen Farben gemalt waren. Später beschrieb er mir diesen Stein, ohne ihn mir direkt zu zeigen, und er berichtete mir, daß die meisten Palästinenser in Gaza einen solchen Stein bei sich trugen. Sie hatten ein unsichtbares Netzwerk errichtet, dem sie angehörten, indem sie diesen Gegenstand in ihrer Tasche trugen. Wenn sie sich bedroht fühlten – sich etwa einem israelischen Kontrollpunkt oder einer Gruppe von Soldaten näherten –, konnten sie ihre Hand in die Tasche stecken und den Stein berühren.

Ein ethnisches Symbol oder Zeichen wird von einer Gruppe benutzt, um das ethnische Zelt zu schützen und zu erhalten und sich der Loyalität der einzelnen Mitglieder zu versichern. Es kann mit der gegenwärtigen oder vergangenen Führung – dem Pfosten des Zeltes – verbunden sein, aber sein Hauptzweck betrifft die Zeltbahn selber. Ethnische Symbole können abstrakte Konzepte sein, etwa gewählte Ruhmestaten, oder konkrete Objekte wie der Stein des Dr. Sarraj. In allen Fällen dienen sie dazu, das Gefühl der Gruppenzugehörigkeit unter den Mitgliedern zu stärken.

Während Freud in den 20er Jahren die Rolle von Fetischobjekten bei der Widerspiegelung sexueller Konflikte und beim Schutz der sexuellen Identität erkannte,[1] identifizierten die Psychoanalytiker erst 1953 den Ursprung aller psychologisch-magischen, toten Objekte – das transitionelle Objekt.[2] Ein perfektes Beispiel für ein solches Objekt ist die Decke, die Linus in Charles M. Schulz' *Peanuts* stets bei sich trägt. Viele Kinder entwickeln enge Bindungen zu einer Decke, zu einem Teddybären, zu einem bestimmten Kissen oder sogar zu einem Teil ihres eigenen Körpers (etwa dem Haar). Diese Kinder können oftmals nicht ohne ihren «magischen» Teddybär schlafen gehen, oder ohne sich ihr Haar in einer rituellen Weise zu drehen.

Die Zuneigung zu einem transitionellen Objekt hilft Kindern nicht nur dabei, ein Gefühl der Kontrolle über ihre Umgebung zu gewinnen, sondern sie verleiht ihnen auch Vertrauen, wenn sie ihre Welt entdecken. Die Übergangsphase, in der Kinder beginnen, ihren Platz in der Welt zu entdecken, erfordert Stimuli von außen, aber zuviel davon kann sie überwältigen und das emotionale Wachstum blockieren. Wenn Kinder sich als verwundbar empfinden und als unfähig, die neuen Informationen und Erfahrungen zu verarbeiten, die schließlich ihre Identität formen werden, dann können sie sich mit Hilfe eines Übergangsobjekts für eine Weile in eine magische, kontrollierte Welt zurückziehen. Magische Objekte erlauben es den Kindern, das Schrittempo ihrer Entwicklung zu kontrollieren.

Man stelle sich eine Laterne mit für das Licht teils durchlässigen und teils undurchlässigen Seiten vor. Wenn Kinder wach, satt und aufnahmebereit sind, dann verwenden sie die lichtdurchlässige Seite der Laterne, um ihre Umgebung zu beleuchten und den Menschen um sie herum Zugang zu gewähren. Wenn Kinder jedoch müde, zornig oder hungrig sind, dann kehren sie anderen, auch ihrer Mutter, die lichtundurchlässige Seite zu und löschen sie damit gleichsam aus. Jetzt beschränkt sich die

Welt außerhalb der Kinder auf die Beziehung zu dieser Laterne. Wenn die Kinder dann wieder aufnahmebereit sind, werfen sie wieder Licht auf andere. Langsam lernen die Kinder andere Menschen kennen und klettern auf der Entwicklungsleiter nach oben. Schließlich finden sie ihre eigene Identität, so daß sie die Zauberkraft des transitionellen Objektes nicht mehr benötigen. Diese Objekte sind normal. Sie verschwinden in dem Maß, wie Kinder aufwachsen, aber die Erinnerung an sie wird möglicherweise niemals vergessen.

Wenn Kinder schon sehr früh Schwierigkeiten haben und ihre Entwicklungsbemühungen gestört werden, dann wenden sie sich möglicherweise einer anderen Art von transitionellem Objekt zu, das gewöhnlich als «Kindheitsfetisch» oder «psychotischer Fetisch» bezeichnet wird. In diesen Fällen tragen Kinder keine weichen Objekte wie Teddybären bei sich, sondern feste, kalte Objekte wie Steine.[3] Probleme mit Erziehenden und Schwierigkeiten auf dieser frühen Stufe der Identitätsentwicklung liegen der Bedeutung dieser Objekte zugrunde: Sie dienen dazu, Mängel im entstehenden Identitätsgefühl eines Kindes zu beheben. Ein solcher Fetisch, den ein Kind jederzeit dabeihaben muß, stellt ein Gerüst dar, das benutzt wird, bis es nicht länger gebraucht oder durch eine andere Methode zur Festigung des Selbstgefühls ersetzt wird.

Während die Abhängigkeit von solch seltsamen Objekten der Zuneigung bei Einzelpersönlichkeiten als pathologisch betrachtet wird, gilt der Gebrauch von ähnlich unbelebten Objekten bei Mitgliedern einer Gruppe als relativ normale Reaktion auf eine Bedrohung. Wie die gefärbten Steine der Palästinenser aus Gaza verbinden diese Objekte Individuen mit ihrer Gruppe, und sie festigen und bestimmen die Grenze zwischen ihrer Gruppe und der Außenwelt. Sie sind nicht krankhaft, weil der Gebrauch von gemeinsamen, unbelebten Objekten durch Mitglieder einer Großgruppe unter Bedrohung nur eine teilweise Regression zum Gebrauch von kindlichen Fetischen darstellt. Die primäre Regression umfaßt die Wiederverwendung eines Mittels, das in der Kindheit im Alter von etwa drei Jahren benutzt wurde. Dieses Mittel wird als ein «angemessenes Ersatzobjekt der Externalisierung» bezeichnet,[4] das nur einen Bestandteil einer Reihe von magischen, unbelebten Objekten darstellt, welche Menschen benutzen. Angemessene Ersatzobjekte besitzen wie alle magischen, unbelebten Objekte auf dem niedrigsten Niveau eine transitionelle Funktion im Hinblick auf Abgrenzung und ursprüngliche Identitätsbildung. Sie werden von Kindern in der gleichen Gruppe stets gemeinsam genutzt und sind entscheidende Werkzeuge, mit denen eine Verbindung zwischen Individualpsychologie und Gruppenpsychologie in der prä-ödipalen Phase geschaffen wird.

Professor Robert Emde, ein Kinderpsychoanalytiker und Forscher an der Universität von Colorado, legt ein Konzept «des ausführenden Wir» zugrunde: einer «Vorstellung» also, die im Kopf des Kleinkinds existiert und besagt, daß es in Übereinstimmung mit seinen Erziehern agiert.[5] Es gibt hier noch kein sicheres Gefühl des «Selbst» oder des «Ich». Im Kopf des Kindes herrscht ein kreativer Zustand der Verwirrung, und sein «Ich-Gefühl» (das es von anderen Menschen in seiner Umgebung deutlich unterscheidet) entwickelt sich nur langsam und kristallisiert sich im Alter von etwa drei Jahren heraus. Eigene Potentiale (darunter das «ausführende Wir», komplizierte Gedanken, das Auseinanderhalten von unterschiedlichen Gefühlen und schließlich der Identitätsaufbau) werden durch Erfahrungen mit wichtigen Menschen, insbesondere den Eltern, entwickelt. Nach den ersten Lebenswochen beispielsweise lächelt ein Neugeborenes automatisch in Reaktion auf ein weites Spektrum von äußeren Anregungen, etwa wenn seine Mutter ein Wiegenlied singt oder das Gesicht des Kindes berührt. Im weiteren Reifungsprozeß wird das Lächeln zu einer selektiven Reaktion auf ganz bestimmte Stimuli und zu einem bedeutungsvolleren Ausdruck der sich entwickelnden menschlichen Interaktionen des Babys.[6] Das Kind beginnt, Erfahrungen mit wichtigen anderen Menschen in sich aufzunehmen. Diese Absorption bezeichnet man als *Identifizierung*.

Die Identifizierung ist ein altes Konzept der Psychoanalyse. Obwohl Freud bereits in seinen Briefen an seinen Freund Wilhelm Fließ in den Jahren 1896 und 1897 von Identifizierungen sprach, lieferte er dennoch erst in den *Drei Abhandlungen zur Sexualtheorie,* veröffentlicht im Jahre 1905, eine theoretische Fassung dieses Begriffes. Er sprach die Vermutung aus, daß das Saugen zu einer wesentlichen Befriedigung führt, die mit dem Mund (oder der oralen Zone, wie er sie nannte) zusammenhängt.[7] Das Saugen an der Brust wurde zum Prototyp der Identifizierung. Freud sprach von diesem Begriff als der frühesten und ursprünglichsten Form der Gefühlsbindung.[8]

Ursprünglich konzentrierte sich die Freudsche Theorie auf die innere Welt des Individuums, betonte die Impulse des Subjekts (die instinktiven Triebe) und die Abwehr gegen diese Impulse. Die Einflüsse anderer (beispielsweise der Mutter oder des Vaters) auf die Entwicklung der inneren Welt des Kindes wurden als periphere Stimulanzien angesehen. Das Kind galt als aktiv Handelnder, der sich mit einem «passiven» Erwachsenen identifizierte, dessen Rolle durch das Kind «interpretiert» wurde. Die Impulse, Phantasien und Erwartungen des Kindes waren den Beziehungen zu Erwachsenen entweder förderlich oder hinderlich. Erst nach Freuds Tod wurde die entscheidende Rolle der bewußten oder unbewußten Interaktion zwischen der primären Bezugsperson und dem Kind von Psychoanalytikern wie Erik H. Erikson, Edith Jacobson und Margaret Mahler in vollem Maße erkannt. Die Identifizierung umfaßt nicht nur die aktive Rolle des Kindes, sondern auch die Einflüsse durch die Person, mit der das Kind sich identifiziert.

Durch Identifizierung mit einer anderen Person wird das Kind nicht zu deren genauer Kopie. Es ist eher so, daß es Erfahrungen mit dieser Person in sich aufnimmt. Durch Identifizierung übernehmen Kinder Aufgaben, die zuvor von anderen durchgeführt worden sind, und bereichern dadurch ihr eigenes geistiges Leben. Identifizierung eröffnet den Weg zur relativen Unabhängigkeit von anderen und führt zu weiterem psychischen Wachstum sowie zu effektiveren Methoden im

Umgang mit den Anforderungen der eigenen Umgebung. Diese Art von bereichernder Identifizierung wird üblicherweise als «Ich-Identifizierung» bezeichnet und zeigt die wachsende Fähigkeit eines Kindes an, Dinge so zu tun, wie seine Mutter dies zuvor tat.[9] Die Ich-Identifizierung trägt dazu bei, zu erklären, wie ein Kind mit aufmerksamen Eltern ein größeres Potential entwickelt, selbst zu einem guten Elternteil zu werden.

Bevor es jedoch zur Ich-Identifizierung kommen kann, muß ein Kind eine Aufgabe erfüllen, die man *Differenzierung* nennt und die beinhaltet, daß das Baby seine Existenz von derjenigen seiner Mutter oder einer anderen Bezugsperson zu unterscheiden lernt. Während der ersten Monate des Lebens, bevor es langsam zur Differenzierung kommt, kann der Verstand des Kindes im allgemeinen nicht unterscheiden, wo es selbst endet und die Mutter beginnt. Die Ich-Bildung kann nur dann bereichernd sein, wenn das Kind sich mit jemandem identifiziert, von dem es sich zuvor differenziert hat. Identifizierung nach der Differenzierung bedeutet daher, daß etwas Neues von außen in das Kind hineingelangt.

Die *Integration* stellt eine weitere Anforderung dar, die das Kind früh im Leben bewältigen muß, während es sich noch mit der Ich-Bildung beschäftigt. Neugeborene Babys kennen den Unterschied zwischen angenehmen und unangenehmen körperlichen Erfahrungen. Sie freuen sich über den Geschmack von Zucker, aber sie speien beispielsweise aus, was nach Zitrone schmeckt. In ähnlicher Weise begreifen sie den Unterschied zwischen angenehmen und unangenehmen emotionalen Erfahrungen. Doch kleine Kinder erkennen nicht vollständig, daß sie die gleiche Person sind, wenn sie eine befriedigende oder wenn sie eine frustrierende Erfahrung machen. Sie fühlen sich gut, wenn sie geliebt, gefüttert, warmgehalten, gelobt werden und sich geborgen fühlen, und sie verbinden diese Gefühle mit einem bestimmten «Ich». Aber sie verspüren nicht die gleichen starken Verbindungen zu diesem «guten» Ich, wenn sie sich zurückgesetzt, hungrig, ängstlich, erniedrigt oder bedroht fühlen.

Statt dessen verhalten sie sich unter solch widrigen Umständen, als empfänden sie sich als ein anderes «Ich». Nur langsam erkennt ein Kind, daß es ein und dieselbe Persönlichkeit ist, ob es nun Freude empfindet oder sich bedroht oder wertlos fühlt. Diesen Prozeß nennt man Integration, und er wird etwa im Alter von 36 Monaten abgeschlossen.

Hat es seine Integration vollendet, dann kann ein Kind zumindest unbewußt zu sich selber sagen: «Ich bin ein und dieselbe Person, ganz gleich, ob ich bewundert oder ob ich gescholten werde.» Wir können die Integration als einen Prozeß bezeichnen, in dessen Verlauf wir Grautöne herstellen, indem wir die eigenen schwarzen und weißen Anteile vermischen. Durch die Entwicklung dieser Grautöne sieht sich das Kind realistischer. Es ist weder ganz und gar freundlich noch ganz und gar grausam. Es ist weder bloß Dr. Jekyll noch nur Mr. Hyde, sondern eine Kombination beider Aspekte seiner eigenen Persönlichkeit. Das Kind verfügt nun über eine *Identität*.[10]

Obwohl die Konzepte von Identifizierung und Identität zusammenhängen, sind sie nicht deckungsgleich. Im Unterschied zum Konzept der Identifizierung handelt es sich bei der Identität um ein recht neues Konzept in der Psychoanalyse. Freud hat es nicht oft erwähnt, und wenn er es tat, dann geschah das in einem umgangssprachlichen oder wörtlichen Sinn.[11] Erik Erikson hat einmal bemerkt, daß «Identitätsbildung… dort beginnt, wo die Nützlichkeit der Identifizierung endet».[12] Untersucht man Eriksons Stellungnahme kritisch, dann ist es richtiger zu sagen, daß Identitätsbildung dann beginnt, wenn die Integration früher Identifizierungen sich verfestigt: Es handelt sich um eine subjektive Erfahrung, die mit einem Gefühl der «beständigen Gleichartigkeit innerhalb des eigenen Selbst» beginnt.[13] Das Kind teilt einige wesentliche Charakteristika mit anderen Leuten, aber seine eigenen Wünsche, Erinnerungen, Gedanken und Erscheinungsform machen es einzigartig.

Ein Kind fährt fort zu reifen, es entdeckt anatomische Unterschiede zwischen den Geschlechtern und fügt seiner persönlichen Identität neue Elemente hinzu, die die Geschlechtlichkeit betreffen. Während der ödipalen Phase bereichern kompliziertere Identifizierungen, die man als Über-Ich-Identifizierungen bezeichnet, seine Identität. Das Kind übernimmt sowohl die Verbote seiner Eltern als auch deren Werte und das Erbe ihrer Kultur und ihrer Gruppenzugehörigkeit. Es lernt nicht mehr nur, so zu handeln, daß es Strafe vermeidet, sondern auch so, daß dieses Handeln die Wertmaßstäbe seiner Eltern – und damit auch seiner Gruppe – erfüllt. In der Adoleszenz durchlebt das Kind das, was man eine Identitätskrise nennt. Während dieser Phase überprüft es einige aus der Kindheit übernommene Identifizierungen unbewußt, modifiziert sie und gibt sie sogar auf. Dann mischt es sie erneut, läßt sie zur Ruhe kommen und assimiliert sie mit Modifikationen und Zusätzen neu.[14] Das Ergebnis all dessen stellt seine nunmehr gefestigte persönliche Identität dar, also die ausgeformte Persönlichkeit, die bis zum Tode den Kern dieses Menschen ausmachen wird.

Im Laufe des Lebens werden diesem Kern andere Sub-Identitäten hinzugefügt. Ein Erwachsener beispielsweise kann ein Ehemann, ein Vater und ein Bürger sein. Er kann außerdem ein Geschäftsmann, ein Amateurfotograf, Anhänger einer Partei und Mitglied eines Staates sein. Individuen verfügen über multiple Sub-Identitäten, die sie sich entweder zu eigen machen oder zurückweisen, ohne dabei ihrer inneren Welt oder ihrer physischen Umgebung viel Schaden zuzufügen. Die Person, die ein Vater, ein Staatsbürger, ein Rotarier und ein Amateurfotograf ist, kann beispielsweise das Fotografieren aufgeben und statt dessen eine Sub-Identität als Hobbyschreiner entwickeln. Er kann auch seine politische Partei oder die Zugehörigkeit zu einem geselligen Verein ohne viel inneren Aufruhr wechseln (es sei denn, er meint aus persönlichen Gründen von einer bestimmten Zugehörigkeit vollkommen abzuhängen).

An der Kernidentität, die man im Alter von drei Jahren erreicht, die während der ödipalen Phase mit geschlechtsspezifischen Elementen angereichert wird und sich in der Adoleszenz festigt, hält man stets fest. Wenn diese Kernidentität jemals verlorengeht oder zerstört wird, wie es bei erwachsenen Schizophrenen der Fall ist, dann ist diese Erfahrung erschreckend. Ein schizophrener Patient hat dies folgendermaßen dargestellt:

> Alles beginnt zu zerbrechen, und man sieht sich hell wie eine Tausend-Watt-Birne mit einer Million Stundenkilometern vorbeirasen… Es spielt keine Rolle mehr, ob man ein Hemd trägt oder seine Jeans wäscht… Man fliegt in seine Welt hinein, und alles andere verliert vollständig an Bedeutung.[15]

Dieser Patient beschreibt einen psychischen Tod, der erschreckender ist als ein physischer. Wegen der Reaktionen des Schizophrenen auf diese Bedrohung haben Beobachter den Eindruck, als habe er auf einen Knopf gedrückt und damit eine neue, wenn auch falsche, Identität geschaffen. Nun verkündet er: «Ich bin Richard Nixon», und er breitet beide Arme zum Siegeszeichen aus, wie es der frühere Präsident zu tun pflegte. Während jeder andere weiß, daß diese Identität falsch ist, hält die betroffene Person dennoch an ihr fest (bis sie wieder gesund ist), um den Schrecken zu vermeiden, der mit dem Fehlen einer eigenen Identität verbunden ist.

Wenn die Kernidentität sich anfänglich ausbildet, dann bleiben einige nicht-integrierte Bruchstücke des Ich sowohl positiver als auch negativer Art auch weiterhin unintegriert.[16] Weil diese nicht-integrierten schwarzen und weißen Fragmente das «Grau», das sich das Kind erschaffen hat, aus dem Gleichgewicht zu werfen drohen, bilden sie innerhalb seiner Identität einen quälenden Rest, einen Stachel. Wenn es sich nicht konstruktiv von diesen nicht-integrierten Teilen lösen kann, destabilisiert dies die Identität eines Kindes. Es gibt eine Vielzahl von Möglichkeiten, wie ein Kind unbewußt mit diesen nicht-integrierten Aspekten des Ich umgeht. Eine Methode besteht darin, sie mental unter den Teppich zu kehren. Diese sogenannte Verdrängung ist eine Form des Versteckens von nicht-integrierten Fragmenten des Selbst und von besorgniserregenden Impulsen, Gedanken und Gefühlen. Eine andere Methode jedoch besteht im Prozeß der Externalisierung (einer frühen Form des breiter angelegten Konzepts der Projektion), die sich insbesondere auf die Ethnizität bezieht.[17] Bei der Externalisierung werden übriggebliebene schwarze und weiße Anteile auf Menschen oder Dinge außerhalb des Selbst verlagert.

Wenn ein Kind seine innere Welt integriert und seine Identität entwickelt, dann ist es leicht zu verstehen, warum es nicht-integrierte «schlechte» Anteile dieser Welt loswerden möchte. Es ist jedoch nicht so leicht zu begreifen, warum es sich auch von nicht-integrierten «guten» Aspekten trennen möchte. Würde es sie jedoch behalten, so würde es dazu neigen, sich selbst in unrealistischer Weise zu idealisieren und zu erwarten, daß auch die Welt es überbewerten und seine Größe bestätigen würde. Das Leben mit all seinen Grausamkeiten würde es dann unglücklich machen, weil es allem Anschein nach die besondere Stellung des Kindes ignorieren würde. Darüber hinaus macht ein Versagen bei dem Versuch, soweit wie möglich alle nicht-integrierten Anteile zu beseitigen, die Identität zu einer unsicheren Angelegenheit. Deshalb verhält sich eine Person manchmal so, als fürchte sie, daß diese lockeren (schwarzen oder weißen) Bruchstücke zusammenstoßen oder das Grau (die Realität) bedrohen könnten, und darum externalisiert sie sie um der eigenen Sicherheit willen. Doch weil diese Bruchstücke ein Teil des Selbst sind, werden sie nicht vollständig ausgeschaltet. So weiß ein Kind beispielsweise, wenn es realistischer geworden ist, daß es nicht mehr «der Größte» ist. Es beginnt vielleicht, nun seine Großmutter oder seinen Onkel zu idealisieren, weil es diese Gefühle der Größe auf sie externalisiert hat. Wenn es sich selbst als eine Erweiterung seiner Großmutter oder seines Onkels betrachtet, kann sich das Kind durch Assoziation mit der betreffenden Person auch als groß empfinden. Wenn es dann älter wird, beginnt es zu erkennen, daß die Großmutter oder der Onkel nicht gar so wunderbar sind, und in einem gewissen Sinne nimmt es einige dieser nicht-integrierten positiven Anteile zurück, gestattet es damit seinem eigenen Grau, also seiner realen Identität, zu wachsen. Es tut dies auch mit seinen nicht-integrierten schlechten Anteilen. Dennoch bleibt das Bedürfnis nach einem gewissen Maß an Externalisierung stets bestehen.

Dieser Prozeß schafft selber noch keine ethnische Identität; all dies ist einfach Teil der persönlichen Entwicklungserfahrung. Die Ersatzobjekte, auf die die nicht-integrierten guten Anteile von Kindern externalisiert werden, müssen zwei Charakteristika aufweisen, um das Konzept der Ethnizität zu transportieren: Sie müssen mit anderen, etwa mit allen Kindern einer Gruppe, geteilt werden, und sie müssen beständig sein, wie eine Nationalflagge oder die Nationalfarben. Ein kubanisches Wiegenlied, eine finnische Sauna, ein deutscher Kinderreim und eine Suppe mit Mazzeklößen sind alle Beispiele für gemeinsame Ersatzobjekte einer Ethnie. Indem sie nicht-integrierte gute Aspekte des Selbst in diese Ersatzobjekte hineinlegen, entwickeln Kinder ein unsichtbares Netzwerk, ein Wir-Gefühl, durch das sie alle mit demselben positiven Ersatzobjekt verbunden werden. Ohne es zu wissen, werden sie zum Bestandteil einer emotional verknüpften Großgruppe. So wie ein Kind Freude empfindet, wenn es sich selbst als Teil einer idealisierten Großmutter sieht, fühlt sich das Kind in einer Großgruppe geborgen, indem es sich selbst mit einem positiven Ersatzobjekt verbindet.

Daß Anteile der Persönlichkeit auf ein gemeinsames Ersatzobjekt – auf ein Lied, die Sauna, den Reim, die Suppe – übertragen werden, ist (wie die mentale Repräsentation von erwählten Traumata und Ruhm) ein weiteres Beispiel von psychologischem Erbgut auf der Leinwand des ethnischen Zeltes. Durch die gemeinsamen Ersatzobjekte werden Ethnizität oder Großgruppenidentität auf der prä-ödipalen Ebene mit der persönlichen Identität verwoben. Die abstrakteren Konzepte des Kubanertums, des Finnentums, des Deutschtums oder der Jüdischkeit werden langsam mit diesen Ersatzobjekten verbunden, die in der Tat die Grundlage von Großgruppenidentitäten darstellen.

Die starken Bindungen eines Kindes an seine Eltern, an andere Familienmitglieder und an seine Lehrer wirken als eine Brücke zu seinen ethnischen Ersatzobjekten, weil die Erwachsenen seiner eigenen Umgebung sich ebenfalls an diese Gegenstände binden, die die Gruppenidentität verstärken. In dem Maße, wie die geistigen Fähigkeiten eines Kindes wachsen, verhelfen ihm diese Erwachsenen zur Ausformung komplexerer Vorstellungen von der Zugehörigkeit zu einer Gruppe. In Abhängigkeit vom Schwerpunkt der Großgruppenidentität kann ein Kind sich an der Ethnizität («ich bin Araber»), an der Religion («ich bin Schiite»), an der Nationalität («ich bin Franzose») oder an einer Kombination dieser Faktoren orientieren. Ein Kind, das beispielsweise im indischen Hyderabad geboren wurde, wird sich wohl auf religiöse und kulturelle Aspekte konzentrieren, wenn es eine Großgruppenidentität entwickelt, da die Erwachsenen dort ihre entscheidenden Großgruppenidentitäten danach bestimmen, ob sie Muslime oder Hindus sind. Ein Kind, das in Zypern zur Welt kommt, wird seine Großgruppenidentität anhand der ethnischen und nationalen Gefühle festlegen, weil es gegenwärtig in diesem Teil der Welt entscheidend ist, ob man ein Grieche oder ein Türke ist. Dabei ist weniger bedeutsam, ob man ein griechisch-orthodoxer Christ oder ein sunnitischer Moslem ist. Die Fragen der Bindung an die Ethnizität versus Religion oder an die Nationalität versus Rasse sind nicht so entscheidend, um das Funktionieren der Großgruppenidentität zu verstehen. Der psychodynamische Prozeß, in dem sich die einzelnen Persönlichkeiten an die Zeltplanen des Großgruppenzeltes binden, ist entscheidender.

Schließlich wird ein gemeinsames Gefühl hinsichtlich der Großgruppenidentität wichtiger als die eigentlichen Symbole. In die Sauna zu gehen (ein angemessenes Ersatzobjekt des Wir-Gefühls) bleibt für den Finnen ein nationaler Brauch, aber er ist auch dann stolz darauf, ein Finne zu sein, wenn er sich nicht in der Sauna befindet. Obwohl ein Element der finnischen Ethnizität von einem leblosen Objekt wie der Sauna ausgehen mag, gibt es doch über dieses konkrete Objekt hinaus eine abstrakte ideelle Vorstellung vom Finnentum, zu der eine Geschichte gewählter Traumata und Ruhmestaten und eine Reihe von abstrakten Werten gehören. Für den Finnen wird die Verbindung zwischen seiner Person und dem gemeinsamen Finnentum stets vorhanden sein. Sein Selbstgefühl wird mit dem Aufstieg und dem Fall der Geschicke Finnlands auf Gebieten wie Sport, Wissenschaft, Politik und Kunst steigen und fallen, ob er nun weiterhin die Sauna benutzt oder nicht. Sollten Finnland oder sein Finnentum jedoch bedroht werden, dann wird er um so stärker an seinem Gefühl der Ethnizität festhalten, denn es aufzugeben würde heißen, einen Teil der eigenen Existenz, der eigenen Identität aufzugeben. Er wird dann seine Tradition überbetonen und vielleicht öfter zur Sauna gehen, um seine konkrete Verbindung mit dem gemeinsamen Wir-Gefühl zu unterstreichen.

Die meisten gemeinsamen Ersatzobjekte bleiben auf lange Zeit unwandelbar, aber gewisse Ereignisse können die Bindung einer Gruppe an sie verlagern. Die Tracht der schottischen Highlander stammt aus dem 13. Jahrhundert. Ein Ereignis des 18. Jahrhunderts verwandelte den Schottenrock in ein gemeinsames Symbol des Schottentums. Als die Engländer 1746 Bonnie Prince Charlie bei Culloden besiegt hatten, verboten sie per Gesetz das Tragen des Kilts in Schottland. Das Gesetz wurde 36 Jahre später aufgehoben, und der Kilt wurde zur schottischen Militäruniform. Als König Georg IV. im Jahre 1828 einen offiziellen Besuch in Schottland machte, erreichte das Tragen des Kilts eine Blütezeit, die mindestens 30 Jahre lang anhielt. Man kann sagen, das schottische Nationalgefühl hat im Kilt feste Formen angenommen angesichts des königlichen Besuchs. Er diente nun als Symbol dazu, die schottische Einheit gegenüber dem mächtigen anderen – nämlich England – zu stärken. Viele schottische Familien verfügen über ihre eigenen Schottenmuster, die sie manchmal bei ihrer persönlichen Kleidung verwenden. In diesem Falle wird der Stoff des ethnischen Zeltes im wörtlichen Sinne von Mitgliedern einer ethnischen Gruppe getragen. Bemühungen, das Tragen des Kilts zu unterdrücken, erwiesen sich als erfolglos. Das Kleidungsstück dient weiterhin als ethnischer Bedeutungsträger, der das Schottentum zum Ausdruck bringt.

▌▌▌

Die positiven nicht-integrierten Aspekte von Gruppenmitgliedern umfassen gleichermaßen «gute» Anteile des Ich und «gute» Anteile der Bezugspersonen. Ein Kind ist vor dem Alter von drei Jahren nicht ganz imstande, unterschiedliche Erfahrungen miteinander in Verbindung zu bringen; es kann nicht erkennen, daß manchmal ein und dieselbe Person Ursprung von angenehmen und unangenehmen Erfahrungen sein kann. Die Mutter, die ein Kind zufriedenstellt, indem sie es nährt, und die Mutter, die ein Kind enttäuscht, weil sie es nicht nährt, wird vom Verstand des Säuglings oder des Kleinkinds nicht als die gleiche erkannt. In dem Maße, wie das Kind seine eigenen schwarzen und weißen Teile integriert, wird es auch fähig, das Erscheinungsbild der Bezugspersonen als grau zu erkennen. Die Repräsentation der Bezugsperson wird niemals vollständig integriert. Nicht-integrierte Bilder von der «guten» fürsorglichen Person gehören zu den positiven Aspekten, die Gruppenmitglieder auf geeignete Ersatzobjekte externalisieren.

Untersucht man Gruppen, deren ethnische Zelte bedroht werden, so kann man feststellen, wie Mitglieder derartiger Gruppen diese kindliche Methode, Verbindungen herzustellen, wieder aufzugreifen versuchen. Als Dr. Sarraj berichtete, wie andere Palästinenser in Gaza Steine bei sich trügen, beschrieb er, wie die Steine zum gemeinsamen Ersatzobjekt der Erwachsenen geworden waren. Das externalisierte Wir-Gefühl der Palästinenser war versteckt und in Form dieser Steine sicher untergebracht worden, während die Palästinenser in Gaza unter israelischer Herrschaft standen.

Kinder wählen Ersatzobjekte, weil sie ihnen von Eltern und anderen Erwachsenen als kulturelle Bedeutungsträger nahegebracht werden. Regressive Erwachsene wählen jedoch solche Ersatzobjekte aus, die sich symbolisch auf ihre existierende und bedrohliche (Erwachsenen-)Umwelt beziehen.

In zwei sehr unterschiedlichen Situationen wählten die Kuwaiter Chevrolets vom Typ Caprice und die zypriotischen Türken Sittiche als gemeinsame Ersatzobjekte für ihre Gruppen.

Im Frühherbst 1993, drei Jahre nach der Operation Wüstensturm und der Befreiung Kuwaits von der irakischen Besatzung, waren in der Stadt Kuwait nur noch wenige Anzeichen von Kriegsschäden zu entdecken. Was 1990 zerstört worden war, war 1993 vollständig wiederhergestellt. Soweit ich es beobachten konnte, wiesen nur noch wenige Häuser in der Stadt Anzeichen von Zerstörung, etwa Einschußlöcher in den Mauern oder verbrannte Fenster, auf. Man sagte mir, daß man einen Teil dieser Häuser als Achtungsbezeugung vor den tragischen Ereignissen in ihrem jetzigen Zustand belassen würde.

Was mich an der Stadt Kuwait emotional besonders berührte, war die Tatsache, daß in dieser modernen Stadt, die mitten in der Wüste errichtet worden war, viele Bäume möglicherweise durch Feuer, aber wahrscheinlicher noch, weil sie während der sieben Monate der Besetzung nicht gewässert worden waren, abgestorben waren. Einige der Hauptstraßen der Stadt waren zu beiden Seiten von Bäumen gesäumt, und die toten Bäume waren durch neue ersetzt worden, die aber viel kleiner als die ursprünglichen waren, die Jahre zuvor gepflanzt worden waren. Diese Unterbrechungen der Gleichförmigkeit schufen ein Bild, das mir unvergeßlich ist. Es erinnerte mich an das Stottern einer von Schreck überwältigten Person, bei der der normale Sprachfluß gestört ist. Hier war der Fluß der Bäume unterbrochen. Ansonsten sah ich in der Stadt Kuwait, abgesehen von den erwähnten Häusern, nichts, was an die Greuel erinnerte, die sich dort abgespielt hatten.

Als eine Gruppe des Center for the Study of Mind and Human Interaction mehr als 150 ausführliche Interviews mit Bewohnern Kuwaits durchführte, um die posttraumatischen gesellschaftlichen Reaktionen in diesem Lande verstehen zu lernen, wurde schnell deutlich, daß die Kriegsschrecken geleugnet wurden und es große Schwierigkeiten beim Trauern um die

Verluste gab.[18] Ein Mitglied der Untersuchungsgruppe, der Psychiater Gregory Saathoff, war fasziniert davon, wie die Kuwaiter nach Saddam Husseins Überfall Autos als gemeinsame, leblose Objekte benutzten, die sie gleichermaßen als Mitglieder eines erschütterten ethnischen Zeltes vereinigten und als eine Quelle übernatürlicher Kraft angesichts eines übermächtigen Feindes angesehen wurden. Einige Kuwaiter waren vor den eindringenden Irakern im Auto nach Saudi-Arabien geflüchtet. Ein Mann zeigte Dr. Saathoff einen verrosteten Chevrolet Caprice, Baujahr 1989, den er in Ehren hielt, als handle es sich um ein Museumsstück. Es war der Wagen, den er bei seiner Flucht nach Saudi-Arabien benutzt hatte, und nun erlaubte er nicht, daß er berührt wurde. Als Dr. Saathoff sich das Auto anschaute und dem Mann zuhörte, bemerkte er, daß das, was in seinen Augen ein ganz gewöhnliches verrostetes Automobil war, für den Kuwaiter einen Zauberteppich darstellte.

Diese Gefühle Automobilen gegenüber verallgemeinerten sich zu einer Art von Besessenheit insbesondere für wieder instandgesetzte Chevrolets Caprices, Baujahr 1989, die, wie ein Gerücht besagt, den Verhältnissen in der Wüste besser als jedes andere Modell gewachsen waren. Daß diese Autos der Hitze und Trockenheit Kuwaits standhalten konnten, machte sie zu einem Objekt, auf das die Kuwaiter sich verlassen konnten, zu einer Art Talisman, dessen Hilfe auf Befehl in Anspruch genommen werden konnte. Der Caprice wurde zu einem Symbol für Sicherheit, zu einem «guten» Objekt. Es geht hier überhaupt nicht um die Leistungsfähigkeit des Caprice unter Wüstenbedingungen. Vielmehr ist hier die *Bedeutung* des Caprice wichtig. Die Kuwaiter begannen, diese Autos als «gute» Objekte zu betrachten, als Zauberteppiche, die sie von ihren Sorgen wegtragen konnten. Es wird berichtet, daß Händler in den Vereinigten Staaten von diesem Mythos profitierten, indem sie die Kuwaiter laufend mit generalüberholten Chevrolets Caprices versorgten.[19]

Ein komplizierteres Beispiel für gemeinsame Ersatzobjekte ergab sich in den 60er Jahren unter der türkischen Bevölkerung der Mittelmeerinsel Zypern.[20] Diese Insel, auf der ich als Sohn türkischer Eltern zur Welt kam und meine Kindheit und Jugend verbrachte, stellt ein hervorragendes «Laboratorium» für interethnische Untersuchungen dar. Nachdem Zypern mehr als 300 Jahre lang unter türkischer Herrschaft gestanden hatte, wurde es zunächst an die Briten «verpachtet» und dann nach dem Ersten Weltkrieg offiziell an sie übergeben. Die Insel ist die Heimat zweier wichtiger Volksgruppen, der Griechen und der Türken, die ursprünglich Seite an Seite mit einigen anderen, jedoch viel kleineren ethnischen Gruppen lebten. Nach einer Phase terroristischer Aktivitäten zypriotischer Griechen, die sich gegen die Briten richteten, wurde 1960 eine zypriotische Republik gegründet, an der Griechen und Türken partnerschaftlich beteiligt waren. Die Bewohner der Insel betrachteten sich jedoch weiterhin entweder als Griechen oder Türken, und innerhalb von drei Jahren kam es zu einem blutigen Konflikt zwischen den beiden Gruppen.

In dem Zeitraum von 1963 bis 1968 wurden die zypriotischen Türken von zypriotischen Griechen gezwungen, unter unmenschlichen Bedingungen in Enklaven zu leben. Sie bewohnten schließlich nur noch drei Prozent der Insel im Unterschied zu den 35 Prozent, die ihnen zuvor gehört hatten. Sie wurden zu eingesperrten Gefangenen, umgeben von Feinden. Da die zypriotischen Türken gezwungen waren, in geschlossenen Gebieten zu leben, kehrten sie zum Leben in Großfamilien zurück, wie es früher üblich gewesen war. Eine der Methoden, die sie anwandten, um psychologisch mit dieser Situation fertig zu werden, war die Schaffung von Ersatzobjekten für die Externalisierung. Für die zypriotischen Türken stellten erstaunlicherweise Sittiche diese Ersatzobjekte dar.

Als ich im Sommer 1968, nachdem ich 12 Jahre lang in den Vereinigten Staaten gelebt hatte, Zypern besuchte, sah ich, daß vier Familien zusammengedrängt im Haus meiner Familie lebten. Außerdem gab es dort 16 Vögel in drei selbstgebastelten Käfigen, die wie ihre Halter in Großfamilien lebten. Das ursprüngliche Paar von Wellensittichen – die Mutter und der Vater – wurden mir gemeinsam mit einer «Braut» gezeigt, die gerade in ihr neues Heim eingezogen war. Ein enorm fruchtbares, aber verkrüppeltes Weibchen war das Lieblingstier. Durch ihre enorme Fruchtbarkeit machte sie ihre Behinderung mehr als wett. Meine Familie fütterte die Vögel, gab ihnen Namen und verfolgte ihren Stammbaum. Insbesondere stellte sie fest, welche Vögel fruchtbar waren, so daß mehr Vögel zur Welt kommen, singen, glücklich sein und in Großfamilien leben konnten.

Als ich am Tage nach meiner Ankunft ausging, konnte ich feststellen, daß das Hobby der Sittichzucht keine Besonderheit meiner Familie war, man pflegte es vielmehr in der gesamten Enklave. Ich hatte das Gefühl, mich in einer Filmkulisse voller seltsamer Requisiten zu bewegen. Es gab überall Hunderte und Aberhunderte von Vögeln in Käfigen. Dabei sind Sittiche in Zypern nicht einmal heimisch. Zwar hatten auch vorher schon einige Menschen Vögel gehalten, ich erfuhr jedoch, daß sich seit 1963 fast jeder türkische Haushalt, jedes Café und jeder Laden in der Enklave Nikosia Sittiche angeschafft hatten, mit denen sich die Eigentümer intensiv beschäftigten.

Die in Käfigen gehaltenen Sittiche kann man als Symbol für die unangenehmen Anteile der eingekesselten Türken betrachten. Durch Externalisierung dieser unangenehmen Anteile waren die Türken in der Lage, mit so schwierigen Lebensumständen fertig zu werden. Darüber hinaus lieferte ein gemeinsames Ersatzobjekt unbewußt ein Netzwerk für sie, sorgte für einen Weg des Zusammenfindens. Die zypriotischen Türken gingen jedoch noch einen Schritt weiter. Indem sie sorgfältig für die Sittiche sorgten und den Vögeln positive Eigenschaften zuschrieben, kehrten die Menschen zumindest symbolisch ihre unangenehmen Gefühle um. Die Vögel symbolisierten ihre hoffnungsvollen, guten Anteile. Solange diese Vögel fruchtbar waren und glücklich vor sich hin sangen, waren sich die zypriotischen Türken sicher, daß sie selber nicht ausgelöscht werden würden. Langfristig entwickelten sich die Vögel von Zypern zu Ersatzobjekten des «Wir-Gefühls» für die neue zypriotisch-türkische Ethnizität, die unter unerträglichen Bedingungen lebte.

Die politische Situation auf der Insel veränderte sich 1968, und die zypriotischen Türken erhielten die Möglichkeit, ihre Enklaven zu verlassen. Die Tür des Käfigs war geöffnet, und die Beschäftigung mit der Vogelhaltung begann zu verschwinden. 1974 landete die türkische Armee vom Festland auf der Insel, um die zypriotisch-türkische Bevölkerung zu schützen, die sich erneut in ihrer Existenz bedroht sah. Diese Aktion führte de facto zur Spaltung der Insel in einen türkischen Teil im Norden und einen griechischen Teil im Süden, und das Leben in Enklaven war damit endgültig vorbei.

Die Verwendung gemeinsamer Ersatzobjekte von Kindheit an für die schlechten und nicht-integrierten Anteile in einer Gruppe und für die Projektion von inakzeptablen Gedanken und Gefühlen trägt ebenfalls zur Schaffung eines ethnischen Orientierungspunktes für die entsprechende Gruppe bei. Die Bestimmung des Wir-Gefühls wird hier von der gegnerischen, der anderen Gruppe geliefert. Um dies zu verdeutlichen, möchte ich auf eine Wahnvorstellung eingehen, die unter Amerikanern afrikanischer Abstammung immer wieder zu finden ist, die unter unterschiedlichen Arten von Psychosen leiden. Aber zunächst möchte ich diesen Prozeß auf der individuellen Ebene erklären.

Man stelle sich eine ängstliche Mutter vor, die aus bestimmten Gründen zu der Überzeugung gelangt, daß ihr Kind in irgendeiner Weise behindert ist, und die es entsprechend behandelt. Möglicherweise hat dieses Kind tatsächlich einige Probleme, aber die Mutter erlebt diese Probleme in übersteigerter Weise. Umgekehrt identifiziert sich das Kind mit der Ansicht der Mutter über es selber und entwickelt sich weit unterhalb der Grenzen seiner Möglichkeiten. Wenn die bewußten und unbewußten Phantasien einer anderen Person (in diesem Fall der Mutter) bei der Identitätsbildung ihrer Nachkommen eine Rolle spielen, können die Auswirkungen unter klinischen Bedingungen, insbesondere bei Individuen mit starken Identitätsproblemen, deutlich erkannt werden.

Eine verheiratete Frau bekam ein Kind, während sie eine Liebesaffäre hatte. Sie wußte nicht, wer der Vater des Kindes war, ob es der Ehemann oder der Liebhaber war, und in ihrer Phantasie betrachtete sie das Kind als das Produkt beider Männer. Sie konnte ihre Phantasien niemandem mitteilen, als das Kind (ein Junge) zur Welt kam; es erhielt einen Namen, der wie eine Kombination aus den Namen beider Männer klang, und sie verhielt sich ihrem Sohn gegenüber, als handelte es sich bei ihm um zwei verschiedene Menschen. Neun Jahre nach der Geburt, als ich den Jungen und seine Mutter klinisch untersuchte, konnte ich feststellen, daß der Junge ein schweres Identitätsproblem hatte – seine Mutter sandte unbewußt Botschaften aus, die zu einer Spaltung seiner Persönlichkeit führten. Er hatte im wörtlichen Sinne eine doppelte Persönlichkeit entwickelt, eine, die der Vorstellung der Mutter von ihrem Ehemann entsprach, und eine andere, die ihrer Wahrnehmung von ihrem Liebhaber entsprach.

Wie ein Kind sich mit der Art und Weise identifiziert, wie seine Mutter es wahrnimmt, so kann auch eine Großgruppe einen ethnischen Orientierungspunkt entwickeln, der durch eine dominante gegnerische Gruppe verkörpert wird. Man stelle sich zwei Großgruppenzelte vor, die Seite an Seite stehen. Die Individuen im ersten Zelt werfen Dreck, Exkremente und Abfälle – die Externalisierung ihrer nicht-integrierten schlechten Elemente und Projektionen inakzeptabler Gedanken – auf die Leinwand des zweiten Zelts, und die Bewohner des zweiten Zelts tun in umgekehrter Richtung das gleiche. Falls die Leute im ersten Zelt dominant sind und ihre Externalisierungen und Projektionen sehr stark, dann wird das, was sie auf das zweite Zelt werfen, in einem bestimmten Maße von jener Zeltleinwand aufgenommen und mit dem existierenden Gewebe verbunden. Der daraus entstehende Fleck entwickelt sich zu einem ethnischen Bestimmungsmerkmal, an dem die Einzelpersönlichkeiten kollektiv und oftmals unbewußt festhalten. Häufig empfindet die Gruppe Furcht davor, ein solches Merkmal zu besitzen, da es aus schlechten oder unerwünschten Elementen zusammengesetzt ist.

Ein ethnisches Merkmal unter der afrikanischstämmigen Bevölkerung in Amerika verdeutlicht dieses Phänomen. In der psychiatrischen Literatur der Vereinigten Staaten vor 1960 gibt es viele Hinweise auf eine bestimmte Art von Wahnvorstellung unter afro-amerikanischen Patienten mit verschiedenen Typen von Psychosen: Es handelt sich um die Wahnvorstellung, weiß zu sein. Die meisten Autoren folgten bei der Behandlung dieses Phänomens der Linie des amerikanischen Psychiaters J. E. Lind, der im Jahr 1914 verschiedene Arbeiten über den «Farbkomplex» der Afro-Amerikaner veröffentlicht hatte.[21] Lind war allem Anschein nach ein Kind seiner Zeit, denn er begriff die Amerikaner afrikanischer Abstammung als «kleine Kinder», deren Träume gemäß der damals vorherrschenden Freudschen Analyse als einfache Wunscherfüllungen galten. Nachdem er die Träume einiger Afro-Amerikaner untersucht hatte, gelangte Lind zu der Schlußfolgerung, daß sie den einfachen Wunsch dieser Personen belegten, weiß zu sein. Diese Interpretation fand er bestätigt durch die Wahnvorstellung der Afro-Amerikaner, die er untersuchte.

Einige Jahrzehnte später hatte sich die Haltung gegenüber Afro-Amerikanern verändert, und die Psychiater waren nun weitgehend der Ansicht, daß es dem Werk von Lind an einer gründlichen kulturellen und psychologischen Basis mangele. Aber sie beobachteten weiterhin die weite Verbreitung von Wahnvorstellungen über das Weißsein unter ihren afro-amerikanischen Patienten. Manchmal beschrieben die Patienten ganz offen ihre Überzeugungen, zu anderen Zeiten mußten sie ihre Vorstellung in bizarrer Weise rationalisieren. Ein schizophrener Afro-Amerikaner sagte, tatsächlich sei er ein Weißer und seine Haut sei von einem Flammenwerfer verbrannt worden. Ein anderer Patient war davon besessen, zu duschen, um seinen «Sonnenbrand» herunterzuwaschen.[22]

Diese späteren Psychiater, Psychologen und anderen Experten versuchten, die Gründe für solche Wahnvorstellungen wegzuerklären, und beriefen sich auf eine Vielzahl von äußeren Faktoren, ohne jedoch in diesem Zusammenhang den weißen

Rassismus zu erwähnen. Die meisten Erklärungen gaben den schwarzen Eltern die Verantwortung für die Ursachen der Erkrankung und verringerten damit die Bedeutung anderer Gründe. Der Sozialarbeiter S. W. Manning stellte fest, daß Eltern die Vermittler der Information waren, daß Sklaven von gemischter Abkunft eine Vorzugsbehandlung zuteil wurde, deshalb wollten diese Eltern eine möglichst helle Haut besitzen, und sie gaben solche Wünsche während der frühen Wechselbeziehung zwischen Mutter und Kind an ihre Kinder weiter.[23] Die Eltern wurden bombardiert mit Anzeigen, die für Produkte warben, mit denen man die Haut bleichen, das Haar glätten und weitere Unterschiede zu Weißen «korrigieren» konnte.

In den frühen 60er Jahren arbeitete ich im Cherry Hospital in Goldsboro, North Carolina, wo zu dieser Zeit immer noch Rassentrennung herrschte. Viele Patienten, die ich dort kennenlernte und die den Wunsch hatten, weiß zu sein, erlebten gleichzeitig Furcht angesichts der Vorstellung, weißes Blut in sich zu haben oder durch dieses «verseucht» zu sein. Ihr Weißsein war auf etwas zurückzuführen, was von außen in ihren Körper gelangt war. Es war einerseits erwünscht und andererseits gefürchtet.

Doch die gemeinsame Wahnvorstellung, weiß zu sein, hing wirklich mit der Externalisierung und Projektion von dominierenden Weißen auf das afro-amerikanische ethnische Zelt zusammen. Indem sie so sein wollten wie jene, von denen sie mit Schlamm beworfen wurden, versuchten die Afro-Amerikaner, sich mit dem Unterdrücker zu identifizieren und den Schmerz zu leugnen, der daraus resultierte, Ersatzobjekt für die schlechten Anteile anderer zu sein. Dieser defensive Identifizierungsversuch konnte nur von jenen offen zum Ausdruck gebracht werden, die unter Psychosen, unter gestörten Beziehungen zur Realität litten. Es war aber oft offensichtlich, daß diese Identifizierung auch Ängste heraufbeschwor.

In den späten 60er und frühen 70er Jahren begann eine kleine Anzahl afro-amerikanischer Psychoanalytiker und Psychiater damit, darüber zu schreiben, was es für einen Afro-Amerikaner bedeutete, als Ersatzobjekt für die Externalisierungen und Projektionen von weißen Menschen zu dienen.[24] Diese Wissenschaftler entschleierten auch Mythen, indem sie beispielsweise zeigten, daß alle Kinder aus verarmten Familien, und nicht nur die Schwarzen unter ihnen, mit großer Wahrscheinlichkeit in der Schule scheitern würden. W. H. Grier und P. M. Cobbs schrieben dazu:

> Es gibt weder in der Literatur noch in der Erfahrung irgendeines Klinikers, der den Autoren bekannt ist, irgendeinen Hinweis darauf, daß schwarze Menschen psychologisch anders *funktionieren* als irgend jemand sonst. Das mentale Funktionieren schwarzer Menschen wird von den gleichen *Regeln* beherrscht wie das jeder anderen Gruppe von Menschen. Die psychologischen Prinzipien, die wir zunächst durch das Studium von weißen Menschen zu verstehen gelernt haben, gelten ganz unabhängig von der Hautfarbe des Menschen.[25]

In der Zwischenzeit ereigneten sich rechtliche und gesellschaftliche Veränderungen, die darauf abzielten, die Rolle der Afro-Amerikaner als Zielscheiben von Externalisierungen und Projektionen umzukehren. Vorstellungen wie «Black is beautiful» (Schwarz ist schön) machten das afro-amerikanische Zelt für die Externalisierungen und Projektionen von Weißen weniger geeignet. Tatsächlich sind mir seit meiner Arbeit im Cherry Hospital keine afro-amerikanischen psychiatrischen Patienten mehr begegnet, die unter der Wahnvorstellung litten, weiß zu sein.

Trotz vieler positiver Veränderungen seit den 60er Jahren kann die jahrzehntelange Verwendung von Afro-Amerikanern als Ziele für die Externalisierung und die Projektion Weißer immer noch in modifizierter Form an ihrem ethnischen Zelt festgestellt werden. Der Psychoanalytiker Maurice Apprey hat versucht, unbewußte psychische Prozesse herauszuarbeiten, die auf die mentale Repräsentation der Sklaverei zurückzuführen sind. Seine Untersuchungen verfolgen die Entwicklung eines von Weißen «entworfenen» ethnischen Bestimmungsmerkmals über viele Generationen hinweg. Er gelangt zu der Überzeugung, daß dieser Prozeß bei Verbrechen von Schwarzen gegen Schwarze, beim Inzest und bei Schwangerschaften unter jungen Schwarzen eine Rolle spielt. Viele Aspekte des Mißbrauchs und der Erniedrigung von Schwarzen durch Weiße werden, so behauptet er, als selbstzerstörerisches Verhalten verinnerlicht, durch das afro-amerikanische Teenager unbewußt die Katastrophen der Sklaverei wiedererleben, die ihre Vorfahren durchlitten.[26]

Doch nicht alle Gruppen, die Opfer von Sklaverei, politischer oder ökonomischer Unterdrückung waren, nehmen Zuflucht zu Gewalttätigkeit gegen Mitglieder der eigenen Gruppe. Als die zypriotischen Türken zwischen 1963 und 1968 gezwungen waren, in Enklaven zu leben, ohne in der Lage zu sein, von einem Ort zum anderen umzuziehen, internalisierten sie ebenfalls aggressive Impulse und entwickelten psychosomatische Symptome. Aber der Druck von seiten ihrer Feinde dauerte nicht lange an. Die zypriotischen Türken konnten darüber hinaus in der Hoffnung auf Befreiung ausharren.

Feindbilder:
Geringfügige Unterschiede
und Entmenschlichung

Wenn Vertreter von Großgruppen, die miteinander in Konflikt liegen, zusammentreffen und sich um Versöhnung bemühen, dann stellt die Entwicklung, die man bei ihren Gesprächen beobachtet, keinen beständigen Fortschritt in Richtung auf ein «Miteinander» dar, sondern eher ein Oszillieren zwischen Nähe und Distanzierung. Während der ersten Begegnung in einer Reihe von arabisch-israelischen Dialogen, die von der American Psychiatric Association gefördert wurden, verhielten sich die Teilnehmer zunächst zurückhaltend, es sei denn, sie befanden sich im Wettstreit beim Auflisten ihrer historischen Leidensgeschichten. Ihre Gegnerschaft wurde physisch dadurch deutlich, daß sie an gegenüberliegenden Seiten des Konferenzraums saßen, als belauerten sie einander. Als der in Kapitel 2 geschilderte Dialog zwischen Abd El Azim Ramadan und Nechama Agmon eine Mauer des Widerstands zwischen ihnen niederbrach, begannen die Teilnehmer sehr bald, sich zu vermischen und nebeneinander zu sitzen. Nach einer Phase beträchtlicher körperlicher Nähe («Wir sind alle Brüder und Schwestern, wir sind Abkömmlinge eines gemeinsamen Urahnen – nämlich Abrahams») trennten sie sich jedoch wieder voneinander, gewöhnlich als Ergebnis einer Grenzüberschreitung oder einer zu starken Annäherung an eine Grenzlinie, wenn beispielsweise ein Israeli sagte: «Was ist eigentlich Ägypten? Ohne den Nil ist es gar nichts!» Es dauerte dann eine ganze Weile, bis sich wieder ein gewisses Maß von Vertrauen bildete, und dann ging der Zyklus der widersprüchlichen Haltungen weiter.

Ich bezeichne dieses nahezu rhythmische Oszillieren zwischen Nähe und Distanz als das «Akkordeonphänomen»,[1] es kam insbesondere dann zum Ausdruck, als Palästinenser in die Gruppe eintraten und sich physisch und emotional den Ägyptern anschlossen. Dieses Ritual stellte zunächst eine unbewußte Bemühung der Teilnehmer dar, mit ihren aggressiven Gefühlen umzugehen. Mit «Feinden» in einem Raum zusammengedrängt, mit denen sie eng zusammenarbeiten sollten, saßen Israelis und Araber voneinander entfernt und vermieden damit unbewußt jeglichen Schaden, den sie anrichten könnten, wenn sie einander zu nahe kämen. Während sie ihre Aggressivität verbal unterdrückten, deutete das Verhalten der Teilnehmer an, daß sie immer noch feindselige Gefühle füreinander empfanden.

Das bewußte Ziel des Dialogs bestand selbstverständlich darin, den Weg zum Frieden zu ebnen. Nachdem sie ihre Aggressivität geleugnet hatten, konnten sowohl Araber als auch Israelis ein illusorisches Gefühl der Brüderlichkeit durch einen Mechanismus entwickeln, den man *Reaktionsbildung* nennen kann (d. h. unbewußt etwas tun, was im Gegensatz zum eigenen wirklichen, aber verborgenen Wunsch steht). Wenn diese Harmonie nicht mehr zu ertragen war, kam es erneut zur Distanzierung. Das Auseinanderziehen und Zusammendrücken des Akkordeons wurde allmählich schwächer, da Araber und Israelis weniger Notwendigkeit zur Reaktionsbildung und damit größere Freiheit verspürten, ihre Aggressivität und ihren guten Willen konstruktiv zum Ausdruck zu bringen, ohne zu befürchten, daß ihr Dialog zu Ende gehen würde.

Das Akkordeonritual reflektierte außerdem die Notwendigkeit der Aufrechterhaltung einer Abgrenzung zwischen den Widersachern. Ihr Zusammensein war bis zu einem bestimmten Punkt zu ertragen, aber zuviel Miteinander ließ greifbare Ängste entstehen. Dies spiegelte sich sogar in kleineren Differenzen wider. So konnte es beispielsweise während des Mittagessens, das alle Teilnehmer mit Absicht zusammen einnahmen, passieren, daß ein Israeli sich erinnerte, ein bestimmtes Gericht in einem arabischen Restaurant in Jerusalem gegessen zu haben, und dann erklärte, daß die Israelis dieses Gericht auch schätzten, daß ihre Art der Zubereitung aber ein wenig anders sei. Menschen aus unterschiedlichen Kulturen sprechen gern darüber, was ihre jeweiligen Rezepte einzigartig macht. Hier aber brachte die Betonung von kleinen Unterschieden bei der Zubereitung von Speisen zum Ausdruck, wie bedeutend die Aufrechterhaltung von getrennten Gruppenidentitäten ist. Will man die Notwendigkeit der Aufrechterhaltung von Grenzen und der Bewahrung der Identität gegenüber «Verseuchung» durch Feindbilder besser verstehen, dann ist ein näherer Blick auf die Entwicklung von Feindbildern hilfreich.

Der menschliche Körper enthält biologische Gegensatzpaare, die sowohl physiologischer als auch anatomischer Art sind. So stehen etwa die Verdauungsfunktionen im Gegensatz zu den Ausscheidungsfunktionen. Einige Nerven (sympathische oder parasympathische) gehören zum autonomen Nervensystem und erfüllen gegensätzliche, aber einander paarweise ergänzende Funktionen. Der Psychoanalytiker Charles Pinderhughes behauptet, daß das menschliche «Wir-und-sie»-Verhalten auf biologische Ursachen zurückzuführen und den Dichotomien des Körpers nachgebildet sei.[2]

Ganz gleich, ob nun eine solche biologische Grundlage für die Existenz von Verbündeten und Feinden nachgewiesen werden kann, so ist in der Individualpsychologie der erste Feind die Mutter oder die Bezugsperson, die auf die Bedürfnisse des Säuglings nicht reagieren kann oder will und den Säugling in einem Zustand aufgestauter Frustration und Wut zurückläßt. Ein schwerer Ohrenschmerz, der trotz der Bemühungen der Mutter, das Kind zu trösten, weiterbesteht, kann dazu führen, daß das Kind ein Feindbild von der Mutter entwickelt. Es kann die guten und schlechten Aspekte der Mutter nur langsam zu einem Bild integrieren. Hierbei handelt es sich um einen Prozeß, der erst vollendet wird, wenn das Kind ungefähr drei Jahre alt ist.[3]

Ist das Kind etwa acht Monate alt, dann hat es häufig «Angst vor fremden Personen».[4] Es klammert sich in Gegenwart eines Fremden an ein Elternteil, selbst wenn die fremde Person nichts getan hat, was eine derartige Reaktion herausfordert. Zu diesem Zeitpunkt seiner Entwicklung hat das Kind die erste große Liebe seines Lebens, nämlich die Mutter (oder ihre Ersatzperson) kennengelernt, und es kann sie von anderen unterscheiden. Was das Kind mit Sorge erfüllt, ist nicht die Frage, wer der Fremde ist, sondern die Tatsache, wer der Fremde *nicht* ist, nämlich nicht die gute Mutter. Fremdenangst zeigt, daß das Kind imstande ist, etwas – beispielsweise auf den Fremden – zu übertragen, und zwar etwas Beängstigendes, das aus seinem eigenen Inneren kommt. Das Kind ist nun in der Lage, sich persönliche «Feinde» zu schaffen, es gibt also bereits auf dieser frühen Entwicklungsstufe einen Externalisierungsmechanismus. Wenn das Kind älter wird, kann es besser einschätzen, ob seine individuellen Feinde real sind oder ob es sie als unerwünscht phantasiert hat.

Der Kinderpsychoanalytiker Henri Parens fand Belege für eine auffallende «biologische Aufwallung» des Aggressionstriebs eines Kindes im Alter von neun Monaten, die zu Eigensinn und Halsstarrigkeit führt. Zu dieser Aufwallung zählt auch eine Notwendigkeit zur Beherrschung und Kanalisierung von Zornesimpulsen, weil sie den Verlust der mütterlichen Liebe verursachen könnten, sollten sie sich gegen die Mutter persönlich richten. Parens fand heraus, daß Kinder es nicht ertragen können, die Liebe ihrer Mutter zu verlieren, und deshalb schnell lernen, ihren Zorn auf jemand anderen zu richten. Nach Parens schaffen diese biologische Aufwallung aggressiver Impulse und die Tatsache, daß das Kind sie durch Übertragung bewältigt, die Grundlagen des Vorurteils.[5]

Soweit es um ethnische Feinde geht, externalisieren die Kinder, die einer Großgruppe angehören, ihre nicht-integrierten «schlechten» Eigenanteile (wie auch ihre «bösen» Vorstellungen über Bezugspersonen) auf die Leinwand des Zeltes einer anderen Gruppe. Einflußreiche Erwachsene, wie Familienmitglieder und Lehrer, bringen den Kindern Lieder, Tänze, Gerichte und Farben nahe, die als positive gemeinsame Ersatzobjekte dienen. Gleichzeitig teilen sie auch durch verbales oder nichtverbales Verhalten mit, wie man stabile Ersatzobjekte im feindlichen Zelt für die eigenen schlechten, nicht-integrierten Anteile findet. Der Beginn der Herausbildung von sozialen und politischen Feinden stellt eine Erweiterung dieses Phänomens dar. Muslimische und christliche «Feinde» haben zwar unterschiedliche religiöse Überzeugungen, aber sie verfügen auch über stabile gemeinsame Ersatzobjekte für ihre Externalisierungen.

Muslimen ist es ebenso wie Juden durch ihre Religion verboten, Schweinefleisch zu essen. Kinder, die in Kuwait oder Saudi-Arabien aufwachsen, Ländern also, wo die Bevölkerung fast ausschließlich muslimisch ist, werden möglicherweise groß, ohne jemals ein lebendes Schwein gesehen zu haben, weil die Bauern dort solche Tiere nicht aufziehen. Man stelle sich jedoch eine Gegend wie die Insel Zypern vor ihrer faktischen Teilung zwischen muslimischen Türken und christlichen Griechen im Jahre 1974 vor. Hier lebten gegnerische ethnische Gruppen Seite an Seite, und es war gar nicht zu vermeiden, daß ein muslimisches Kind von der Existenz von Schweinen wußte. Ihrer Religion und Tradition entsprechend lehrten die Eltern dieses Kind, daß das Schwein schmutzig und fremdartig sei. Wie den Erwachsenen seiner Gruppe war es dem muslimischen Kind verboten, Schweinefleisch zu essen. Das Essen von Schweinefleisch oder auch nur das Streicheln eines Schweins konnte unangenehme Folgen haben, weil das Kind das Risiko einging, von seinen Eltern, von seiner Familie und im weiteren Umfeld auch von anderen Mitgliedern seiner ethnischen Gruppe gemaßregelt – und damit nicht geliebt – zu werden.

Daher benutzte das muslimische Kind ein Schwein als ein Ersatzobjekt für seine schlechten Anteile und externalisierte seine unerfreulichen Eigenschaften auf das Tier. Familienmitglieder, Lehrer, Religion, Tradition und Kultur unterstützten allesamt diesen Prozeß und sicherten die Beständigkeit des gemeinsamen Ersatzobjekts. Die Einordnung des Schweins in die Kategorie des Ungenießbaren erhöhte seine Nützlichkeit als ein Ersatzobjekt für negative Externalisierung. (Im Unbewußten wird der Akt des Essens – sich etwas einverleiben – mit Identifikation gleichgesetzt. Dies erinnert an die Armenier, die sich weigerten, aserbeidschanische Blutspenden anzunehmen.) Das Muslimkind vermied es daher, sich mit dem Schwein zu identifizieren; dieses Tier gehörte ganz eindeutig zur anderen, nämlich zur christlichen Gruppe. In Zypern verbanden Vorstellungen und Gefühle über Schweine – die mit den schlechten christlichen «anderen» assoziiert werden – alle zypriotisch-türkischen (muslimischen) Kinder auf unsichtbare Weise genauso miteinander, wie es ihre guten Ersatzobjekte taten.

Beobachtet man zwei ethnische Zelte, die Seite an Seite stehen, dann offenbaren sich Rituale, die sich zwischen ihren Mitgliedern abspielen. Die Errichtung einer psychologischen Grenze zwischen den beiden Zelten, die dafür sorgt, daß die Externalisierungen und Projektionen jeder Gruppe nicht wie ein Bumerang auf ihren Sender zurückfallen, stellt ein Ritual dar. Ohne eine psychologische Grenze würde jedes Zelt einfach eine Kopie jedes anderen werden. In dieser Situation wären die Externalisierungen und Projektionen, die für den Zusammenhalt der Gruppenidentität notwendig sind, instabil. Manchmal werden diese unsichtbaren Grenzen als physische Grenzen manifest. Wenn Nachbargruppen nicht miteinander im Konflikt liegen, dann sind physische Grenzen flexibel, und Großgruppen reduzieren ihre Aufmerksamkeit auf sie entsprechend. Überschreitet man etwa die Grenze zwischen Kanada und den Vereinigten Staaten, dann stellt dies nicht viel mehr als eine Formalität dar, da keine Drohung damit verbunden ist, wenn man sich vom

Territorium der einen Großgruppe auf das Territorium der anderen begibt. Unter Belastungsbedingungen jedoch dienen physische Grenzen einem doppelten Zweck: Sie schaffen einen praktischen, physischen Schutz und sie werden «psychologisiert», um eine symbolische dicke Haut darzustellen, die Großgruppen vor «Verseuchung» schützt.

Ende 1986, bevor die Jordanier und die Israelis Frieden miteinander schlossen und als die Lage zwischen beiden Gruppen noch gespannt war, verbrachte ich einen halben Tag in der Nähe der Allenby-Brücke, die den Jordanfluß überspannt und Israel von Jordanien trennt. Hier konnte man eine ganz bestimmte «Wir-und-sie»-Haltung der Grenzpatrouillen und der Zollbeamten anhand ihrer ausgefeilten Vorsichtsmaßnahmen entdecken. Lastwagen, die über die Brücke fuhren, sahen so aus, als seien sie in der Fabrik nicht ganz fertig geworden: Türen und Motorhauben fehlten, die Polsterung war beseitigt worden, damit es weniger Möglichkeiten gab, Schmuggelware zu verstecken. Selbst wenn die Lkws so aussahen, als könnte sich nicht einmal eine Maus darin verstecken, so verbrachten die israelischen Zöllner doch Stunden damit, sie auseinanderzunehmen und wieder zusammenzusetzen, um sicher zu sein, daß nicht das mindeste aus Jordanien eingeschmuggelt wurde.

Eine weitere Vorsichtsmaßnahme der Israelis bestand darin, immer wieder eine ungeteerte Straße zu kehren, die parallel zur Grenze verlief, um Fußspuren von Menschen zu entdecken, die versuchten, die Straße zu überqueren. Wenn dies auch zunächst einen recht vernünftigen Eindruck erweckt, so sollte man doch wissen, daß diese Grenze überreichlich mit hochentwickelten elektronischen Suchgeräten ausgestattet war, von Minenfeldern gesäumt und von der natürlichen Grenze des Jordanflusses gebildet wurde. Angesichts dieser Schutzvorkehrungen schienen Handlungen wie das Kehren des Weges die unbewußte Notwendigkeit widerzuspiegeln, nicht nur eine staatsrechtliche, sondern auch eine psychologische Grenze zu schützen. Einige Araber wiederum forderten diese obsessive Wachsamkeit geradezu heraus, indem sie immer wieder versuchten, Schwachstellen in der Grenze zu finden. Wenn sie den israelischen Zoll passierten, dann verbargen sie kleine Metallgegenstände, die möglicherweise benutzt werden konnten, um eine Bombe zu bauen, in Spielzeugpuppen, als sei es ein wunderbares Spiel, die Israelis hinters Licht zu führen. Es gab einige Berechtigung für diese militärische Wachsamkeit und ständige Vorsicht, aber höchstwahrscheinlich lag doch die Notwendigkeit einer psychologischen Grenzziehung zwischen Nachbarn an der Wurzel dieser komplizierten Rituale oder war zumindest mit realen Sicherheitsbedenken verwoben.

Die Grenze zwischen den Vereinigten Staaten und Mexiko ist – im Unterschied zu der Grenze zwischen den USA und Kanada – ebenfalls psychologisiert worden. Fragen der legalen und illegalen Immigration beschäftigen sowohl Regierungsbeamte als auch US-Bürger in Einzelstaaten, die an Mexiko grenzen.

Marcelo M. Suárez-Orozco von der Harvard University betrachtet «Stellungnahmen zugunsten der Einwanderung als mythenbildend... Sie handeln von der (Wieder-)Erschaffung einer geheiligten Sprache ewiger Ideale und Werte, die unsere [der US-Amerikaner] kulturelle Seele konstituieren... Immigranten sind unser alternatives Über-Ich. Das Lobpreisen der Immigration stellt eine Art von Pseudo-Fremdenfreundlichkeit dar: Wir lieben sie, weil sie uns an das erinnern, was wir einmal waren.» Doch in Stellungnahmen, die sich gegen die Einwanderung richten, «werden ärmliche Ausländer zu ‹illegalen Fremden›, die die Wohlfahrtseinrichtungen mißbrauchen, und erfolgreiche Einwanderer werden zu heimtückischen Konkurrenten, die ‹uns unsere Jobs stehlen›».[6]

Während des US-Präsidentschaftswahlkampfs 1996 wurden die Stellungnahmen gegen die Einwanderung durch Hinweise auf wirtschaftliche Probleme verschärft. Einige Politiker trugen ihrerseits dazu bei, die Südgrenze der Vereinigten Staaten in eine psychologische Grenze zu verwandeln. Indem sie die Grenze zwischen den USA und Mexiko so sahen wie einige Israelis ihre Grenze zu Jordanien, erwarteten sie ein gefährliches Eindringen von Kriminellen und potentiellen mißbräuchlichen Wohlfahrtsempfängern. Dies führte dazu, daß einige Politiker darin wetteiferten, Ideen zur Befestigung der «eingestürzten» Mauer im Süden durch Verstärkung der Grenzpatrouillen und andere militarisierende Maßnahmen beizusteuern.[7]

Einige mentale Grenzen nehmen durch die gemeinsame mythische Überzeugung einer Gruppe in der Phantasie eine regelrecht physische Struktur an, die die Gruppe wie eine unsichtbare Mauer schützt und die gefährliche Elemente draußen hält. Der verstorbene William Niederland, ein Psychoanalytiker, der sich mit der Psyche jüdischer Holocaust-Überlebender beschäftigt hat und den Begriff des «survivor syndrome» (Überlebenssyndrom) prägte, hat mir einmal erzählt, daß die Überlebenden der Konzentrationslager während ihrer Lagerhaft an den Mythos einer Geheimwaffe glaubten, die sie vor der Ausrottung bewahren würde. Diese Phantasie kann auch noch einer anderen Aufgabe gedient haben, nämlich jener, eine schützende Grenze zu errichten, welche die Gefangenen zusammenschloß und ihre Identität unter entsetzlichen Bedingungen bewahrte.

Zypriotische Türken, die in der Enklave Nikosia lebten, die von den zypriotischen Griechen von 1963 bis 1968 eingeschlossen war, glaubten ebenfalls an die Existenz einer gewaltigen Waffe, von der sie «wußten», daß sie sich in der Sankt-Hilariom-Burg, auf der Spitze des einzigen Berges innerhalb der Enklave, befand. In Kinderzeichnungen wurde diese «Wunderwaffe» als große Kanone dargestellt.[8] Diese Geheimwaffe sollte wie Ronald Reagans Strategic Defense Initiative (SDI) als ein Schutzschirm dienen, sollte ein sicheres Gebiet mit festen Grenzen gewährleisten.

Wegen der Notwendigkeit einer Aufrechterhaltung von Unterschieden und der Abgrenzung der Gruppenmitglieder untereinander ist es wirksamer, Grenzen flexibel, zugänglich und zum Gegenstand von Verhandlungen zu machen, als sie zu beseitigen. Der verstorbene Präsident Anwar el-Sadat betrachtete die psychologische Grenze zwischen Ägyptern und Israelis als unerwünscht – als ein Problem, das zu beseitigen war. Obwohl die Grenze ganz gewiß ein Hindernis auf dem Weg zum Frieden bildete, würde ihre vollständige Beseitigung jedoch zu weiteren Komplikationen geführt haben, weil ein Gefühl einer gemeinsamen Identität ohne eine Grenze zu Aggressivität führt, wenn jede Gruppe versucht, ihre individuelle Identität wiederzuerlangen.

◼◼◼

Der Anthropologe Howard Stein behauptet: «Feinde sind ebensowenig ‹bloße› Projektionen, wie sie ‹bloß› real sind.»[9] Sie sind beides. Schließlich ist eine Nachbargruppe, die uns angreift, unser Land bombardiert, unsere Mitbürger tötet, eine reale Angelegenheit. Aber weil wir unsere unerwünschten Anteile auf Feinde externalisieren, werden diese dadurch auch zu Produkten unserer Phantasien.

Wenn der Feind die Externalisierungen und Projektionen in sich aufnimmt, dann wird die Situation noch komplizierter. An diesem Punkt wird eine Gruppe, obwohl sie darauf besteht, nicht das gleiche zu sein wie der Feind, dies auf einer unbewußten Ebene doch werden, zumindest auf jenen Gebieten, wo Externalisierungen und Projektionen aufgenommen worden sind. Obwohl die Antagonisten einander «hassen», benötigen sie einander doch psychologisch. Wenn Nachbarn zu Feinden werden, dann wollen sie überhaupt keinen Grad an Ähnlichkeit mehr anerkennen, denn diese Konzession würde die Unterschiede zwischen ihnen verkleinern. Feindliche Nachbarn, die Ähnlichkeiten miteinander haben, werden die Bedeutung größerer Unterschiede auf Gebieten wie Sprache, Hautfarbe, Religion, Geschichte, Ernährungsweise, Musik, Tanz oder Folklore hervorheben und die Bedeutung kleinerer Unterschiede übertreiben.

1726 beschäftigte sich Jonathan Swift mit der Detailbesessenheit in seiner romanhaften Darstellung eines Krieges zwischen den Liliputanern und den Blefuscudiern, bei dem es um die richtige Art und Weise, ein Ei aufzuschlagen, ging. Swift wußte genau, daß Menschen einander wegen ganz unerheblicher Unterschiede zu töten bereit waren; und in *Gullivers Reisen* zogen es 11 000 Menschen vor, eher zu sterben, als sich zu unterwerfen und ihre Eier am spitzen Ende aufzuschlagen. Die Literatur ist der Psychologie selbstverständlich weit voraus, und es sollte noch 200 Jahre lang dauern, bevor Psychoanalytiker die Psychologie der kleinen Unterschiede erforschten. Im Jahre 1917 schrieb Freud in seiner Schrift *Das Tabu der Virginität, daß*

> ...jedes Individuum sich durch ein «*taboo of personal isolation*» von den anderen absondert und daß gerade die kleinen Unterschiede bei sonstiger Ähnlichkeit die Gefühle von Fremdheit und Feindseligkeit zwischen ihnen begründen. Es wäre verlockend, dieser Idee nachzugehen und aus diesem «Narzißmus der kleinen Unterschiede» die Feindseligkeit abzuleiten, die wir in allen menschlichen Beziehungen erfolgreich gegen die Gefühle von Zusammengehörigkeit streiten und das Gebot der allgemeinen Menschenliebe überwältigen sehen.[10]

Freuds Bemerkungen von 1917 bezogen sich auf persönliche Beziehungen. Aber im Jahre 1921 nahm er in seiner Schrift *Massenpsychologie und Ich-Analyse* kurz zur Rolle von kleineren Differenzen auf dem Gebiet der internationalen Politik Stellung. Er bemerkte, daß Bevölkerungsgruppen mit aneinandergrenzenden Territorien wie Spanier und Portugiesen, Engländer und Schotten, Norddeutsche und Süddeutsche sich ständig auf Fehden einließen und sich übereinander lustig machten.[11] Nach Freud war der Narzißmus der kleinen Unterschiede eine angenehme und relativ harmlose Art, die Neigung zur Aggressivität durch Mittel zu befriedigen, die den Zusammenhalt unter den Mitgliedern der Gemeinschaft förderten.[12] Aber bei ihm lag die Betonung auf der Identifikation der Gruppenmitglieder untereinander. Er erwähnte nicht die potentielle gemeinsame Angst vor dem Verlust der Gruppenidentität. Darüber hinaus schien er nicht erkannt zu haben, daß unter gewissen belastenden Umständen die Beschäftigung mit kleinen Differenzen durch emotional verknüpfte Großgruppen im Konflikt nicht immer nur eine harmlose Befriedigung der Neigung zur Aggressivität darstellt. Wie Swift 200 Jahre zuvor dargelegt hatte und wie es das Blutvergießen in zahllosen ethnischen Konflikten der Welt immer wieder in Erinnerung ruft, töten Menschen einander, um ihre ethnischen oder nationalen Unterschiede gegenüber der feindlichen Gruppe hervorzuheben, wie winzig diese Unterschiede auch sein mögen.

Ein extremes Beispiel in dieser Hinsicht ergab sich bei Unruhen in Sri Lanka im Jahr 1958, als der singhalesische Mob systematisch nach Männern Ausschau hielt, die Hemden über ihren *vertis* trugen, wie es bei den Tamilen üblich ist. Da es keine anderen Unterscheidungsmerkmale – wie etwa die Hautfarbe – gab, fiel nur die tamilische Art, sich zu kleiden, auf und machte es den Singhalesen möglich, ihre Feinde zu quälen.[13] Aus dem gleichen Grunde hielten im aufgewühlten Bosnien-Herzegowina selbst nach der Vereinbarung von Dayton 1995 Muslime, Kroaten und Serben an unterscheidenden Emblemen fest, selbst wenn es sich dabei auch nur um die Art des Alphabets (lateinisch oder kyrillisch) auf ihren Autonummernschildern handelte. Wer außerhalb der sicheren Zone des eigenen Territoriums mit dem falschen Nummernschild erwischt wurde, konnte durchaus damit rechnen, daß ihm körperlicher Schaden zugefügt wurde.

In ähnlicher Weise war es während der britischen Herrschaft über Zypern und selbst in den frühen Jahren der Republik üblich, daß Griechen und Türken in Nikosia und anderswo abendliche Spaziergänge unternahmen. Die Gehwege der Hauptstraßen vor den Cafés und Konditoreien waren die beliebtesten Treffpunkte, und obwohl die beiden Gruppen sich gewöhnlich getrennt, je nach ethnischer Zugehörigkeit, sammelten, so waren doch beide hier zu finden. Selbst nach Beginn der ethnischen Spannungen erschienen für einen Fremden die Menschenmengen aus zypriotischen Griechen und Türken als eine homogene Gruppe von mediterranen Menschen, die in gleicher Weise gekleidet waren und sich der kühlen Abendluft erfreuten. Für die Inselbewohner selbst jedoch waren geringfügige Unterschiede innerhalb der Menge erkennbar und bedeutsam.

Zypriotische Griechen und Türken konnten einander auf den ersten Blick anhand von scheinbar unbedeutenden Einzelheiten wie ihrer Zigarettenmarke unterscheiden. Die Griechen zogen gewöhnlich jene vor, die in Blau und Weiß verpackt waren, den griechischen Nationalfarben, einem geeigneten guten Ersatzobjekt der Externalisierung ihrer Gruppe. Die Türken dagegen rauchten Marken, die in Rot und Weiß verpackt waren, den türkischen Farben. Auf den Dörfern bestand die gewöhnliche Kleidung der männlichen Bauern aus weiten schwarzen Hosen und Hemden, die Griechen trugen dazu schwarze oder blaue Schärpen und die Türken rote (allerdings kommt es heute nur noch selten vor, daß man einen Zyprioten, ob es sich nun um einen griechischen oder einen türkischen Bauern handelt, in solcher Kleidung antrifft). Zu «normalen Zeiten» mochte ein Bruch dieses Farbcodes geduldet werden, aber wenn die ethnischen Beziehungen spannungsgeladen waren und der Gruppenzusammenhalt (und daher die individuelle Identität) bedroht war, dann würde ein zypriotischer Türke lieber sterben, als eine schwarze oder blaue Schärpe zu tragen, und ein zypriotischer Grieche wäre ebenso standfest in seiner Weigerung, eine rote Schärpe zu tragen.

Farben haben auch in anderen Ländern psychologische Bedeutung. In Nordirland unterscheiden sich katholische Dörfer von protestantischen durch eine subtile Farbsymbolik, an die sich jeder Dorfbewohner hält: Katholiken streichen ihre Haustüren und ihre Tore grün an, Protestanten die ihren blau. Es gibt keine direkte Entsprechung zwischen den beiden Farben und den beiden Religionen; die Farben stellen einfach unveränderbare, geringfügige Unterschiede dar, die die beiden Gruppen voneinander trennen und an denen jede Gruppe unter dem Einfluß der Tradition festhält. In Indien lassen sich das traditionelle

Safrangelb der Hindus und das Grün der Muslime nicht gegeneinander austauschen.

Sadhavi Rithambra, eine weithin bekannte Sprecherin der hinduistischen Erweckungsbewegung, hebt in ihren Reden immer wieder geringfügige Unterschiede zwischen Hindus und Muslimen hervor, um die Identitäten der beiden Gemeinschaften stärker voneinander zu trennen:

> Der Hindu schreibt von links nach rechts, der Muslim von rechts nach links. Der Hindu betet in Richtung der aufsteigenden Sonne, der Muslim schaut beim Beten die untergehende Sonne an. Wenn der Hindu mit der rechten Hand ißt, dann ißt der Muslim mit der linken. Wenn der Hindu Indien als «Mutter» bezeichnet, dann wird das Land für den Muslim zu einer Hexe. Der Hindu verehrt die Kuh, und der Muslim erlangt das Paradies, indem er Rindfleisch ißt. Der Hindu trägt einen Schnurrbart, und der Muslim rasiert stets seine Oberlippe.[14]

Aber es gibt auch geringfügige Differenzen unter den Hindus selber. Die benachbarten indischen Teilstaaten Gujarat und Maharashtra beispielsweise stellten einen einzigen großen Staat dar, bis Unruhen im Jahr 1960 eine Teilung erzwangen. Obwohl die Hindus in beiden Staaten dominieren, hat doch jeder von ihnen seine eigene Sprache und seine eigenen Gebräuche. In beiden Staaten tragen die Frauen Saris, aber die Garati-Frauen tragen den Schulterteil ihrer Saris rechts, und die Marathi-Frauen tragen ihn auf der linken Seite.

Im früheren Jugoslawien zählen Kroaten und Serben gleichermaßen zu den Südslawen, aber es gibt doch bedeutsame kulturelle Unterschiede zwischen ihnen: Die Kroaten sind Katholiken und benutzen das lateinische Alphabet, und die Serben sind orthodoxe Christen, die das kyrillische Alphabet verwenden. Wenn die Umstände sie dazu veranlaßten, ihre jeweiligen Identitäten nachdrücklicher hervorzuheben, dann konzentrierten sie sich auf unbedeutende Unterschiede. Während der Wirtschaftskrise 1967/68 beispielsweise hatten die Kroaten – wie auch die Slowenen – das Gefühl, daß ein zu großer Teil der Devisen, die an ihren Ferienorten und Geschäften an der Küste verdient wurden, in Projekte in Serbien und Mazedonien floß. Sie konnten sich öffentlich nicht darüber beklagen, weil Gefängnisstrafen drohten. Statt dessen begannen kroatische Intellektuelle darauf zu bestehen, daß sich ihre Sprache von der serbischen unterscheide. Thomas Butler, ein Spezialist für die serbische Sprache und die Geschichte Jugoslawiens, bemerkt dazu:

> Wohin auch immer ich reiste, nach Innerkroatien oder an die dalmatinische Küste, ich hatte nie Schwierigkeiten, von Kroaten verstanden zu werden, obwohl ich meine Sprachfertigkeiten in Serbien erworben hatte. Die Grunddifferenz zwischen den beiden Dialekten betrifft die Betonung einer einzigen Silbe, die Kroaten sprechen sie *je* oder *ije* aus, und die Serben sagen einfach *e*. Beispielsweise sagen Kroaten für Milch *mlijeko*, und Serben sagen *mleko*, allerdings kommt es unter der serbischen Minderheit in Kroatien auch vor, daß man *mlijeko* sagt.[15]

Butler erinnerte sich an ein Gespräch mit einer Kroatin im Winter 1967/68, bei dem die Frau darauf bestand, daß der kroatische Dialekt dem serbischen überlegen sei. Sie berief sich auf den Unterschied zwischen *ijekavian* und *ekavian* als Beweis dafür, daß die kroatische Sprechweise musikalischer sei. Butler stellte dazu fest: «So langweilig eine derartige Diskussion auch für einen Außenseiter erscheinen mag, so wies sie mich nochmals nachdrücklich auf die Tatsache hin, daß für die Kroaten mit der

Sprachfrage eine sehr große politisch-kulturelle Bedeutung verbunden war.»[16]

███

Je spannungsgeladener die Lage wird, um so mehr beschäftigen sich Nachbargruppen miteinander. Gruppen, die miteinander im Konflikt liegen, können dann bösartige Rituale austragen, die eine regressive kollektive Moral offenbaren. Um eine solche regredierte Moral zu verstehen, müssen wir zuerst einen Blick darauf werfen, wie sich die ethische Gesinnung innerhalb einer Persönlichkeit entwickelt.

Die persönliche Moral hängt weder einfach davon ab, worauf Eltern und Lehrer bestehen, noch bloß von religiösen Ermahnungen; sie hängt mit inneren Aspekten der menschlichen Entwicklung zusammen. Auf der ödipalen Stufe, wenn das Kind mit einem Elternteil des gleichen Geschlechts in Konkurrenz steht und dafür Bestrafung erwartet, entwickelt sich seine Moral als eine Angelegenheit des Fühlens, Denkens und Verhaltens, das auf die Vermeidung von Bestrafung ausgerichtet ist.[17] Das Kind wird «moralisch», wenn es unbewußt versucht, die Furcht und die depressiven Gefühle zu minimieren.

Wenn Kinder heranwachsen, entwickeln sie ausgefeiltere moralische Codes, die mit der Furcht vor Bestrafung nichts mehr zu tun haben. Nun wird das moralische Regelwerk ihrer Gruppe in Betracht gezogen, und es wirkt auf die sich entwickelnde persönliche Moral ein. Zeitweise kann es vorkommen, daß der persönliche moralische Kodex nicht mit dem der eigenen Gruppe übereinstimmt. Die Bevölkerung mag einem Krieg gegen einen Feind zustimmen, während das Gewissen einer Einzelpersönlichkeit es dieser verbietet, sich daran zu beteiligen. Selbst wenn die Werte der Gruppe und des einzelnen einander nicht ergänzen, so haben doch die gemeinsamen moralischen Grundlagen der Gruppe stets Auswirkung auf den einzelnen.

Angesichts dieser Entwicklung der Moral überrascht es nicht, daß in Situationen, in denen Individuen regredieren, auch ihr Ethos auf eine frühere Stufe zurückfällt. Wieder einmal bedeutet moralisch zu sein, innere Bestrafung durch das Über-Ich und das sich daraus ergebende Angstgefühl zu vermeiden. Auch das gemeinsame Gruppenbewußtsein kann sich zurückentwickeln. Wenn die Angehörigen einer Gruppe eine Massenregression durchleben, dann werden ihre Befürchtungen umgewandelt in Ängste vor einer Bestrafung durch den Feind. Die gemeinsame Moral wird dann so modifiziert, daß sie sich auf die Minimierung der Gruppenfurcht konzentriert. Schließlich entsteht die Fähigkeit, den Feind ohne Gewissensbisse zu töten.

An diesem Punkt wird die Regression der kollektiven Moral oftmals durch intellektuelle Rationalisierungen von Handlungen verschleiert, die den Feind vernichten sollen. Da sowohl irrationale als auch rationale Elemente Bestandteile der menschlichen Natur sind, bedeutet das Verstehen des Irrationalen nicht, daß man vernünftige Motivationen, etwa solche zum Schutz der eigenen Gruppe, ablehnen muß. Umgekehrt gibt es Zeiten, in denen die regredierte Moral die wirklich vorherrschende Kraft ist, welche dazu dient, dem Feind alle menschlichen Züge abzusprechen.[18] Wenn die Mitglieder einer Gruppe angesichts von belastenden Umständen regredieren, dann geraten sie beinahe dahin, ihren Feind als das ursprüngliche Ersatzobjekt für die nicht-integrierten schlechten Anteile ihres eigenen kindlichen Selbst zu erfahren. Solche kindlichen Ersatzobjekte umfassen typischerweise nichtmenschliche Objekte wie das Schwein für das Muslimkind oder den Turban für das Christenkind. In ähnlicher Weise reaktivieren Erwachsene im Stadium der Regression das Gefühl, daß der Feind nicht menschlich ist.

Um diese Entmenschlichung zustande zu bringen, ordnen die Gruppenmitglieder den Feindbildern komplizierte Symbole zu. Diese Symbole entwickeln sich ursprünglich in der Kindheit, wenn die Individuen sich mit Ängsten provozierenden Entwicklungsschritten auseinandersetzen. Wenn ein Kind beispielsweise lernt, auf Sauberkeit zu achten, dann verstößt es psychologisch gesprochen seine Ausscheidungen und beginnt damit, diese als schmutzig zu betrachten. Genauso empfindet eine Gruppe oftmals den Feind oder sonstwen, bewußt oder unbewußt, als schmutzig. Wenn eine Gruppe darauf besteht, daß der Feind eine dunklere Hautfarbe hat, schlecht riecht oder üble Taten begeht, dann verabscheut sie ihren Feind, als würde es sich bei ihm um Fäkalien handeln.[19] Sie gelangt selbst dann zu dieser Einschätzung, wenn ihre eigenen aggressiven Aktivitäten genauso schlimm oder schlimmer als die der gegnerischen Gruppe sind. Die Gleichsetzung des anderen mit Objekten, die Abscheu erregen, fördert Gefühle des Vorurteils, die ihren Ursprung im Alter von neun Monaten haben, wenn das Kind die Aufwallung seiner aggressiven Impulse von seinen am stärksten geliebten Menschen auf andere ablenkt.

Das Vorurteil dient zur Unterscheidung einer Gruppe von der anderen. Es hilft den Menschen, ihre Gruppenidentität zu bewahren, die ihrerseits ihre eigene Identität stützt. Daher helfen die Rituale, die Vorurteile festigen – das Erzählen von ethnischen Witzen beispielsweise –, psychologisch bei der Sicherung von Gruppenidentitäten. Das Vorurteil ist eine ganz normale Angelegenheit, wenn es benutzt wird, um das eigene Selbst und die eigene Gruppe von anderen zu unterscheiden, ohne damit eine Erniedrigung oder Zerstörung des anderen zu bewirken. Das Vorurteil ist jedoch eine menschliche Reaktion, deren Spektrum vom Normalen bis zum Bösartigen reicht. Bösartige Vorurteilsgefühle begleiten boshafte Rituale in den Beziehungen von emotional miteinander verbundenen Großgruppen.

Der Prozeß der Entmenschlichung einer Feindgruppe kann in Stufen verlaufen. Zunächst wird der Feind zwar verteufelt, behält aber einige menschliche Züge. Später wird er möglicherweise als Ungeziefer betrachtet und vollkommen als nichtmenschlich angesehen. In Ruanda bezeichneten die Hutu die Tutsi zunächst als böse, und später begannen sie, sie *cafards* zu nennen, Kakerlaken.[20] Das Verletzen oder Töten von Schaben bringt nicht die Schuldgefühle mit sich wie das Verletzen eines Menschen. Darüber hinaus würde das Auslöschen des Feindes zu einer totalen Abgrenzung von ihm führen. Die kollektiven schlechten Aspekte der ersten Gruppe würden mit dem toten Feind, auf den die schlechten Anteile externalisiert wurden, verschwinden. Ein Bumerangeffekt würde so vermieden.

Eine verwickeltere Variante, die derart unlogisch ist, daß sie die Ebene des Bewußtseins kaum erreicht, besteht in der Anschauung, der Aggressor tue dem Feind einen Gefallen, wenn er ihn tötet. Der Aggressor glaubt, daß der Feind erkennt, daß er in Schlechtigkeit verstrickt ist, und es daher begrüßen würde, aus diesem Zustand durch den Tod «erlöst» zu werden. Als 1985 der Iran und der christliche Westen, insbesondere die Vereinigten Staaten, einander kämpferisch gegenüberstanden, äußerte der inzwischen verstorbene Ayatollah Khomeini die seltsame Auffassung: «Wenn man es einem Ungläubigen gestattet, seine schändliche Rolle als Zerstörer der Welt bis zum Ende seines Lebens weiterzuspielen, dann wird sein moralisches Unglück dadurch weiterwachsen. Wenn wir ihn töten und so verhindern, daß der Ungläubige seine Untaten fortsetzt, wird dieser Tod zu seinem Vorteil sein.»[21]

Überzeugungen und Aktivitäten, die den Feind entmenschlichen, schaffen selbstverständlich eine feindselige Atmosphäre. Ein Krieg kann ausbrechen, wenn diese Feindseligkeit von realen Auseinandersetzungen über Fragen der Souveränität und der Grenzen – wie auch über grundlegende psychologische Identitätsfragen – begleitet wird, die als durch Diplomatie nicht lösbar betrachtet werden. Wenn das ethnische Zelt erschüttert wird, wird die öffentliche Meinung über den entmenschlichten Feind manchmal so einflußreich, daß der Führung nichts anderes übrigbleibt, als der Volksstimmung zu folgen. In anderen Fällen kann die Führung die treibende Kraft im Aufputschen (oder Zähmen) dieser Gefühle sein. Die Gruppe wird beurteilen, ob sie es sich leisten kann, in den Krieg zu ziehen, doch eine kriegerische Atmosphäre verleitet zu irrationalen Denkweisen und unklugen Entscheidungen.

Wenn eine derartige Atmosphäre vorherrscht, kann jede Mißachtung der physischen Grenzen zu einer Verletzung der psychologischen «Grenze» oder Identität der gesamten Gruppe führen. Die Möglichkeit, diese Identität zu stören (eine innere Gefahr), führt zu einer gemeinsamen Angst in der Gruppe. Die Furcht vor dem physischen Tod (einer äußeren Gefahr) wird als das geringere Übel im Vergleich zu dieser unerträglichen Massenfurcht betrachtet. Obwohl Massenfurcht manchmal offen zum Ausdruck kommt, kann sie auch weniger direkt widerspiegelt werden in Phänomenen wie psychosomatischen Beschwerden (beispielsweise Rücken- oder Kopfschmerzen) unter vielen Mitgliedern der regredierten Gruppe.

Irrationale Aktionen von Gruppen sind oft ein Ausdruck von Massenfurcht. Peter Loewenberg weist als Beispiel für Massenhysterie in den Vereinigten Staaten auf die Internierung japanischstämmiger Amerikaner im Jahr 1942 hin. Die Entscheidung der Regierung war irrational und gesetzwidrig. «Sie hatte keinerlei reale Begründung, denn es gab keinen einzigen bewiesenen Fall von Spionage durch japanischstämmige Amerikaner. Sie war irrational, weil die relativ großen japanischen Bevölkerungsteile von Nisei und Sansei auf den exponierten Hawaii-Inseln nicht interniert wurden.»[22]

Wenn es zu Identitätsängsten kommt, dann ziehen Mitglieder einer Großgruppe möglicherweise das Töten eines bedrohlichen Nachbarn eher in Betracht, als die Furcht zu ertragen, die durch den Verlust ihrer psychologischen Grenzen und durch Löcher in den Bahnen ihres ethnischen Zeltes verursacht wird. In einem derartigen Klima werden gewählte Traumata und gewählter Ruhm, Schwierigkeiten beim Trauern und das Gefühl, ein Recht auf Rache zu haben, wieder aktiviert.

Man kann Kriege in dem Sinne als heilsam betrachten, daß die angreifende Seite – und manchmal sind beide Seiten Angreifer – versucht, sich selbst von externalisierten und projizierten schlechten Anteilen zu reinigen, die zurückzukehren und die Gruppenidentität zu vergiften drohen und in der Folge auch die individuelle Identität gefährden.[23] Aber diese Art von «Kur» ist selbst pathologisch und mit destruktiven Aktivitäten verknüpft. Die Lage entspricht hier dem Dilemma des potentiell Schizophrenen, der vom Verlust seiner Identität bedroht ist. Er verspürt entsetzliche Furcht, regrediert, verliert seine Identität, und um sich «zu heilen», entwickelt er eine neue. Aber diese Identität ist unrealistisch.

Während sich eine kriegerische Atmosphäre entwickelt oder ein wirklicher Krieg beginnt, stehen die psychologischen Prozesse einer Gruppe gewöhnlich nicht im Vordergrund des diplomatischen Interesses, weil die meisten psychologischen Prozesse unbewußt ablaufen. Wenn man einen Krieg vorbereitet oder sich auf ihn einläßt, dann wird der regredierte psychische Zustand der Großgruppe hinter Denkprozessen auf hohem (nicht regrediertem) Niveau versteckt. Die Aufgabe der Vorbereitung und Durchführung eines Krieges, wie die Einschätzung von wirtschaftlicher und militärischer Macht, Einkauf neuer Waffen, Organisation von Truppen und Materialien, Planung einer Verteidigungsstrategie, das Schließen von Bündnissen, erfordert logisches und rationales Denken. Das Engagement für diese Vorbereitungen lenkt die Aufmerksamkeit von psychologischen Konzepten ab, und dies birgt selbstverständlich neue Gefahren in sich.

7

Zwei Felsen in der Ägäis: Die Auseinandersetzung zwischen Türken und Griechen

Im Januar 1996 gelangten die Türkei und Griechenland gefährlich nahe an einen Punkt, an dem sie wegen zweier Felsen beinahe einen Krieg begonnen hätten – es handelte sich um unbevölkerte, winzig kleine Inseln, die nicht mehr als etwa 40 000 Quadratmeter im Ägäischen Meer einnehmen. Diese Inseln, die etwa 5 Kilometer vor der türkischen Küste liegen, werden von den Griechen Imia und von den Türken Kardak oder Ikizce genannt. Der Zwischenfall wurde ausgelöst, als ein türkisches Schiff in ihrer Nähe auf Grund lief und der Kapitän die türkischen Behörden um Hilfe bat. Die Griechen wandten ein, er hätte sich an die griechischen Stellen wenden sollen, da die Inselchen zu Griechenland gehörten. Die Türken stimmten dem nicht zu.[1]

Kurz nachdem dieser Zwischenfall in der Öffentlichkeit bekannt wurde, brachten griechische und türkische Blätter ein Foto von einer Gruppe griechischer Zivilisten in Begleitung eines Priesters, die auf den Kardak/Imia-Felsen gelandet waren und dort eine griechische Flagge hißten. Die Geste erinnerte an die US-Astronauten, die eine amerikanische Flagge auf den Mond brachten. Zwei Jungen, die ebenfalls Flaggen bei sich trugen, be-

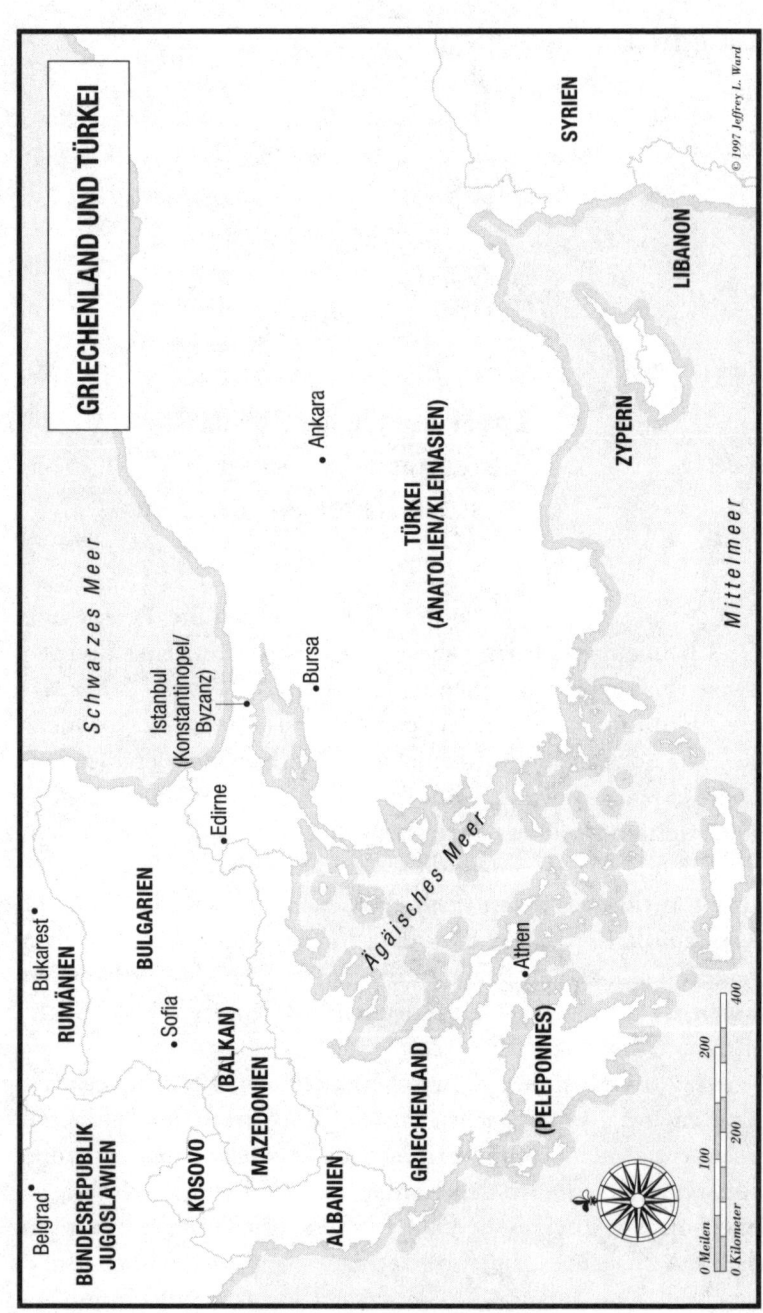

GRIECHENLAND UND TÜRKEI

© 1997 Jeffrey L. Ward

SYRIEN

LIBANON

ZYPERN

Mittelmeer

TÜRKEI
(ANATOLIEN/KLEINASIEN)

• Ankara

• Bursa

Schwarzes Meer

Istanbul
(Konstantinopel/
Byzanz)

• Edirne

BULGARIEN

Ägäisches Meer

• Sofia

Bukarest •

RUMÄNIEN

(BALKAN)

MAZEDONIEN

KOSOVO

BUNDESREPUBLIK
JUGOSLAWIEN

Belgrad •

ALBANIEN

GRIECHENLAND

(PELEPONNES)

• Athen

0 Meilen   100   200   400

0 Kilometer   200

gleiteten die Gruppe auf ihrer Mission, die die griechischen Besitzansprüche auf diese Inseln demonstrieren sollte.

In der Zwischenzeit bemühten sich die Türken, ihren Anspruch geltend zu machen. Die türkische Zeitung *Hürriyet* schickte Reporter und Fotografen mit einem Hubschrauber nach Kardak, wo es ihnen gelang, eine türkische Flagge zu hissen. Wenig später lagen sich türkische und griechische Marineschiffe und Flugzeuge bei den Inseln gegenüber. Die Lage war bedrohlich: Wegen ganzer 40 000 Quadratmeter Grund und Boden hätte ein Krieg zwischen zwei NATO-Partnern ausbrechen können. Präsident Bill Clinton und sein damaliger Unterstaatssekretär im Außenministerium, Richard C. Holbrooke, wandten sich an die türkischen und die griechischen Behörden, um zu versuchen, eine weitere Verschärfung der Krise der griechisch-türkischen Beziehungen zu verhindern.[2] Die Spannung wurde bald überwunden, aber der Konflikt um die Inselchen wurde nicht gelöst.

Der Zwischenfall von Kardak/Imia stellt nur einen Vorfall in einer langen Reihe von Auseinandersetzungen um Souveränitätsfragen zwischen Griechenland und der Türkei dar. Wenn man in Betracht zieht, wie oft Streitigkeiten um Hoheitsrechte im Laufe der Weltgeschichte zum Krieg geführt haben, dann stellt die Bewahrung des Friedens zwischen der Türkei und Griechenland eine bedeutsame Leistung dar. Im Vergleich zu vielen anderen Staaten in dieser Region verfügen die Türkei und Griechenland über einige entscheidende Vorteile, die es ihnen gestatten, den Frieden zu bewahren. Ihre Mitgliedschaft in der NATO hat beträchtlich dazu beigetragen, Stabilität zu bewahren, noch wichtiger aber sind ihre seit langem währenden Beziehungen, die sich gleichermaßen auf gegenseitige Vertrautheit und Vorsicht gründen. Das moderne Griechenland kam nach dem griechischen Unabhängigkeitskrieg (1821–1829) zustande, als sich der neue griechische Staat vom Osmanischen Reich absonderte. Die moderne Türkei wurde in den frühen 20er Jahren geboren, nachdem das Osmanische Reich zusammengebrochen war und die Türken die eindringenden Griechen aus Anatolien verdrängt hatten. Seit 1930 haben Türken und Griechen miteinander verhandelt und Verträge, Vereinbarungen, Abmachungen geschlossen und gemeinsame Communiqués veröffentlicht. Im Laufe dieser Zeit haben sie es stets geschafft, Kriege zu verhindern, mit Ausnahme des kurzen Krieges um Zypern 1974, der aber nicht auf dem Staatsgebiet der Türkei oder Griechenlands ausgefochten wurde. Auf der anderen Seite hat das Vermeiden von offenen Kriegen nicht zu einer dauerhaften Regelung zwischen der Türkei und Griechenland geführt. Die Beziehung der beiden Länder kann man nicht verstehen, wenn man sich nur mit den Realitäten beschäftigt, etwa mit den wirtschaftlichen, militärischen, rechtlichen und politischen Umständen. Denn die Realitäten sind hier im höchsten Maße «psychologisiert» – vergiftet durch gemeinsame Wahrnehmungen, Gedanken, Phantasien und Gefühle (bewußter und unbewußter Art), die sich auf Ruhmestaten und Traumata aus der Vergangenheit beziehen: Verluste, Erniedrigungen, Schwierigkeiten beim Umgang mit Trauer, Rachewünsche und Widerstände gegen das Akzeptieren veränderter Realitäten. Der Prozeß, durch den die modernen Nationen der Griechen und der Türken zustande kamen, hat auch den gegenwärtigen Nationalismus in beiden Ländern beeinflußt.

Nach der Schlacht von Manzikirt in Ostanatolien im Jahr 1071, bei der die seldschukischen Türken, die ursprünglich aus Zentralasien kamen, das byzantinische Heer schlugen, begannen die Türken, sich dauerhaft in Anatolien niederzulassen. Sie vermischten sich durch Heirat mit den anatolischen Einwohnern, darunter auch Griechen, die der orthodoxen Kirche angehörten. Da die Griechen eine lange Zeit unter der Herrschaft des Byzantinischen (oströmischen) Reichs gestanden hatten, bezeichneten die türkischen Neuankömmlinge sie als *Rum* (Römer), und die Griechen nannten sich selber auch so. In jedem Fall definierten die Einwohner Anatoliens ihre Identität in erster Linie über die Religion und nicht über das, was wir heute als Nationalität bezeichnen. Im Verlaufe von etwa 100 Jahren wurde Anatolien türkisiert. Da die türkischen Stämme Muslime des Islam waren, wurde in Anatolien neben den bereits bestehenden Religionen auch der Islam etabliert.

Das Byzantinische Reich, das bereits immer kleiner wurde, bestand nach der Schlacht von Manzikirt noch etwa 300 Jahre lang weiter, bis Konstantinopel (das heutige Istanbul) am 29. Mai 1453 in die Hände der Osmanen fiel.[3] Jedoch schon vor dem Fall von Konstantinopel gelangten einige Gebiete, die heute Griechenland bilden und auch Bestandteile des antiken Griechenland gewesen waren, unter osmanische Herrschaft. Mit dem Zusammenbruch von Byzanz war nun die gesamte hellenische Welt Teil des Osmanischen Reiches. Praktisch gesehen, lebten Griechen und Türken von 1453 bis zum Auftauchen eines unabhängigen (modernen) Griechenland in den 1830er Jahren unter einer Schutzhülle der «Zusammengehörigkeit».

Das Osmanische Reich war ein multireligiöses, vielsprachiges und multikulturelles Konglomerat mit einem Sultan als oberstem Herrscher. Die Identität der einzelnen Person im Osmanischen Reich war eher durch die Zugehörigkeit zu einer Gruppe als durch Individualität bestimmt. Die primäre Identität eines Menschen leitete sich aus seiner Religion ab. Erst im 16. Jahrhundert, als die Osmanen die arabische Welt eroberten, wurde das Osmanische Reich zu einer Gesellschaft, in der Muslime die Mehrheit bildeten.

Christen und Juden und deren Religionen wurden im Reich geschützt, da sie als Völker der Heiligen Schrift galten. Sie waren Bestandteile einer Ordnung, die man als das Milletsystem bezeichnete.[4] Das Wort *Millet* nahm im 19. Jahrhundert die Bedeutung des Begriffes «Nation» an. Früher aber bezog es sich auf eine organisierte religiöse Gemeinschaft, deren Oberhaupt der osmanischen Regierung gegenüber für das gute Verhalten ihrer Mitglieder, für das Zahlen der *cizye* (einer speziellen Kopfsteuer) und die Einhaltung anderer Verpflichtungen verantwortlich war. Es gab ein orthodoxes Millet, ein jüdisches Millet und ein armenisches Millet. Die Muslime ihrerseits bildeten die Ummah, die Gemeinschaft Gottes oder Mohammeds.

Die Griechen zählten zum orthodoxen Millet oder Millet-i Rum (dem römischen Millet). Unter die gleiche Kategorie fielen die Serben, die Walachen und andere, doch herrschten die Griechen hier in der kirchlichen Hierarchie vor. Im Laufe der Zeit gingen türkische Wörter in die griechische Sprache ein. Der daraus resultierende Dialekt war nur von jenen zu verstehen, die beide Sprachen beherrschten. Viele Griechen wurden auch turkophon, sie sprachen türkisch, schrieben aber in griechischen Buchstaben.

Während des größten Teils der osmanischen Ära kooperierten Griechen und Türken eher, als daß sie einander bekämpften.[5] Viele Osmanen griechischen Ursprungs (und noch mehr griechisch-orthodoxen Ursprungs, also etwa Serben und Bosnier) waren durch die Devsirme (Knabenlese), bei der die Söhne christlicher Bauern als Tribut genommen wurden, islamisiert und ausgebildet worden, um Ämter innerhalb der osmanischen Führung zu übernehmen. Andere Griechen hielten an ihrer christlichen Religion fest, während sie dem osmanischen Staat dienten. Griechische Familiennamen wie Mavrokardatos, Ypsilantis und Kapodistrias spielen in den Annalen der osmanischen Geschichte eine bedeutende Rolle.

Seit den 1850er Jahren wurde das Osmanische Reich von den europäischen Mächten als der «kranke Mann» Europas betrachtet. Im Jahr 1821 rebellierten die Griechen von Morea (heute: Peloponnes) und signalisierten damit den Anfang des griechischen Unabhängigkeitskrieges, der zur Bildung eines unabhängigen griechischen Nationalstaats führte, der aus dem Osmanischen Reich herausgelöst wurde. Nach der Gründung eines griechischen Staates verblieben weiterhin viele Griechen auf osmanischem Gebiet. Einige von ihnen dienten sogar als osmanische Botschafter in Athen, London und Sankt Petersburg, ein anderer regierte das Gebiet, das heute das südliche Bulgarien bildet. Alexander Karathéodry, ein osmanischer Grieche, vertrat den Sultan auf dem Berliner Kongreß von 1878.

Ihre Koexistenz bedeutet jedoch nicht, daß die Beziehungen zwischen Griechen und Türken des Osmanischen Reiches von Sympathie bestimmt waren. Eroberer und Besiegte mögen sich jahrhundertelang vermischt haben, aber Unterschiede der Ethnizität und der Nationalität hängen stärker von historischen Prozessen, Glaubenssystemen, geteilten Traumata, Ruhm und Mythen ab denn von Blutsbanden und Zusammenarbeit in administrativen Angelegenheiten.

Selbstverständlich beeinflußten die Umstände der Geburt des modernen Griechenland in den 1830er Jahren dessen nationale Identität. Seit dem Mittelalter waren die Griechen keine eigene Nation mehr gewesen. Um ihre Unabhängigkeit als Nationalstaat zu erlangen, mußten sie drei Aufgaben bewältigen: gegen das im Niedergang befindliche Osmanische Reich ihre Unabhängigkeit erkämpfen, Ansprüche auf die Mitglieder ihrer ethnischen Gruppe auf den früheren noch bestehenden Territorien des Reiches erheben (Irridentismus) und ein kulturell homogenes Volk schaffen. Diese drei Notwendigkeiten galten auch für andere christliche Nationalstaaten, die aus dem Osmanischen Reich hervorgingen.

Die griechische Bewegung zur Bildung einer nationalen Identität enthielt jedoch ein einzigartiges Element, das es anderswo nicht gab, nämlich Unterstützung von außen und sogar Druck in Richtung auf eine spezifische Art von neuer Identität. Briten, Franzosen und Russen forderten, daß das moderne Griechenland seiner Identität nach «hellenisch» sein sollte. Damit reagierten sie auf die europäische Nostalgie, die die Wiederherstellung einer vorchristlichen hellenischen Zivilisation verlangte, die seit etwa 2000 Jahren verschwunden war. Voller Vertrauen erwarteten die Europäer, trotz allem Auf und Ab der Geschichte über einen so weiten Zeitraum hinweg in den befreiten Griechen die Wesenszüge eines Homer wiederentdecken zu können.[6] Der Neoklassizismus, der sich im Europa des 18. und 19. Jahrhunderts als ästhetische und philosophische Idee entwickelt hatte, sollte seine physische Verkörperung im modernen Griechenland finden. Die idealistische und hoffnungsvolle Haltung des Neoklassizismus, der später den Griechen auferlegt wurde, brachte der amerikanische Präsident James Monroe im Jahre 1822 knapp und bündig zum Ausdruck, als er erklärte: «Die Erwähnung Griechenlands erfüllt den Geist mit aufs äußerste erhobenen Gefühlen und erregt in unser aller Brust die besten Empfindungen, zu denen unsere Natur fähig ist.»

In Wirklichkeit jedoch bezeichneten sich die Griechen auch kurz vor dem Unabhängigkeitskrieg in den meisten Fällen immer noch als «Römer». Vlachavas, der Priester und Rebellenführer, der sich gegen die Osmanen erhob, erklärte: «Ich bin als Romäer geboren und werde als Romäer sterben.»[7] Eine Ballade, die einige Jahre später einem anderen Rebellenführer, Diakos, gewidmet war, ließ ihn dagegen folgendes erklären: «Ich wurde als Grieche geboren, und ich werde als Grieche sterben.»[8]

Die Dörfer in dem Gebiet, das später als Griechenland bekannt werden sollte, hatten griechische ethnische Zusammensetzungen, und die Dorfbewohner pflegten ihr orthodoxes Christentum, ihre Bräuche und ihre Sprache. Griechische Frauen heirateten im Alter von 12 oder 13 Jahren, erledigten die Feldarbeit, spannen und webten und halfen bei der Ernte. Die griechischen Männer hüteten die Schafe und betätigten sich, wenn sie am Meer lebten, als Schwammtaucher.[9] Manche Europäer und die wenigen Amerikaner, die herbeikamen, um Griechenland bei seinem Start als neuer Nationalstaat zu helfen, waren enttäuscht, ja sogar empört, als sie feststellten, daß sich unter den Bauern Griechenlands keine Kriegshelden wie ein Achill oder ein Ajax, keine Staatsmänner wie Perikles, keine Philosophen wie Sokrates oder Platon und keine Dichter vom Rang eines Aeschylus oder eines Sophokles befanden. Es gab tatsächlich nur wenig Ähnlichkeit zwischen den Griechen des 19. Jahrhunderts und den idealisierten Griechen der Antike, die die Vorstellungskraft der europäischen Befreier derart beherrscht hatten.

Dennoch überlebte die Idee einer griechischen Renaissance, die durch die romantische Gestalt von Lord Byron und seiner Gefolgschaft aus Dichtern und Abenteurern am Leben gehalten und ausgeschmückt wurde. Darüber hinaus sehnte sich auch eine kleine Gruppe der griechischen Elite, die in Europa ausgebildet worden war, nach der Wiedergeburt einer schon lange in

Vergessenheit geratenen hellenischen Identität und wies gleichzeitig ein «römisches» Erbe zurück. Diese Leute hatten sich keine einfache Aufgabe gestellt.

Der Volkskundler Michael Herzfeld hat drei Haupthindernisse für das Projekt der Re-Hellenisierung Griechenlands festgestellt.[10] Zunächst fanden es die Menschen in dem neugegründeten Nationalstaat schwierig, zu akzeptieren, daß sie den antiken Bewohnern ihres Landes aus längst vergangenen Zeiten ähneln sollten. Die meisten gewöhnlichen Leute hatten gar keine Vorstellung davon, was sie denn da eigentlich sein sollten. Zweitens konnten sie nicht «hellenisch» im alten, heidnischen Sinne des Wortes sein, da sie mit Überzeugung an ihrer orthodoxen Kirche und am christlichen Glauben festhielten. Schließlich war es sehr schwierig, ein Hellene zu sein, während man eine romäische Sprache benutzte, die mit vielen Wörtern türkischen und arabischen Ursprungs vermischt war.

Um mit diesen Schwierigkeiten fertig zu werden, suchten griechische Intellektuelle nach einer Kontinuität griechischen Lebens vom alten Griechenland über die byzantinische Periode hinweg bis ins 19. Jahrhundert hinein. Sie studierten Volkslegenden, Tänze, Poesie und Lebensweisen, um dieses Kontinuum glaubhaft machen zu können. Der Hellenismus wurde gehegt und gepflegt, aber dies geschah angesichts der drei oben genannten Hindernisse auf eine besondere Weise. Er wurde zu einer «intimen persönlichen» Angelegenheit gemacht,[11] nämlich als eine mystische Sensibilität dargestellt, die nicht einmal von den westlichen Förderern der griechischen Idee verstanden werden konnte. George Evlambios erklärte 1843, Ausländer sollten erst gar nicht versuchen, das Unmögliche zu vollbringen, nämlich die Mysterien des Griechentums zu begreifen.[12] Ironischerweise führte die Hellenismus-These, obwohl sie ursprünglich von außen kam, dazu, daß die Griechen sich letztendlich von denen trennten, die dazu beigetragen hatten, sie zu definieren. Die Identifizierung mit dem Hellenentum machte die modernen Griechen stolz auf ihre Einzigartigkeit.

Die Differenzierung gegenüber den Türken sollte noch rigider gehandhabt werden. Ein gemeinsamer und meistens unbewußt wirkender psychologischer Mechanismus wurde zur Aufrechterhaltung des Hellenentums benötigt: die unterschiedslose Externalisierung und Projektion der unerwünschten Aspekte der «Zusammengehörigkeit», die vom Westen als orientalisch (und daher minderwertig) verstanden wurde. Nach westlicher Ansicht bedeutete «orientalisch» faul und schmutzig und keinen zivilisierten Hintergrund zu haben. Die Türken kamen als Ersatzobjekt für die massiven Externalisierungen und Projektionen der Griechen gelegen, während ihres Zusammenseins hatte es starke Ähnlichkeiten und gegenseitige Identifikationen gegeben. Nach ihrer Trennung von den Türken wollten die Griechen nur die guten und zivilisierten Aspekte der vorangegangenen Zusammengehörigkeit behalten, die zum Hellenismus paßten. Die schlechten oder orientalischen Aspekte wollten sie abschütteln, indem sie sie externalisierten und auf das nächstgelegene Ersatzobjekt projizierten.

Nachdem sie die hellenische Identität während des größten Teils der 40 Jahre nach dem Unabhängigkeitskrieg in sich aufgenommen hatten, begannen die Griechen damit, Elemente des kulturellen und religiösen Erbes von Byzanz in sie hineinzuweben. Die Aufrechterhaltung dieses Aspekts des griechischen Erbes wurde in der Mitte und gegen Ende des 19. Jahrhunderts von Intellektuellen gefordert, besonders von Spyridon Zamblios und Nikolaos G. Politis, die glorifizierte Anteile von Byzanz für die Griechen beanspruchten.[13] Nun wurde die griechische Identität ein zusammengesetztes Gebilde aus hellenischen (altgriechischen) und byzantinischen (christlich-griechischen) Elementen. Im Verlaufe dieser Entwicklung kam es zu einer zweiten Welle massiver Externalisierungen und Projektionen der unerwünschten Aspekte (Faulheit, Orientalentum) der ostromäischen Identität auf die Türken. Nachdem diese Externalisierungen und Projektionen einmal vollzogen waren, wurden sie Teil des Fundaments, auf dem die moderne griechische Identität errichtet wurde. Es war nun für die Griechen unmöglich, wieder ein Gefühl der Gemeinsamkeit mit den Türken zu empfinden, weil die Aufrechterhaltung der Externalisierungen und Projektionen die neue Identität zusammenhielten. Inzwischen war durch die Bemühungen von Adamantios Korais und anderen eine neoklassische Form der modernen griechischen Sprache, die Katharewusa, entstanden, die osmanisch-türkische Wörter ablehnte.

Die Griechen hatten sich von dem «Türken in ihnen» befreit, der sich während der Zeit des Zusammenlebens gebildet hatte. Niemand erklärt dies besser als der griechische Autor Nikos Kazantzakis in seinem Buch *Rechenschaft vor El Greco*:

> Die Freiheit zu gewinnen, und zwar zuerst die von den Türken, war der erste Schritt; danach dann begann dieser neue Kampf: Es ging darum, die Freiheit von dem inneren Türken zu gewinnen – von der Ignoranz, von der Böswilligkeit und vom Neid, von Furcht und Faulheit, von den verwirrenden falschen Gedanken und schließlich von Idolen, von ihnen allen, selbst von den am meisten verehrten und geliebten.[14]

Um das Jahr 1868 herum wurde der Gedanke an die Einverleibung angrenzender Regionen, die von Griechen bevölkert waren oder von denen man meinte, sie gehörten zur griechischen Welt, zu einer nationalen Leidenschaft. Die Besonderheit des griechischen Irredentismus bestand in seiner Verbindung zu der politischen Ideologie, die man später als «Megali Idea» (die große Idee) bezeichnete. Dabei handelte es sich um «die Doktrin… derzufolge alle Länder des klassischen und byzantinischen Hellenismus für die neugeborene Nation in Anspruch genommen werden sollten».[15] Die Megali Idea entwickelte sich erst ab der Mitte des 19. Jahrhunderts zu einer Ideologie, aber die Griechen griffen auf den Fall von Konstantinopel als ihren Ursprung zurück und belebten das gewählte Trauma des Zusammenbruchs des Byzantinischen Reiches wieder. Wie Kenneth Young beobachtete, war der Samen der Megali Idea kurz nach der Eroberung Konstantinopels durch die Türken gesät worden.[16]

Als die Osmanen 1453 Konstantinopel angriffen, war das Byzantinische Reich bereits derart zusammengeschrumpft, daß es kaum noch mehr umfaßte als die Stadt selbst. Sein endgültiger Zusammenbruch war unvermeidlich, aber hier ist die mentale Repräsentation des Ereignisses von Bedeutung und nicht die historische Tatsache, daß nämlich der Zerfall von Byzanz bereits weit fortgeschritten war. Die psychologischen Folgen der Eroberung von Konstantinopel durch die Türken lösten unter den europäischen Christen einen Schock aus.

In der Eroberung Konstantinopels durch die Türken sah man den Ausdruck eines Gottesurteils über die Sünden der Christen insgesamt.[17] Da Konstantinopel an einem Dienstag erobert worden war, galt seitdem jeder Dienstag für Christen als ungünstiger Tag. Trotz der Tatsache, daß das päpstliche Rom sich geweigert hatte, Konstantinopel gegen die Türken zu unterstützen, stieß die Nachricht vom türkischen Sieg in Rom auf Unglauben und wurde als ein Dolchstoß ins Herz der Christenheit betrachtet. Enea Silvio Piccolomini (der spätere Papst Pius II.) schrieb am 12. Juli 1453 an Papst Nikolaus V., die Türken hätten nun Homer und Platon zum zweiten Male getötet.[18]

Der Wunsch, das Verlustgefühl auszugleichen, das sich im Zusammenhang mit dem Fall von Konstantinopel herausgebildet hatte, kam in dem Gerede von einem weiteren Kreuzzug zum Ausdruck. Obwohl daraus nichts wurde, lebte die Idee weiter. Christen in den osmanischen Territorien sangen in Liedern über ihre Landstriche: «Später wieder, nach vielen Jahren, nach langer Zeit wird all dies wieder uns gehören.»

Die Verleugnung der Tatsachen offenbarte sich auch noch auf andere Art. Einige suchten nach einer direkten Verwandtschaft zwischen den Türken und den Byzantinern, die den Schmerz der Byzantiner und anderer Christen verringern würde. Selbst im Westen fanden sich Leute, die dazu beitrugen, gute, antike Wurzeln der Türken zu finden. Francesco Filelfo, ein italienischer Humanist, erklärte, Mehmet II. (auch Muhammed II.), der Sultan, der Konstantinopel erobert hatte, sei ein Trojaner. Der deutsche Gelehrte Felix Fabri untersuchte den Gedanken, die Türken stammten von Teukros ab, einem Sohn des Griechen Telamon und der trojanischen Prinzessin Hesione. Fabri sah zwar in Teukros nicht einen der Vorväter der Türken, glaubte aber statt dessen, sie stammten von einer anderen mythologischen Gestalt ab, nämlich Turcus, einem Trojaner.[19]

Während diese pseudohistorischen Bemühungen, eine Verbindung zwischen den beiden Seiten zu schaffen, weitergingen, um den Verlust und den Wandel erträglich zu machen, gab es auch entgegengesetzte Bemühungen, beide Seiten voneinander zu trennen, damit die Byzantiner *ihre* Identität bewahren konnten. Dies wiederum führte zu dem Vorurteil, Türken seien aggressiv. Einige Christen bezeichneten den Sultan Mehmet II. als das Ungeheuer der Apokalypse oder als den Satan, dessen Volk sich deutlich von guten Christen unterschied.

Beim Fall von Konstantinopel *waren* Türken tatsächlich die Angreifer, aber für westliche Christen stellte die türkische Aggressivität etwas ganz anderes als «gewöhnliche» Angriffe dar: Sie war weit «unzivilisierter» und von sexueller Symbolik erfüllt. Das Kernbild dieser Symbolik war der Anblick des virilen, jungen türkischen Sultans Mehmet II., der erst 21 Jahre alt war, als er Konstantinopel eroberte, und der unter dem Namen Mehmet der Eroberer bekannt ist. Er war der vierte Sohn von Murat II. und ein Enkel von Murat I., der bei Kosovo Polje ermordet worden war. Mehmets Mutter war wahrscheinlich eine serbische oder mazedonische Sklavin, die in Murats Harem gebracht worden war, Muslimin wurde und Murat heiratete.

1444 dankte Sultan Murat II. ab und überließ die Herrschaft seinem 12jährigen Sohn Mehmet, der sich der Hilfe zweier Ratgeber und seines Großwesirs Halil Candarlı Pascha bediente. Murat hatte einen Friedensvertrag mit den Serben und den Ungarn zustande gebracht und hoffte, den Rest seines Lebens seinen kulturellen Interessen in Gemeinschaft mit Dichtern, Theologen und anderen Gelehrten widmen zu können. Doch die militärischen Auseinandersetzungen mit den Serben auf dem Balkan wurden bald heftiger und stellten die osmanische Führung vor neue Herausforderungen. Innerhalb von zwei Jahren übernahm Murat wieder den Thron von dem jungen Mehmet, ein Schritt, der weitgehend durch den Großwesir Halil Candarlı Pascha eingefädelt wurde.

Halils Handlungen erniedrigten Mehmet, der den Eindruck gehabt haben muß, als sage der Großwesir zu ihm: «Du bist noch nicht gut genug, um die Arbeit eines Erwachsenen vollbringen zu können. Dein Vater ist besser als du, und du kannst mit seiner Macht und seinem Prestige nicht konkurrieren.» Mehmets innere Reaktion auf diese Herausforderung kann ihn möglicherweise später dazu angespornt haben, seinen Vater durch die Eroberung Konstantinopels, also durch etwas, was seine Vorfahren nicht zu erreichen fähig gewesen waren, zu übertreffen – dies war für ihn gleichsam eine Art von «zweiter Persönlichkeitsbildung».[20] Weil Sultan Murat weiterhin freundlich zu seinem Sohn war und ihn auf verschiedene Feldzüge mitnahm, scheint es wahrscheinlich, daß der Knabe in einem großen Ausmaß das schlechte ödipale Vaterbild (das mit der Entthronung und Degradierung zusammenhing) auf Halil und auf den byzantinischen Kaiser übertrug. Als Mehmet 19 Jahre alt war, starb sein Vater, und er wurde erneut Sultan.

Mehmets vorrangige Beschäftigung mit Konstantinopel und der Eroberung dieser Stadt sollte natürlich nicht ausschließlich auf seine ungelösten ödipalen Konflikte zurückgeführt werden. Seine inneren Motive gelangten ohne Zweifel in seinen politischen und militärischen Aktivitäten zum Ausdruck. Hier ist jedoch die exakte Richtigkeit der Annahme weniger wichtig als die Tatsache, daß sich gemeinsame Phantasien über Mehmets ödipale Motivierungen in den Vorstellungen von diesem türkischen Sieg widerspiegeln und von Generation zu Generation weitergegeben worden sind.

Der junge Mehmet ging mit jugendlichem Schwung an die Aufgabe, das Byzantinische Reich zu besiegen, und die Türken bauten die größten Kanonen, die je geschaffen worden waren, um ein Loch in die undurchdringlichen Mauern zu schießen, die Konstantinopel schützten. Der byzantinische Kaiser Konstantin wurde getötet, als der letzte osmanische Angriff durch die Lücke in der Stadtmauer vorandrängte. Sein Kopf wurde abgeschnitten und Mehmet gezeigt.

Nach Konstantins Tod erklärte sich Mehmet zum neuen Schutzherrn der christlichen Kirche (der Mutter), seine leibliche Mutter war schließlich ursprünglich eine Christin gewesen. Hier ersetzte ein Sohn seinen Vater. Es wurde weithin angenommen, daß Mehmet der Eroberer mit Konstantins Töchtern schlief – dies zeigt sich in pseudohistorischen Darstellungen der Ereignisse, in mündlichen Überlieferungen und selbst in modernen fiktionalen Darstellungen des Falls von Konstantinopel.[21] Wie auch immer die Wahrheit in dieser Angelegenheit lauten mag, so stellt doch eine derartige Vermutung ein Echo auf das ödipale Thema dar, demzufolge der Vater (in diesem Falle Konstantin) getötet worden ist und der Sohn (der junge Mehmet) mit dessen Frauen schläft. Es ist auch interessant festzustellen, daß kurz nach dem Tod des Kaisers der triumphierende junge Sultan die Verhaftung von Halil Candarlı Pascha anordnete, dem anderen abgesetzten schlechten Vater, und ihn töten ließ.

Die Eroberung von Konstantinopel durch den jungen und virilen Sultan, der ein Loch in die Stadtmauern reißen ließ, wurde als Vergewaltigung begriffen. Dies trug dazu bei, unter den Christen eine Vorstellung von den Türken als lüsternen Menschen zu verbreiten. Und besonders schwierig zu akzeptieren war die Tatsache, daß die Vergewaltigung nicht durch den Vater, sondern durch den Sohn erfolgt war. Ein bekannter Historiker des 19. Jahrhunderts, Joseph Freiherr von Hammer-Purgstall, ging sogar so weit zu behaupten, die Gelüste des jungen Sultans hätten sich auf den jüngeren Sohn des Großherzogs, Lucas Notaras, gerichtet, der die byzantinische Flotte bei der Verteidigung von Konstantinopel angeführt hatte.[22] Ähnliche Darstellungen wurden später von anderen christlichen Autoren in seriösen historischen Werken wiederholt; Mehmet dem Eroberer wurde eine grenzenlose Lüsternheit zugeschrieben. Die historischen Tatsachen jedoch lassen ihn als einen hochgebildeten Mann erscheinen, der in seiner Jugend von besonderen Lehrern ausgebildet worden war. Er sprach sechs Sprachen, darunter auch Griechisch,[23] kannte die griechische Mythologie und war in historischen Dingen sehr belesen. Wie sein Vater führte er gerne Gespräche über religiöse und metaphysische Themen.

Mehmet war als großzügiger Mensch bekannt und arbeitete nach der Eroberung Konstantinopels an der Wiederherstellung der wirtschaftlichen, gesellschaftlichen und religiösen (islamischen und christlich-orthodoxen) Stabilität in der Stadt. Er holte Türken und Griechen aus anderen Teilen des Reiches herbei, darunter viele Handwerker und Kaufleute, um die neue osmanische Hauptstadt mit Leben zu erfüllen. Zum neuen Patriarchen der griechischen Kirche ernannte er einen Mönch namens George Scholarios, der als Gennadius II. Scholarios bekannt wurde. Der türkische Sultan unterhielt enge persönliche Beziehungen zum griechischen Patriarchen. Dennoch galt Mehmet weiterhin als Wüstling. Im Laufe der Zeit wurde Konstantinopel immer häufiger mit dem Bild einer gefallenen oder trauernden Frau symbolisiert und jahrhundertelang als solche in Volksliedern und Gedichten gefeiert.[24]

Zwei Wellen massiver Externalisierungen und Projektionen durch «neue» Griechen auf die Türken haben zu der Vorstellung geführt, die Türken seien faul und schmutzig. Diese Charakterisierungen wurden mit Projektionen der Wollust und der Aggressivität verbunden, die das gewählte Trauma vom Fall Konstantinopels begleiteten, als es von den Griechen im 19. Jahrhundert wieder aktiviert wurde. Selbst heute bezeichnen griechische Presseorgane wie auch Politiker und Militärs, wenn es zwischen der Türkei und Griechenland zu politischen Problemen kommt, die Türken oftmals als Vergewaltiger.[25]

Während des griechischen Unabhängigkeitskrieges hatten die Griechen viele Leitfiguren, aber keinen national anerkannten

Führer. Dies hing teilweise mit der Art und Weise zusammen, wie sich der Krieg entwickelte. 1821 war es soweit, daß das Osmanische Reich nicht länger mehr wie ein einheitlicher Staat funktionierte. Österreicher, Russen und Perser, deren Gebiete das Reich umgaben, bedrohten es. Die Autorität des Sultans befand sich im Niedergang, und örtliche Würdenträger hatten damit begonnen, unabhängig von Istanbul zu handeln. Räuberbanden durchstreiften das Land.

Griechische Banditen wurden als Klephten bezeichnet. Die osmanischen Autoritäten sicherten sich die Hilfe von loyalen Griechen, den sogenannten Armatolen, um die Banditen zu bekämpfen, und es gab viele Scharmützel. Obwohl die Klephten sich ursprünglich nicht als nationale Befreiungskämpfer betrachteten, wurden sie doch sehr bald als heldenhafte Streiter für die Freiheit angesehen, und im Jahr 1821 hatte der griechische Unabhängigkeitskrieg begonnen.

Verschiedene Ursachen trugen zur Umwandlung der Klephten in Freiheitskämpfer bei. Zu diesen Gründen zählten die phanariotischen Griechen, die für sich in Anspruch nahmen, Nachfahren byzantinischer adliger Familien zu sein; die meisten Historiker sind jedoch der Ansicht, daß diese Sippen im 16. Jahrhundert ausgestorben sind. Einige ihrer Angehörigen hatten hohe Stellungen am Hofe des Sultans inne, dienten als Übersetzer oder in anderer Form als Berater. Wiederum andere waren zu Gouverneuren in der Walachei und Moldawien im heutigen Rumänien ernannt worden.

Während die Klephten 1821 gegen die Osmanen kämpften, wurde die Idee des griechischen Nationalismus und der Unabhängigkeit unter griechischen Intellektuellen und religiösen Führern heftig diskutiert, und dies geschah meistens außerhalb des Osmanischen Reiches. Auf der Krim war Alexander Ypsilantis, ein phanariotischer Grieche und General in der Armee des Zaren, durch eine Geheimorganisation beeinflußt worden, die sich Philike Hetairia (Gesellschaft der Freude) nannte und die Idee der griechischen Unabhängigkeit förderte. Von derlei Vorstellungen inspiriert, führte Ypsilantis eine griechische

Streitmacht über den Fluß Prut nach Moldawien, das zuvor im Namen des Sultans von einem phanariotischen griechischen Gouverneur regiert worden war. Ypsilantis' Bemühungen scheiterten, weil die Einwohner der Region, die die willkürliche Herrschaft der Phanarioten leid waren, sich weigerten, einen weiteren Phanarioten zu unterstützen. Zar Alexander I. jedoch geriet in äußerste Wut und entließ Ypsilantis, als er von dessen Unternehmen erfuhr.

Ypsilantis floh nach Ungarn, aber seine Taten hatten der Idee eines griechischen Unabhängigkeitskrieges in Europa neues Leben verliehen. Mitglieder der griechischen Elite, die in Europa lebten, und Liberale wie Lord Byron reisten nach Griechenland, um sich den Bestrebungen anzuschließen, die schließlich zur Bildung des neuen griechischen Staates führten.

Zwar gab es während dieses Krieges durchaus griechische Helden – und auch ausländische wie Lord Byron –, dennoch bildete sich keine solide Führung heraus. Regent Graf Kapodistrias, der 1827 für sieben Jahre ins Amt gewählt worden war, versuchte Griechenland in einen neuen, zentralistischen Staat zu verwandeln. Seine Bemühungen stießen jedoch auf die Feindseligkeit des größten Teils der Bevölkerung und wurden am Ende verschmäht. Schließlich wurde er 1831 von Angehörigen der Familie Mavro Michili ermordet, hierbei handelt es sich um bedeutende Grundbesitzer auf dem Peloponnes, wo der Unabhängigkeitskrieg begonnen hatte.

Das Fehlen einer überragenden Elternfigur, die zur Konsolidierung der neuen Identität Griechenlands hätte führen können, hatte tiefgreifende Auswirkungen auf dessen Entwicklung. Wenn beim Übergang einer Großgruppe von einem politischen oder gesellschaftlichen Glaubenssystem zum anderen ein starker und dauerhafter Führer vorhanden ist, dann überträgt er dem Übergangsprozeß Legitimität und etabliert seine Grenzlinien. Die Funktion des politischen Führers entspricht hier dem eines guten, ödipalen Vaters für das in der Entwicklung befindliche Kind. Das Selbst des Kindes ändert sich drastisch in der ödipalen Phase, in der die Rolle des Vaters (in der traditionellen Familie) oder der Eltern wesentlich ist für das Setzen von Grenzen für diesen Wandel. Ohne Grenzziehungen besteht das Risiko, daß Furcht vor dem Überschreiten des eigenen Standorts und vor der Konfrontation mit unbekannten «Gebieten» und Gefahren aufkommt.

Der neugebildete griechische Staat machte genau diese Erfahrungen. Ohne eine überragende Führungsgestalt hingen die Griechen weiterhin dem Irredentismus als einer psychologischen und politischen Triebkraft an. Die physischen Grenzen des klassischen Griechenland und des Byzantinischen Reiches waren fließend. Wie konnten da die modernen Griechen entscheiden, welche Gebiete sie wiedererlangen sollten und wo sie aufzuhören hatten? Die Griechen drängten auf eine kontinuierliche Expansion, taten dies aber nicht ohne eine gewisse Nervosität. Sie fügten dem modernen Griechenland immer mehr osmanische Gebiete hinzu, bis jenes Reich schließlich zusammenbrach und die moderne Türkei entstand. Ein Charakteristikum dieser Expansion lag darin, daß die Griechen außer bei ihrem Feldzug in Kleinasien (1919–1922) im allgemeinen eher irreguläre statt organisierter, disziplinierter Truppen bei fast allen ihren Unternehmungen gegen das Osmanische Reich einsetzten und damit die Tradition des griechischen Unabhängigkeitskrieges aufrechterhielten.

∎∎∎

Der türkische Unabhängigkeitskrieg ereignete sich 100 Jahre nach dem Beginn des griechischen Unabhängigkeitskrieges und folgte auf die Niederlage des Osmanenreiches im Ersten Weltkrieg. Dieses Geschehen ähnelte weitgehend den westeuropäischen Revolutionen des 19. Jahrhunderts, denn es zielte darauf ab, die Monarchie zu beseitigen und den Einflußbereich der Religion einzuschränken.

Praktisch gesehen, funktionierte das osmanische Millet-System bis zum 19. Jahrhundert, als es aufgrund eines Aufschwungs nationalistischer Gefühle in Europa in Frage gestellt wurde. Die Osmanen reagierten darauf zu schwach und zu spät.

Das letzte Jahrhundert des Osmanischen Reiches war gekennzeichnet von Reformversuchen (etwa durch Tanzimat, einen Prozeß, der Ähnlichkeiten mit der russischen Perestroika hat), Konflikten und Unruhen innerhalb des Reiches, Kriegen mit äußeren Feinden, politischer und gesellschaftlicher Unterdrückung und menschlichem Leid.

Während des letzten, sorgenreichen Jahrhunderts des Reiches unternahmen die Türken ernsthafte Bemühungen, ihre Identität zu überdenken. Dabei gab es drei Alternativen. Die erste bestand darin, die osmanische Identität auf alle Bürger des Reiches auszuweiten, ganz gleich welcher ethnischen und religiösen Zugehörigkeit sie waren. Es würde dann keinerlei Unterschiede zwischen Herrschern und Beherrschten mehr geben. Dies blieb erfolglos, weil die Bürger mit unterschiedlichem ethnischen Hintergrund nicht zu einer Einheit verschmelzen wollten. Die zweite Alternative vertrat der osmanische Großwesir Said Halim Pascha. Sie bestand darin, alle Muslime des Reiches unter dem Schirm des Pan-Islamismus zusammenzuführen. Die Gedanken, auf die sich die dritte und letzte Alternative stützte, kamen von Yusuf Akcura, einem Tataren aus Rußland, und von Ahmed Agaoglu, einem Mitglied einer prominenten türkischen Familie. Sie hofften, sich allein auf die Expansion der türkischen Identität konzentrieren zu können, so daß Türken und jene, die sich wie Türken fühlten, zusammengefaßt werden konnten. Dieser Prozeß wurde bekannt unter dem Namen Pan-Turanismus, wobei *Turan* das Land der Türken bedeutet.

Da es vielerorts in Asien und Europa Türken oder Turkvölker gab, schien die dritte Option einer erweiterten türkischen Identität das Potential zu besitzen, eine wichtige politische und kulturelle Kraft schaffen zu können. Doch blieb diese Idee wegen größerer und kleinerer Unterschiede zwischen den Turkvölkern, wegen der Schwäche des Osmanischen Reichs zu jener Zeit und wegen der Einschränkungen, die eine bestehende Regierung expansionistischen Ideologien auferlegen konnte, ein Luftschloß.

Allen drei Alternativen war ein Ziel gemein – nämlich den

Sultan in Amt und Würden zu halten. Ein radikaler Wandel, der eine neue türkische Identität ohne den Sultan und ohne die osmanischen Traditionen etablieren würde, mußte noch bis zum Ende des Ersten Weltkriegs und bis zum türkischen Unabhängigkeitskrieg warten.

Der türkische Unabhängigkeitskrieg unterschied sich sehr stark von dem der Griechen. Während des Ersten Weltkriegs und ihres Unabhängigkeitskriegs kämpften die Türken gegen viele große europäische christliche Mächte sowie gegen muslimische Araber im Nahen und Mittleren Osten. Im Unterschied zu den Griechen hatten die Türken in Mustafa Kemal (Atatürk oder Vater der Türken) einen unumstrittenen, charismatischen Führer, der das Militär während des Kampfes zusammenfaßte und für politische Einheit sorgte, nachdem der Krieg gewonnen war. Der türkische Unabhängigkeitskrieg wurde mit einer disziplinierten regulären Armee ausgefochten, so daß er nicht mit individualistischen Abenteurern und Gesetzlosigkeiten belastet war, die den neuen griechischen Staat wegen dessen Abhängigkeit von irregulären Streitkräften plagten.

Im Jahre 1919 schufen Atatürk und seine Gefolgsleute einen nationalen Pakt (Misak-i Milli), der konkrete Grenzziehungen vorsah (in einem gewissen Sinne auch psychologische) und den territorialen Umfang der neuen Türkei festlegte (mit der Ausnahme von Hatay [Alexandretta], das 1938 nach einem Volksentscheid angeschlossen wurde). Die Türkei verfolgte keinerlei irredentistische Absichten gegenüber früheren Territorien des Osmanischen Reiches oder gegenüber Territorien außerhalb des Reiches, die von Türken bewohnt waren. Die neue Türkei hatte also nicht die Probleme, die der Hellenismus und das Erbe des Byzantinischen Reiches für Griechenland geschaffen hatten. Im Gegenteil trug der nationale Pakt in großem Maße zur Durchsetzung einer neuen türkischen Identität bei.

Die innere Homogenität war für die neue türkische Identität von äußerster Wichtigkeit. Ein großer Teil der Bevölkerung des türkischen Staates bestand aus Menschen, die aus ihrer alten Balkanheimat durch zahlreiche ethnische «Säuberungsaktionen» vertrieben worden waren, Ereignisse, die jenen in Jugoslawien nach dem Zusammenbruch ähnelten. Es gab auch einen Austausch von Bevölkerungsteilen zwischen der Türkei und Griechenland, der 1923 auf der Konferenz zwischen der Türkei und den Alliierten Mächten in Lausanne in der Schweiz beschlossen wurde. Der Vertrag von Lausanne legte die Grenzen der modernen Türkei fest und legalisierte das Konzept des Misak-i Milli.

Obwohl mehr als 95 Prozent der Bürger der neuen türkischen Republik Muslime waren, wurde die moderne Türkei als ein weltlicher Staat gegründet. Alle Bürger sollten gleich sein, ohne Rücksicht auf ihren ethnischen Hintergrund, und alle – einschließlich der Kurden, die bei Atatürks Siegen eine wichtige Rolle spielten – wurden unter den türkischen Schutzschirm gestellt.

███

Der neue türkische Nationalismus sollte keine Fortsetzung des osmanischen Systems darstellen; der weltliche Charakter des Staates unterschied die türkische Republik stark vom Osmanischen Reich. Statt dessen sollte die Türkei eine verwestlichte Identität annehmen, und dies obwohl die Türken während des Ersten Weltkrieges und des türkischen Unabhängigkeitskriegs hauptsächlich gegen Europäer gekämpft hatten. Wegen Atatürks Interesse an der Modernisierung der Türkei ließ sich das Land auf einen energischen Verwestlichungsprozeß unter seiner Anleitung ein. Innerhalb von fünf Jahren nach Gründung der türkischen Republik im Jahr 1923 übernahm die Türkei das europäische Straf- und Zivilrecht, veränderte ihre Bekleidungsbräuche und ersetzte die arabische durch die lateinische Schrift.

Das neue türkische Kultusministerium förderte Übersetzungen westlicher wissenschaftlicher Werke, Romane und Gedichte und produzierte gewaltige Mengen von Büchern für die Türken und ihre Kinder. Darunter befanden sich auch antike griechische Mythen und die Werke von Homer. Jüdische Flüchtlinge, die vor den Nationalsozialisten in die Türkei flohen, trugen ebenfalls zur Verwestlichung der Türkei bei. Sie halfen bei der Gründung einer türkischen Oper und eines Balletts, und einige von ihnen wurden sehr bald Hochschullehrer.

Die verwestlichte revolutionäre Elite der Türkei betrachtete sich als «aufgeklärt» und hielt Distanz zu den traditionellen und konservativen Teilen der Gesellschaft. Die gesellschaftlichen und politischen Konsequenzen dieser Zweiteilung wurden zunächst nicht deutlich.

Man hatte die Vorstellung, daß die Revolution von oben zu den Massen herabsickern würde. Aber die Externalisierung und die Projektion unerwünschter Elemente waren notwendig für die Bindekraft der neuen Identität, die von den Aufgeklärten formuliert wurde. Dies war eine schwierige Aufgabe. Für die Führer einer modernen Türkei war der Westen gleichzeitig ein früherer Feind und ein Gegenstand der Idealisierung. Als letzterer konnte er nicht leicht als geeignetes Ersatzobjekt zur Aufnahme der unerwünschten Anteile der Türken dienen.

Obwohl Vaterfiguren (Atatürk und sein Nachfolger Ismet Inönü) Externalisierungen und Projektionen auf frühere Feinde Grenzen setzten, kam es dennoch zu einigen Projektionen und dies auf ungewöhnliche Weise, insbesondere wenn sie sich gegen Griechen richteten. Die Griechen wurden in zwei Segmente aufgeteilt: die idealisierten antiken Griechen, die die westliche Zivilisation gegründet hatten, und die modernen Griechen, die man als «Schreihälse» betrachtete – also als Leute, die zwar nicht gefährlich, aber auch niemals zufriedenzustellen waren und stets zeterten und mehr verlangten. Die Türken konnten in den modernen Griechen einfach keine Abkömmlinge der klassischen Griechen sehen.

Obwohl die türkische Elite sich sehr schnell westliche Gebräuche und Gedanken aneignete, war der Rest der Bevölkerung nicht im gleichen Maß willens, sich zu ändern, noch waren die Europäer bereit, die Türken zu akzeptieren, und diese Stimmung setzt sich bis heute fort. Viele westlich orientierte Türken betrachteten die modernen Griechen – ihre früheren Untertanen – zweifellos mit einigem Neid, wurden diese doch anderswo als die Nachkommen der Begründer der westlichen Zivilisation angesehen. Die modernen Griechen und ihre Geschichte getrennt voneinander zu betrachten war für die Türken eine Methode, mit ihrem Neid fertig zu werden.

Erzählungen, Romane und Schauspiele, die zwischen 1909 und 1956 von dem berühmten türkischen Autor Yakup Kadri Karaosmanoğlu verfaßt worden sind, werfen ein Licht auf das zwiespältige Bild der Griechen in der türkischen Literatur.[26] Karaosmanoğlu war nicht nur eine bedeutende literarische Gestalt, er war auch ein Politiker und persönlicher Freund von Atatürk und Inönü. In seinen Schriften gibt es Hinweise auf das griechische Eindringen in Kleinasien, und es werden verantwortungslose griechische Soldaten beschrieben, die die Türken in Schrecken versetzten, Frauen entehrten und Kinder töteten. Paradoxerweise vergleicht der Autor Atatürk mit einem antiken griechischen Gott und ein Treffen in Atatürks Speisezimmer mit den Zusammenkünften, die Sokrates abhielt.

Während ihre Auffassungen über den Westen zwiespältig waren, sahen die Gründer der modernen Türkei ganz deutlich im islamischen Fanatismus eine Hauptursache für den Untergang des Osmanischen Reiches. Sie projizierten unerwünschte Anteile auf das Herrscherhaus (also den Sultan), auf religiöse Führer, die von der neuen türkischen Republik ausgewiesen worden waren, und auf andere traditionelle, konservative Elemente in der Bevölkerung. In einem gewissen Sinne jedoch blieben die unerwünschten Anteile *innerhalb* der Gesellschaft.

Als sich die Osmanen den Verlierern des Ersten Weltkriegs zugesellten, gab es unter den Türken des Reiches so viele Verluste und Trauer, daß man sagte, wer durch die Straßen von Istanbul gehe, könne nichts anderes hören als die traurigen Stimmen von Müttern, die ihre Söhne in diesem Weltkrieg und den vorangegangenen Balkankriegen verloren hätten. Aber nach dem türkischen Unabhängigkeitskrieg hielten die Idealisierung Atatürks durch die Türken und seine Vision der modernen Türkei sie davon ab, weiter über den Verlust des Reiches zu trauern. Nach dem Tod Atatürks wurden überall Denkmäler für ihn errichtet. Sein Bild schmückte öffentliche und private Gebäude, Institutionen und Wahrzeichen wurden nach ihm benannt, Schulkinder gelobten ihm jeden Tag zu Beginn des Unterrichts Treue. Die meisten Türken hatten das Gefühl, für den Verlust ihres Reiches in adäquater Weise einen Ersatz erhalten zu haben, weil sie etwas Gutes gewonnen hatten – nämlich einen charismatischen Führer. Aber die gesellschaftlichen Spannungen bestanden weiter.

Nach der Zeit, die von Atatürk und Inönü geprägt wurde, begann die Spaltung zwischen jenen, die den Westen idealisierten, und jenen, die die Verweltlichung verabscheuten und an ihren osmanischen Traditionen festhielten, sichtbare Auswirkungen in der Gesellschaft zu zeigen. Dies bereitete einen fruchtbaren Boden für den Ausbruch einer blutigen Zweiteilung zwischen links und rechts, hauptsächlich unter Universitätsstudenten, was dazu führte, daß in den 60er Jahren Tausende umgebracht wurden.

Paradoxerweise wurde das Trauern über den Verlust des Reiches durch den «Gewinn» von Land auf Zypern stimuliert. Die 37 Prozent der Insel, die die Türken 1974 eroberten, waren nicht viel mehr als die 35 Prozent, über die sie im früheren britischen Zypern verfügt hatten. Aber es war ein großer Sieg im Vergleich zu den dazwischenliegenden Jahren 1963 bis 1974, als sie gezwungen waren, in engen Enklaven auf nur drei Prozent der Inselfläche zu leben. Dieses verspätete Trauern führte zu einer weiteren Trennung zwischen den Erben der Völker, die einem früheren Millet-System angehört hatten – diesmal der zypriotischen Griechen –, und der Nachkommen der Eroberer, den früheren osmanischen oder zypriotischen Türken. Das Zusammenleben der zypriotischen Türken und zypriotischen Griechen ging nicht mit den griechischen und türkischen Unabhängigkeitskriegen zu Ende. Es endete vielmehr mit der physischen und psychologischen Teilung Zyperns.

Die Republik Zypern wurde 1960 als einheitlicher und souveräner Staat gebildet. Seit Beginn der Auseinandersetzungen im Jahre 1963 und selbst nach der faktischen Teilung von 1974 hat die Welt (mit Ausnahme der Türkei) weiterhin die zypriotisch-griechische Regierung so behandelt, als repräsentiere sie die Insel. Dies spiegelte jedoch nicht die Realität wider, da die zypriotische Republik im ursprünglich beabsichtigten Sinne nur drei Jahre lang existierte. Dennoch war die Welt eifrig darum bemüht zu versuchen, die Insel wieder zu vereinigen, eine Idee, die beiden beteiligten Parteien psychologisch als bedrohlich erscheint. Großgruppen, die über eine lange Zeit hinweg – jahrhundertelang – zusammengewesen und dann getrennt worden sind, besitzen die Tendenz, stur an den Ritualen festzuhalten, die ihre separaten Identitäten festigen und erhalten.

Die Geschichte Zyperns und der internationalen Bemühungen um eine Lösung der sogenannten Zypernfrage halten Türken und Griechen (sowohl in Zypern als auch in ihren jeweiligen Heimatländern) in einem ständigen Spannungszustand. In solch einer Atmosphäre gewinnen zwei unbewohnte Felsen im Ägäischen Meer eine irrationale Bedeutsamkeit und können zwei Gruppen, die von Identitätsverwirrungen bedroht sind, an den Rand des Krieges bringen.

▌▐▌▐

Weder Griechen noch Türken haben ihre Verluste in der Vergangenheit erfolgreich betrauert oder frühere Traumata aufgelöst, noch haben sie ihre negativen Vorstellungen über die jeweils andere Seite modifiziert. Die Griechen haben die «Turkokratia», ihre gemeinsame Vorstellung von den Lebensbedingungen der Griechen unter den Osmanen, zu einem Orientierungspunkt für ihre gegenwärtige Identität gemacht. Dies stärkt das Gefühl, eine Opferrolle gespielt zu haben und daraus Ansprüche ableiten zu können. Bemühungen um wirkliche Freundschaften mit Türken von heute bedrohen diese Gefühle und schaffen Angst. Der Anspruchsgedanke, wie er in der Megali Idea enthalten ist, muß aufrechterhalten werden.

Nach der griechischen Niederlage während des türkischen Unabhängigkeitskrieges begriffen die Türken das griechische Festhalten an der Megali Idea als weitgehend rhetorisch und ganz gewiß nicht gefährlich. Diese Auffassung änderte sich schlagartig, als die Griechen versuchten, die Insel Zypern politisch mit dem Festland zu vereinigen. Ihr Streben nach Ausdehnung ihrer Territorialgewässer, durch die die Ägäis tatsächlich zu einem griechischen Binnenmeer geworden wäre, stellte einen Grund für weitere Beunruhigung dar. Der griechische Irredentismus wurde beantwortet, indem die Türken die Beschränkungen, die durch Misak-i Milli bezüglich des eigenen Territoriums geschaffen worden waren, aufgaben. Nun sah jede Seite in der anderen jemanden, der seine Gebiete erweitern wollte.

Noch lange nach Atatürks Tod im Jahre 1938 bestimmte sein Bild den modernen türkischen Geist. Im wörtlichen Sinne wurde er ebenfalls konserviert: Sein Leichnam wurde einbalsamiert und 15 Jahre lang nicht beerdigt. Die muslimische Tradition dagegen verlangt, daß ein Leichnam zunächst rituell gewaschen, dann in weißen Leinenstoff gewickelt und in einen Sarg gelegt wird, aus dem er dann wieder herausgenommen wird, um ihn vor dem nächsten Sonnenuntergang beizusetzen. Aber Atatürks Körper wurde – wie jener Lazars für die Serben – benötigt, um den Türken zu helfen, die unerledigte Aufgabe zu bewältigen, den Verlust eines Reiches «abzuarbeiten», ihr politisches System umzuwandeln und eine neue Identität aufzubauen. Atatürk wurde so zum «unsterblichen Atatürk», bis er schließlich 1953 beerdigt wurde, was seine Rückkehr zum Status eines Sterblichen anzeigte (zum Vergleich: Lazars Leichnam wurde 600 Jahre lang nicht beerdigt und schob so den Trauerzustand der Serben hinaus). In den späten 80er und frühen 90er Jahren konnte die türkische Elite, darunter auch der damalige Präsident Turgut Özal, schließlich zugeben, daß Atatürk nicht länger den Platz einer Gottheit einnahm.

Das Trauern konnte endlich beginnen. Doch das Trauern über Verluste in der Vergangenheit wird gewöhnlich nicht als Kummer und Schmerz erfahren. Tatsächlich bemerkt der Durchschnittsbürger überhaupt nicht, daß ein Gruppentrauern stattfindet. Die Trauer nimmt ihren Verlauf in gesellschaftlichen Aktionen. Sie äußert sich im Rückblick auf frühere Zugehörigkeitsgefühle, wie etwa die emotionale Bindung an religiöse Institutionen des Osmanischen Reiches und das Nachdenken darüber, wie man sie denn in die moderne Identität integrieren kann.

Folgen des türkischen Trauerns lassen sich auch an der ungewöhnlichen Regierung entdecken, die 1996 in der Türkei etabliert wurde. Erstmals in ihrer Geschichte hatte die türkische Republik mit Necmettin Erbakan einen konservativen, islamistischen Ministerpräsidenten. Er begann seine Regierungszeit mit der Bildung einer Koalition mit einer weltlichen Partei, die von einer westlich orientierten Frau, der früheren Ministerpräsidentin Tansu Çiller, geleitet wurde. Doch zeigte sich der innere Konflikt im Frühjahr 1997, als die weltlich eingestellte türkische Militärführung damit begann, gegen Erbakan und seine fundamentalistischen Anhänger Stellung zu beziehen.

Was die Türkei und Griechenland benötigen, sind Führer, die genügend psychologische Kenntnisse besitzen, um mit Ambivalenzen umgehen zu können. Derartige Führer werden zu der Erkenntnis gelangen, daß eine politische Annäherung zwischen den beiden Ländern zwar die Ängste vermehren kann, sich aber nicht als verhängnisvoll erweisen wird.[27]

Unerwünschte Leichen in Lettland:
Ein Reinigungsversuch

Nachdem die Griechen (1821–1829) ihre Unabhängigkeit vom Osmanischen Reich erlangt hatten und langsam eine neue griechische Identität ausbildeten, die Elemente des Hellenismus mit dem Erbe des Byzantinischen Reiches verband, schufen sie die Katharewusa, die neoklassische Form der modernen griechischen Sprache, aus der viele türkische Wörter verschwanden. Nachdem die Türken 100 Jahre später ihren Unabhängigkeitskrieg gewonnen hatten, begannen sie damit, arabische und persische Wörter abzuschaffen und sie durch alttürkische oder westliche Wörter zu ersetzen. Die Griechen und Türken führten so beide eine Art von «Säuberung» durch. Die Griechen «reinigten» sich in symbolischer Weise von unerwünschten Aspekten ihres osmanischen Erbes, das sie als den «inneren Feind» begriffen, und die Türken modifizierten ihre frühere Einbettung in die islamische Welt.

Der Versuch, «Reinheit» herzustellen, ereignet sich oftmals während der Stabilisierungsperioden in Nachkriegszeiten, wenn ein ethnisches Zelt erschüttert worden ist und wieder verstärkt werden muß. Aber er kann auch innerhalb von Kriegen und kriegsähnlichen Situationen stattfinden. Die Durchführung solcher «Säuberungen», selbst von harmlos erscheinenden, die nur die Sprache betreffen, kann Gegensätze erneuern und eine krisenträchtige Atmosphäre schaffen.

Die «Säuberung» nahm während der Eroberung von Srebrenica im Juli 1995 ihre bösartigste Form an, bei der 7000 Muslime von Serben getötet wurden. Manchmal erklangen dabei im Radio Lieder, die mit Verszeilen wie den folgenden von serbischer Größe kündeten: «Sterbt, ihr Abschaum der Erde. Wir sind die Sieger. Tretet auf die Terrasse und jubelt der serbischen Rasse zu.»[1] Zu einer möglicherweise ebenso gefährlichen «Säuberung» wäre es um ein Haar 1993 in Lettland gekommen.

Im Jahr 1991 erklärte Lettland, ebenso wie die beiden anderen baltischen Staaten, seine Unabhängigkeit von der Sowjetunion. Dabei wurde die Formulierung «neu errungene Unabhängigkeit» benutzt, weil Lettland bereits zwischen 1918 und 1940 ein unabhängiger Staat gewesen war und weil es Letten gab, die sich weigerten, die Sowjetherrschaft anzuerkennen. Viele betrachteten Sowjet-Lettland als besetztes Gebiet. Obwohl die Sowjetregierung niemals die erneute Unabhängigkeit von Lettland anerkannte, tat dies doch die Russische Föderation, die Haupterbin der Sowjetunion. Zwischen Lettland und der Russischen Föderation blieben jedoch viele praktische und emotionale Probleme bestehen.

Das Miteinander unter dem Sowjetregime hatte die ethnische Zusammensetzung der Bevölkerung in allen baltischen Staaten verändert. Als Lettland seine Unabhängigkeit wieder errang, waren nur 52 Prozent der dort lebenden Menschen Letten, 34 Prozent waren ethnische Russen, und der Rest setzte sich aus Weißrussen, Ukrainern und Polen zusammen. In allen großen lettischen Städten, so auch in der Hauptstadt Riga, gab es mehr Russen als Letten. Eine entscheidende politische Frage nach der erneuten lettischen Unabhängigkeit war, was mit dem großen russischen Bevölkerungsanteil geschehen sollte. Wie auch in den anderen baltischen Republiken lebten in Lettland unterschiedliche Typen von Russen. Es gab solche, die schon seit langem in Lettland lebten, die lettische Sprache gelernt hatten und sich allem Anschein nach am Aufbau des Landes beteiligen wollten. Andere waren «Einwanderer». Das waren Menschen, die erst vor relativ kurzer Zeit nach Lettland gekommen waren, um ihre wirtschaftliche Situation zu verbessern. Sie waren in Lettland geblieben und bauten ihre eigenen Gemeinschaften auf, hatten sich aber niemals darum bemüht, die lettische Sprache zu erlernen. Da Lettland damals ein Teil der Sowjetunion war, erwartete man von jedermann, daß er Russisch spreche.

Noch andere waren «Okkupanten», das heißt Angehörige des früheren Sowjetapparats, der Streitkräfte oder des KGB, die sich gerade in Lettland befanden, als die Sowjetunion zusammenbrach. Die Russische Föderation erklärte, daß in Rußland eine Knappheit an Wohnraum herrsche – sie schien diese Menschen nicht zurückhaben zu wollen. Plötzlich waren diese zuvor sehr einflußreichen Russen nicht länger eine staatliche Macht ausübende Gruppe, sondern eine bedrohliche und unwillkommene Anomalie. Während die Okkupanten die am wenigsten erwünschten Leute waren, betrachteten die Letten alle Russen nach der wiedergewonnenen Unabhängigkeit als unerwünscht.

Demographische Faktoren wirkten sich in Lettland auf innere ethnische Angelegenheiten, auf die internationalen Beziehungen zu Rußland und anderen Nachbarstaaten und unvermeidlicherweise auch auf die spannungsgeladene Frage der nationalen Identität aus. Wegen der heftigen Emotionen, die die Frage «Wer sind wir jetzt?» hervorrief, stellte die Thematik der lettischen Staatsbürgerschaft für die Russen in Lettland eine komplexe Angelegenheit dar.

Im April 1993 waren immer noch russische (ehemals sowjetische) Truppen im unabhängigen Lettland stationiert. Starke Gefühlsregungen sowie bewußte und unbewußte Wahrnehmungen, die sich aus diesem erzwungenen Zusammensein ergaben, behinderten die offiziellen diplomatischen Verhandlungen, die ein neues Verhältnis zwischen Lettland und der Russischen

Föderation schaffen sollten. Die Russen beschuldigten die Letten, Menschenrechtsverletzungen gegen ethnische Russen begangen zu haben. Die Letten brachten ihre Ungeduld gegenüber der russischen Schwerfälligkeit beim Truppenabzug zum Ausdruck. Es gab ernsthafte Befürchtungen, daß Rußland nicht bereit sei, seine Ansprüche auf Lettland aufzugeben.

Die ersten Wahlen zum lettischen Parlament (Saeima) nach der wiedererlangten Unabhängigkeit waren für den 5. und 6. Juni vorgesehen. Als das CSMHI im April Riga besuchte, konnten wir feststellen, daß Wahlkampfparolen die Spannungen erhöht hatten. Die Enttäuschung über die andauernde Anwesenheit der russischen Truppen wurde durch Presseberichte über ein Gipfeltreffen in Vancouver zwischen den Präsidenten Bill Clinton und Boris Jelzin verschärft, währenddessen die in Lettland lebenden Russen wieder einmal den Truppenrückzug mit der Frage nach der Behandlung von ethnischen Minderheiten in den baltischen Staaten in Verbindung brachten.

Die Wahrnehmung der Balten wurde von einer langen Geschichte der Besetzung und Unterwerfung beeinflußt. Aufeinanderfolgende militärische Besetzungen durch Nationalsozialisten und Sowjets waren von kulturellen Einflüssen beider Besatzungsmächte begleitet gewesen. Viele Letten waren Nazisympathisanten; viele hatten sich dem Kommunismus zugewandt. Außer diesen gegensätzlichen lettischen Gruppen gab es Nationalisten, die sich selbst als revolutionäre Freiheitskämpfer betrachteten und ihr Land sowohl gegen Deutschland als auch gegen die Sowjetunion verteidigen wollten. Die Besetzung durch die Sowjetunion brachte neben anderen Erniedrigungen ein systematisches Programm der erzwungenen Russifizierung mit sich. Es war immer schwierig gewesen, umgeben von größeren und mächtigeren Nationen, eine rein lettische Identität aufrechtzuerhalten, und die Politik der Russifizierung schuf eine noch drückendere Atmosphäre.

Die Geschichte einer Hauptverkehrsstraße in Riga faßt Lettlands Geschichte der Invasionen und deren Einfluß auf die lettische Identität zusammen. Als Lettland zum russischen Reich gehörte, hieß diese Hauptverkehrsstraße Alexander-III.-Prospekt. Zwischen 1918 und 1940, während der Ära der ersten Unabhängigkeit Lettlands, erhielt die Straße den neuen Namen Brivibas Iela (Freiheitsallee), doch während der NS-Okkupation wurde sie in Adolf-Hitler-Straße umbenannt. Nach der «Befreiung» durch die Sowjets wurde der Name erneut geändert in Lenin-Prospekt. Schließlich heißt nach der Wiedererlangung der lettischen Unabhängigkeit die Straße erneut Freiheitsallee. Im Vergleich zu den Kopfsteinpflasterstraßen und den Barockgebäuden des alten Riga handelt es sich hier nicht um eine besonders attraktive Straße. Im Jahre 1993 stammten die einzigen Farbflecken auf ihr von riesigen Reklameschildern für Pepsi-Cola und Philips – vielleicht ein Symbol für noch eine Invasion.

Die neue lettische Identität, die sich nach der wiedergewonnenen Unabhängigkeit des Landes herausbildete, machte es erforderlich, daß die Spaltungen unter den Letten überwunden wurden. Dies hieß, daß unerwünschte Eigenschaften innerhalb der Einzelpersönlichkeiten wie beispielsweise frühere Verbindungen zu Nazis und Sowjets oder Differenzen innerhalb der eigenen Großgruppe, externalisiert werden mußten. Die in Lettland ansässigen Russen waren die Zielscheibe dieser Externalisierungen. Die Letten hielten sie für gefährlicher, als sie wirklich waren.

In Lettland bestand unsere Aufgabe darin, einflußreiche Vertreter der baltischen Republiken und der Russischen Föderation bei vier Tage dauernden inoffiziellen Gesprächen zusammenzuführen. Gemeinsame Gruppengefühle besaßen das Potential, zu irrationalen Handlungen zu führen, die die Beziehungen der baltischen Republiken zur Russischen Föderation ebenso gefährden konnten wie die Bemühungen dieser Republiken um Demokratisierung. Informelle Dialoge sollten dazu beitragen, daß die entscheidenden Fragen an die Oberfläche kamen, die bei offiziellen Zusammenkünften nicht angesprochen werden konnten. Und die Begegnungen vermochten möglicherweise zu neuen Gedanken anzuregen, die zu einer langfristigen Lösung der gegenwärtigen Konflikte führen konnten.

Ein Jahr zuvor hatten wir uns mit Vertretern aus Litauen, Lettland, Estland und der Russischen Föderation im litauischen Kaunas getroffen. Der Anblick und die Geräuschkulisse des russischen Militärs waren allgegenwärtig, Militärhubschrauber flogen über das Konferenzzentrum. Zu jener Zeit hatten die Russen noch keine Botschafter in die baltischen Republiken entsandt. Baltische Regierungsbeamte mußten direkt mit russischen Militärvertretern verhandeln, die in ihren Ländern stationiert waren, statt sich russischer diplomatischer Kanäle zu bedienen. Eine Schlüsselempfehlung der Begegnung von Kaunas bestand darin, die Einrichtung russischer Botschaften in den baltischen Staaten zu beschleunigen. Die russischen Teilnehmer leiteten den Ratschlag an die Regierung Boris Jelzins weiter.

Zum Zeitpunkt unseres Treffens in Riga gab es bereits in jeder der baltischen Republiken russische Botschaften. Der neue russische Botschafter in Lettland, Alexander Rannikh, und sein erster Botschaftssekretär nahmen an dem Treffen in Riga teil. Das gleiche tat der neue russische Botschafter in Estland, Alexander Trofimow. Sie und andere hochrangige Vertreter Moskaus konnten sich in einem informellen Rahmen die Sorgen der Vertreter der baltischen Republiken, darunter hochrangige Regierungsvertreter und Mitglieder wichtiger parlamentarischer Ausschüsse, anhören. Das Treffen hatte viele faszinierende Momente, und einer von ihnen verdeutlicht das Konzept der «Reinigung» aus einem psychopolitischen Winkel.

Zwei Monate vor unserer Ankunft in Riga hieß es in einer Meldung der *New York Times*, das lettische Parlament habe beschlossen, «die sterblichen Überreste von Soldaten der Sowjetarmee» vom lettischen nationalen Militärfriedhof, dem Friedhof der Waffenbrüder, «zu entfernen». Ein lettischer Parlamentarier, Yanis Freimanis, wurde mit folgenden Worten zitiert:

«Soldaten, die in der Roten Armee unter Stalins Befehl dienten, wurden bewußt dort begraben, um diesen Friedhof zu beschmutzen.»[2] Es schien so, als planten die Letten eine Art von «ethnischer Säuberung» unerwünschter Leichen von einem ehrwürdigen Ort. Wären diese Säuberungsmaßnahmen durchgeführt worden, hätten sich leicht die ohnehin angespannten Beziehungen zwischen Lettland und Rußland zuspitzen können. Die Tatsache, daß die russischen Truppen noch nicht zurückgezogen worden waren, führte möglicherweise dazu, daß die Letten zögerten und ihre ursprünglichen Absichten änderten, aber eine Art von Umgestaltung des Friedhofs wurde weiterhin in Betracht gezogen.

Eine andere Meldung, die wenig später in den *American Baltic News* erschien, hob hervor, daß die Letten nur den Friedhof in seiner ursprünglichen Form wiederherstellen wollten: «Dabei würde es nötig sein, die sterblichen Überreste von etwa 200 kommunistischen Führern und Offizieren der Sowjetarmee an anderer Stelle neu zu bestatten.» Eine Delegation von russischen «Friedensmarschierern» (oder, wie wir später erfuhren, Kriegsveteranen) reiste nach Lettland, um gegen diese Entscheidung zu protestieren, ließ sich aber durch die Versicherung beruhigen, daß nichts Anstößiges passieren würde.[3]

Der Friedhof der Waffenbrüder war zwischen 1924 und 1936 am Ort der Massengräber lettischer Schützen errichtet worden, die in den Schlachten des Jahres 1915 getötet worden waren. Auf ihm wurden Soldaten, die im Ersten und Zweiten Weltkrieg umkamen, sowie Unabhängigkeitskämpfer bestattet. Es handelt sich um einen wunderschönen Ort, einen von Mauern umgebenen Park mit vielen großen Eichen und Linden. Zu beiden Seiten des Eingangs befinden sich in Stein gemeißelte Heldengestalten zu Pferde. Auf dem Bürgersteig auf der einen Seite des Parks zwischen der Mauer und einer verkehrsreichen Straße sahen wir Dutzende von lettischen Frauen, die Blumen an Besucher verkauften, die diese auf den Gräbern von Angehörigen oder von Kriegshelden niederlegten. Innerhalb des Parks überragt eine neun Meter große Statue von «Mutter Lettland» die einfachen Gräber, von denen keines durch die «Neugestaltung» des Friedhofs gestört werden sollte. Die umstrittenen Gräber lagen in der Nähe des Eingangs und gehörten, so hieß es, «Sowjetfunktionären», die sich auf diesem nationalen Militärfriedhof «nicht am richtigen Ort» befanden. Wie auch immer die Wahrheit in dieser Angelegenheit aussehen mochte und was auch immer die wirklichen ästhetischen oder moralischen Rechtfertigungen für die Wiederherstellung des Friedhofs in seinen alten Zustand durch Umbettung von sowjetischen Militärangehörigen sein mochten, es war klar, daß es verständliche starke Gefühle im Hinblick auf die frühere «Sowjetisierung» des lettischen Nationalfriedhofs und einen dementsprechenden Wunsch gab, dieses «Sakrileg» aus der Welt zu schaffen, obwohl die Wahrscheinlichkeit bestand, dadurch heftige Reaktionen der Russen hervorzurufen.

Ein Blick auf die Grabsteine unter dem strengen Blick von Mutter Lettland ließ mich verstehen, warum sich der Wunsch entwickelt hatte, den Friedhof zu «säubern»: Sie reflektieren die Aufsplitterung der lettischen Bevölkerung und ihrer Allianzen. Geht man die Reihen der Soldatengrabsteine entlang, dann bemerkt man einige, die mit Hakenkreuzen gekennzeichnet sind, direkt neben anderen mit dem Roten Stern der Sowjetarmee und weiteren, die einfach nur durch ein Kreuz oder einen Davidstern geschmückt sind – und in all diesen Fällen handelt es sich um die Gräber von Letten. Diese Fragmente mußten zusammengefügt werden, damit sich die Menschen unter dem neuen lettischen ethnischen Zelt als ein gemeinsames Volk fühlen konnten. Bei diesem Zusammenfügen würde die Externalisierung und Projektion von unerwünschten Anteilen aus der Vergangenheit notwendig sein, um ein neues Zusammengehörigkeitsgefühl zu schaffen. Die Letten hatten in den unerwünschten Leichnamen ein Objekt für ihre Projektionen gefunden und versuchten, sie hinter sich zu lassen und/oder sie zu vergessen. Diese psychischen Mechanismen lagen dem Wunsch der Letten zugrunde, den nationalen Militärfriedhof zu säubern.

Juris Boyars, einer der Teilnehmer an der Begegnung von

Riga, peitschte die Emotionen noch weiter auf, als er behauptete, die russische Mafia, die mit Juden zusammenarbeite, stelle für das neue Lettland ein Hindernis dar. Boyars war Vorsitzender der Demokratischen Arbeiterpartei sowie Direktor des Instituts für Internationale Angelegenheiten der lettischen Staatsuniversität und eine Schlüsselfigur bei der Formulierung der neuen Staatsbürgerschaftsgesetze. Er war zwar in Moskau ausgebildet worden und mit einer Russin verheiratet, leugnete aber dennoch, durch irgendeinen russischen Einfluß «verseucht» zu sein. Er teilte uns mit, daß es sich bei seinen Kindern um reine Letten handle und daß ihr russisches Blut nicht zähle. So argumentierten auch Serben, die erklärten, daß die Kinder, die von vergewaltigten Muslimfrauen zur Welt gebracht wurden, reine Serben seien. Man gewann den Eindruck, daß Boyars den Russen (Sowjets) das antun wollte, was jene den Letten angetan hatten. Seine Bemerkungen waren aufreizend und erniedrigend für die Russen, die ihrerseits das Gefühl hatten, die Letten schuldeten ihnen Dank für die Hilfe beim Sieg über die Nazis.

Schließlich kam es dazu, daß der erste Sekretär der russischen Botschaft, Wladimir Ionkin, Boyars anschrie: «Ich habe dich gerettet!» Das Singularpronomen «Ich» anstelle eines «Wir» schien ihn zum Sprecher seines eigenen ethnischen Zeltes zu machen. Das «dich» bezog sich nicht so sehr auf die Letten oder andere baltische Vertreter als auf die westliche Zivilisation insgesamt. Er griff auf die Geschichte zurück, um eine gewählte Ruhmestat zu finden, bei der die Russen Westeuropa verteidigt hatten. Er erinnerte uns daran, daß die Russen im 14. Jahrhundert allein zwischen den Mongolen und dem Westen standen und sich als Verteidiger der westlichen Kultur begriffen.

Tatsächlich hatten die Mongolen unter Dschingis-Khans Enkel Batu Khan 1241 in Sarai am Unterlauf der Wolga die sogenannte Goldene Horde gebildet. Von dort aus beherrschten sie praktisch das Rußland jener Zeit bis zum Jahr 1480. 1380 jedoch erlitten die Mongolen einen schweren Rückschlag im Kampf gegen die Russen, der den Beginn des Niedergangs der mongolischen Macht markierte.

Der Sieg der Russen über die Mongolen im Jahre 1380 ereignete sich in der Kulikovo-Ebene in der Nähe des Flusses Don (Schlacht auf dem Schnepfenfeld). Die russischen Streitkräfte wurden von Fürst Dimitri von Moskau (später bekannt als Dimitri Donskoy, Dimitri vom Don) und Großfürst Wladimir geführt. Ihr Feind, der Khan Mamai, erwartete Hilfe von Iogalia, dem Großfürsten von Litauen. Aber Dimitri besiegte die Mongolen, bevor Iogalia und seine Armee ihnen auch nur zu Hilfe kommen konnten.

Die Schlacht auf dem Schnepfenfeld stellt eine wichtige gewählte Ruhmestat für die Russen dar. Sie glauben, ihr Erfolg in dieser Schlacht habe die westliche Welt vor der Unterwerfung durch die Mongolen gerettet. Hätten die Litauer erfolgreich ihre Streitkräfte mit der Goldenen Horde verbunden, dann wäre die Geschichte Rußlands und Westeuropas, so wollte Ionkin nahelegen, eine ganz andere geworden. In dieser mentalen Repräsentation der Vergangenheit waren gegenwärtig verbreitete Stereotypen umgekehrt worden: Die Litauer spielten nun die Schurkenrolle, und die Russen traten als Retter der westlichen Zivilisation auf.

Die gegenwärtige Zurückweisung alles Russischen durch die Letten, darunter auch der russischen Toten, stellte nach Ionkins Auffassung eine ungeheuerliche Undankbarkeit gegenüber jenen dar, die die Letten genauso wie die Litauer und Esten und sogar Westeuropa insgesamt vor den Mongolen «gerettet» hatten. Es wurde deutlich, daß die Schlacht auf dem Schnepfenfeld eine Allegorie war, in der die Mongolen für eine viel jüngere Bedrohung der westlichen Zivilisation standen, nämlich für die Nationalsozialisten. Viele Letten (und andere Menschen aus den baltischen Staaten) hatten sich direkt mit diesen «Mongolen» einer späteren Ära verbündet. Nun erkannte die Gruppe eines der psychologischen Bedürfnisse, die dem Wunsch zugrunde lagen, die unerwünschten Russen vom Friedhof der Waffenbrüder zu entfernen. Die Russen als frühere Feinde der Nazis mußten entfernt werden, damit das neue Lettland jene in sich aufnehmen konnte, die Sympathisanten der Nationalsozialisten gewesen waren.

Paradoxerweise stellte Ionkins nationale Verteidigung seines Volkes gegen die baltische Undankbarkeit ein gewisses Maß an baltischer Selbstachtung wieder her, denn der Vertreter eines großen Landes brauchte Anerkennung von den Vertretern der sogenannten Kleinen. Dann machte Ionkin eine andere symbolische ethnische Säuberung zum Gegenstand der Diskussion. General I. D. Chernyakhovski war der Oberkommandierende der sowjetischen Streitkräfte gewesen, die Litauen von den Nazis befreit hatten. Nach seinem Tod an der deutschen Front 1944 wurde zu seinen Ehren im Zentrum der litauischen Hauptstadt Vilnius ein Denkmal errichtet. Nach Litauens Erlangung der Unabhängigkeit jedoch wurde die Statue des Generals in dessen Heimatstadt in der Ukraine verbracht. Als Ionkin beschrieb, wie bestürzt er und andere Russen waren, als sie von der Entfernung des Generals vom Platz seines Triumphs hörten, erinnerte ihn Wladimir Jarmolenko, ein Mitglied des litauischen Parlaments und des Parlamentsausschusses für auswärtige Angelegenheiten, daran, daß Chernyakhovskis Familie dies verlangt habe. Aber für den Russen hatte das keine Bedeutung.

Ganz eindeutig stellte die Entfernung des Standbildes für die eine Seite einen wichtigen Schritt zur Befreiung der Stadt Vilnius von sowjetischem Einfluß dar und für die andere Seite einen Akt großer Undankbarkeit gegenüber der Befreiung von den Nationalsozialisten. Wir wandten an dieser Stelle ein, vielleicht könne jede Seite versuchen, die verschiedenen emotionalen Bedeutungen dieser Statue zu verstehen. Ein paar Stunden später kehrte der Litauer Jarmolenko spontan zu der Thematik des Generals Chernyakhovski zurück und gab zu: «Ich hatte ein unbehagliches Gefühl dabei, Chernyakhovski zurückzuschicken!» Die Teilnehmer gelangten dann zu der übereinstimmenden Auffassung, daß es den baltisch-russischen Beziehungen dienlich gewesen wäre, Chernyakhovski in Vilnius gelassen zu haben und den Gräbern der Sowjetfunktionäre in Riga mehr Achtung zu bezeugen.

An diesem Punkt wurde deutlich, daß die Teilnehmer akzeptieren konnten, daß die Komplexität der baltisch-russischen Beziehungen ein allen gemeinsames Problem darstellte. Über die Problematik der unerwünschten Leichname wurde dann den übrigen Teilnehmern des Treffens berichtet, und man stimmte dahingehend überein, daß ein Moratorium bezüglich aller einseitigen Veränderungen an Friedhöfen, Gedenkstätten und Denkmälern vereinbart werden sollte. Derartige Veränderungen sollten nur nach Konsultationen mit allen beteiligten Seiten erfolgen, deren Kriegshelden oder andere Verstorbene betroffen waren. Die Teilnehmer beschlossen, ihre Vorschläge den Behörden in ihren jeweiligen Ländern zu unterbreiten und die Bedeutung eines derartigen Moratoriums darzulegen.[4]

Zwei Jahre später war ich in Riga und interviewte Letten und Russen, die in Lettland lebten.[5] Im Jahre 1993 hatte die wunderbare alte Stadt wie eine Geisterstadt ausgesehen. 1995 hatten Renovierungen und der Bau von Büro- und Hotelgebäuden sie wieder lebendig gemacht. Die Letten drängten auf marktwirtschaftliche Reformen und Privatisierungen. Ganz offensichtlich wollten sie sich den europäischen Wirtschafts- und Sicherheitsorganisationen wie etwa der NATO so schnell wie möglich anschließen. Aber die emotionale Zersplitterung unter den Letten blieb bestehen, und die psychologische Barriere zwischen Letten und den Russen, die in Lettland lebten, schien sogar noch unüberwindlicher geworden zu sein. Die Affäre der unerwünschten Leichen auf dem Friedhof der Waffenbrüder wurde überhaupt nicht mehr erwähnt. Der Versuch der «Säuberung» des Friedhofs war im Sande verlaufen. Statt dessen wurde die Psychodynamik der ethnischen Beziehungen, die zum Versuch der «Säuberung» geführt hatten, umgewandelt in Bemühungen zur Legalisierung der Kluft zwischen der lettischen und der russischen Bevölkerung.

9

III

Ein palästinensisches Waisenhaus:
Eine Gruppe sammelt sich
um einen Führer

Eine ängstliche oder regressive Gruppe hängt hartnäckiger als andere an ihrer Ethnizität, Nationalität oder Religion, weil diese Verbindungen ein netzartiges Stützwerk bilden, das die Gruppe vor noch tieferer Regression oder Desintegration schützt. Sie entwickelt möglicherweise eine starke Bindung an ihren Führer und mag in ihm das Symbol ihrer Identität als Großgruppe sehen. Ein ethnischer oder nationaler Führer, ob es sich hierbei um einen König, einen Diktator oder einen Präsidenten handelt, übt einen dominierenden Einfluß auf die Rituale seiner Anhänger gegenüber der Feindgruppe aus, die von der vorrangigen Beschäftigung mit kleineren Unterschieden bis zu Säuberungsaktivitäten reichen können. In einem Waisenhaus in Tunis, das ich einmal besuchte, war die Bindung an den Führer extrem, weil die Kinder nicht nur ihre Familien verloren hatten, sondern auch keinerlei Informationen über sie besaßen. Die Tatsache, daß sie an einem Ort in Gruppen zusammenlebten, stärkte in ihnen gewisse, beobachtbare Verhaltensweisen. Die Intensität der Verbundenheit der Kinder mit ihrer ethnischen Identität machte dieses Waisenhaus zu einem faszinierenden Ort, um ethnische Bindungen und die Beziehung zwischen Führer und Gefolgschaft zu studieren.

Im Frühjahr 1990 interviewte ich viele der Waisen in Biet At-fal Al-Sommoud (dem Heim der Kinder der Standfestigkeit), einer früheren Geburtsklinik in einem Wohnbezirk von Tunis.[1] Zur Zeit meines Besuches lebten in dem Waisenhaus 31 Jungen und 21 Mädchen im Alter zwischen 7 und 18 Jahren. Sie alle hatten ihre Eltern nicht gekannt oder erinnerten sich nur ganz schwach an sie. Man hatte ihnen gesagt, ihre Eltern seien von Israelis umgebracht worden, und sie erhielten eine besondere Behandlung als Kinder von Helden. Sie alle waren zunächst in ein Waisenhaus im Libanon und dann in eines in Syrien geschickt worden, bevor sie schließlich nach Tunesien kamen.

Als ich Tunis besuchte, war die Stadt voll von Touristen, meist Franzosen, die durch das nahegelegene Karthago und durch die wunderbaren Strände angelockt wurden. Das Leben schien vollkommen normal. Aber innerhalb der Stadt lebten auch Palästinenser, die ständig auf der Hut waren und pausenlos ihre Sicherheitsvorkehrungen kontrollierten. Zu jener Zeit befand sich das Hauptquartier der Palästinensischen Befreiungsorganisation (PLO) in Tunis, und hier lebte auch deren Vorsitzender Yassir Arafat, allerdings wohnte und schlief er aus Sicherheitsgründen an stets wechselnden, sicheren Orten. Es war nichts Ungewöhnliches, daß Palästinenser einander mitten in der Nacht anriefen und einfach fragten: «Geht es dir gut?» Mitglieder von Arafats Sicherheitskräften, die ganz gewöhnliche alte Autos fuhren, patrouillierten an den palästinensischen Häusern vorbei und wachten darüber, daß alles in Ordnung war. Die Palästinenser lebten in ständiger Furcht vor israelischen Kommandotrupps, die bei Nacht in Tunis ankommen und einen Überfall durchführen konnten, um diese oder jene Person zu töten. Tatsächlich war einer von Arafats engsten Mitarbeitern kurz vor meiner Tunisreise in seiner Wohnung ermordet worden.

Während meines Aufenthaltes konnte ich auch das PLO-Hauptquartier besuchen. Was ich dort vorfand, stach wegen seines Symbolismus ins Auge. Alle Möbel waren aus dem Gebäude geräumt worden. In jedem Büro gab es nur einen alten Schreibtisch und einen Stuhl, Sitzgelegenheiten für wartende Besucher waren nicht vorhanden. Sie mußten manchmal stundenlang ausharren, um ihre Angelegenheiten zu erledigen. Der Grund für diese dürftige Ausstattung lag im Wunsch der Palästinenser, den Kindern von Gaza und auf der Westbank Ehre zu erweisen, die sich an der Intifada beteiligten (die zur Zeit meines Besuches im Gange war). Ein PLO-Funktionär teilte mir mit, man empfände es als unangemessen, wenn die Palästinenser hier im Hauptquartier sich mit Luxus wie bequemen Sitzgelegenheiten umgäben, während die, die an der Intifada teilnähmen, äußerste Strapazen zu erdulden hätten.

Die palästinensische Leiterin des Waisenhauses gehörte auch zu dieser Kultur, die durch ständige Wachsamkeit geprägt war. Sie war eine freundliche Enddreißigerin, die in den von den Israelis besetzten Gebieten zur Welt gekommen war. Im Alter von 16 Jahren war sie von den Israelis ihrer Tätigkeiten wegen für einige Monate gefangengehalten worden. Wie die ihr anvertrauten Waisen war sie erst spät nach Tunis gekommen. Sie wohnte nicht im Waisenhaus, sondern mit ihren beiden eigenen kleinen Kindern in einem anderen Wohnbezirk.

Das Waisenhaus verfügte über einen großen ummauerten Hof, auf dem sich ein Fahnenmast mit einer palästinensischen Fahne befand. An den Wänden hingen Plakate von Kindern, die an der Intifada beteiligt waren, sowie Bilder von Arafat und anderen Palästinenserführern. Die Waisen von Biet Atfal Al-Sommoud waren nach Geschlechtern paarweise zusammengefaßt, stets lebte ein älteres Kind mit einem jüngeren in einem Raum zusammen. Vier oder fünf dieser Paare bildeten dann eine «Familie», für die eine ältere Frau sorgte. Von dem Arzt abgesehen, waren alle Angehörigen des Personals, die im Waisenhaus wohnten, Frauen.

Es war das Ziel der Direktorin, den Kindern eine Heimat zu bereiten, und sie ermutigte sie, Freundschaften außerhalb des Hauses zu schließen, ja sogar die Nacht bei Gastgebern in der Stadt zu verbringen. Ich hatte jedoch den Eindruck, daß die

Kinder meistenteils palästinensische und selten tunesische Familien besuchten. Jede Waise erhielt ein wöchentliches Taschengeld, und die älteren Kinder kauften sich ihre Kleidung selber. Viele der Kinder trieben Sport, und sie alle fuhren mit dem Bus zu einer Schule für palästinensische Kinder – besuchten also keine tunesischen Schulen.

Ich hatte Gelegenheit, fünf Kinder zu beobachten, die alle noch sehr jung waren und gewöhnlich zusammenblieben, wenn sie auf dem Hof spielten. Sie waren als Kleinkinder vor den Massakern an etwa 2000 unbewaffneten palästinensischen und libanesischen Zivilisten durch von Israel unterstützte christliche Phalange-Milizen in den Flüchtlingslagern Sabra und Shatila im Westen von Beirut gerettet worden. Vier der Kinder hatte man in Mülleimern und eines unter einem Bett gefunden. Allem Anschein nach hatten ihre Eltern, bevor sie selber umgebracht wurden, die Kinder versteckt, um sie zu retten. Die wirklichen Identitäten der Kinder waren unbekannt. Wenn sie zusammen waren, machten sie einen «normalen» Eindruck, wenn sie aber einzeln zum Interview – mit Hilfe eines Dolmetschers – erschienen, dann zeigte jedes von ihnen Erregung und hatte extreme Schwierigkeiten, Beziehungen zu mir und zu anderen aufzubauen. Eines halluzinierte akut, und ein anderes fing an, die Möbel zu zerstören. Es wurde mir ganz deutlich, daß diese Kinder keine gutausgebildeten, individuellen Identitäten besaßen. Das Zusammensein mit anderen aus Sabra und Shatila machte es ihnen möglich, normal zu erscheinen.

Einen Gegensatz zu diesen fünf Kindern bildete ein gutaussehender 17jähriger, den ich hier Farouk nennen möchte. Er besaß unter den Kindern, die ich kennenlernte, die stärkste Ich-Identität. Als Farouk fünf Jahre alt war, lebte er im Libanon und mußte miterleben, wie israelische Soldaten seinen Vater zu Tode prügelten. Am nächsten Tag wurden seine Mutter, eine Schwester und ein Cousin erschossen. (Ich gebe diese Tatsachen hier so wieder, wie Farouk sie berichtet hat. Ich sah keinen Anlaß, sie zu überprüfen, da es bei diesen Interviews darum ging, die Selbsterfahrungen des Subjekts und seine Vorstellungen über andere offenzulegen, und nicht notwendigerweise die exakte Wahrheit über die persönliche Geschichte eines Menschen aufzudecken.) «Ich kann mich an die Gesichter meiner Eltern nicht mehr erinnern», behauptete er, und dann beschrieb er, wie er oftmals allein weinte, und fügte hinzu: «Das ist eine sehr gesunde Sache.» Er war der Kapitän der Fußballmannschaft des Waisenhauses und wurde von den anderen Kindern sehr geliebt.

Während sich Farouk in ausgezeichnetem Englisch mit mir unterhielt, stellte ich fest, daß er die Gewohnheit hatte, an einer großen Narbe an seinem rechten Fuß zu reiben, die durch seine Sandale zu sehen war. Diese Narbe war die Folge eines Haushaltsunfalls im Libanon, der passierte, als er noch sehr klein war. Während seine Großmutter in einer Pfanne über einem offenen Feuer Süßspeisen zubereitete, setzte er unabsichtlich einen Fuß in die Pfanne und verbrannte ihn sich. Seine Eltern behandelten die Verletzung mit Salben und versuchten, seinen Schmerz zu lindern.

Farouk stellte durch seine Narbe eine Verbindung zwischen sich und der Vorstellung von seinen fürsorglichen Eltern her. In einem gewissen Sinne war ihm seine Familienidentifikation wie ein Mal eingebrannt – solange es die Narbe gab, würde er seine Eltern unter der Haut haben, und das verlieh ihm Stärke. Er glaubte wirklich, daß sein vernarbter Fuß etwas ganz Besonderes sei; er war stark. Tatsächlich bewunderten alle anderen Kinder seinen Fuß, mit dem er sehr viele Tore gegen gegnerische Fußballmannschaften geschossen hatte, die alle aus Tunesiern bestanden.

Farouk war sich der Bedeutung seiner Narbe bewußt. Er sagte darüber: «Ich kann meine Eltern innen spüren, in meinem Fuß, in meinem Körper.» Er hatte ein Ritual daraus gemacht, seine Narbe nach jedem Fußballspiel sowie jeden Abend, bevor er zu Bett ging, zu berühren. Farouks symbolische Schöpfung der Bilder seiner Eltern und sein Kontakt mit ihnen stellten die Wurzeln seiner positiven persönlichen Identität dar.

Während der einen Woche, die ich in Biet Atfal Al-Sommoud verbrachte, konnte ich feststellen, daß all die Waisen von den

Kindern aus Sabra und Shatila bis zu Farouk an ihrem Palästinensertum als ihrer gemeinsamen zweiten Identität festhielten. Für Farouk war die ethnische (palästinensische) Identität nicht die dominante. Aber für viele der anderen Kinder und Teenager herrschte die ethnische Identität über die persönliche vor. Die Aufrechterhaltung und der Schutz der Gruppenidentität waren psychologische Notwendigkeiten. Farouk sah seine Zukunft in einem zivilen Beruf. Viele der anderen Kinder und Jugendlichen wollten Militärpiloten werden, so daß sie zum Land ihrer Vorfahren fliegen und feindliche Stellungen bombardieren konnten. In Biet Atfal Al-Sommoud kam das Wir-Gefühl überall zum Vorschein, und oftmals waren Farouk und andere wie er bereit, sich diesem Gefühl der Zusammengehörigkeit anzuschließen.

Beim Lernen, Spielen, Essen, beim Fernsehen und beim fast ständigen Umarmen und Küssen erweckten die Waisen den Eindruck, ein ununterbrochenes Fest der Liebe zu feiern. Die Kinder waren gesund, solange sie palästinensische Waisen waren und gegenseitig ihre jeweiligen Persönlichkeitsmängel behoben. Ein Mädchen im Teenageralter mit einer wunderschönen Stimme sang Lieder über die Leiden ihres Volkes, und ihre Worte brachten etwas zum Ausdruck, was alle verband, die sich um sie scharten. Es gab für dieses Wir-Gefühl auch Verstärkung von außen. Die Waisen wurden von ihren Pflegern allesamt als «die Märtyrerkinder» bezeichnet.

Die Gruppe, mit der sich diese Kinder identifizierten, erstreckte sich über die Grenzen ihres Waisenhauses hinaus. Während meines Besuches sahen die Kinder Fernsehberichte über Intifada-Kinder, die auf der Westbank und in Gaza Steine auf israelische Soldaten schleuderten. Während sie diesen zusahen, machten die Waisen unbewußt die Bewegung des Steinewerfens nach, identifizierten sich also im wörtlichen Sinne mit jenen in den besetzten Gebieten, die Hunderte und Aberhunderte von Kilometern entfernt waren. Selbst wenn sie nicht fernsahen, sondern von der Intifada sprachen, bewegten sie ihre Körper in einer Art und Weise, daß man den Eindruck gewann, sie kämpften tatsächlich gegen ihre Feinde.

Das kleine Zelt von Biet Atfal Al-Sommoud stand gleichsam unter einem großen Zelt, das allen Palästinensern gehörte, jenem Zelt, innerhalb dessen die palästinensische Identität selber bedroht war. Die Waisen waren ein anschauliches Beispiel für Hans Kohns Beschreibung des Zusammenhalts von Großgruppen:

> Der Nationalismus – unsere Identifizierung mit dem Leben und Sterben ungezählter Millionen, die wir niemals kennenlernen werden, mit einem Territorium, das wir niemals ganz bereisen werden – unterscheidet sich qualitativ von der Liebe zur Familie oder zur heimatlichen Umgebung. Er ist qualitativ gleichwertig mit der Liebe zur Menschheit oder zur ganzen Erde.[2]

Eines Tages lenkten die Kinder beim Mittagessen meine Aufmerksamkeit darauf, daß sie Bananen aßen, obwohl in Tunesien keine Bananen wachsen. Diese Früchte waren aus einem Land hergeschickt worden, das Yassir Arafat kürzlich besucht hatte. Der Palästinenserführer besuchte Biet Atfal Al-Sommoud häufig und schickte den Waisen Geschenke, wenn er reiste. Da es unter dem ständigen Personal des Waisenhauses keine Männer gab, stellte Arafat die wichtigste Vaterfigur der Kinder dar. Diejenigen von ihnen, die den Namen ihres leiblichen Vaters nicht kannten, und das waren mindestens 30 Kinder, trugen den Nachnamen Arafat. Ihre Namen verbanden sie miteinander, wenn sie sich um Yassir Arafat, den Pfosten des palästinensischen Zeltes, scharten. Wenn Arafat das Waisenhaus besuchte, umringten die Kinder den Palästinenserführer, und jedes von ihnen versuchte, ihn zu berühren.

In primitiven Gesellschaften, denen es an komplexen politischen Institutionen fehlt, ist der Pfosten der Führung oftmals deutlich sichtbar. Bei der Untersuchung zweier Gruppen von

Kagwahiv-Indianern in Brasilien entdeckte der Anthropologe Waud Kracke einen Führer – den er Homero nennt –, der rigide moralische Ansichten vertrat und von seinen Gefolgsleuten strengsten Gehorsam verlangte.[3] In einer anderen Siedlung der Kagwahiv besaß der Führer, den Kracke in diesem Fall Jovenil nennt, eine ganz anders geartete Persönlichkeit. Jovenil war aufmerksam gegenüber den Bedürfnissen seiner Gefolgsleute und offenbarte ein Gleichgewicht zwischen Sensibilität und Festigkeit. Trotz der individuellen Differenzen der Persönlichkeiten und der Führungsstile fand Kracke vier gemeinsame Charakteristika heraus: Beide Führer genossen Macht und Prestige, keiner der beiden fürchtete sich vor Wettbewerb und Konkurrenz, beide identifizierten sich stark mit ihren Vätern und hatten starke, eigene Identitäten entwickelt, und beide hatten offene Ansichten über das soziale und politische Klima ihrer Siedlungen. Zur Aufrechterhaltung der Kontrolle ist der Persönlichkeitstypus des Führers nicht das wichtigste, entscheidend ist vielmehr, daß er sich im Umgang mit Macht, Konkurrenz und Unabhängigkeit wohl fühlt und daß er über eine weitreichende Vision im Hinblick auf gesellschaftliche Prozesse verfügt. Auch wenn seine Persönlichkeit (kalt oder warm, besessen oder hochtrabend, paranoid oder vertrauensvoll usw.) seinen Herrschaftsstil beeinflussen wird, so entscheiden doch diese vier Charakteristika über seine Fähigkeit, überhaupt zu führen.

Einige Individuen werden durch exzessive Selbstliebe und Anspruchsdenken dazu getrieben, nach Führungspositionen zu streben. Es gibt auch geradezu besessene Menschen, die von der Überzeugung beherrscht werden, eine moralische Mission zu haben, und dieser Impuls führt sie dazu, nach Macht zu streben. Dazu hat Peter Loewenberg bemerkt:

> Die meisten Menschen beziehen ihre Freude und Befriedigung aus intimen Beziehungen zur Familie, zu Liebhabern, zu Kindern und Freunden. Doch für einige Menschen, nämlich Politiker, die nach öf-

fentlichen Ämtern und nach Positionen im Rampenlicht streben, besteht ein essentielles Bedürfnis nach äußerer Bestätigung und Belohnung durch Machtausübung.[4]

Kracke untersuchte nicht nur die Führer der Kagwahiv, sondern auch ihre Anhänger. In beiden Siedlungen bemerkte er, daß die Machthaber für ihre Gefolgschaft die Rolle spielten, die Eltern für ein heranwachsendes Kind übernehmen. Die Gefolgsleute benutzen die Führer und ihre Vorstellungen über diese, um ihre emotionalen Bedürfnisse zu befriedigen, Selbstkontrolle zu entwickeln, und als Vorbilder für ihre weitere Entwicklung. So sammelte der Anthropologe beispielsweise Träume und Phantasien der Anhänger, in denen der Häuptling zu einem köstlichen Mahl einlud und die sexuellen Impulse seiner Gefolgschaft entweder befriedigte oder enttäuschte. Kracke beschrieb sowohl Jovenils als auch Homeros Beziehungen zu ihren Getreuen als gegenseitiges Geben und Nehmen: Die Führer beeinflussen die Anhänger, und die Bedürfnisse der Gefolgsleute formen den Führer.

Aber was Kracke in diesen beiden Siedlungen am Amazonas beobachtete, gilt auch für weiter entwickelte Gesellschaften, wenn auch die entsprechenden psychologischen Motivationen und Haltungen gewöhnlich dem Blick verborgen bleiben. Nach Professor James MacGregor Burns vom Williams College im US-Bundesstaat Maryland findet das Regieren in komplizierten Gesellschaften

> nicht in einem Vakuum statt, ... sondern im Kontext der politischen und psychologischen Kräfte, seien sie nun rational oder irrational. Die eigentliche, logische Reihenfolge von Zielen und Mitteln [wird] in der Praxis gewöhnlich durcheinandergebracht. Die Menschen, die an den Entscheidungsprozessen der Exekutive [beteiligt sind],

sind nicht standardisiert und ersetzbar,
sondern setzen sich aus unberechenbaren
Kombinationen von Enthusiasten, Fußlah-
men, Beschleunigern, … Anpassern und
anderen zusammen, die ihre eigenen Motivationen, Haltungen und Ziele einbringen.
Menschen reagieren auf unsichtbare Ideologien und Mythologien. Der Entschei-
dungsprozeß in der Exekutive steckt voller
unvorhergesehener und dysfunktionaler
Aktivitäten.[5]

Matthew Holden von der Universität von Virginia betrachtet
die administrative Grundstruktur jedes ausgereiften politischen
Systems als eine dreiseitige Angelegenheit, bei der die zentralen
Elemente der Führer, die operativen Einheiten, die die Verwal-
tungsarbeit erledigen, und das, was er als «Entourage» (Gefolge)
bezeichnet, sind. Holden zufolge sind us-Präsidenten gewöhnlich von «Kumpanen» umgeben, das heißt von Menschen in
ranghoher Stellung, die dem Präsidenten ebenbürtig sind, seine
persönlichen Freunde oder vertrauten Berater. Ronald Reagans
sogenanntes Küchenkabinett ist ein Beispiel für eine derartige
Entourage. Ein anderer Kreis der Entourage eines Präsidenten
umfaßt jene Leute, die Holden als die «strebsamen jungen Diener» bezeichnet, die jegliche Aufgabe erledigen, die an sie her-
angetragen wird oder von der sie sich vorstellen, daß sie von
ihnen verlangt wird. Sie sind zutiefst loyal gegenüber dem Chef
der Exekutive und folgen ihm mit fanatischem Gehorsam. Seit
der Zeit von Abraham Lincoln und bis zur Gegenwart waren
drei von zehn identifizierbaren Chefberatern amerikanischer
Präsidenten 35 Jahre alt oder jünger, als sie ihre Aufgabe übernahmen. Die letzte Gruppe innerhalb der Entourage des Präsidenten bilden «nomadisierende Technokraten» wie Henry
Kissinger und Zbigniew Brzezinski, die dem Präsidenten mit
Ratschlägen und Informationen zu Spezialgebieten zur Seite
stehen.[6]

In hochdifferenzierten Gesellschaften gibt es daher oft Schichten des Regierungsapparats – die Bürokratie – zwischen dem politischen Führer und seinen Anhängern. Aber der Führer ist der höchste Beamte. Im Zusammenspiel mit seinen Gefolgsleuten aktualisiert und modifiziert er ständig ihre gemeinsamen Bedürfnisse und Haltungen, ihre gewählten Traumata und Heldentaten. Gleichzeitig schätzt er bewußt und unbewußt seine Wirkung auf sie und ihren Grad an Anhänglichkeit ihm gegenüber ab. Burns hat zu Recht bemerkt, daß «ein Führer, dem es nicht gelingt, seinen Eindruck auf seine Gefolgsleute einzuschätzen, mit einem Jugendlichen zu vergleichen ist, der im Spiel einem Parademarsch durch die Stadt voranmarschiert, aber dummerweise weiter über die Hauptstraße stolziert, nachdem die Marschsäule längst in eine Nebenstraße eingebogen ist, um den Festplatz zu erreichen».[7] Gleichzeitig ist das, «was die Menschen wünschen, sehr stark von den Versprechen und Verkündigungen der Politiker beeinflußt».[8] Der Führer greift ein Gruppeninteresse oder Bedürfnis auf, verwandelt es in eine Ideologie und ein Programm und sammelt dann darum herum Anhänger. Die Gefolgsleute können sich im Verlauf dieses Prozesses verwandeln, und ihre Situation kann sich verbessern – vielleicht aber auch nicht: Charles de Gaulle tat bei all seinem Pomp und seiner Wiederbelebung des staatsbürgerlichen Geistes unter den Franzosen relativ wenig, um die Lebensumstände des französischen Durchschnittsbürgers zu verändern.[9]

Seit Max Webers klassischem Werk *Wirtschaft und Gesellschaft* von 1922 haben viele das Auftauchen von charismatischen Führern in Krisenzeiten untersucht, deren Stärken den Bedürfnissen einer emotional verbundenen Gruppe entsprechen. Eine Gruppe, die sich in einer Krise befindet, sucht nach jemandem, der Rettung und Erlösung bietet, und findet ihn oft in einem Führer, dessen Charisma die Umwandlung der Identität der Gruppe verspricht.

Ein Beispiel einer charismatischen Rettergestalt, die zu einer Krisenzeit auftauchte, gibt es in der türkischen Geschichte. Am

Ende des Ersten Weltkriegs, als das Osmanische Reich besiegt war, fanden die Türken einen charismatischen Führer in Mustafa Kemal (Atatürk). Die innere Welt dieses Führers hatte ihn von Kindheit an auf seine Rolle als Erlöser vorbereitet.

Er war in ein Haus des Todes hineingeboren worden: Bis auf eines seiner Geschwister waren sie alle vor oder kurz nach seiner Geburt im Jahr 1881 gestorben, und sein Vater starb, als Mustafa Kemal noch sehr jung war. Er paßte sich den traumatischen Umständen seiner Kindheit an, indem er Rettungsphantasien entwickelte und sein Selbstwertgefühl übertrieb.[10] Als Erwachsener ersetzte er sein kindliches Bild von seiner trauernden Mutter durch das der türkischen Nation in der Krise. Nachdem die Türken ihren Unabhängigkeitskrieg gewonnen und anstelle des Osmanischen Reiches die moderne Türkei eingerichtet hatten, setzte Atatürk eine Reihe von kulturellen Revolutionen in Gang, die ihrerseits die Gruppenidentität der Türken veränderten.

Charismatische Führer mit einer übertriebenen Selbsteinschätzung, die versuchen, die Gruppenidentität zu verändern, können entweder heilend oder zerstörend wirken. Atatürk war ein heilender Führer. Solch eine Person hilft der Großgruppenidentität, sich positiv zu entwickeln, indem sie die zuvor beschädigte gemeinsame Selbsteinschätzung seines Volkes anhebt. Aber einige Führer gehen die Transformation der Identität ihrer Gruppe nicht auf eine konstruktive Weise an. Auch sie verfolgen das Ziel, ihre Gruppe zu unterstützen, aber sie tun es, indem sie eine andere Gruppe verletzen oder zerstören, so daß ihre Anhänger nur im Vergleich zu anderen besser dazustehen scheinen. Zwischen diesen beiden Extremen halten sich jene, die Abraham Zaleznik als «Führer durch Konsens» bezeichnet.[11] Solche konsensorientierten Persönlichkeiten helfen ihren Gruppen, sich Veränderungen anzupassen, und stärken die neuen Empfindungen hinsichtlich der nunmehr modifizierten Gruppenidentität. Glücklicherweise oder unglücklicherweise – das hängt davon ab, wie man die Sache betrachtet – folgen in demokratischen Gesellschaften ohne äußere Bedrohung Konsens-Führer aufeinander und höhlen ihren jeweiligen potentiellen Einfluß auf die Gruppenidentität aus.

Die wechselseitige Beziehung zwischen einem Führer und seinen Gefolgsleuten kann in beiden Richtungen wegen der psychologischen Basis des Führers oder auch wegen äußerer Kräfte gestört sein, die ihn wie auch seine Gefolgsleute beeinflussen. Einige Machthaber benutzen politische und historische Schauplätze, um äußere Lösungen für ihre inneren, meist unbewußten Wünsche und persönlichen Konflikte zu finden oder zu schaffen. Für sie hängt der Umgang mit Macht eng mit ihren individuellen Bedürfnissen nach Überleben und Anpassung zusammen. Statt Gefolgsleute zu mobilisieren, um die Selbstachtung der Gruppe zu steigern, zwingen solche Führer sie zur Reaktion auf die inneren Bedürfnisse des Führers und glauben, so die Selbstachtung ihrer Anhänger weiterzuentwickeln. In anderen Fällen, wenn das Zelt einer Großgruppe erschüttert wird, heißt die Gruppe einen Retter willkommen, dessen Wünsche, Konflikte und mentale Verteidigungsstrategien stark die Identität seiner Anhänger beeinflussen – zum Guten oder zum Bösen.

Ethnischer Terrorismus und Terroristen: Zugehörigkeit durch Gewalt

Als das Wort *Terrorismus* 1795 zum ersten Mal benutzt wurde, bezog es sich auf Akte der Einschüchterung durch eine Regierung gegen ihr Volk – also auf Terrorismus von oben. Der Ausdruck entstammt der Erfahrung mit der Terrorherrschaft des französischen Staatsmannes Maximilian de Robespierre in den Jahren 1793/94, also während der Französischen Revolution. Robespierre verteidigte den Regierungsterrorismus mit der Behauptung, die Revolution setze die Despotie der Freiheit gegen die Tyrannei durch. Historisch gesehen, übertraf der Terrorismus von oben hinsichtlich der bloßen Zahl seiner Opfer bei weitem jede andere Form des Terrors. Und das 20. Jahrhundert hat die schrecklichsten Beispiele des Staatsterrors erlebt: den Holocaust, die Stalinschen Säuberungen, die *killing fields* des Pol-Pot-Regimes.

Heute bezieht sich der Begriff des Terrorismus häufiger auf Handlungen von unten, die darauf abzielen, die bestehende politische Ordnung zu stören, zu überwinden oder einfach nur Wut über sie zum Ausdruck zu bringen. Taten des Terrorismus von unten gibt es mindestens seit 2000 Jahren. Während des 1. Jahrhunderts v. Chr. ließen sich zwei jüdische Gruppen in

Judäa, die Zeloten und die Sicarii, auf etwas ein, was man als *ethnischen Terrorismus* bezeichnen könnte, indem sie versuchten, einen Volksaufstand gegen die römischen Besatzer zu entfachen. Vom 11. bis zum 13. Jahrhundert verübte eine schiitische Moslemsekte, die Assassinen, religiös und ideologisch motivierte Terrorakte. Sie ermordeten Moslemführer, denen sie vorwarfen, den wahren Islam zu verfälschen.[1]

Die meisten Historiker sind sich darüber einig, daß der moderne Terrorismus von unten im Rußland des 19. Jahrhunderts mit dem Aufstieg einer ideologischen Gruppe begann, die sich Narodnaja Wolja (Volkswille) nannte. Ihre Angehörigen ermordeten zaristische Beamte und versuchten, innerhalb der russischen Gesellschaft die Revolution zu propagieren.[2] Mitglieder der Narodnaja Wolja pflegten sich selber als Strafe dafür zu schlagen, daß sie ihren Opfern das Leben nahmen, obwohl sie ganz offensichtlich die von ihnen Getöteten haßten. Derlei Selbstbestrafungen und Gewissensbisse stellen keinen Bestandteil des modernen Terrorismus dar, oder zumindest gibt es unter den heutigen Terroristen keine Hinweise in dieser Richtung.

Einige Formen des Terrorismus sind durch ideologische Überzeugungen und revolutionäre Ideen motiviert. Der ethnische Terrorismus geht aus Situationen hervor, in denen terroristische Führer übermäßig starke Bindungen an die Identität ihrer Großgruppen haben und diese durch weitgefächerte Gewalttätigkeit stärken wollen. Diese Bindung soll unter besseren politischen Bedingungen wie Autonomie oder in einem eigenen Staat für die Gruppe dauerhaften Bestand finden. Ethnische Terroristen legitimieren ihre Handlungen, indem sie auf die vorherrschende, ethnische oder sonstige Großgruppe als eine das Land besetzende, gegnerische, kolonisierende oder fremde Macht verweisen. Die baskische Befreiungsorganisation Euzkadi Ta Azkatasuna (ETA) und die Kurdische Arbeiterpartei (Partiya Karkari Kurdistan, PKK), die Befreiungstiger von Tamil Eelam (LTTE), die Irisch-Republikanische Armee (IRA), die palästinensischen Organisationen Hamas und PLO und die libanesische Hisbollah sind allesamt Beispiele für ethnische Terroristengruppen.

Die Hisbollah, die Partei Gottes – benannt nach einem Vers im Koran: «Sehet! Die Partei Gottes wird siegen»[3] –, ist eine schiitisch-islamistische, fundamentalistische Gruppe im Libanon, doch ihr Ziel ist die Beendigung der «Besetzung» des Libanon durch Israel und die Schaffung eines islamischen Staates im Libanon. Es war die Hisbollah, die die Welt Mitte der 80er Jahre mit Selbstmordattentaten bekannt machte, als sie die amerikanische Botschaft und Unterkünfte der Marines in Beirut angriff.

Kurz bevor 1996 Benjamin Netanjahu zum israelischen Ministerpräsidenten gewählt wurde, beschrieb Sheikh Hassan Nasrallah, der Generalsekretär der Hisbollah, in *Middle East Insight,* wie die Hisbollah entstand.[4] Als die Israelis 1982 in den Libanon eindrangen, traf demnach eine Gruppe von islamistischen Führern (Ulema) zusammen und gab eine Weisung an islamische Gruppen im Lande heraus, sich aufzulösen und sich innerhalb eines einheitlichen Rahmens – später Hisbollah genannt – neu zu gruppieren, um gemeinsam die Besetzung zu bekämpfen. Nasrallah bestand darauf, daß die Hisbollah eine libanesische und nicht eine irakische Initiative war, und er behauptete, wenn es keine Besetzung gegeben hätte, dann würde es auch keine Hisbollah geben. Die erste Zelle der Organisation bestand aus neun Leuten. Sie hegten keine anderen Absichten, als der Besetzung Widerstand entgegenzusetzen, aber sie wußten, daß es unmöglich war, dem Feind «mit alten Konzeptionen und Formen» beizukommen. Islamische Kulturvereine gab es im Libanon bereits, aber wie Nasrallah feststellte, war ein Kulturverein offensichtlich nicht dazu geeignet, die Besatzungsmacht herauszufordern: «Konnten sie dies etwa durch Unterrichtsstunden erreichen?»[5] Daher war eine militantere Organisationsform notwendig. Die Zelle hatte keine angemessenen Waffen. Nasrallah erklärte dazu: «Natürlich baten wir um Hilfe. Und dies bei allen Parteien. Und es war die Pflicht der Leute, uns zu helfen. Und so begannen unsere Beziehungen zu Syrien und zum Iran. Andere reagierten nicht auf unsere Anfragen, denn sie dachten, was im Libanon vorgeht, ginge sie nichts an.»[6] Seitdem wurde Hisbollah immer stärker strukturiert. Es handelt sich um eine «zentralisierte und verantwortliche Organisation».[7]

Die ursprüngliche Zelle einer ethnischen Terrorgruppe benötigt finanzielle Unterstützung für ihre Aktivitäten und wird Hilfe von Regierungen und anderen Organisationen erbitten, die den Terrorismus unterstützen. Förderlich für den Aufstieg einer ethnischen Terroristengruppe ist die Zustimmung jener, die *nicht* an terroristischen Aktivitäten beteiligt sind, aber denselben ethnischen Hintergrund haben, zumindest heimliche Sympathie für die Terroristen hegen und entsprechend wenig Mitleid für ihre Opfer zeigen. Das erleichtert es dem Führer, Gefolgsleute zu finden, die sich ihm anschließen.

Traditionell lebten die schiitischen Muslime im Libanon in recht isolierten Siedlungen. Als der Libanon 1946 unabhängig wurde, regierten maronitische Christen und sunnitische Muslime das Land. Martin Kramer, einem israelischen Terrorismusexperten am Dayan Center in Tel Aviv, zufolge widersetzten sich die schiitischen Muslime westlichen Einflüssen und hielten an dem 1400 Jahre alten Erbe des Schiitentums fest, «einem Erbe des Martyriums und des Leids, das sich auf alten Groll stützte: den Glauben nämlich, daß die islamische Geschichte aus den Gleisen geriet, als die politische Macht im 7. Jahrhundert aus den Händen der Familie des Propheten Mohammed in andere überging».[8] Während die schiitischen Muslime im Libanon anfangs am Rande des politischen Systems standen, übertraf ihre Geburtenrate jene der nichtschiitischen Araber. Von 1921 bis 1956 stieg die schiitische Bevölkerung des Libanon von 100 000 auf 250 000, und 1995 hatte sie bereits die Zahl von 750 000 oder 30 Prozent der Gesamtbevölkerung des Landes erreicht.[9] Als die Hisbollah sich bildete, erklärten ihre Mitglieder, sie strebten eine islamische Regierung im Libanon an, um ihren Teil der Welt durch die Lehren des islamischen Fundamentalismus zu befrieden. Der islamische Fundamentalismus wiederum zog einen großen Teil der Gesellschaft an und brachte offene oder heimliche Unterstützung für die Hisbollah mit sich.[10]

Aber der ethnische Terrorismus ist durch ein Paradox geprägt: Obwohl sie mit Gewalthandlungen gegen den Feind sympathisieren, geraten Mitglieder der Großgruppe, die nicht aktiv am terroristischen Kampf beteiligt sind, oftmals ins Kreuzfeuer des Terrorismus. Für jede Terrorzelle ist die Notwendigkeit, die Gegner zum Schweigen zu bringen und die eigene Autorität innerhalb der eigenen ethnischen Gruppe unangefochten durchzusetzen, derart stark, daß eine nach innen gerichtete Terrorkampagne – gegen Menschen der eigenen Ethnizität – oftmals als wesentliche Grundlage für eine effektive Kampagne gegen die andere dominierende Großgruppe betrachtet wird. Die PLO beispielsweise hat eigene Mitglieder und andere Palästinenser getötet, von denen man annahm, sie hätten mit den Israelis zusammengearbeitet. Furcht wird verbreitet, um einerseits die innere Opposition zu zerschlagen und andererseits den Feind zu zerrütten. Die allem Anschein nach willkürliche und zufällige Natur der Gewalthandlungen von Terroristen verstärkt das Entsetzen, das sie hervorrufen. Tatsächlich jedoch sind die meisten Handlungen sorgfältig ihrer Schockwirkung und ihres politischen Nutzens wegen ausgewählt.

Beim ethnischen Terrorismus werden unschuldige Menschen geopfert, um den Opferstatus der ethnischen Gruppe, der die Terroristen angehören, zu bestätigen. Aber da die terroristischen Handlungen selbst derart entsetzlich sind, kann die Weltgemeinschaft nicht anders, als die Sympathie mit der Opferrolle der ethnischen Gruppe zu verlieren. Nasrallahs Bemerkung über Geiseln im Libanon (die nach der israelischen Invasion gefangengenommen wurden) bestätigt das: «Im Libanon wurden Geiseln genommen, aber weil es sich hier um Amerikaner oder Franzosen oder Deutsche handelte, war die gesamte Welt besorgt – die Weltpresse interessierte sich sehr dafür. Es ist eine üble Sache, wenn es die Welt nicht wahrnimmt, daß Israel Teile des Libanon besetzt hat, und die Israelis halten mehr als 300 Libanesen fest – darunter einige Frauen, die aus ihren Wohnungen verschleppt worden waren.»[11] Aber genau weil das Geiselnehmen eine derart unmenschliche und schockierende Maßnahme darstellte, machte sich die Welt immer mehr Sorgen um das Schicksal der Geiseln, als daß sie sich für das Leid der Libanesen interessiert hätte.

Der ethnische Terrorismus fördert kaum die angeblichen Ziele der jeweiligen ethnischen Gruppe oder der terroristischen Gruppe selber, so breit ist «der Abgrund zwischen Anspruch und Wirklichkeit», bemerkt die Terrorismusexpertin Loren Lomarsky.[12] In Nordirland haben mehrmals entsetzliche Terrorakte dafür gesorgt, eine Friedenslösung scheitern zu lassen, wenn sie in Sicht zu sein schien.[13] In ähnlicher Weise führte 1996, als die Israelis und die Palästinenser wirkliche Fortschritte in Richtung auf eine friedliche Koexistenz machten, die Hamas eine Reihe von Selbstmordattentaten in Israel durch. Für die Hamas ist der Terrorismus Selbstzweck.

Aber viele Führer des ethnischen Terrorismus glauben, der Terrorismus sei ein effektives Mittel gegen Besatzer oder Fremdherrschaft. Nasrallah wies auf seine Überzeugung hin, daß die Räumung des Libanon durch Israel ohne Verhandlungen ein Erfolg des ethnischen Terrorismus sei. Während der Kampagnen der Hisbollah zwischen 1982 und 1985 «wurde es für die Israelis unmöglich, sich in Beirut sowie [auf] den Gebirgsstraßen, [in] der Bekaa-Ebene und dem Süden zu bewegen. Sie erwarteten in jedem Wadi [Tal] und jeder Schlucht einen Hinterhalt. Jede Dose und jeder Stein konnten ein Versteck für einen Sprengkörper sein. Die Lage wurde für die israelischen Soldaten problematisch, und dies betraf insbesondere die psychologischen Aspekte [des Konflikts].»[14]

Trotz aller Großsprecherei sind sich die Führer des ethnischen Terrorismus ihrer begrenzten militärischen und politischen Effektivität bewußt. Was also veranlaßt sie, so zu handeln? Welche unbewußten Motive spielen hier eine Rolle? Die verstorbene Psychologin Jeanne Knutsen, die die International Society of Political Psychology gegründet hat, war eine Expertin für nordirische Terroristenführer und hat mit diesen Leuten Hunderte von Interviews durchgeführt. Knutsen stellte fest, daß es in ihren persönlichen Geschichten gemeinsame Elemente gab: Alle waren selber Opfer des Terrors gewesen, alle hatten Verletzungen ihrer persönlichen Grenzen erlebt, die ihren Glauben an persönliche Sicherheit beschädigt oder zerstört hatten. In einem Manuskript, das zum Zeitpunkt ihres Todes noch nicht vollendet war, schrieb Knutsen:

> Die Identität des Opfers löscht man niemals aus. Der erste Schlag läßt das Opfer ständig auf der Hut sein vor dem nächsten Angriff durch den nächsten Täter. Selbst wenn der Täter – ein Stamm, eine andere ethnische Gruppe oder eine Nation – die Macht oder die Fähigkeit, eine ernstzunehmende Bedrohung darzustellen, verliert, besteht die Furcht des Opfers weiter, wenn sie auch schwächer wird. Ein lebensrettender primitiver Glaube an die persönliche Sicherheit ist zerbrochen worden. Nachdem es einmal den Terror erfahren hat, trauert ein Opfer gleichzeitig über die Vergangenheit und fürchtet die Zukunft. Im Grunde wird die intensive Angst vor zukünftigen Verlusten durch das halbbewußte innere Wissen gefördert, daß Passivität die Opferrolle festigt. Die Entstehung der politisch motivierten Gewalttätigkeit... beruht auf dem Glauben, daß ... nur fortgesetzte Maßnahmen zur Verteidigung der eigenen Person (und der eigenen Gruppe) in adäquater Weise dazu dienen, die Bedrohung durch weitere Aggressionen zu reduzieren.[15]

Doch sind Terroristenführer nur in seltenen Fällen geisteskrank. Viele von ihnen sind hoch intelligent und besitzen die Fähigkeit zur strategischen Planung, selbst wenn persönliche Identitätsprobleme unter ihnen weit verbreitet sind. Unter der Vielzahl möglicher Reaktionen auf Identitätsprobleme neigen Terroristenführer dazu, ihr Selbstwertgefühl dadurch zu steigern, daß sie nach Macht streben, um andere zu verletzen und ihrem Gefühl, ein Recht auf Macht zu besitzen, Ausdruck zu verleihen.

Auf der Grundlage von Forschungsergebnissen des CSMHI scheint es so, daß die persönlichen Identitätsprobleme der Führer des ethnischen Terrors während ihrer Entwicklungsjahre beginnen.[16] Viele erfahren Verletzungen ihrer persönlichen Grenzen in Form von Schlägen durch Eltern, Inzest und ähnlichem. Ihre Reaktionen auf diese persönlichen Traumata verzahnen sich mit ihrer Erfahrung als Opfer einer Feindesgruppe oder ihrer Wahrnehmung von Menschenrechtsverletzungen, die durch Mitglieder einer «Besatzungsarmee» begangen werden. 1990 interviewte die Spezialistin für internationale Beziehungen, Katherine Kennedy, 23 von staatlicher Seite als solche bezeichnete Terroristen oder selbsternannte Freiheitskämpfer in Nordirland. Jeder von ihnen hatte in seinen Entwicklungsjahren Traumata erfahren. Einer war von einem trunksüchtigen Vater geschlagen worden, ein anderer war sexuell mißbraucht worden. Die meisten hatten außerdem Erniedrigungen durch ihre Feinde erlebt. Einer beispielsweise war im Alter von 18 Jahren bis zur Unkenntlichkeit geschlagen worden, nachdem er an einem Grenzposten angehalten worden war.

Quälereien in der frühen oder späteren Kindheit müssen freilich nicht körperlicher Natur sein. Dazu kann auch zählen, daß man früh von der Mutter verlassen worden ist, daß das Vertrauen in eine geliebte Person enttäuscht wurde, es kann sich ein Gefühl tiefen persönlichen Versagens im Gefolge einer Scheidung der Eltern oder angesichts von Zurückweisung durch Gruppen Gleichaltriger ergeben. Wegen beschädigter persönlicher Identitäten benutzen Führer von terroristischen Zellen oftmals ihre mit anderen geteilte ethnische Identität als ihre primäre Identität. Mit anderen Worten: Die Zeltleinwand dient sowohl als persönliche Bekleidung wie als Material für das ethnische Zelt. In ihrer ethnischen Identität finden diese Menschen eine zweite Bekleidungsschicht, die die Mängel der ersten Schicht kompensiert. Die zwei Schichten werden austauschbar. Ihre Psychologie ist identisch mit der Psychologie vieler jener palästinensischen Kinder, die ich in Biet Atfal Al-Sommoud interviewt habe.

Ein Auslöser im Umfeld, etwa in Form von staatlich sanktionierter Gewalt, kann zum Katalysator werden, der das traumatisierte Individuum zum Terrorismus treibt. Dieser Übergang zum Terrorismus vollzieht sich, wenn die Person meint, daß Passivität zu weiteren Traumata führen wird und sie das ethnische Gewand als das wichtigste Mittel erkennt, um mit Angst fertig zu werden.[17] Später wird ein solcher Mensch als ein ethnischer Terrorist durch andere, die seinen neugeschaffenen inneren Zusammenhalt stützen, anerkannt und bestätigt. Finanzielle Hilfe und Lob für seine Aktivitäten durch Regierungen und andere Organisationen legitimieren seine Aktivitäten und fördern sein Selbstwertgefühl.

Offensichtlich gründet jedoch nicht jeder Mensch, der der Identitätsprobleme hat und traumatisiert ist, eine terroristische Zelle. Jene, die Terroristenführer oder deren enge Mitarbeiter werden, verspüren eine psychologische Notwendigkeit, die Opfer-Aspekte ihrer selbst und die quälerischen Aspekte ihrer Mißhandler zu «töten», die sie auf unschuldige andere externalisiert und projiziert haben. Wie Stellungnahmen bekannter Terroristen zeigen, gibt es für sie keine unschuldigen Menschen. Die Gewalttätigkeit wird idealisiert, um die Selbstachtung zu vergrößern. Sie dient als Rechtfertigung für das Gefühl, als einzelner (oder als Gruppe) ein Anrecht auf Rache zu haben.

Eine ähnliche psychische Dynamik hat man in klinischen Untersuchungen über Menschen entdeckt, die unter dem leiden, was Psychoanalytiker als «malignen Narzißmus» bezeichnen.[18] Viele Serienmörder sind maligne (bösartige) Narzißten.[19] Sie streben nach «aggressiven Triumphen», ja manchmal sogar nach tödlichen, um ihren Selbstwert zu bestätigen.[20] Maligner Narzißmus kommt mit einem Spektrum von Symptomen daher, in dessen Rahmen die Neigung zum Bösen von bescheidenen bis zu extremen Proportionen reicht. Weil es kaum Untersuchungen über Terroristenführer gibt und die wenigen vorliegenden im klinischen Sinn unzulänglich sind, ist es schwierig zu wissen, unter welchen Arten von malignem Narzißmus die Leute leiden mögen. Es erscheint jedoch wahrscheinlich, daß die meisten ethnischen Terroristenführer, die Morde an unschuldigen Menschen befehlen, keine Serienmörder wären, wenn sie sich nicht am ethnischen Terrorismus beteiligten. Wir müssen daher folgendes annehmen: Wenn eine Person sich in den Umhang des ethnischen Zeltes hüllt, leitet sie daraus eine verinnerlichte «Erlaubnis» ab, das Töten von unschuldigen Menschen zu planen oder durchzuführen. Da die Ziele seiner Gewalttätigkeit Symbole für unerwünschte und gefährliche Elemente sind, die ihren Ursprung in seiner inneren Welt haben, fühlt sich der Terrorist nicht bewußt schuldig.

In einigen Terrororganisationen, wie der Hisbollah, wurde die ursprüngliche Zelle von einer Gruppe von Leuten gegründet und nicht von einer einzelnen Persönlichkeit. Wenn die Dynamik einer ursprünglichen terroristischen Zelle sich nicht auf einen einzelnen Führer stützt, dann ist es möglich, daß die Gruppe Probleme mit der individuellen Schuld bewältigt, die sie sonst von ihren gewalttätigen Aktivitäten abhielten, indem sie es ihren Mitgliedern erlaubt, ihre Schuld miteinander zu teilen und aufzunehmen.

Da das Tragen der ethnischen Zeltleinwand ein Ich-Gefühl entstehen läßt, erscheinen terroristische Führer als normal. Sie sind imstande, Routineaufgaben zu erledigen, doch weisen ihre Persönlichkeiten eine Art von Spaltung auf. Auf der einen Seite sind sie (indirekt) gewalttätige Mörder, auf der anderen zeigen sie Mitgefühl für die Menschen, die sie lieben – etwa für Familienmitglieder oder enge Freunde. Katherine Kennedy berichtet von einem Gespräch mit einem Führer der Ulster Defense Association, der liebevoll mit seinem kleinen Sohn spielte, während er sich rühmte, zwei Wochen zuvor ein Sprengstoffattentat angeordnet zu haben, dem eine Mutter und ihre beiden Kinder zum Opfer fielen. Bei einer anderen Gelegenheit interviewte Kennedy ein einflußreiches Mitglied der IRA mitten im Winter in einem ungeheizten Büro. Der Mann unterbrach seine Darstellung persönlicher Mitwirkung an terroristischen Aktivitäten, um Kennedy einen Mantel zu besorgen.

Die Persönlichkeit eines Terroristenführers verdeutlicht auch den Abgrund zwischen den offiziellen Zielen der Organisationen und den Aktivitäten, die es unmöglich machen, diese Ziele zu erreichen. Paradoxerweise wirkt sich die bloße Tatsache, daß ein Terroristenführer derart eng mit der terroristischen Gruppe verbunden ist (um ein Zugehörigkeitsgefühl zu empfinden und eine «fehlende» persönliche Identität ersetzen zu können), gegen die erfolgreiche Durchsetzung der offiziell proklamierten Ziele der Gruppe aus. Sollte seine Gruppe Erfolg haben, dann würde sie nicht länger mehr benötigt werden und sich schließlich auflösen. Da ein Führer jedoch kein Identitätsvakuum hinnehmen kann, zielt er unbewußt auf das Unmögliche ab. Angesichts der Chance, mit der Zielgruppe die Beilegung des Konflikts aushandeln zu können, wird ein Terrorist daher möglicherweise seine Forderungen hochschrauben und seine Gewalttätigkeit steigern. Der Psychiater Jerrold Post nennt dieses Phänomen die «Bedrohung durch den Erfolg»:

> Für jede Gruppe oder Organisation hat das Überleben die höchste Priorität. Dies gilt insbesondere für die terroristische Gruppe. Erfolg zu haben durch die Durchsetzung der Sache, für die sie eintritt, würde das Ziel des Überlebens bedrohen. Diese Tatsache legt die Existenz eines kybernetischen Gleichgewichts für die Gruppe nahe. Sie muß erfolgreich genug sein, um durch ihre terroristischen Taten und ihre legitimierende Rhetorik Mitglieder anzulocken und sich selbst am Leben zu erhalten. Aber sie darf nicht so erfolgreich sein, daß sie sich die Existenzgrundlage entzieht.[21]

Die unter Terroristenführern bestehende Tendenz, das offiziell angestrebte Ziel nicht zu erreichen, wird durch die Notwendigkeit unterstützt, ständig die Opfer-Aspekte der eigenen Persönlichkeit und die Täter-Aspekte von anderen, nämlich den Aggressoren, zu externalisieren.

Ethnische Terroristenführer und ihre engsten Mitarbeiter benötigen fanatische Anhänger, die ausgebildet werden können, um gewalttätige Handlungen gegen Zivilisten oder andere Ziele durchzuführen. Die Gefolgsleute sind gewöhnlich nicht viel älter als 25 Jahre, und wie jene, die die Zelle aufgebaut haben, besitzen sie eine starke Sehnsucht nach Zugehörigkeit.[22] Eine Untersuchung über baskische separatistische Terroristen (ETA) kam zu der Erkenntnis, daß der Prozentsatz von Leuten mit gemischt spanisch-baskischen Eltern innerhalb der ETA proportional weit höher war als in der baskischen Bevölkerung Spaniens insgesamt (40 Prozent gegenüber 8 Prozent). Da Menschen baskisch-spanischer Herkunft in der baskischen Region gewöhnlich als Mischlinge verachtet werden, gelangte die Studie zu der Annahme, daß die «Außenseiter», die sich der ETA anschlossen, zeigen wollen, daß sie ihrer erwählten ethnischen Gruppe wirklich angehören.[23]

Wenn ethnisch motivierte Terrorakte ein ethnisches Zelt erschüttern, dann reagieren die Individuen unter seinem Dach durch stärkeres ethnisches Engagement, was sie einer Rekrutierung durch die terroristische Gruppe zugänglicher macht. Das Auslösen von Furcht innerhalb der ethnischen Gruppe ist eine Strategie, die ethnisch-terroristische Führer benutzen, um neue Gefolgsleute zu gewinnen. Wenn Menschen, insbesondere junge Leute, furchtsam oder ängstlich sind, dann neigen sie dazu, sich mit dem Aggressor zu identifizieren (in diesem Falle mit den ethnischen Terroristen), um ein Gefühl der Sicherheit durch die Verbindung zu solch einer Macht zu gewinnen. Da die herrschende (nicht terroristische oder Besatzungs-)Gruppe auf jeden Akt des ethnischen Terrorismus – mit unterschiedlicher

Heftigkeit – reagiert, wächst die Angst junger Leute in den ethnischen Terroristen-Gruppen. Diese Eskalation der Gewalttätigkeit, die mit Wut gegenüber der Feindgruppe verbunden ist, treibt die Mitglieder der terroristischen ethnischen Gruppe an, sich um den Terroristenführer zu scharen. Die vorherrschende Gegengruppe ist auch ein Aggressor, aber die Identifizierung mit ihr führt nicht zu einem Zugehörigkeitsgefühl. Vergeltungsmaßnahmen durch die herrschende Gruppe dürften nur dazu anreizen, daß sich die Anhänger der Terroristen noch intensiver mit ihrer eigenen ethnischen Gruppe identifizieren.

Trotz des strengen Suizidverbots im Islam führten die Schiiten der Hisbollah im Libanon zwischen 1983 und 1985 viele Selbstmordattentate durch, und die Palästinenser der Hamas haben diese Tendenz fortgesetzt. Nach den Vorfällen der Jahre 1983 bis 1985 wurden die Namen der «Märtyrer» veröffentlicht, und sie wurden als gefallene Helden und Vorbilder für neue Rekruten betrachtet. Es wurden «Heldenpostkarten» gedruckt und unter jungen Angehörigen der ethnischen Gruppe verteilt, die sie in der Art und Weise sammelten wie etwa amerikanische Kinder Baseballkarten. Die Weltpresse dagegen betonte die pathologischen Züge des Verhaltens der Terroristen. Nach Martin Kramer hatte dies «einige Auswirkungen in den schiitischen Gegenden, wo das Gerücht umlief, daß die Terroristen, die die Operationen ausführten, möglicherweise geistesgestört waren und daß es deshalb für den islamischen Dschihad nach den Attacken notwendig war, die Identität dieser Leute geheimzuhalten».[24] Dennoch haben israelische Sicherheitsexperten Informationen über die Identitäten von vielen Selbstmordattentätern und Möchtegern-Märtyrern zusammengestellt.

Terroristische Führer haben sich eine Vielzahl von Techniken angeeignet, um Jugendliche für Selbstmordattentate zu rekrutieren und zu schulen. Ob intuitiv oder durch Erfahrung, verstehen sie die natürliche Psychologie der Adoleszenzphase, in der junge Männer die Restriktionen ihrer Familien hinter sich lassen, um nach neuen Identitäten als Gruppenangehörige, als Bandenmitglieder, in Sportclubs und so weiter zu suchen. Typische Rekruten sind unverheiratete Männer im Alter zwischen 17 und 23 Jahren (manchmal sogar jünger). Oftmals werden Jugendliche ausgesucht, die durch den ethnischen Konflikt verletzt worden sind: jene, die geschlagen worden sind oder einen Vater oder einen Bruder bei Demonstrationen verloren haben; jene, die ihren Adoleszenzwandel nicht erfolgreich vollendet haben, entfremdet und ohne viel Hoffnung für die Zukunft unter den bestehenden politischen und wirtschaftlichen Bedingungen sind. Die ausgewählten Jugendlichen werden in Kleingruppen unterteilt, in denen sie gemeinsam den Koran lesen und religiöse Schriften heruntersingen. Die Terroristen haben im Koran Stellen entdeckt, mit denen sie auf das islamische Verbot des Selbstmords und der Tötung von Zivilisten eingehen können. Sie leiten die Rekruten dazu an, Koranverse wie den folgenden zu lesen: «Halte jene, die auf Gottes Wegen getötet worden sind, nicht für tot. Nein, sie leben, sie finden ihr Auskommen in Gegenwart ihres Herrn.» Um ein mystisches und religiöses Zusammengehörigkeitsgefühl zu schaffen und in den jungen Leuten eine besondere Identität zu wecken, instruieren die Führer die Gruppe der neuen Gefolgsleute, kryptische Passagen wie die folgende zu wiederholen und auswendig zu lernen: «Ich werde geduldig sein, bis Geduld durch Geduld erschöpft wird.» Die Mechanismen, die eine Fußballmannschaft oder eine Gruppe von Pfadfindern zusammenhalten, sind jenen ähnlich, die benutzt werden, um eine Terroristengruppe aufzubauen, aber im letztgenannten Falle bindet die Rekruten die Geheimhaltung aneinander. Den Selbstmordattentätern wird befohlen, ihre Eltern nicht über ihre Missionen zu informieren. So kennen die Eltern auf einer bewußten Ebene nicht das Schicksal, das ihre Kinder erwartet, obwohl sie unbewußt eine Vorstellung davon haben mögen.

Entsprechend der fundamentalistisch-islamischen Tradition und im Einklang mit kulturellen Normen unterdrücken die meisten dieser jungen Leute ihre sexuellen Wünsche; einige sehen sogar davon ab fernzusehen, um sexuellen Versuchungen zu entgehen. Die Indoktrination schafft ein hartes – aber externalisiertes – Über-Ich, das ein Festhalten an eingeschränkten Wegen des Denkens und Verhaltens verlangt. Aber als Gegengewicht – oder Anreiz – gibt es die Vorstellung von unbegrenzten Vergnügungen im Himmel, wo die Bäuche gefüllt werden mit fabelhaften Speisen und man die Liebe von Huris (Engeln) genießen wird. Nach dem Tod eines Selbstmordattentäters halten die Mitglieder der Terrorgruppe tatsächlich eine Feier ab (trotz der wirklichen Trauer der Familienmitglieder) und bezeichnen dabei den Tod eines Märtyrers als eine «Hochzeit». Durch das Beispiel jener, die zuvor gestorben sind, erhalten die Rekruten Hoffnung und Glaube an die Unsterblichkeit. All dies ist mit der Versicherung verbunden, daß ihre Eltern und Geschwister nach ihrem Ableben durch die terroristische Gruppe versorgt werden. Tatsächlich erhalten die Verwandten Ausgleichszahlungen.

Bei den Selbstmordattentaten von 1996 verwandte die Hamas andere Rekrutierungsmethoden. Yahye Ayash, ein Terroristenführer, der den Spitznamen «der Ingenieur» trug, war kurz zuvor von Israelis getötet worden, die sein Mobiltelefon mit einem Plastiksprengkörper versehen hatten. Ayash war der Führer einer Gruppierung namens Izzedin al-Kassem, die zu Ehren eines syrischen Terroristen benannt war, der in den 30er Jahren bei einem Schußwechsel mit britischen Soldaten in Palästina getötet wurde. Nun war Ayashs Stellvertreter Abu Ahmed um jeden Preis auf Rache aus. Abu Ahmed reiste von Gaza nach Ramallah, einer Stadt auf der Westbank. Nach israelischen Spionageberichten gab es in Ramallah keine Selbstmordattentäter, als Abu Ahmed dort eintraf.[25] Er freundete sich mit Mohammed Abu Wardeh an, einem jungen Psychologiestudenten, und begann mit der Rekrutierung von Freiwilligen, meist aus einem Flüchtlingslager in den Außenbezirken von Hebron, das Al-Fawwar (etwa Kochtopf, siedender Kessel) heißt. Die Rekruten mußten einen Intensivkurs in radikalem Islamismus absolvieren, bevor sie bereit waren, Märtyrer zu werden. Sie nannten sich selbst in Erinnerung an den verschiedenen «Ingenieur» die «Ayash-Brigade» und töteten 57 Israelis, bevor man ihnen das Handwerk legte. Abu Ahmed gelang es zu verschwinden.

Viele Personen, die Führungspositionen in der Hamas für sich beanspruchen, befinden sich in israelischen Gefängnissen. Das hat dazu geführt, daß die Hamas inzwischen «aus einer Sammlung von autonomen und höchst geheimen Splittergruppen besteht»,[26] und dies macht die Bewegung noch weniger berechenbar. Die Geschichte der Bildung der Ayash-Brigade verdeutlicht, wie eine ursprüngliche Terroristenzelle sich ausbreiten und Ableger bilden kann. Während die Hamas sich auf dezentralisierte Art und Weise entwickelt, sind andere terroristische Organisationen unter der Kontrolle eines Führers und seiner Gefolgschaft geblieben. Eine derartige zentral kontrollierte Organisation stellt die Kurdische Arbeiterpartei (PKK) dar.

11.1

Vom Opfer zum Täter:
Der Führer der PKK

Direkte psychologische Untersuchungen über terroristische Anführer sind nahezu unmöglich; kein Terroristenführer würde sich freiwillig auf die Couch eines Psychoanalytikers legen oder sich psychologischen Tests unterziehen. Jedoch erörterte 1993 ein derartiger Führer, der 44 Jahre alte Abdullah Öcalan, sein Leben eingehend.[1] Öcalan, der den Spitznamen Apo trägt, ist der Führer der Partiya Karkari Kurdistan (Kurdische Arbeiterpartei, PKK), einer Gruppe von marxistisch-leninistischen Rebellen, die einen eigenständigen Kurdenstaat auf dem Gebiet der Türkei anstreben.

1961 gestattete die türkische Verfassung die Bildung einer sozialistischen Partei, und es entstand die Türkische Arbeiterpartei. Bei Wahlen im Jahr 1963 erhielt diese Partei nur drei Prozent der Stimmen. Dennoch wuchs eine linke Bewegung heran, und innerhalb weniger Jahre hatte sich die Zahl linksgerichteter Gesellschaften und Clubs in der Türkei vervielfacht. Die meisten von ihnen verfolgten revolutionäre Ziele. In jenen Tagen arbeiteten die linksextremen Kräfte – ob sie nun türkischen oder kurdischen Ursprungs waren – zusammen. Im Mittelpunkt stand für sie die marxistisch-leninistische Ideologie und nicht ein ethnisches Bewußtsein. Anfang der 70er Jahre gab es in den extremen politischen Randbereichen tiefe Spaltungen zwischen links und rechts, insbesondere unter Universitätsstudenten. Viele wurden ihrer Ideologie wegen getötet.

Abdullah Öcalan war zu jener Zeit Student der politischen Wissenschaften an der Universität Ankara, wo er sich in der linken Bewegung engagierte. Einmal war er sieben Monate lang wegen illegaler linker Aktivitäten inhaftiert. Nach einer Amnestie beschlossen Apo und sechs seiner Freunde, ihre eigene marxistisch-revolutionäre Bewegung ausschließlich für türkische Kurden zu gründen. Apo verließ Ankara und ging in die südöstliche Türkei, wo 40 Prozent der fast 12 Millionen Kurden der Türkei mit vollen Bürgerrechten leben. Apo und seine kleine Gruppe begannen, Anhänger um sich zu scharen. Ab 1978 nannten sie sich PKK. Ursprünglich richteten sich ihre Aktionen gegen lokale und politisch einflußreiche kurdische Landbesitzer und Führer. Die türkischen Kurden konnte man (und kann man immer noch) in allen Teilen des Landes und in allen Berufen finden – als hohe Regierungsbeamte, Geschäftsleute, Universitätsprofessoren, Künstler und Schriftsteller beispielsweise. In den ärmeren Teilen der südöstlichen Region hielten viele Kurden immer noch an Stammesbräuchen fest, obwohl die Stammesstrukturen im Zerfall begriffen waren. Diese Menschen hörten auf lokale Führer, etwa wenn es um das Wahlverhalten ging.

Apo nutzte Blutfehden für seine politischen Zwecke aus, und die PKK tötete ortsansässige kurdische Landbesitzer, die seine Bewegung nicht unterstützten. Apo sorgte auch dafür, daß die Bevölkerung auf Klassenunterschiede aufmerksam wurde. Er spielte wohlhabende Landbesitzer gegen gewöhnliche Dorfbewohner, die auf deren Feldern arbeiteten, aus. Im Verlaufe dieses Prozesses löste er eine große Unsicherheit unter den Bürgern kurdischer Abkunft aus, die nicht nur ihre eigene Identität, sondern auch die Türken und die Regierung betraf. Dies war eine bewußte Strategie, um die Machtstellung der PKK zu verankern.

Apo begann im August 1984 mit seiner Terrorkampagne. Im Laufe der Zeit weiteten sich die Morde und der Terror aus. Die PKK verwandelte sich in eine offen separatistische Bewegung, die sich die Etablierung eines kurdischen Staates innerhalb der Türkei und die Schaffung einer neuen kurdischen Identität zum Ziel gesetzt hatte. Die Partei ließ sich spektakuläre und entsetzliche Taten zuschulden kommen, tötete 4000 Regierungssoldaten und Kollaborateure sowie 5000 kurdische Dorfbewohner, Frauen und Kinder, die sich weigerten, der PKK zu folgen. Es herrschte Terror. Nach einer Weile verbreitete sich der kurdische Nationalismus, und viele Kurden in der Türkei schlossen sich freiwillig der PKK an. Jene, die ihr nicht beitraten, wurden sich ebenfalls ihres ethnischen Hintergrundes stärker bewußt. Zwischen der Mitte der 80er und der Mitte der 90er Jahre wurden ungefähr 10 000 PKK-Aktivisten von den Truppen der türkischen Regierung getötet, die die PKK unterdrücken wollte.

Es gibt ungefähr 20 bis 25 Millionen Kurden, die in der Türkei, im Irak, im Iran, in Syrien und anderswo leben. Die Behandlung der irakischen Kurden durch Saddam Hussein, der 1988 Giftgas gegen Kurden einsetzte, und die PKK-Aktivitäten in der Türkei haben die Aufmerksamkeit der Weltöffentlichkeit auf die Probleme der Kurden gelenkt. Aber weil die Kurden weit verstreut leben und unter ihren Führern starke Rivalitäten herrschen, gibt es keine vereinte kurdische politische Bewegung. Die stammesmäßigen und sprachlichen Unterschiede spielen bei diesen Spaltungen keine geringe Rolle. Die Kurden im Iran sprechen Guran- und Laki-Dialekte; in der Türkei sprechen sie Kurmanji und Zaza; im Nordirak Kurmanji und im Südirak Sorani, die einzige kurdische Schriftsprache.

Die souveränen Staaten in dieser Region haben es, je nach ihren eigenen nationalen Interessen, ebenfalls mit der Kurdenfrage zu tun. Im Nordirak beispielsweise wird eine Gruppe von Kurden von den Irakern und eine andere von den Iranern unterstützt. Die Türkei bekämpft die PKK, während sie gemeinsam mit den Vereinigten Staaten und anderen Verbündeten die irakischen Kurden beschützt. Syrien dagegen hat Apo Zuflucht gewährt und die Ausbildung von PKK-Terroristen unterstützt. Dies ist zum Teil eine Gegenmaßnahme gegen die potentielle Kontrolle der Wasserversorgung in der Region durch die Türkei. Die Türkei hat 32 Milliarden Dollar zum Bau von 21 Staudämmen und 19 Elektrizitätswerken an Euphrat und Tigris bereitgestellt. Sowohl Syrien als auch der Irak wünschen Garantien dafür, daß die Türkei genug Wasser in die Nachbarländer fließen läßt. Die Türkei, der Iran, der Irak und Syrien richten ihr Verhalten gegenüber den Kurden an nationalen Interessen aus und werden so zu Beschützern oder Feinden dieser oder jener Gruppe von Kurden. Im Nordirak bringen die Kurden einander gegenseitig um. Innere Uneinigkeit, Konkurrenz und Neid, verschärft durch Manipulationen von außen, haben die verschiedenen kurdischen Gruppen dazu veranlaßt, ihre politische Identität über den Weg von Gewalttätigkeit und Chaos anzustreben. In der Zwischenzeit ist der Terrorismus der PKK in Verbindung mit einem gesteigerten kurdischen Nationalismus zu einem multinationalen Unternehmen geworden, bei dem es um viele Millionen Dollar geht und das mit dem illegalen Drogenhandel in Verbindung steht.

In der türkischen Sprache bedeutet Öcalans Name «der Rächer». Öcalan hat nicht verraten, ob er diese Bezeichnung als Familiennamen geerbt hat oder ob er sich diesen Namen selbst auswählte. Ganz unabhängig von seinem Ursprung ist Öcalan ein passender Name für Apo. In seinen Erinnerungen schilderte Apo, wie Bürger türkischer, kurdischer, armenischer und arabischer Herkunft in vielen Dörfern seiner Heimatregion Hilvan-Siverek in Anatolien miteinander lebten. Sie arbeiteten gemeinsam auf den Feldern und in den Weingärten. Heiraten zwischen Menschen unterschiedlichen ethnischen Hintergrunds wurden akzeptiert, und ob die Eltern ihre Kinder als Türken oder Kurden bezeichneten, war nicht von großer Bedeutung. Apos Großmutter mütterlicherseits, die scheinbar mehr als die eigene Mutter für den jungen Apo sorgte, war Türkin. «Für mich ist mein [ethnischer] Hintergrund nicht wichtig», behauptete Apo.[2] Er erinnerte dann daran, daß in dieser Region Anatoliens die Blutlinien einander überkreuzten, und fügte hinzu: «Ich habe den Kampf des kurdischen Volkes nicht begonnen, weil ich ein Kurde bin, sondern weil ich ein Sozialist bin.»[3]

Apo stammt aus einer sehr armen Familie. Seine Mutter hatte keinerlei Ausbildung, war aber willensstark und dominierte ihren Mann. Sie hatte nicht gern mit anderen Dorfbewohnern zu tun, und andere Frauen hielten sich von ihr fern. Sie kritisierte ihren Ehemann und setzte ihn tagtäglich vor ihren Kindern herab. Die Sitte verlangte, daß eine Frau ihrem Mann seine Mahlzeiten servierte, aber Apos Mutter begann oftmals, mit seinem Vater heftig zu streiten, und warf sein Essen auf den Boden. «Jeden Tag kämpfte meine Mutter gegen Nachbarn, gegen meinen Vater und gegen mich», erinnerte sich Apo.[4]

Apos Vater war die schwächste und blasseste Person im Dorf. Als Erwachsener fragte sich Apo, warum sein Vater eigentlich im Dorf ein Niemand gewesen ist, warum andere Dorfbewohner so wenig von ihm hielten. Apo vermutete, daß sein Vater nicht von den Mitgliedern seiner eigenen Sippe unterstützt wurde: «Nicht einmal seine [des Vaters] Verwandten nahmen ihn ernst, und er wurde von ihnen verletzt. Es war, als existiere er nicht, als sei er gar nicht da.»

Um den täglichen Unannehmlichkeiten zu Hause zu entgehen, floh Abdullah gern auf einen nahegelegenen Berggipfel, auf den sich auch sein Vater zurückzog. Der Ältere, die Zielscheibe des Spotts im Dorfe, fühlte sich ständig erniedrigt, frustriert und zornig, aber er war zu passiv, um sich eigenständig zu behaupten oder offen im Dorf seine Wut zum Ausdruck zu bringen. So ging er auf den Berg, schrie sich dort das Herz aus dem Leibe und verfluchte die anderen Dorfbewohner. Wenn er auch den jungen Abdullah dort oben antraf, drängte er den Jungen, das gleiche zu tun. Abdullah wollte dem Drängen seines Vaters nicht folgen. Statt dessen schämte er sich.

Abdullahs Vater ermutigte seinen Sohn, aggressiv zu sein und Dinge zu tun, die er selbst nicht leisten konnte. Er war nicht imstande, genug Geld zu verdienen, um seine Familie anständig zu ernähren, und er ermutigte Abdullah: «Brot ist ein Kaninchen, sei du ein Windhund und fange das Kaninchen.»[6] Er wünschte, sein Sohn würde erwachsen werden und dann seine eigenen Gefühle der Passivität und der Erniedrigung umkehren. Dann sagte er gern: «Abdullah hat das Zeichen eines Eroberers auf seiner Stirn, wo immer er hingeht, wird er den Sieg davontragen.»[7]

Auch Abdullahs Mutter wiegelte ihn auf. Ein Ereignis der Kindheit war ihm lebhaft im Gedächtnis geblieben:

> Ich erinnere mich so gut daran, als würde es gerade jetzt passieren: Ich kämpfte mit den Kindern im Dorf, und sie verletzten mich am Kopf [die Haut wurde verletzt]. Ich kehrte schluchzend heim und sagte, ich sei verprügelt worden. Aufgrund meines Weinens erwartete ich selbstverständlich, daß meine Mutter mich beschützen und verteidigen würde. Doch statt mich zu schützen, sagte meine Mutter, als ich nach Hause kam: «Geh und räche dich, oder ich werde dir nicht mehr gestatten, dieses Haus zu betreten.» Sie bestand darauf, daß ich das täte. Selbst wenn mir dies beim ersten Mal aufgezwungen wurde, so hatte doch meine Neigung zum Handeln [Rache zu üben] eingesetzt. Ich wurde ein Angreifer; ich gab vielen Kindern gewaltig eins auf den Kopf.[8]

Um von seiner Mutter akzeptiert zu werden, wandte sich der kleine Abdullah der Gewalttätigkeit zu: «Ich suchte bei meiner Mutter nach Liebe, aber ich konnte sie da nicht finden. Um Liebe zu bekommen, mußte ich mich so geben, wie sie mich haben wollte.»[9] Er blieb «ein Kind», so konnte er sich die Hoffnung erhalten, eines Tages wirklich die Liebe seiner Mutter zu erringen, indem er andere verletzte. Damit konnte er auch die Erniedrigung seines Vaters umkehren. Als Erwachsener lebte Apo weiterhin mit «der Erregung eines Kindes, das sieben bis zehn Jahre alt ist. Ich akzeptiere es nicht, ein Erwachsener zu sein. Es interessiert mich nicht, wie [irgend jemand] dies interpretiert.»[10]

Öcalan beschrieb zwei Seiten seiner Persönlichkeit als Kind. Die erste neigte dazu, den direkten und indirekten Befehlen seiner Eltern zu folgen, nämlich rebellisch, grausam und rachsüchtig zu sein.[11] Er war der älteste Sohn im Haus und hatte das Gefühl, weil er einen schwachen Vater hatte, solle er derjenige sein, der die Ehre seiner Familie durch Gewalttätigkeit schützt. Die Dorfbewohner meinten, es sei ein großes Unglück für Abdullahs Familie, einen derartigen Sohn zu haben. Sie nannten ihn «den, der allein auf den Berg steigt», «den Einsamen» oder «denjenigen, der das Seil abgeschnitten hat» (dies bezieht sich auf ein türkisches Sprichwort und impliziert, daß jemand unfähig ist, die eigenen Impulse zu kontrollieren oder sozialen Normen zu gehorchen).[12] Abdullahs zweiter Persönlichkeitszug war nicht so streng. Tief in seinem Inneren wußte er, daß er ängstlich und scheu war, daß er voller Erniedrigung und Liebeshunger steckte. Er erinnerte sich: «In Wirklichkeit hatte ich Schüchternheit und Schamgefühl in mir, und dies ist [im Erwachsenenalter] immer noch so. Aber gleichzeitig verfüge ich über Kühnheit.»[13]

Seine Scheu sowie die Gefühle der Scham und des Ungeliebtseins scheinen zum Teil von der Behandlung seiner Eltern durch die Dorfbewohner und von seiner eigenen Vorstellung über die Erniedrigung seiner Eltern herzukommen. Seine selbstproklamierte Kühnheit war eine Verteidigungsmaßnahme gegen ein entwertetes Innerstes. Seine Eltern ermutigten ihn, seine aggressive Strategie aufrechtzuerhalten und zu demonstrieren. Damit wollten sie ihm vermitteln, daß, wenn er stets der Angreifer sei, er nicht angegriffen und erniedrigt würde. Dies führte dazu, daß der junge Abdullah im Dorf großen Ruhm als Schlangentöter erwarb. Wann immer ein Dorfbewohner eine Schlange entdeckte, «war ich der erste, den er herbeirief».[14]

Tatsächlich hatte Abdullah Angst vor Schlangen, aber es gelang ihm, seine Angst vor den anderen zu verbergen. Er war entschlossen, der Junge zu sein, den jeder rufen würde, um Schlangen zu töten. Er tötete sie, indem er die gleichen Waffen einsetzte wie gegen andere Kinder – nämlich Steine.

Während Abdullah von den anderen Kindern nicht gemocht wurde, lernte er doch, wie man sie manipulieren konnte. «Am liebsten war es mir, wenn ich ein Kind finden konnte und es für einen Tag auf den Berg mitnahm. Ich schlug ihm dann vor: ‹Laß uns eine Schlange töten, Vögel fangen und ein Adlernest finden.›»[15]

Er gründete mit anderen Kindern einen Geheimbund, um gegen Dorftraditionen zu kämpfen, legte aber dazu keine weiteren Einzelheiten dar, außer daß er sagte, er habe in seiner Kindheit mit dem Aufbau von Geheimorganisationen begonnen. In seinen Tagträumen beschäftigte er sich auch sehr viel mit religiösen Helden und ihren Kämpfen. Durch diese Tagträume erlangte er ein Gefühl der Allmacht: «Von meiner frühesten Jugend an besaß ich den Drang, mich hervorzutun.»[16]

In seinem Dorf gab es keine Schule, und fünf Jahre lang mußte Abdullah täglich bei jedem Wetter jeweils eine Stunde pro Schulweg zur Grundschule ins Nachbardorf laufen. Da es ihm zu Hause an positiven Vorbildern fehlte, schloß sich der kleine Abdullah seinem Grundschullehrer an, der ihm beibrachte, fließend Türkisch zu sprechen. (Auch als Erwachsener spricht Apo immer noch Türkisch und kann kein Kurdisch.) Während seiner Schulzeit suchte er stets die Aufmerksamkeit seiner Lehrer, und die meisten von ihnen mochten ihn.

In Apos Erinnerungen werden zwei Schwestern und zwei Brüder erwähnt. Während seiner Kindheit wurde seine ältere Schwester Havva verkauft und mit einem Mann aus einem anderen Dorf vermählt. Er erinnerte sich, wie einige unbekannte Männer aus einem zwei oder drei Tagesmärsche entfernten Dorf bei ihm zu Hause ankamen und einige Säcke Weizen und ein wenig Geld bei sich trugen (es war Sitte, den Vater der zukünftigen Braut zu bezahlen, damit er der Heirat seiner Tochter zustimmte). Sie nahmen Havva schließlich mit sich.

Havva war für ihn eine Art Mutterersatz gewesen. Und was

empfand er, als sie fortgeschafft wurde? «Ich erinnere mich an ein Gefühl der Trauer… [Ich dachte,] wenn ich ein Revolutionär wäre, dann würde ich dies nicht geschehen lassen. Sie würden nicht imstande sein, sie fortzuschaffen. Sie ging davon und bekam später Töchter. Ich hoffte, daß es mir gelingen würde, eine meiner Nichten [vor dem gleichen Schicksal] zu retten… Aber da ich die Gegend verlassen habe, weiß ich nicht, was mit ihr passiert ist. Vielleicht wurde auch sie verkauft.»[17]

Der Verlust von Havva wirkte traumatisierend. Apo sprach davon, daß er Männer nicht mag, die einem traditionellen dörflichen Bild vom «Macho» entsprechen und lange, gezwirbelte Schnurrbärte tragen. Dies sagt er, obwohl er als Erwachsener selbst einen Schnurrbart trägt. In seinen «Kindheitsträumen»[18] erlebte Abdullah ein Gefühl heftigen Ekels, wenn er über Geschlechtsverkehr ohne Liebe nachdachte. Die Abreise seiner Schwester mag ein Grund für Apos sexuelle Ambivalenz sein. Ein weiterer könnte in seiner Zurückweisung durch die Mutter bestehen und in der Tatsache, daß sein Vater kein gutes männliches Rollenvorbild darstellte. Als Kind fühlte sich Abdullah in der Umgebung von Mädchen eher wohl; als Erwachsener verglich er sich gern mit Mahatma Gandhi, der eine «extreme Kontrolle» über seine Sexualität besaß.[19]

Ein Wendepunkt in Abdullahs Seelenleben ereignete sich während der Adoleszenz. Er bezeichnete diesen Vorgang als seine «erste Rebellion».[20] Abdullah kämpfte damals mit Osman, seinem jüngeren Bruder, den er nicht mochte. Sie befanden sich in einem Weingarten, Abdullah neckte Osman und warf Steine auf ihn. Osman rannte nach Hause und erzählte dem Vater von der Rauferei. Der Alte kam aus dem Haus, begann Steine auf Abdullah zu werfen und ihn dabei zu verwünschen. Abdullah wehrte sich. «Wieder kamen alle Dorfbewohner hinaus, um Zeugen des Kampfes zwischen mir und meinem Vater zu werden… Ich wurde verletzt, ich befand mich in einer schwierigen Lage, ich war sehr, sehr zornig.»[21] Der Zwischenfall veranlaßte Abdullah, zehn türkische Lira von seinem Vater zu stehlen, was für einen armen Dorfbewohner eine beträchtliche Menge Geld war.

Sobald ich das Geld genommen hatte, verließ ich das Dorf... Natürlich war dies ein kühner Schritt. Ich war ein zehn- oder zwölfjähriges Kind, das keine Chance gehabt hatte, sich zu entwickeln. Wichtig ist hier die Tapferkeit eines Kindes, das sich entscheidet, sich aufzumachen und in die [nahegelegene] Stadt zu gehen. Es stimmt, daß es sich hier um eine Rebellion handelte. Hier spielte eine ganze Menge Wut und Mut zur Rebellion mit! Nach drei Schritten wandte ich mich nach dem Dorf hin zurück. «Ich will niemals zu dir zurückkehren», sagte ich. Das war wichtig! Ich ging über einen Berg, ich wandte mich noch einmal dem Dorf zu. «Ich habe den Mut, dich zu verlassen», wiederholte ich. Ich würde auf keinen Fall zurückkehren, ich war zornig bis zum Hals [ein türkisches Sprichwort, das zum Ausdruck bringt, daß man voll äußerster Wut steckt]. Die Trennung rief in mir Wellen einander widersprechender Gefühle hervor. Selbstverständlich war ich mit dem Dorf verbunden, aber ich hatte mich endgültig entschieden, es zu verlassen. Ich wanderte weiter und fand ein [neues] Dorf. Schließlich wanderte ich unter großen Mühen weiter, durch dieses [neue] Dorf zu gehen war so schwierig, wie auf einen Berg zu klettern. Ich passierte dieses Dorf... Ich erreichte Karamerza. An dieser Stelle möchte ich hinzufügen, daß ich ein sehr ängstliches Kind war.[22]

Der Junge fürchtete sich vor seiner unbekannten Umgebung und wanderte bis zur Stadt Nizip weiter, wo seine Schwester ein Haus hatte. Am zweiten Tage fand er eine Anstellung als Feldarbeiter. Er arbeitete zwei Tage lang, bis seine Hände vom Weizenmähen geschwollen waren, und er verdiente zehn türkische Lira dabei. «Was ich sagen wollte, ist, daß dies eine wichtige Rebellion war, sie richtete sich vor allem gegen die Autorität meines Vaters, und es ging darum, mit eigener Arbeit Geld zu verdienen.»[23]

Während ein Individuum die Adoleszenz durchlebt, findet eine unbewußte Rückschau auf kindliche Bindungen an andere statt, die zu einer «zweiten Selbstwerdung führt», wenn die Persönlichkeitsstruktur eines Menschen feste Formen annimmt.[24] Normalerweise gestattet es diese zweite Individuation einem Jugendlichen, sich selbst ein wenig von den Bildern seiner Eltern zu befreien, so daß er seine Beziehung zur Welt insgesamt ausweiten kann. Das Ausmaß, in dem dies geschieht, hängt jedoch davon ab, wie gut das Kind seine früheren Entwicklungsaufgaben erledigt hat. Apo erreichte die Adoleszenz mit fortwährenden inneren Problemen, die seine Eltern und seine Geschwister betrafen, und die Zweiteilung zwischen seinen beiden Hauptcharakterzügen war sichtlich schwierig für ihn. Seine Beschreibung des Abschieds von seinem Dorf reflektiert auch seine Versuche zu einer zweiten Individuation und einem Rückblick auf das Bild von seinen Eltern. Wenn er sagt, seine Flucht aus dem Dorf sei eine Rebellion gegen die Autorität seines Vaters gewesen, so gibt er damit zu, daß die physische Trennung vom Dorf und die psychologische Zurückweisung seines Vaters miteinander verwoben waren. In der Beschreibung seiner Reise deutet er auch einen Versuch an, seine Abhängigkeit von seiner Mutter zu lösen, obwohl er sich sichtlich unsicher ist, ob er seine Bindung an zu Hause aufgeben soll: Er hält an, um auf sein Dorf/seine Mutter ein letztes Mal zurückzublicken. Am Ende erreicht er das Haus eines Mutterersatzes, nämlich das seiner Schwester.

Während es Apo gelang, seine physische Trennung zu vollenden, deuten alle Indizien darauf hin, daß er einen psychologischen Bruch nicht vollziehen konnte. Diese beiden Typen der Trennung verlaufen nicht parallel. Normalerweise modifiziert ein Individuum während der Adoleszenz existierende Charakterzüge und baut sie in eine veränderte Persönlichkeitsstruktur ein. Wegen seiner ungelösten Konflikte konnte Apo nur seine bestehenden Charakterzüge in eine feste Form bringen, um ohne Modifizierung seine post-adoleszente Persönlichkeit herauszubilden. Seine innere Welt blieb bruchstückhaft. Auf der einen Seite blieb er von seiner Familie ebenso abhängig – und zugleich aufgebracht –, wie er es in der Kindheit gewesen war. Auf der anderen Seite bewahrte er seine Kühnheit. Da es ihm gelungen war, sich zumindest physisch von dem Dorf zu trennen, hielt er an seiner Unabhängigkeit (oder man kann auch sagen, Pseudo-Unabhängigkeit) und Tapferkeit sogar besonders starrsinnig fest, damit der liebeshungrige, doch zornige kindliche Teil in ihm unter Kontrolle gehalten würde.

«Ich bin eine sehr komplexe Person», sagte Apo.[25] Er betont in übertriebener Weise sein defensives mächtiges Selbst (psychoanalytisch gesprochen: sein *grandioses Ich*) und behauptet, daß er niemanden mehr braucht. Auf einer bestimmten Ebene jedoch kann er eine derartige Unabhängigkeit nicht voll aufrechterhalten, denn er ist sich des Kindes in ihm bewußt.

> Manchmal sagen sie: «Er [Apo] hält sich selber für einen Propheten.» Ich selber vergleiche manchmal die Entwicklung der modernen Religion mit der Entwicklung der PKK. Aber es besteht keine Notwendigkeit, mich als einen Propheten zu betrachten, weil heute alles durch Wissenschaft geschieht. Doch es gibt eine Ähnlichkeit – eine interessante Ähnlichkeit! In Wirklichkeit spiegelt eine Wüstenpersönlichkeit das Nichts wider. [Apo bezieht sich hier auf die Herkunft des Propheten Mohammed aus der Wüstenregion Mekkas.] Das Auf-

tauchen des Propheten Mohammed gleicht der Explosion eines Vulkans. Der Prophet erschien zu einer Zeit, da weibliche Nachkommen lebend in der Wüste begraben wurden...

Sie werden bemerken, daß [die Aktivitäten des Propheten] ähnlich den [PKK-Aktivitäten] sind. Aus diesem Winkel betrachtet, finde ich es richtig, mich an den positiven Charakteristika des Propheten zu orientieren... Es ist wichtig für mich, wie ein Prophet zu sprechen. Warum sollte es schlecht sein, wie ein Prophet zu sein?[26]

Die Stadt in der Wüste, aus der der Prophet Mohammed hervorging, entspricht der «lieblosen» Umgebung in Apos Kindheit. Indem er sich selber mit Mohammed vergleicht, verrät er seinen eigenen Wunsch, einer armseligen und sorgenvollen Kindheit zu entfliehen und als eine allmächtige Kraft wieder aufzutauchen, damit die Ungerechtigkeiten, die er als Kind erfahren hat, ausgelöscht werden können.

Apos Lebenschronik liefert kaum Informationen über sein Leben in Nizip. Er wohnte dort bei Verwandten, besuchte eine höhere Schule und hatte sich weiterhin mit Schwierigkeiten auseinanderzusetzen. Seine türkische Großmutter sorgte wie eine gute «Gouvernante» für ihn.[27] Um sein übertriebenes Selbstwertgefühl zu stärken, identifizierte er sich mit religiösen Gestalten, die an Kämpfen teilnahmen. Einerseits verhalf ihm sein Gefühl der Omnipotenz dazu, die abhängige Seite seiner Persönlichkeit zu beschwichtigen. Andererseits gestattete es ihm die aggressive Natur dieser Omnipotenz unbewußt, die Hoffnung aufrechtzuerhalten, die Liebe seiner Eltern zu gewinnen, die ihn nur akzeptieren würden, wenn er rachsüchtig würde. Abdullah wollte eine türkische Militärakademie oder eine religiöse Universität, nämlich die Al-Azhar in Kairo, besuchen.

Statt dessen endete er als Student der politischen Wissenschaften in Ankara, wo er mit Anfang Zwanzig in engen Kontakt mit den linksradikalen Bewegungen kam. Apo berichtete sehr wenig über die sieben Monate, die er als linker Student im Gefängnis verbrachte. Er machte eine Nebenbemerkung darüber, daß er eine kurze Zeit lang von einem Korporal und vier Soldaten gefoltert wurde. Ich kann nur annehmen, daß dieses Ereignis und seine Einkerkerung insgesamt sich mit der Erniedrigungserfahrung ergänzten, die aus seiner Kindheit herüberragte, und zu seiner Entwicklung zu einem ethnischen Terroristenführer beitrugen.

Trotz seiner äußerlichen Kühnheit, einem Gefühl der Allmacht und seinem Streben nach Führungspositionen blieb er weitgehend ein Kind. «Ich habe keine Gefühle in mir, die darauf hindeuten, daß [ich wünsche,] ein Erwachsener zu sein, ... Kinder zu haben oder ein Vater zu sein», bekannte er.[28] Dennoch heiratete er einige Zeit nach seiner Haft Kesire. Es kann unter diesen Umständen nicht überraschen, daß seine Ehe schwierig war. Er hatte das Gefühl, seine Frau sehe in ihm einen ganz gewöhnlichen Bauern, während sie mit ihrer eigenen Herkunft aus einer angesehenen kurdischen Familie prahlte. Sie übte Druck auf ihn aus, zwischen ihr und der Partei, zwischen ihr und seinen Freunden zu wählen. Die Ehe dauerte etwa zehn Jahre. Apo beschreibt das Ende so: «Ich floh aus der Ehe, und ich bin immer noch auf der Flucht vor ihr.»[29]

Als Führer der PKK rekrutierte Apo Tausende von jungen kurdischen Frauen als Guerillakämpferinnen und wies sie an, keusch zu bleiben. «Wie könnt ihr es dulden, daß ein riesiger Mann auf euch liegt? ... Ich kann mich nicht wirklich selbst in die Lage einer Frau versetzen, aber manchmal stelle ich mir vor, wie man sein Leben mit solchen Männern teilt. Ganz offensichtlich finde ich dies häßlich. Ich möchte mich nicht selber verunreinigen mit etwas, das häßlich ist. Ich versuche, rein zu bleiben.»[30] Das kalte Milieu seiner Kindheit, die Zurückweisung durch seine Mutter und die Anwesenheit eines erniedrigten Vaters trugen allesamt zu einem Widerwillen gegenüber der Heterosexualität und zur Entwicklung der Psychodynamik einer latenten Homosexualität bei. Anderswo in seinen Memoiren fügte er zu dieser Thematik hinzu: «Eine Gefährtin zu haben ist keine schlechte Sache, aber damit fertig zu werden stellt für mich einen inneren Kampf dar… [Andere Männer] mögen den Wunsch verspüren, Väter zu sein, und sind stolz darauf, aber für mich ist das ein Rätsel. Mögen die Väter mir verzeihen, ich bin immer noch ein Kind von 44 Jahren.»[31]

Apo stand vor einer unmöglichen Aufgabe: Um mit beiden Seiten seiner fragmentierten inneren Welt fertig zu werden, mußte er zwei Herren gleichzeitig dienen. Sein ganzes Leben lang suchte er nach Wegen, um dieses Dilemma zu bewältigen. Er hatte Schlangen getötet, obwohl er sie fürchtete, um den Respekt der Dorfbewohner zu gewinnen und sich von seinem Vater, dem «Feigling», zu unterscheiden. Er identifizierte sich mit religiösen Kämpfergestalten, um seine Identifikation mit einem erniedrigten Vater zu kompensieren. Er rebellierte gegen seine Eltern, während er sie benötigte, aber er war auch bereit, sich selbst so zu verändern, wie sie ihn haben wollten. Apo ähnelte einer Person, die anderen auf den Kopf schlägt, während sie nach deren Liebe, Respekt und Wertschätzung verlangt. Sein übergroßes Selbst verlangte aggressive Triumphe, und diese waren durch terroristische Aktivitäten zu erreichen. Er begriff die existierende kurdische Identität als ein «Nichts»[32] oder als ein unterdrücktes Kind und identifizierte sich auf diese Weise damit. Und umgekehrt versuchte er, ihm zu helfen. «Der Kurde wird mit mir erwachsen werden», sagte er.[33] Für Apo begann die kurdische Identität – wie seine eigene – am «Nullpunkt»,[34] und ein «neues» Kurdentum sowie ein «neuer» Apo würden keine Verbindungen zu den Traditionen eines feudalen Kurdentums und zu Apos qualvoller Kindheit haben.

So konnte Apo als Führer der PKK die Zerstörung und Tötung gewöhnlicher Dorfbewohner befehlen – darunter Frauen und Kinder –, die vielfach von kurdischer Herkunft waren. Diese Menschen vertraten für ihn sein ungeliebtes kindliches Ich, und da sie «nichts» waren, mußte er sich nicht schuldig fühlen, weil er sie vernichtete. Statt dessen fühlte er sich berechtigt, sie zu beseitigen, damit die «neuen Kurden» (und dadurch Apo selbst) ihre Existenz in gereinigter Form neu beginnen konnten. Zornige Kurden sollten die wertlos gewordenen ersetzen. Tatsächlich hörten viele Kurden seine Botschaft und schlossen sich Apo an, und sie taten dies vermutlich, ohne die persönlichen Motive ihres Führers zu kennen.

Apo war sich eindeutig der Verbindung zwischen seinen eigenen Identitätsproblemen und denen seiner Gruppe bewußt:

> Wie sieht dieser [neue] kurdische Typus aus? Was wird er darstellen? Wie werde ich in die Form der Gesellschaft passen? Das heißt, wie werde ich die Identitätsfrage beantworten? Ich bin 44 Jahre alt, aber ich bin in diesem Unternehmen mit dem Überschwang eines Kindes tätig. Ich habe es nicht eilig; ich bin jede Sekunde beschäftigt. Ich versuche einen neuen [kurdischen] Typus zu schaffen, der schön ist, gerecht, egalitär, frei, hart arbeitend, umweltbewußt und der – Sie mögen denken, daß ich jetzt stark idealisiere – an der Schwelle zum Himmelreich steht.[35]

Er bezieht sich hier nicht auf die destruktive Methodik, die er benutzt, um den neuen Apo bzw. Kurden zu schaffen. Aber seine Vorgehensweise setzt voraus, daß man durch die Hölle gehen muß, bevor man ans Tor des Himmels gelangt.

Durch das Töten des «traditionellen» Kurden bringt er auch seine Kindheit selbst um, durch die Ermordung von Regierungsbeamten, Regierungssoldaten und lokalen Landbesitzern revanchiert er sich an den Eltern, die ihn nicht liebten. Wenn er sich mit dem Staat auseinandersetzt, benutzte er Wörter, die er angeführt haben könnte, um sich mit seinem Vater, dem Feigling, auseinanderzusetzen. «Zum Staat, zu diesem großen Führer sage ich, ‹wenn du auch nur einen Tropfen Courage besitzt, wenn du die Menschheit auch nur ein ganz klein wenig verstehst, dann komm, wir setzen uns hin und reden miteinander›. Doch es gibt in der Türkei keinen einzigen Mann.»[36] Damit will er sagen, daß es seiner Ansicht nach in der Türkei keine starken, männlichen Gestalten gibt. Die Leute hier sind alle Feiglinge wie sein Vater.

Apo möchte die Türkei vorantreiben, damit sie seiner würdig werde, als wäre er auf der Suche nach dem starken Vater, der seiner unbewußten Überzeugung nach über Apos Aggressivität erfreut sein wird. Paradoxerweise muß die heftige Vergeltung der Regierung gegen die PKK Apos unbewußten Erwartungen entsprochen und damit wiederum einen Teufelskreis der Gewalt zwischen Regierungsstreitkräften und Apos Anhängern in Gang gebracht haben.

Durch den Terrorismus konnte Apo seine Wut auf seine Eltern, auf die Dorfbewohner, die über seine Familie lachten, auf den Bruder, gegen den er kämpfte, und auf die Gefängniswärter, die ihn schlecht behandelten, befriedigen. Durch seine Aggressivität versuchte er, die Prophezeiung seines Vaters zu erfüllen, daß er einmal ein Eroberer sein würde. Durch die Gewalttaten versuchte er, sich auch die Liebe seiner Mutter zu verdienen, die ihm gesagt hatte, daß sie ihn nur dann akzeptieren könne, wenn er sich rachsüchtig verhalte. «Dies ist eine Schlacht, die ich um der Liebe willen durchfechte», sagte er.[37] Seine terroristischen Aktivitäten stellen Parallelen zu den Handlungen seiner Kindheit dar, als er andere Kinder auf die Berge führte. Als Kind hat Abdullah seinen «Gefangenen» gesagt, sie würden Spaß haben und durch etwas zu essen belohnt werden (nämlich durch Vögel, die Abdullah fing); als Führer der PKK schickte er ebenfalls junge Menschen in die Berge – wenn nötig mit Hilfe von Menschenraub und Zwang –, um sie zu seinen Gefolgsleuten zu machen. Er erzählte ihnen, das Ideal eines neuen Kurdentums wäre ihre Belohnung.

Nirgends brachte Apo Bedauern oder Trauer zum Ausdruck

über die Schrecken und den Verlust an Menschenleben, die die PKK verursachte. Statt dessen idealisierte er den Terror. «Unsere Schönheitskönigin ist der Krieg. Wir können definitiv auf die Schönheit des Krieges hinweisen… Krieg ist Feuer. Was immer man ins Feuer wirft, brennt, aber dennoch ist unser Gott ein Feuergott.»[38] Überraschenderweise gab Apo zu, an einer Phobie gegenüber Feuerwaffen und scharfen, schneidenden Werkzeugen, wie etwa Messern, zu leiden, doch er hat «die Theorie und Praxis des Krieges» perfektioniert. Er erkannte diese Unstimmigkeit («Wie erklären Sie dies?») durchaus an,[39] die seine eigene Ambivalenz angesichts der Extreme zum Ausdruck bringt, zu denen er sich getrieben fühlt. Aber er ist nicht in der Lage, die Wutgefühle konstruktiv zu kanalisieren, die sein gespaltenes Ich prägen.

Totem und Tabu in Rumänien: Die Internalisierung eines «toten» Führers und die Restabilisierung eines ethnischen Zeltes

Die Geschichte von Abdullah Öcalans innerer Welt zeigt, wie die Interaktion zwischen Führer und Gefolgschaft durch verwirrende Botschaften von seiten des Führers blockiert werden kann. Daß ein Führer in erheblichem Maße in der Lage ist, die Identität einer Großgruppe zu beeinflussen, ist ein klares Anzeichen dafür, daß die Gefolgsleute sein Image internalisiert haben. Sobald dies geschieht, kann es den Anhängern schwierig erscheinen, ihre Identifizierung mit solch einem Führer aufzugeben, selbst wenn dieser schon lange verschwunden ist.

Ceauşescu beherrschte Rumänien mit eiserner Hand von 1965 bis zu jener blutigen Revolution, die im Dezember 1989 seine Regierung stürzte. Mit der Hinrichtung Ceauşescus und seiner Ehefrau Elena am Weihnachtstag 1989 machte das kommunistische Regime in Rumänien den Weg frei für den Anfang einer Art von Demokratie. Die Rumänen bejubelten das Ende der Ceauşescus, aber das Verschwinden des Diktators bedeutete nicht das Ende seiner Wirkung. Viele Jahre nach seinem Tod hatte Ceauşescu noch immer Einfluß auf die Bemühungen der Rumänen, ihr erschüttertes ethnisches Zelt wieder zu stabilisieren.

Der despotische Führer Ceauşescu war Chef der Kommunistischen Partei, Staatsoberhaupt, Oberkommandierender der Streitkräfte, Vorsitzender des Wirtschaftsrats und Architekt eines «neuen» Bukarest. Er verkörperte die sprichwörtlich verabscheute Vatergestalt, welche die Menschen haßten, aber von der sie sich nur unter Schwierigkeiten lösen konnten. Viele Rumänen waren durch ihre Mitgliedschaft in der Kommunistischen Partei mit Ceauşescu verbunden. Die Gründe für den Eintritt in die Partei waren unterschiedlichster Art: Einige waren einfach beigetreten, um voranzukommen, andere aus Überzeugung und wieder andere aus Patriotismus, nachdem der sowjetische Einmarsch in die Tschechoslowakei im Jahre 1968 sie davon überzeugt hatte, daß Rumänien das nächste Ziel einer sowjetischen Intervention sein würde.[1] Darüber hinaus wurden viele Rumänen durch Ceauşescus Aura der Macht angezogen.

Zuneigung und Haß scheinen einander gegenseitig auszuschließen, doch selbstverständlich stellt die Ambivalenz einen Schlüsselfaktor in fast jeder Beziehung dar. Mißbrauchte Liebende zögern trotz ständigen Leidens oftmals lange, bevor sie sich von ihren Partnern trennen. Der Gefolgsmann eines politischen oder anderen gewalttätigen Führers mag sich nach Flucht sehnen, aber er findet das Weggehen unmöglich, weil seine Bindung an den Aggressor das Ausmaß einer Abhängigkeit erreicht hat. Im Fall der Rumänen ließ deren konfliktgeladene Zuneigung zu Ceauşescus Nimbus es für sie schwierig werden, ihn und seine Frau zu betrauern.

Das Trauern wurde auch dadurch erschwert, daß die Reaktion auf den Verlust der Ceauşescus durch den Verlust anderer verstärkt wurde, die während der Weihnachtsrevolution starben. Alle Toten der Revolution von Bukarest liegen außerhalb der Mauern des rumänischen Nationalfriedhofs bestattet – sowohl die Revolutionäre als auch die Anhänger Ceauşescus. Ein Schild bezeichnet die Revolutionäre und ihre Gegner gleichermaßen als «Helden» der Revolution. Daß die Vertreter der gegnerischen Parteien am gleichen Ort bestattet sind, macht das Trauern um sie zu einer komplizierten Angelegenheit, weil, ganz gleich, wo die Sympathien der Trauernden liegen, die Begräbnisstätte mit «bösen» Toten befleckt ist, die an der Seite der «Helden» begraben sind.

Es ist interessant, auf das Rumänien nach Ceauşescu im Licht von Freuds psychoanalytischer Rekonstruktion der Geschichte des primitiven Menschen, die historisch nicht festgehalten ist, zu blicken. In seinem Werk *Totem und Tabu* stützt sich Freud auf eine Vielzahl von anthropologischen Quellen und vertritt die Ansicht, daß vor langer Zeit primitive Menschen in kleinen Stämmen lebten, die von despotischen Führern geleitet wurden. Mit seiner unbegrenzten Macht betrachtete der Führer oder Vater alle Frauen des Stammes als seinen ausschließlichen Besitz. Wenn die jungen Männer oder Söhne Eifersucht zum Ausdruck brachten, wurden sie getötet, kastriert oder aus dem Stamm ausgeschlossen. Angesichts dieses unerträglichen Schicksals schlossen sich die jungen Männer zusammen, töteten den Vater und aßen ihn auf. Doch der Einfluß des Vaters verschwand auf diese Weise nicht. Im Tod wurde er noch mächtiger. Durch das Aufessen des Führers hatten die Söhne ihren Haß befriedigt. Aber wegen ihrer heimlichen Liebe zu ihrem Vater fühlten sie sich auch schuldig, ihn getötet zu haben. Tatsächlich veranlaßten ihre Schuldgefühle sie dazu, dem abzuschwören, was sie durch den Mord an ihm erreichen wollten: Wegen ihrer Schuld konnten sie mit den Frauen des Stammes keinen Geschlechtsverkehr haben.

Vom Geist ihres Vaters gejagt, ersetzten die Söhne ihn durch eine symbolische Darstellung eines schrecklichen und starken Tieres, ein Totem. Dieses nahm die Ambivalenz der Söhne, den Haß und die Liebe, die sie zur gleichen Zeit für ihren toten Vater empfanden, in sich auf. Da der Geist ihres Vaters im Totem jedoch weiterlebte, waren die Söhne immer noch nicht von seinem Einfluß frei.

Während einige primitive Kulturen zu Menschenopfern und Kannibalismus Zuflucht nahmen, um sich selber vom Einfluß des Totems zu befreien, entwickelten andere Rituale, bei denen der Verzehr eines symbolischen Tieres (des Totemtieres) streng verboten war. Ausgenommen von diesem Verbot waren bestimmte Feste, an denen ein solches Tier rituell getötet und gemeinschaftlich verspeist wurde, was es allen Beteiligten gestattete, die Verantwortung für seinen Tod zu leugnen. Das geopferte Tier wurde dann vom gesamten Clan betrauert, und es folgte ein ausschweifendes Fest. (Die rituelle Trauer, die bei primitiven Totemfesten zelebriert wird, hat nicht die gleiche Wirkung wie eine schrittweise und effektive Trauerarbeit, in der der Verlust schließlich akzeptiert und eine innere Umstellung vollzogen wird.) Das Totem wurde benutzt, um zwei mächtige Verbote aufrechtzuerhalten – das eine richtete sich gegen das Töten des Totemtieres (Vatermord) und das andere gegen sexuelle Beziehungen mit Frauen des gleichen Clans (Inzest). Die Gleichzeitigkeit von Haß und Zuneigung gegenüber dem Führer und der Akt des Verspeisens genau dieser Person führten zu einer schwierigen Identifikation mit dem Vater.

Ob nun Freuds Rekonstruktion des Beginns der menschlichen Geschichte im wörtlichen Sinn wahr ist oder nicht – es ergeben sich aus *Totem und Tabu* gewisse psychologische Wahrheiten, und diese haben für die Geschehnisse in Rumänien eine beinahe unheimliche Relevanz. Die Tatsache, daß die Ceauşescus am heiligen Tag der Geburt Christi getötet wurden, macht diesen Akt zu einem Ritualmord, und das Morden an einem Tag, an dem eine Geburt gefeiert wird, weist auf ein gewisses Maß an Ambivalenz hinsichtlich der Tötungen selbst hin. Während heute nur wenige offen behaupten würden, daß Rumänien unter Ceauşescu besser dastand, so gestatten die Rumänen es ihm jedoch, in vielfacher Hinsicht weiterzuleben – und dies vor allem durch die Handlungen und politischen Entscheidungen der Führung, die auf seinen Tod folgte. Die neue Führung diente als eine Art Totem. Wollen wir verstehen, wie und warum Ceauşescu so großen Einfluß ausübte, so müssen wir zunächst einen Blick auf seinen persönlichen Hintergrund und den geschichtlichen Zusammenhang werfen.

Nicolae Ceauşescu wurde 1918 gut 150 Kilometer westlich von Bukarest als Kind einer armen, großen Bauernfamilie geboren. Nachdem er nur wenige Jahre lang die Schule besucht hatte, verließ er seine Familie im Alter von elf Jahren, zog nach Bukarest und wurde noch als Teenager ein ideologisch überzeugter Kommunist. Er kam wegen seiner kommunistischen Aktivitäten ins Gefängnis, aber 1948 wurde Rumänien dann eine Volksrepublik, und man hieß Ceauşescu, der seit 1945 zum Zentralkomitee der rumänischen KP gehörte, mit offenen Armen willkommen. 1965 stieg er zur Führungsspitze auf und wurde Erster Sekretär der KP. Der Westen sah in ihm einen unabhängigen Kommunisten, der sich nicht den Sowjets unterordnete, und übersah dabei bequemerweise die Tatsache, daß es sich hier um einen Despoten handelte. Unglücklicherweise zerstörten weder Charles de Gaulle noch Richard Nixon, als sie 1968 beziehungsweise 1969 Rumänien besuchten, den Mythos von Ceauşescu als einem vertrauenswürdigen Kommunisten. In Wirklichkeit jedoch verletzte Ceauşescu massiv die Menschenrechte, und er wurde mit zunehmendem Alter immer paranoider. Schon in den 60er Jahren verbot er die Empfängnisverhütung und die Abtreibung bei Frauen mit weniger als vier Kindern, damit mehr Rumänen geboren werden sollten, um seine großartigen Pläne auszuführen.[2] Später verfügte er als Maßnahme zur Eindämmung des Dissidententums, daß Schreibmaschinen bei der Polizei registriert werden mußten, so daß die Herkunft von gegen Ceauşescu gerichteter Korrespondenz festgestellt werden konnte.

Robert Cullen berichtete, daß Ceauşescu Vorkoster beschäftigte, um sicherzustellen, daß seine Nahrung nicht vergiftet war, daß er darüber hinaus seine Hände mit Alkohol reinigte, nachdem er Fremde mit Händedruck begrüßt hatte, und daß er in seinen Büros und Wohnungen Strahlungsdetektoren installieren ließ. Selbst die Kinder, die ausgewählt wurden, um ihm bei offiziellen Anlässen Blumen zu übergeben, «wurden in Krankenhäuser geschickt und dort untersucht. Sie erhielten dann ein Attest darüber, daß sie keine Infektionen hatten, bevor es ihnen gestattet wurde, ihm ihre Wange zum Küssen hinzuhalten.»[3]

In den 8oer Jahren verkündete Ceauşescu den Plan, 8000 von Rumäniens 13 000 Gemeinden dem Erdboden gleichzumachen. Während es nominell seine Absicht war, ein besseres Rumänien aufzubauen, waren diese Handlungen eindeutig darauf ausgerichtet, ungarische Siedlungen zu zerstören, obwohl auch einige Rumänen und andere nationale Minderheiten betroffen waren. Von den 23 Millionen Einwohnern Rumäniens zählen 2,2 Millionen ethnisch zu den Ungarn,[4] und die Mehrheit von diesen lebt in Transsylvanien, einer Gegend, die im Lauf der Geschichte immer wieder sowohl von Ungarn als auch von Rumänien beansprucht wurde. Ceauşescus Erneuerungsprojekte verschärften nur die ethnischen Probleme mit der ungarischen Bevölkerung Rumäniens.

Während das Ziel der «Systematisierung» des ländlichen Rumänien niemals vollständig verwirklicht wurde, wurde ein Großteil der Häuser in Bukarest abgerissen, um Platz für neue Gebäude zu schaffen, die der Überlegenheit der rumänischen Kultur und ihrer römischen Abstammung entsprachen. 1985 wurde ein Fünftel des historischen Bukarest von Bulldozern dem Erdboden gleichgemacht. Über 9000 Wohnungen, eine Kathedrale und mehr als ein Dutzend Kirchen, von denen die meisten während oder vor dem 19. Jahrhundert errichtet worden waren, wurden zerstört. An ihrer Stelle ordnete Ceauşescu den Bau der Casa Poporului (Haus des Volkes) und der drei Kilometer langen Allee des sozialistischen Sieges an. Nach dem Pentagon ist die Casa Poporului das zweitgrößte Gebäude der Welt.

Ein bedeutender Teil der begrenzten Ressourcen Rumäniens wurde eingesetzt, um Bukarest in «die erste sozialistische Hauptstadt für den neuen sozialistischen Menschen» zu verwandeln. Vor seinem Tode besuchte Ceauşescu mehrmals im Monat die Casa Poporului. Er bezeichnete sie als «mein Haus» und ordnete routinemäßig immer wieder bedeutsame Veränderungen an. In den späten 8oer Jahren arbeiteten 20 000 Menschen rund um die Uhr an diesem Projekt. Aber Ceauşescu sollte die Vollendung der Casa Poporului und der Allee des sozialistischen Sieges nicht mehr erleben. Nach seinem Tode wurde das weiße viergeschossige Bauwerk umbenannt in Haus des Parlaments, die Allee hieß nun Bulevardul Unirii (Einigkeitsallee).

■ ■ ■

Daß die rumänische Revolution plötzlich und überraschend ausbrach, bedeutet nicht, daß es vor dem Dezember 1989 keinen Widerstand gegen das Regime gegeben hätte. Eine führende Persönlichkeit der Revolution, der reformierte Priester Lázló Tökés, blieb auch nach Ceauşescus Tod einer der entschiedensten Kritiker der rumänischen Regierung.

1986 wurde der ungarischstämmige Tökés aus einem Ort in Nordtranssylvanien «zeitweise entfernt» und in eine Kirche im Zentrum von Timişoara, einer Stadt in Südtranssylvanien mit gemischter Bevölkerung, versetzt. Das Ende seiner Amtszeit dort war für den 15. Dezember 1989 vorgesehen. Daraufhin sollte er in sein früheres Pfarramt zurückkehren. Tökés geriet jedoch in Schwierigkeiten, als er Studenten gestattete, nationalistische Gedichte in seiner Kirche zu rezitieren. Einige Monate später wurde er von der Regierung gedrängt, sich in einer anderen Kirchgemeinde niederzulassen, statt in seine Heimatgemeinde zurückzukehren. Andernfalls, so drohte man, würde er durch die Regierung seines Amtes als Pfarrer enthoben.

Die Gemeinde, die den jungen und charismatischen Priester sehr schätzte, erhob sich zu seiner Verteidigung und forderte, daß er in Timişoara bleiben solle. Auf den Befehl zu seiner Ausweisung hin kamen am 15. Dezember 1989 200 Gemeindemitglieder zusammen, um ihn zu schützen. Die Entwicklung spitzte sich zu. Wie bei ähnlichen Machtkonflikten, die sich in kommunistisch beherrschten Ländern überall in Europa abspielten, umwarb Tökés die Presse und übernahm die Rolle eines Sprechers für die Ungarn in Rumänien. Die Menschen in Timişoara, darunter auch Rumänen, strömten herbei, um ihre Unterstützung zu demonstrieren.

Am nächsten Tag marschierte eine Gruppe von Einwohnern

Timişoaras zum dortigen Hauptquartier der Kommunistischen Partei und zerstörte es. Ein Augenzeuge berichtet, die Menge «sei wahnsinnig geworden, als stehe jeder unter Hypnose». Es wurden nationale Lieder gesungen, die die Rumänen zum Erwachen aufforderten, und es ertönten Rufe wie «Nieder mit Ceauşescu!». Daß es nie zuvor zum öffentlichen Ausdruck derart heftiger Gefühle gekommen war, war ein Beweis für die Effektivität des repressiven Polizeiregimes, an dessen Spitze Ceauşescu stand. Am 17. Dezember eröffneten seine Streitkräfte das Feuer und töteten einige hundert Demonstranten. Zwei Tage später wurde ein Generalstreik ausgerufen, und die Menschen von Timişoara füllten die Straßen. Da die Telefonleitungen unterbrochen und die Straßen, die in andere Teile Rumäniens führten, blockiert waren, hatten die Einwohner von Timişoara keine Ahnung davon, was sich anderswo abspielte. Die von der Regierung gelenkten Medien stellten die Ereignisse in Timişoara gelegentlich als «ethnische Auseinandersetzungen» dar. Wie sich die Revolution nach Bukarest und anderswohin ausbreitete, ist unklar.[5] Am 20. Dezember hielt Ceauşescu eine Fernsehansprache, in der er Rowdies, Separatisten (damit meinte er Ungarn) und Agenten ausländischer Spionagedienste die Verantwortung für die Ereignisse in Timişoara zuschrieb. Dann wurde eine Demonstration vorbereitet, die die Zustimmung zu Ceauşescu zum Ausdruck bringen sollte. Der Diktator erschien unter dem Jubel der Menge begleitet von seiner Frau und den Mitgliedern seines Politbüros auf einer Massendemonstration in Bukarest. Aber dann geschah etwas Ungewöhnliches. Einige Menschen begannen zu rufen: «*Ceauşescu dictatorul!*» («Ceauşescu ist ein Diktator!») Die Straßen waren bald voll von jungen Menschen, und plötzlich hatte die Revolution in Bukarest allen Ernstes begonnen.

Im März 1993 befand ich mich in Rumänien als Angehöriger einer Gruppe von Amerikanern, die den rumänisch-ungarischen Konflikt untersuchten.[6] Ich interviewte unter anderem eine Frau, die am 21. Dezember 1989 zum Einkaufen in der Innenstadt von Bukarest gewesen war, als sie in der Nähe der Universität auf eine Menge stieß, die vor allem aus jungen Erwachsenen bestand. Bis dahin war sie sich der Existenz einer Revolte in keiner Weise bewußt gewesen. Eine andere Frau erinnerte sich daran, in einem Café gesessen und gesehen zu haben, wie eine großmütterlich wirkende Frau ein Mädchen zu seiner Violinstunde begleitete, ein Mann mit seinem Hund spazierenging und eine Schlange von Leuten wartete, um Brot zu kaufen. Doch zur gleichen Zeit wurde bereits Geschichte gemacht. Am nächsten Tag kam sie an eine Barrikade und erlebte den Tod von acht Menschen mit. In jener Nacht sah sie sich die Revolution im Fernsehen an.

Am Morgen des 22. Dezember konnte der 71jährige Ceauşescu mit seiner Frau Elena per Hubschrauber knapp aus dem Gebäude des Zentralkomitees entkommen, während Hunderte von Demonstranten das Parteihauptquartier besetzten. Enttäuschte Parteimitglieder wie Ion Iliescu (der Rumäniens nächster Führer werden sollte) und Martian Dan übernahmen gemeinsam mit Widerständlern wie Radu Filipescu und Mircea Dimescu das rumänische Nationalfernsehen, verkündeten die Bildung einer Front des nationalen Heils (NSF) und präsentierten sich als die neuen Führer des Landes. Allem Anschein nach gab es aber keinen organisierten Putsch und keine umfassende Mobilisierung von Dissidenten in Bukarest. Wie es Iliescu und seinen Freunden gelang, die Macht an sich zu reißen, bleibt ein Rätsel.

Über den Ablauf der folgenden Ereignisse gibt es keine schlüssigen Informationen. Einem Bericht zufolge wurden der Diktator und seine Frau einfach durch General Victor Atanasie Stanculescu Vertretern der Heilsfront übergeben, nachdem sie auf der Flucht von Soldaten gefaßt worden waren. Der General war an jenem Morgen gebeten worden, das Gebäude des Zentralkomitees zu bewachen (Stanculescu wurde später zum rumänischen Verteidigungsminister ernannt).[7] Wie auch immer die Wahrheit in dieser Angelegenheit lauten mag, nach der Gefangennahme des Diktators und seiner Frau versprach ein Sprecher der Front ein öffentliches Gerichtsverfahren. Drei Tage später wurde bekanntgegeben, daß die Ceauşescus hingerichtet worden seien. Ein Militärtribunal hatte neun Stunden lang gegen sie verhandelt und sie zum Tode verurteilt. Stark überarbeitete Videoaufnahmen des Prozesses, der Erschießung durch ein Hinrichtungskommando und der zusammengesackten Leichname der Ceauşescus wurden dann in Rumänien und der ganzen Welt veröffentlicht. Auf diesen Bändern ist Stanculescu im Gerichtssaal zu erkennen. Die Leichen wurden in anonymen Gräbern beigesetzt.

Die Rumänen frohlockten über den Sturz des schrecklichen Führers, aber nach der anfänglichen Erregung spürten die meisten schließlich, daß sich die Wirklichkeit wenig verändert hatte. Viele betrachteten die Heilsfront bloß als eine gegen Ceauşescu gerichtete Gruppierung innerhalb der rumänischen Kommunistischen Partei und sahen im neuen Regime einfach die Ersetzung einer Gruppe von Kommunisten durch eine andere. Diese Vorstellung erschütterte die Auffassung, daß eine wirkliche Revolution stattgefunden habe, noch weiter.[8] Nur wenige wurden während der Herrschaftsperiode des Präsidenten Iliescu für die scheußlichen Verbrechen bestraft, die sie während des Ceauşescu-Regimes begangen hatten. Mitglieder der Securitate und jene, die sich schwere Verletzungen der Menschenrechte hatten zuschulden kommen lassen, besetzten immer noch Schlüsselrollen innerhalb der Regierung. Die meisten Rumänen verspürten auf die eine oder andere Weise Scham wegen ihrer vormaligen Bindungen an Ceauşescu oder wegen ihrer Furcht vor ihm. Selbst grundsätzlich anständige Menschen litten an Schuldgefühlen, weil sie davon profitiert hatten, «gute» Kommunisten zu sein, weil sie in die Partei eingetreten und bei Ceauşescus Paraden mitmarschiert waren oder mit der Securitate zusammengearbeitet hatten. Die Rumänen waren sich bewußt, daß es in anderen osteuropäischen Staaten bedeutsame Dissidentenbewegungen gegeben hatte, bei ihnen aber eine solche kaum existierte – trotz eines Gabriel Andreescu und eines Radu Filipescu.

Die Rumänen haben niemals ganz begriffen, daß mit dem Ende von Nicolae Ceauşescu seine «Söhne» ihn nicht nur ermordet, sondern auch «verspeist» hatten. Nachdem er die Rumänen mehr als zwei Jahrzehnte lang beherrscht hatte, war Ceauşescu zu einem Teil von ihnen geworden. Mit seinem Tod starb auch ein Teil eines jeden Rumänen, aber ihre Scham wegen ihrer Bindungen an ihn oder ihre versteckten Schuldgefühle wegen des «Mordes» an ihm mußten verleugnet werden. Gleichzeitig blieb der Diktator durch die anhaltende Identifikation der Rumänen mit ihm lebendig. In *Totem und Tabu* schrieb Freud, daß eine der rätselhaftesten, aber gleichzeitig lehrreichsten Entwicklungen bei komplizierten Trauerprozessen das Verbot ist, den Namen der toten Person auszusprechen. Freud vermutete, die offene Bezugnahme auf die tote Person durch den Namen würde seinen Geist unbewußt zur Rückkehr einladen. Während meines Besuches in Rumänien im Jahre 1993 bemerkte ich ein allem Anschein nach stillschweigendes Verbot, Ceauşescus Namen zu erwähnen – als habe er nie existiert. Wenn ich das zur Sprache brachte, bestand die Reaktion entweder in Befriedigung über den Tod des Diktators oder öfter noch in Kommentaren wie: «Ich will mich daran nicht erinnern.» Als ich einige wenige Leute fragte, ob sie jemals von Ceauşescu oder der Revolution träumten, kam ihr Erschrecken über diese Frage tatsächlich einer Zurückweisung gleich.

Da ich vom Mut der ehemaligen Dissidenten gehört hatte, freute ich mich auf eine Begegnung mit einigen von ihnen in Bukarest. Ich war jedoch überrascht über ihr kleinmütiges Verhalten. Bei ihnen schien es sich eher um Geister als um Helden zu handeln. Sie waren kaum imstande, ihre Gefangenschaft und die körperlichen Mißhandlungen, die sie erlitten hatten, zu beschreiben. Ein ehemaliger Oppositioneller sprach von sich selber immer wieder als «man» – als handele es sich bei seiner früheren «Dissidentenpersönlichkeit» um einen anderen Menschen. Ohne eine oppressive und brutale Umgebung als Rechtfertigung konnte er seine Dissidentenpersönlichkeit nicht länger aufrechterhalten.

Nach der Revolution war ein Wohngebäude, das Ceauşescus

jüngstem Sohn Nicu gehört hatte, von einigen Revolutionären als Büro besetzt worden.[9] Im Dachgeschoß fand sich ein Vorrat an Zigaretten und Alkoholika. Objekte, die insgeheim dem Unterdrücker gehört hatten, gehörten nun seinen Gegnern; sie konsumierten ihre Beute, als würden sie sich Teile von Ceauşescu persönlich einverleiben. Aber wie die Söhne, die mit den Frauen des Stammes keinen Geschlechtsverkehr haben konnten, nachdem sie den Vater getötet und verspeist hatten, konnten diese Helden sich ihres Sieges wegen ihrer unbewußten Identifikation mit Ceauşescu nicht freuen.

Im Juni 1990 gründeten nationalistische Kreise eine Wochenschrift unter dem Titel *România Mare* (Großrumänien), eine Bezugnahme auf den traditionellen, jahrhundertealten Kriegsschrei der rumänischen Nationalisten aus Zeiten vor Ceauşescu. In kürzester Zeit errang dieses Blatt «die größte Verbreitung aller rumänischen Wochenzeitungen». Die Artikel in *România Mare* schafften es, Ceauşescu durch unverschleierte Nostalgie für sein Regime «am Leben» zu halten. Im Jahre 1991 pries das Blatt «General Iulian Vlad, Ceauşescus letzten Chef der Securitate, für seine intellektuellen Qualitäten und seinen Patriotismus».[10] Ein Jahr später gründeten die Initiatoren dieser Wochenzeitung eine politische Partei gleichen Namens, die die Rehabilitierung von Ceauşescus Securitate anstrebte. Unterstützt wurden ihre Bemühungen, als 1993 sechs Romane des früheren Spionageoffiziers Pavel Corut erschienen. Sie waren fast sofort ausverkauft, und dies zu einer Zeit, da sich nur wenige einen derartigen Luxus leisten konnten; obendrein befanden sich zwei weitere Werke derselben Reihe bereits in Druck. In einem dieser Bücher wird Lázló Tökés, seit 1990 Bischof von Oradea, als ungarischer Agent dargestellt. Michael Shafir, ein wissenschaftlicher Mitarbeiter des Radio Free Europe Research Institute, zitiert Corut folgendermaßen: «‹Ungarische Revisionisten... verspeisten das Fleisch von Rumänen, die im Dezember 1989 getötet worden waren› – dies war ganz offensichtlich eine Anspielung auf ein uraltes anti-ungarisches nationalistisches Klischee, nach dem alle Magyaren wilde Bestien sind.»[11]

261

Nach Ceauşescus Tod war Rumänien politisch zerrissen. Als Studenten in Bukarest damit anfingen, die Politik Iliescus und seiner Kollegen in Frage zu stellen, reisten Bergarbeiter aus dem Jintal nach Bukarest und unterstützten die Nationale Heilsfront mit Rufen wie «Tod den Intellektuellen!». Im September 1991 kehrten die Bergleute zurück, diesmal jedoch, um gegen die NSF zu protestieren. Dieser gelang es aber, an der Macht zu bleiben. Obwohl bei der Wahl im September 1992 beinahe 15 Prozent der Stimmen an radikale nationalistische Parteien gingen, die entschieden positiver gegenüber Ceauşescu eingestellt waren als die NSF, gelang Iliescu der Wahlsieg.

Doch nur zwei Jahre später, genau an dem Tag, an dem die Vereinigten Staaten Rumänien den Meistbegünstigtenstatus gewährten, schickte Iliescu seinen Kulturminister in eine Stadt in der Nähe von Bukarest, um an einer Feier zum Andenken an Marschall Ion Antonescu teilzunehmen. Auf der einen Seite versuchte Rumänien mit seiner totalitären Vergangenheit zu brechen. Auf der anderen Seite klammerte es sich an Antonescu, den berüchtigtsten Diktator seiner Geschichte: einen Verbündeten Hitlers, eine Galionsfigur der faschistischen Eisernen Brigaden, einen Mann, der für den Tod von etwa 250 000 Juden und 20 000 Sinti und Roma verantwortlich war und der wie Ceauşescu am Ende hingerichtet wurde.

Nach der Weihnachtsrevolution von 1989 gelang es den Ungarn in Transsylvanien blitzschnell, eine politische Organisation mit breiter Basis zu gründen, die Demokratische Allianz der Ungarn in Rumänien (HUDR). Während sie vorsichtigerweise ihre Loyalität zum rumänischen Staat betonte, konzentrierte sich die HUDR auf die Schaffung eines Ministeriums für Minderheiten, die verbindliche Durchsetzung der Zweisprachigkeit in Transsylvanien und die Entwicklung eines Erziehungssystems in ungarischer Sprache, das auch die erneute Gründung einer unabhängigen ungarischen Universität in Transsylvanien umfaßte. Die Rumänen erschraken über diese Forderungen und meinten, daß die Ungarn zuviel verlangten. Die rumänische Furcht vor einem ungarischen Aufstand mag dazu beigetragen haben, Ceauşescus Bild, insbesondere in Transsylvanien, lebendig zu halten.

Bischof Tökés brachte die Empfindungen der Ungarn deutlich zum Ausdruck. Er war für viele Ungarn, die in Rumänien lebten, zum Symbol geworden. Aber er erfüllte auch einen unbewußten Wunsch der Rumänen: Tökés diente als Zielscheibe, die es den Rumänen gestattete, ihre Aufmerksamkeit auf die ungarische Bedrohung zu lenken statt auf die schwierige Trauerarbeit und die Anpassung an die drastischen Veränderungen nach dem Tode Ceauşescus. Ein einsichtsvoller Rumäne sagte zu mir: «Tökés sorgt für eine Kontinuität des Konservatismus in meinem Lande.»

Als Reaktion auf die Schaffung der HUDR entstand in Transsylvanien sehr bald die Uniune Vatra Românească, die Rumänische Heimatunion. Die Vatra wurde im Februar 1990 von dem Künstler Radu Ceontea in Tîrgu-Mureş gegründet und gewann von Anfang an überall in Rumänien eine starke Gefolgschaft. Die Vatra zog ihre Kraft aus der rumänischen Überzeugung, daß Transsylvanien allein den Rumänen gehört, sowie aus ihrer energischen Verteidigung der rumänischen Sprache; sie beutete auch die Furcht der Rumänen vor den Ungarn aus. Ceonteas persönliches Vorurteil gegen Ungarn schien unlösbar mit den Zielen der Vatra verknüpft zu sein. Sein Vater hatte ihn bereits zu einem geradezu intuitiven Mißtrauen gegen die Ungarn erzogen.[12] Im Jahre 1991 wurde er zum Vorsitzenden der Nationalen Einheitspartei (PUNR) gewählt, und im darauffolgenden Jahr trat die PUNR als eine politische Kraft in Transsylvanien auf. Aber Gheorghe Funar, der seinem Vorbild Ceauşescu nacheiferte, übernahm schließlich die Führung dieser Partei und verdrängte Ceontea.[13]

Am 19. März 1990 traten in Cluj-Napoca, der wichtigsten Stadt Transsylvaniens, 5000 rumänische und ungarische Demonstranten einander gegenüber. Am gleichen Tag ereignete sich in der ethnisch gemischten Stadt Tîrgu-Mureş der erste gewalttätige ethnische Zusammenstoß und führte zu acht Toten und Hunderten von Verletzten. Die Sicherheitskräfte der Regierung beendeten die Gewalttätigkeiten, und es wurde eine Kommission zur Untersuchung des Vorfalls eingerichtet. Die Untersuchungsergebnisse dieser Kommission wurden bis zum 16. Januar 1991 nicht freigegeben, und auch dann nur, weil die Veröffentlichung des Berichts für den rumänischen Beobachterstatus im Europarat und für den Anspruch auf Hilfsgelder der Europäischen Gemeinschaft zur Bedingung gemacht wurde. In einem Fernsehinterview bezeichnete der Vorsitzende des Untersuchungsausschusses dessen Arbeit als eine «theoretische Untersuchung»,[14] obwohl das Potential für ethnische Gewalttätigkeiten in Transsylvanien bedeutend war.

1993 berichteten Zeitungen in Bukarest von den Vorwürfen Bischof Tökés', es käme in Rumänien bereits zu ethnischen Säuberungen. Tökés zufolge «säuberte» die Regierung Transsylvanien durch Unterdrückung und sogar Ausweisung der ungarischen Minderheit. Tökés legte dar, daß bis zum Zuzug von mehr Rumänen in dieses Gebiet vor einigen Jahrzehnten die Stadt Cluj vornehmlich ungarisch war (und Kolozsvár hieß). Er und gleichgesinnte ungarische Führer beschuldigten die rumänische Regierung, den Ungarn in Transsylvanien das Leben schwerzumachen, und sie formulierten öffentliche Vorwürfe gegen den von der Regierung ernannten Chef des rumänischen Fernsehens. Außerdem beschuldigten sie Funar, den Bürgermeister von Cluj-Napoca, er gebe demagogische anti-ungarische Stellungnahmen ab und nähre das Feuer des Hasses, indem er sich auf die «ungarische Bedrohung» von seiten «antinationaler Kräfte» beziehe.[15] Einflußreiche Journalisten und politische Persönlichkeiten in Rumänien verurteilten Tökés als einen reizbaren Störenfried und Lügner. Doch indem sie die Existenz ethnischer Probleme leugneten, verschärften sie diese nur.

Die Ungarn machen inzwischen nicht einmal mehr ein Drittel der Bevölkerung von Cluj-Napoca aus. Dieser Wandel ist zurückzuführen auf die Restriktionen des letzten Jahrzehnts hinsichtlich des öffentlichen Gebrauchs der ungarischen Sprache, auf die stark eingeschränkten Möglichkeiten zur zweisprachigen Ausbildung an höheren Schulen und der Universität, auf geringe Arbeitsmarktchancen für Ungarn und die rumänische Ansiedlungspolitik.

Im Zentrum von Cluj steht eine Statue des Königs Mátyás Hunyadi, der in der Stadt geboren wurde und von 1458 bis 1490 König von Ungarn war. Dieses Standbild ist eine Erinnerung an die österreichisch-ungarische Vergangenheit der Stadt. Im Herbst 1992 wurde es zum Brennpunkt antirumänischer Spannungen, als Funar bekanntgab, es werde an ihm zusätzlich eine rumänisch-nationalistische Inschrift angebracht.[16]

Als ich im März 1993 Cluj besuchte, erzählte mir Adrian Marino, ein früherer Dissident, der nun Anfang Siebzig war, daß er immer noch Drohbriefe erhielte, die ihn beschuldigten, die Ungarn zu lieben und die Rumänen zu verraten. Marinos Kampfgeist wurde gestärkt durch seine Opposition gegen Funar und jene, die ihm gleichkamen und in denen er Nachfolger von Ceauşescu sah. Er vermutete, daß einige Angehörige der Securitate immer noch aktiv seien und daß sie diejenigen waren, die ihm Drohbriefe schickten.

Wohl unter dem Einfluß der Ereignisse im nahegelegenen Bosnien-Herzegowina haben die Europäer versucht, bei den gefährlichen Entwicklungen in Transsylvanien als Puffer zu dienen. Die zerstörerischen ethnischen Konflikte in Bosnien-Herzegowina mögen bei der Eindämmung ultranationalistischer Kräfte in Rumänien auch eine Rolle gespielt haben, denn nichts macht Menschen vorsichtiger als ein großes Feuer in der Nachbarschaft, das sie vielleicht davor zurückschrecken läßt, selber ein solches in Gang zu setzen.

Der rumänische Nationalfriedhof in Bukarest ist von einer Mauer umgeben. Außerhalb seines Haupttors liegen in einem kleinen Bereich, der von einem Schild mit der Aufschrift «Helden der Revolution» gekennzeichnet ist, die Opfer der Revolution vom Dezember 1989 begraben. Vom 21. Dezember bis zum

23. Dezember kamen etwa 400 Menschen in Bukarest ums Leben. Viele andere starben sonstwo im Lande, doch gehen die Berichte über die Gesamtzahl der Opfer auseinander: Ein Regierungsbericht nennt für das gesamte Land 689, während andere Schätzungen von mehr als 1000 ausgehen, aber nur den 400 Toten aus Bukarest ist als Helden der Revolution ein Denkmal gesetzt worden.

Ich besuchte diesen Ort mit einer Ingenieurin, deren Vater während des Ceauşescu-Regimes Diplomat gewesen war. Sie war sogar mit Ceauşescus jüngstem Sohn Nicu zur Schule gegangen. «Ich schäme mich dafür nicht, während meiner Studentenzeit Mitglied der Kommunistischen Partei gewesen zu sein», sagte sie, als hätte ich ihr einen Vorwurf gemacht. Der Kommunismus sei eine gute Idee gewesen, behauptete sie, die sich jedoch in der Praxis nicht besonders bewährt habe. Man könne Rumäniens Probleme nicht einzig und allein den Ceauşescu in die Schuhe schieben – «das System» selber sei schuld gewesen. Neben den Dissidenten und Intellektuellen, die sich gegen Ceauşescu stellten, gab es auch Rumänen, die dem Diktator gegenüber nicht ausschließlich negativ eingestellt waren. «Er hat gute Dinge getan und dafür gesorgt, daß die rumänische Identität nicht vollkommen von der sowjetischen Macht unterdrückt wurde», erklärte meine Begleiterin. Die weißen Marmorgrabsteine, die die Ruhestätten der Helden markieren, sind alle gleich, sieht man von den eingemeißelten Namen und den Fotos der Verstorbenen ab. Auf der Seite eines der Grabsteine hat jemand ein großes Metallschild angebracht, das die perfekte Symmetrie und die Sterilität der Reihen durchbricht. Darauf wird der Tod einer jungen Frau, die hier liegt, hinterfragt. Weil hier sowohl Securitate-Mitarbeiter als auch Demonstranten gegen Ceauşescu beerdigt sind, macht die von Zweifeln bestimmte Frage, wer denn hier die Helden sind, ein wirkliches Trauern unmöglich und damit den Friedhof der Helden der Revolution zu einer wirkungslosen Erinnerungsstätte.

Während wir zwischen den Grabsteinen einherschritten, berichtete meine Freundin, die Ingenieurin, wie sie mit angesehen hatte, wie ein Student vor der Fernsehstation von Bukarest erschossen wurde. Es handelte sich um einen jungen Mann, der scheinbar erst 19 Jahre alt war. Vielleicht lag er nun unter einem dieser Grabsteine. Sie sprach von ihm so beiläufig, als ob sie ihn bereits vergessen habe. Aber sobald wir durch das Tor zum Nationalfriedhof schritten, veränderte sich ihre Stimmung. Nun war sie wieder die stolze Rumänin.

Anders als der Friedhof der Helden der Revolution bringt der rumänische Nationalfriedhof wie der berühmte Novodevichiye-Friedhof in Moskau die Geschichte, die Kultur und die Seele des Volkes zum Ausdruck. Seine Gräber sind nicht steril und unpersönlich wie jene der Helden der Revolution.

Obwohl wir uns allein auf dem Friedhof befanden, bemerkten wir die tiefen Fußabdrücke eines Besuchers, der allem Anschein nach gekommen war, um den Schnee vom Grab des Dichters Mihail Eminescu (1850 bis 1889) zu entfernen, auf dem jetzt farbenprächtige Blumen, rote Beeren und grüne Blätter zu sehen waren. Eminescu, ein vielübersetzter rumänischer Dichter, hatte die Literatur seines Landes zu einem ihrer Höhepunkte geführt. Er war ein Symbol des vorkommunistischen Rumänien, jener Zeit, da Bukarest als das Paris Osteuropas galt. Die Beseitigung des Schnees war eine sehr ergreifende und aufschlußreiche Geste. Der Schnee, der alles bedeckte, schien mir den kollektiven Wunsch auszudrücken, die Dinge verborgen zu halten, den unlösbaren Konflikt und das Trauma zu bedecken, das die Rumänen gegenüber dem Kommunismus, den Ceauşescus, der Revolution und den Helden verspürten.

Meine Begleiterin begann ein Gedicht vorzulesen, das auf Eminescus Grabstein eingemeißelt ist, ohne sich die Mühe zu machen, es in die englische Sprache zu übersetzen. Dann deutete sie auf die Gräber anderer berühmter Dichter und Schriftsteller. «Die Vorstellung in den westlichen Ländern, daß wir Zigeuner sind, ist nicht korrekt!» sagte sie und identifizierte sich so mit einer idealisierten Vergangenheit, die sich von Nicolae Ceauşescu lossagte. Da ihr mein Versprechen nicht genügte, Eminescus Gedichte zu lesen, wenn ich wieder zu Hause sei, bestand sie darauf, daß wir eine englische Übersetzung seines Werkes in einem Buchladen suchten. Schnell verließen wir den Nationalfriedhof und durchstöberten einen Laden nach dem anderen, aber unglücklicherweise konnten wir keine Übersetzung finden. Ich fühlte mich etwa so abgeschnitten von Rumäniens schriftlichem Erbe, wie es die Rumänen selbst empfunden haben müssen, als die Staatsbibliothek während der Revolution zerstört wurde.[17] Als wir durch Bukarest spazierten, fragte mich meine Freundin, ob ich gern sehen möchte, wo sie früher gewohnt hat. Sie unternahm möglicherweise unbewußt einen Versuch, in ihre Vergangenheit zurückzukehren und sie zu überprüfen. In einer gewissen Weise zeigte der Spaziergang mit einem Psychoanalytiker, von dem sie denken mochte, daß er ihren inneren Kampf verstünde, ihre Bereitschaft, sich ihren Gefühlen für Rumänien zu stellen, ihre eigene Bindung und die ihrer Familie an die Familie des früheren Diktators zu lösen. Dies war etwas, was die Rumänen kollektiv noch nicht leisten konnten. Wir waren etwa eineinhalb Kilometer weit gegangen, als wir zu der Fernsehstation mit ihrem hohen Turm kamen. In einem Garten davor stand ein einsames Grabmal aus geschnitztem Holz. Plötzlich wurde mir klar, daß es das Grab des 19jährigen Studenten sein könnte, dessen Tod sie dort miterlebt hatte. Vielleicht hatte sie mich mit hierher genommen, um schließlich doch um ihn zu trauern. Während sie schweigend dastand, erkannte ich ihre Trauer und sah, daß sie nicht länger das, was geschehen war, verleugnen konnte.

Ceauşescus Wohngegend befand sich jenseits des Fernsehsenders. Dies war eine der am wenigsten heruntergekommenen Gegenden von Bukarest, und es gab hier Einfamilienhäuser mit ummauerten Gärten. Ein paar Kinder spielten im Schnee nicht weit von einem Haus, das allem Anschein nach während der Revolution niedergebrannt worden war. Einige Gebäude waren von Kugeln beschädigt. Die gegenwärtige Ruhe bildete einen krassen Gegensatz zu den Ereignissen, die sich ein paar Jahre zuvor abgespielt hatten.

Beim Abendessen am nächsten Tag saß ich zwischen Vasile Popovici, einem Parlamentsabgeordneten der Demokratischen Konvention, und der Stadtplanerin Mariana Celac. Popovici trug einen sehr gepflegten Bart und eine scharlachrote Jacke. Mit seinen strahlendblauen Augen sah er aus wie ein Schauspieler, der einen Fürsten spielt. Celac dagegen trug ein einfaches schwarzes Kostüm und kein Make-up, sie wirkte asketisch wie eine Nonne. Während das Orchester spielte, eine Sängerin sang und der Kellner mehr und mehr delikate Gerichte auftrug, hätte man glauben können, wir säßen ohne alle Sorgen in der Hauptstadt eines westeuropäischen Landes bei einem geselligen Abend zusammen. In dieser Atmosphäre war es schwierig, irgendeinen Schmerz wahrzunehmen, den die Anpassung an das Rumänien nach Ceauşescu meinen Tischgenossen bereitete.

Aber dann beschrieb Frau Celac mir, wie sie bei der Planung eines Denkmals für die Helden der Revolution enttäuscht worden war. Als Beraterin für dieses Projekt hatte sie den Plan unterstützt, das Monument nach dem Vorbild einer kleinen, aber emotional und religiös bedeutsamen Kirche zu gestalten, die von Ceauşescu zerstört worden war. Sie glaubte, dies würde eine angemessene Geste für die Opfer darstellen. Sie war jedoch höchst überrascht, als die Mehrheit des Planungsausschusses diese Idee zurückwies und statt dessen einen Entwurf von gewaltigen Proportionen auswählte, der den Größenwahn und den Nationalismus eines Ceauşescu widerspiegelte. Es schien so, als lebe Ceauşescu im Geist des gesamten Ausschusses weiter. Warum sonst würde man solch unangemessene und paradoxe Mittel in Betracht ziehen, um jene zu ehren, die bei Ceauşescus Sturz getötet worden waren?

Als ich kaum ein Jahr später, Ende Mai 1994, nach Bukarest zurückkehrte, hatte es nur wenige äußerliche Veränderungen gegeben. Instandsetzungen von öffentlichen Gebäuden gab es kaum. Angesichts dessen war die Entscheidung, Ceauşescus gigantischen Palast (als Sitz des Parlamentes und des Obersten

Gerichts) fertigzustellen, aufschlußreich. Statt die Realitäten der Gegenwart in Betracht zu ziehen, machte die Regierung einfach weiter und vollendete die frühere Casa Poporului, so wie sie von Ceauşescu geplant worden war. Aber es gab auch kaum Erneuerung in der Zusammensetzung der Regierung. Funar war immer noch Bürgermeister von Cluj-Napoca. Nur in der Planung für die Gedenkstätte zu Ehren der Helden der Revolution hatte sich etwas verändert: Man hatte sich für ein bescheideneres Denkmal entschieden.

Ermutigendere Signale kamen von Liviu Luca, dem Präsidenten der Gewerkschaft Petrom, der die Beziehungen zwischen rumänischen und ungarischen Gewerkschaftmitgliedern als harmonisch beschrieb. Luca verfügte über eine gesunde Zukunftsvision. Er war sich deutlich bewußt, daß die Rumänen in der Zeit nach dem Kommunismus und nach Ceauşescu vorrangig damit beschäftigt waren, eine neue Gruppenidentität zu finden. Er erzählte uns die Geschichte von Pula.

Während des Ceauşescu-Regimes war Pula der Name einer fiktiven Person, die Thema weitverbreiteter Witze war und als solche zu einem eigenständigen Symbol des Nationalcharakters wurde. Als ein typischer Hanswurst war dieser Typ ein hilfloser, erniedrigter Feigling (in Rumänien ist *pula* ein vulgäres Wort für Penis). In einer der Geschichten geht Pula zu einer politischen Versammlung, öffnet seine Aktentasche, zieht einen Revolver heraus und zielt auf Ceauşescu. Er schießt und schießt, aber in ihrer Begeisterung stößt die euphorische Masse Pula hin und her, was dazu führt, daß er das Ziel in einer rührend-komischen Weise immer wieder verpaßt.

Pula repräsentierte die Rumänen unter dem kommunistischen Regime. Weil sie fürchteten, ihre zynische Einstellung gegenüber dem Regime zum Ausdruck zu bringen, wurde ihre kollektive Furcht durch Haß auf den früheren Diktator in komisches Pathos umgewandelt. Vor der Revolution schienen Gefühle der Erniedrigung und der Scham jene zu beherrschen, die am Regime und an der sozialen Interaktion, die von ihm verlangt wurde, beteiligt waren. Doch als die Ceauşescus getötet wurden, verschied auch Pula; seine Existenz hing von der ihren ab. Nach Lucas Ansicht suchten die Rumänen immer noch nach einer neuen Identität, einem modifizierten ethnischen Zelt.

Vielleicht können wir uns nur schwer vorstellen, daß es leichter ist, sich von einem guten Führer zu lösen, als von einem schlechten. Mit Hilfe der Medien begehen die Amerikaner immer noch die Jahrestage von John F. Kennedy und Martin Luther King jun., zwei guten Führergestalten. Aber warum sollte man an schlechten Führern festhalten, wenn sie nicht mehr da sind? Die Antwort hängt mit dem psychologischen Phänomen der Identifikation mit dem Aggressor zusammen. Wenn wir jemanden sehr fürchten, ihn gar für omnipotent halten, dann können wir mit unserer Angst ihm und seinem Bild gegenüber beispielsweise so umgehen, daß wir sein Bild internalisieren und zu einem Teil unserer selbst machen. Wenn sich dies auf gesellschaftlichem Niveau abspielt, führt das zu einer so paradoxen Situation wie jener in Rumänien, wo die gefürchtete Person gehaßt, aber gleichzeitig auch als Teil der nationalen Identität benötigt wurde. Eine Überprüfung dieses Phänomens hilft uns auch, ähnliche Paradoxa zu verstehen, warum etwa neonazistische Gruppen in Deutschland bestimmte Aspekte von Hitler lebendig erhalten haben und warum es in Rußland viele Menschen gibt, die voller Nostalgie auf die Herrschaft Stalins zurückblicken.

Nach seinen bescheidenen Anfängen gelang es Ceaușescu, in wahrhaft stalinistischer Weise einen Personenkult zu schaffen. In einem Land, das in der Geschichte immer wieder besetzt worden war und jahrhundertelang von fremden Mächten beherrscht wurde, sprachen Ceaușescus Chauvinismus und Supernationalismus viele Rumänen an. Mit seinem zwischen Passivität und Brutalität, zwischen Sentimentalität und Unzerstörbarkeit schnell wechselnden Kurs war er zu einem unberührbaren Führer geworden. Gegen Ende seiner Diktatur schienen die Leute Elena Ceaușescu mehr zu hassen als Nicolae, aber da die beiden als ein Team angesehen wurden, das sowohl die weibliche als auch die männliche Seite der Führung repräsentierte, wurden sie als «totale Eltern» betrachtet. Unberührbare charismatische Leitfiguren stellen, wie psychoanalytische Studien zeigen, für ihre Anhänger eine Verbindung von weiblichen mit männlichen Qualitäten dar.[18] Darüber hinaus verwirren sie ihre Gefolgschaft und machen sie durch ihre plötzlichen Persönlichkeitsveränderungen von der Führung, den Pfosten des ethnischen Zeltes, abhängig. Aus dem Blickwinkel eines westlichen Menschen war der Ceauşescu-Kult von pathologischen Elementen geprägt. Aber nach Trond Gilbert, einem Experten für rumänische Geschichte, stimmte dieser Persönlichkeitskult «dennoch völlig mit der rumänischen historischen Tradition [überein], in der der ‹Domn› oder Führer in orientalischer Pracht lebte und die Kontrolle über alle Bereiche des Lebens der Menschen beanspruchte… Wieder einmal hat die Geschichte stark und entscheidend auf das Entstehen einer vermeintlich neuen politischen und ethischen Ordnung eingewirkt.»[19]

Wie in Freuds Rekonstruktion der menschlichen Geschichte war in Rumänien anstelle der getöteten Vatergestalt ein Totem geschaffen worden. Funar und andere extreme Nationalisten und möglicherweise auch die Regierung selbst übten einen totemartigen Einfluß auf das rumänische Volk aus und verwischten die Trennungslinie zwischen dem Rumänien vor und nach Ceauşescu. In vielfacher Hinsicht sah es, insbesondere an der Oberfläche und außerhalb von Bukarest, so aus, als ginge alles weiter wie zuvor. Viele frühere Führer der Kommunistischen Partei «erneuerten» sich «selbst» und blieben in Machtpositionen. Wie zuvor beschrieben, ließen die Pläne für ein Denkmal der Helden der Revolution auf die Existenz von ungelösten emotionalen Komplikationen schließen, da die gute Absicht, die Toten zu ehren, durch den unbewußten Vorsatz verdorben wurde, bestimmte Aspekte Ceauşescus am Leben zu halten.

Während meiner beiden Besuche in Rumänien schien Ceauşescus Präsenz wie eine Geisterhand, die noch lange nach seinem Tode die Fäden zieht. Selbstverständlich wird niemand nach ein paar Übergangsjahren Wunder erwarten – die Verwirrung und die Angst, die ich beobachten konnte, waren zu erwarten.[20] Ein sicheres Zeichen dafür, daß mit dem Bild der Ceaușescus realistischer umgegangen werden konnte, stellte die Entfernung ihrer Leichen aus anonymen Gräbern und ihre Neubestattung in gekennzeichneten Gräbern zu Zeiten meines zweiten Besuches in Bukarest dar. Die Umbettung half, ihren Tod realer erscheinen zu lassen, da es nun eine konkrete Grabstätte der Ceaușescus gab. Dieser Platz konnte auch eine Gelegenheit zur Versöhnung bieten. «Wir müssen sie ja nicht wie die Hunde behandeln», meinte jemand dazu. Einige Menschen haben die neuen Grabstätten besucht und Kerzen in Erinnerung an die gestürzten Führer angezündet, aber wahrscheinlich werden im Laufe der Zeit immer weniger Rumänen die Gräber besuchen. Ob sie das tun oder nicht, das Wissen darum, daß die Ceaușescus an einer bestimmten Stelle bestattet sind, wird den Rumänen helfen, ihren Verlust zu betrauern.

Das interessanteste Zeichen dafür, daß die Trauer um die Ceaușescus nun einsetzen konnte, war ein Film mit dem Titel *Das Doppelbett* des Regisseurs Mircea Danelive, von dem auch das Drehbuch stammte. Versteckte, gemeinsame soziale Prozesse finden oftmals in der Kunst direkten Ausdruck, als würden die Künstler in einer Gesellschaft zu Sprechern desjenigen, was man als «versteckte Aufzeichnungen» bezeichnen könnte.[21] Hierbei handelt es sich um die gemeinsamen Ideen und Botschaften, die üblicherweise von der Gesellschaft verborgen gehalten werden und oft im Gegensatz zu den «öffentlichen Aufzeichnungen» stehen, die unverhüllt zum Ausdruck kommen. Während die Rumänen im allgemeinen ihre Verbindungen zum Ceaușescu-Regime leugnen oder nur Freude über den Tod des Diktators und seiner Frau zum Ausdruck bringen, zeigen Künstler wie Danelive, daß sich die Bevölkerung auch weiterhin unbewußt mit Ceaușescu beschäftigt.

Danelives *Doppelbett* ist eine absurde Komödie, «erfüllt vom Schatten des verstorbenen Diktators; sie greift als Motiv sogar den Hubschrauber auf, der ihn während seines Sturzes ‹hinwegzauberte› und der in Form von Rotoren und anderen Einzelteilen in Erinnerung gebracht wird, die durch einen früheren Geheimpolizisten auf der Straße verkauft werden».[22] Doch eigentlich dreht sich der Film um Vasile, der möchte, daß seine Frau Carolina sich einer Abtreibung unterzieht, was im strikten Gegensatz zur geburtenfördernden Politik Rumäniens unter Ceauşescu steht. Das Paar hat nicht genug Geld, um eine Abtreibung bezahlen zu können, doch würde der Eingriff auf die Dauer weniger Geld kosten, als ein weiteres Kind zu ernähren. Vasile findet ein Exemplar eines der Bücher von Ceauşescu und stellt fest, daß es einen beträchtlichen Wiederverkaufswert haben könnte, weil es die Nummer von Ceauşescus Schweizer Bankkonto enthalten soll. Man muß einfach nur die im Text verborgenen Zahlen entschlüsseln, um Zugang zu seinen versteckten Reichtümern zu erhalten. Der Führer, so deutet Danelive an, bleibt sogar über seinen Tod hinaus mächtig. Auf seine Weise stellt Vasile eine Variante des verwirrten Pula dar, dessen stumpfer Zorn jenen der Gesellschaft reflektiert. Dieser Zorn ist ein Kernelement, wenn es darum geht zu akzeptieren, daß sich ein Wandel oder Verlust vollzogen hat: ein Meilenstein im Rahmen der Trauerarbeit.

Ähnliche Beispiele tauchten in der Sowjetunion auf, als Perestroika und Glasnost es erlaubten, Dinge künstlerisch frei zum Ausdruck zu bringen, die zuvor der Zensur unterlagen. So setzte sich beispielsweise in der Ära Gorbatschow ein sowjetischer Film von Tengiz Abuladze mit dem Titel *Pokjaniyeaka, Monanieba* (Reue, 1987) symbolisch mit der Stalinära auseinander. Er spielt in einer mythischen Stadt und schildert einen Schurken, der offensichtlich Persönlichkeitszüge Stalins aufweist. Die Figur, die Stalin repräsentiert, stirbt und wird beerdigt, aber ihr Leichnam wird ausgegraben (symbolisch zurück ins Leben gebracht), und dies nur, um erneut bestattet zu werden. Diese Wiederholung reflektiert sowohl die Schwierigkeit, den Tod eines Diktators zu akzeptieren, als auch die normale Psychologie des Trauerns, bei dem wir die Toten auf eine allmähliche Art «sterben» lassen.

274

Diejenigen Rumänen, die über die Macht verfügen, möchten ihre Vergangenheit gerne vergessen, sie sauber unter den Teppich kehren und sich schnell in Europa, in die Nordatlantische Verteidigungsgemeinschaft und die Europäische Gemeinschaft integrieren. Aber einige Probleme, ob nun vergraben oder verleugnet, schwelen weiter, und wenn sie in Flammen aufgehen, können sie den Teppich, der sie bedeckt, in Brand setzen und das ganze Haus durch Feuer zerstören, wie es im früheren Jugoslawien geschehen ist. Rumänien wurde, trotz der Einwände der ungarischen Minderheit, am 7. Oktober 1993 offiziell als Vollmitglied des Europarats zugelassen. Zwei Tage später betonte Präsident Iliescu in Straßburg, wo der Rat seine Gipfeltagung abhielt, Rumäniens Engagement für Demokratie und Reformen, obwohl viele Mitglieder des Rates und sogar einige Rumänen hinsichtlich der Absichten der Regierung skeptisch waren. In einem Artikel der Bukarester Zeitung *Severin* hieß es, daß die rumänische Regierung sich nicht länger «wie ein Schulkind verhalten könne, dessen Hauptinteresse darin besteht, seinen Lehrer zu beschwindeln... Wir betrachten den Europarat immer noch als einen Gegner oder einen politischen Rivalen und nicht als eine Familie, in die wir mit allen Rechten und Verpflichtungen aufgenommen worden sind.»[23] Dennoch unternahm Präsident Iliescu politisch korrekte Schritte, etwa indem er Rumäniens Rolle bei der Ausrottung der Juden während der nationalsozialistischen Phase anerkannte.[24] Die Aussichten für eine Integration Rumäniens in die westlichen wirtschaftlichen und militärischen Strukturen bleiben gut, wenn Rumänien seine Wirtschaft in Ordnung bringen kann.

Im Herbst 1995 kam Präsident Ion Iliescu in die Vereinigten Staaten, um mit Präsident Bill Clinton zusammenzutreffen. Als er vor dem nationalen Presseclub in Washington auftrat, war es deutlich, daß die Zugehörigkeit zu einer Bruderschaft demokratischer Staaten ihm half, die Entwicklung zu politischer

Reife in Rumänien voranzutreiben. Er berichtete, daß immer mehr Zeitungen in seinem Lande erhältlich waren und private örtliche Fernsehstationen eingerichtet wurden. Während er ein korrektes, aber von starkem Akzent geprägtes Englisch sprach, stellte er seine nationalistischen Gefühle und seinen Stolz, ein Rumäne zu sein, unter Beweis, als er Rumänien als das Zentrum Europas bezeichnete. Er regte sich jedoch auf, als ihm Fragen hinsichtlich der in Rumänien lebenden Ungarn gestellt wurden, und verlangte von der Zuhörerschaft Verständnis für die Sensibilität dieser Thematik. Ganz zufällig ertönte plötzlich ein Feueralarm und unterbrach Iliescu. Nach einer Schrecksekunde fragte er: «Ist das die Polizei?» Dann gewann er seine Fassung wieder.

Ein Jahr später unterzeichnete Rumänien auf Drängen der Europäischen Union ein Abkommen mit Ungarn, welches die bestehenden Grenzen bestätigte. Später in jenem Herbst stellte sich Iliescu der Wiederwahl. In einem Interview mit der Journalistin Jane Perlez von der *New York Times* gab Silviu Brucan, ein rumänischer Botschafter in Washington während der 50er Jahre, Ansichten aus dem inneren Zirkel der Macht preis. Brucans Bemerkungen bestätigten die Auffassung, daß die Rumänen den Wandel fürchteten und bereit zu sein schienen, schwere Armut zu ertragen (im Jahre 1996 betrug das Durchschnittsgehalt in Rumänien 100 Dollar im Monat).[25] Iliescu hatte wenig unternommen, um die zentralisierte Wirtschaft zu entflechten, und Rumäniens Gesundheitssystem galt als das schlechteste in Mitteleuropa; seit der Ära Ceaușescu war nur wenig unternommen worden, um es zu verbessern. Brucan deutete an, daß das Zögern Iliescus und seiner Umgebung, das alte System zu verändern, auf den kommunistischen Hintergrund der Führung zurückzuführen sei. Vielleicht ist dies richtig, aber ich glaube, daß die Paralyse in Rumänien zu einer Zeit, als in anderen osteuropäischen Staaten drastische Veränderungen stattfanden (zum Beispiel in Polen, Ungarn, der Slowakei), auch auf eine Unfähigkeit zu trauern zurückzuführen war. Iliescu, seine Partei und möglicherweise viele Angehörige der Gesellschaft ins-

gesamt fuhren fort, sich am «verlorenen» Rumänien festzu-
klammern.

Iliescu verlor die Präsidentschaftswahlen gegen Emil Constantinescu, einen 55jährigen Geologieprofessor, der niemals
zuvor in ein Amt gewählt worden war. Constantinescus Amts-
einführung fand in der Casa Popolurui statt. In seiner Rede
sagte der neue Präsident: «Es ist unsere Pflicht, die Vergangenheit nicht zu zerstören oder zu begraben, sondern aus diesem
Gebäude einen anständigen Ort zu machen, durch Umwandlung eines Palasts, der als Symbol der Diktatur errichtet wurde,
in ein Symbol der Demokratie.»[26] Es ist noch nicht klar, ob es
Constantinescu gelingen wird, eine neue rumänische Identität
zu schaffen, die vom Geist Ceauşescus frei sein wird.

KAPITEL

Experiment in Estland:
«Inoffizielle Diplomatie» in Aktion

In der Psychologie von Großgruppen gibt es zwei grundlegende und miteinander im Zusammenhang stehende Prinzipien. Erstens kann eine Gruppe nicht dieselbe sein wie ihr Nachbar (die andere). Zweitens muß eine psychologische Grenze zwischen den Identitäten von benachbarten Großgruppen aufrechterhalten bleiben. Das Vertrauen in diese Prinzipien wird um so stärker, wenn Belastung und Angst ansteigen. Zu solchen Zeiten spielen Rituale zur Aufrechterhaltung der beiden Prinzipien eine wichtige Rolle: die übertriebene Herausstellung wichtiger Differenzen, die Überspitzung kleinerer Differenzen, bis sie bedeutsame Ausmaße annehmen, die Verwendung gemeinsamer symbolischer Objekte, die Reaktivierung schlafender gewählter Traumata und Heldentaten sowie die Erfahrung, daß physische Grenzen gleichsam «psychologische Häute» sein können. Zwischenzeitlich werden politische Führer dazu veranlaßt, sich zu Sprechern dieser Rituale zu machen, während sie diese bewußt oder unbewußt beobachten, anfachen oder eindämmen.

Kriege, die Erwartung, in eine Opferrolle zu geraten, wirtschaftlicher Zusammenbruch und der Tod eines Führers schaffen ebenso Belastungen und Ängste für die Großgruppe wie Revolutionen und Verlagerungen von einer politischen Kultur zur anderen. Krieg und Angst bringen, wie die Geburt einer Nation, ihre eigenen gemeinsamen mentalen Darstellungen hervor. Solche Darstellungen verbleiben im Kollektivbewußtsein der Gruppe und können von einer Generation zur nächsten weitergegeben werden. Wenn es Elemente einer mentalen Repräsentation gibt, die weiterhin Ängste provozieren, werden sie mit größter Wahrscheinlichkeit in etwas modifizierter Form auch in den Wahrnehmungen der nächsten Generation von sich selbst oder von anderen bestehen.

Die Revolution in Estland hatte komplexe Auswirkungen auf die Identität der Esten. Diese unterschieden sich deutlich von den Wirkungen der Revolution in Rumänien, obwohl die beiden Übergänge sich in etwa zur gleichen Zeit ereigneten. Estlands unblutiger Bruch mit der Sowjetunion führte nicht nur zu Erleichterung und Stolz, sondern war paradoxerweise auch von Ängsten hinsichtlich der Aufrechterhaltung einer «reinen» estnischen Identität begleitet. Während die Rumänen ihre Herkunft auf die Römer zurückführten und sich daraus ein geschichtliches Kontinuum ergab, das man in die Zukunft ausdehnen konnte, bot die Geschichte Estlands weniger Hilfe für die Aufrechterhaltung der Gruppenidentität.

Estland, der nördlichste der drei baltischen Staaten, bedeckt ein Territorium von 45 215 Quadratkilometern – das entspricht etwa der Größe von Dänemark. In Estland leben etwas mehr als 1,5 Millionen Menschen. 61,5 Prozent von ihnen sind, ethnisch betrachtet, Esten, 30,3 Prozent sind Russen, und die anderen haben ihre Wurzeln in der Ukraine, in Weißrußland, Skandinavien und anderswo. Man weiß wenig über die ersten Einwohner Estlands. Finnisch-estnische Stämme, die aus Zentralasien stammten, gründeten um das Jahr 1500 v. Chr. Siedlungen und eine patriarchalische Gesellschaft und schufen die Grundlage für Estlands finnisch-ugrische Sprache. Seit dem Mittelalter war Estland Bestandteil vieler Reiche und Einflußsphären. Die Wikinger überrannten das Territorium im 9. Jahrhundert. Die

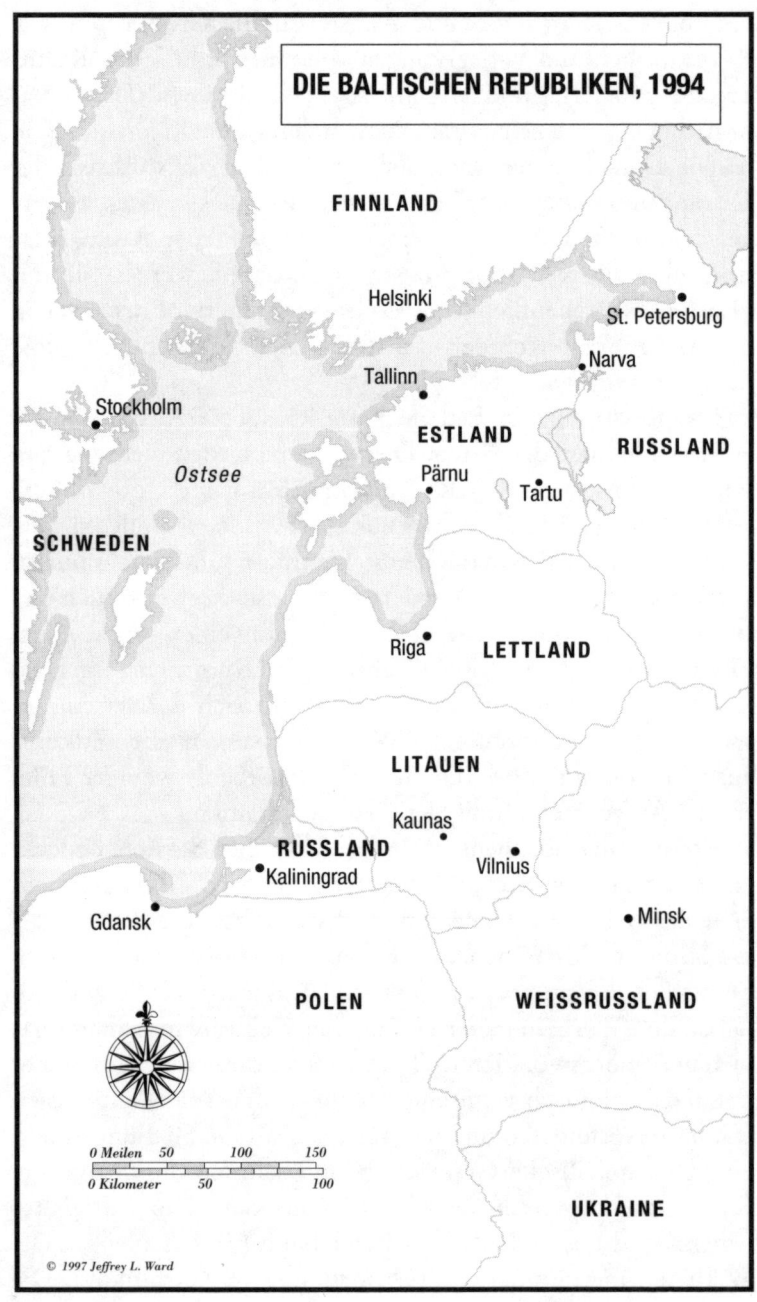

DIE BALTISCHEN REPUBLIKEN, 1994

FINNLAND

Helsinki

St. Petersburg

Narva

Tallinn

Stockholm

ESTLAND

RUSSLAND

Ostsee

Pärnu

Tartu

SCHWEDEN

Riga

LETTLAND

LITAUEN

Kaunas

RUSSLAND

Vilnius

Kaliningrad

Gdansk

Minsk

POLEN

WEISSRUSSLAND

0 Meilen 50 100 150
0 Kilometer 50 100

UKRAINE

© 1997 Jeffrey L. Ward

Deutschritter drangen im 12. Jahrhundert ein, um die Region zu christianisieren, und ihre Nachkommen dort übten viele Jahrhunderte lang als Feudalherren Macht aus. Auch die Dänen errangen die Kontrolle über Teile Estlands, ebenso die Hanse. 1561 übernahm Schweden und 1710 Rußland die Regierungsgewalt. Die Macht des russischen Reiches über das Land dauerte bis 1918, als Estlands Unabhängigkeit erklärt wurde, doch diese endete bereits 1940 wieder, als Estland von der Sowjetunion «erobert» wurde.

Wie die recht winzige Bevölkerung Estlands über Jahrhunderte der Fremdherrschaft hinweg ihre Identität aufrechterhielt, kommt einem Wunder nahe. Während es der estnischen Kultur gelang, in irgendeiner Form die Jahre zu überstehen, war es den Bemühungen estnischer Intellektueller im 19. Jahrhundert zu verdanken, daß die Esten ernsthaft als Ethnie oder Nation betrachtet wurden. Besonders einflußreich war Friedrich Kreutzwald (1803–1882), der *Kalevipoeg* schrieb, die klassische estnische Saga, in der er die mythologischen Anfänge der Großgruppe neu schuf. Nachdem nun konkrete Beweise für eine gemeinsame Vergangenheit vorhanden waren, begann sich der Begriff *Eesti rahvas* (estnisches Volk) zu einer sichtbaren und spürbaren Identität zu entwickeln.

Das wachsende Wir-Gefühl in Estland traf auf ein Echo in einem ungewöhnlichen gemeinsamen Ersatzobjekt: dem Singen von Volksliedern. Das Singen patriotischer Lieder spielt in Großgruppenritualen oftmals eine Rolle, und es stärkte die Verbundenheit unter den Mitgliedern der Gruppe, die sich nun *Eesti rahvas* nannte. Das erste estnische nationale Sängerfest wurde 1869 in Viljandi veranstaltet, und es folgten dann weitere im Abstand von etwa fünf Jahren.[1] Die Bedeutung der Sängerfeste wurde schnell größer. 1894 versammelten sich 50 000 Esten, um zu singen und zuzuhören.

Das Gefühl der Zusammengehörigkeit, welches die Sängerfeste schufen, verhalf zur Definition dessen, was estnisch ist und was nicht. Es entstanden Initiativen zur Reinigung der Volksmusik und zur Standardisierung der estnischen Sprache, um auf diese Weise ausländische Einflüsse, etwa deutsche, auszuschalten. Deutsch wurde in Teilen Estlands auch noch während der schwedischen und russischen Zeit gesprochen. Neue Russifizierungsprogramme konnten die eifrigen Bemühungen der Esten zur Festigung ihrer nationalen Identität, welche die Bedeutung des Lesens und anderer intellektueller Aktivitäten betonten, kaum bremsen. Für die Esten stellte die intellektuelle Überlegenheit über ihre Besatzer eine Art von Verstärker für ihre Großgruppenidentität dar; hierin lag ihr gewählter Ruhm, ein Ersatz für militärischen Ruhm. 1897 konnten 96 Prozent der Esten lesen, und Estland wurde zur am stärksten alphabetisierten Region des russischen Reiches.

Trotz der Revolutionsversuche von 1905 wurden die Esten immer noch von Rußland beherrscht, als 1914 der Erste Weltkrieg ausbrach. Zunächst lag Estland am Rande des Kriegsgeschehens, aber schließlich wurden einige hunderttausend Esten für das russische Militär mobilisiert. 12 000 Esten fielen. 1917 fürchteten die Esten, insbesondere nach der Eroberung Rigas im benachbarten Lettland, eine deutsche Invasion. Im Herbst dieses Jahres eroberten die Deutschen die estnischen Inseln westlich des Festlandes und begannen im Februar 1918 den Vormarsch auf die estnische Hauptstadt Tallinn. Die deutschen Streitkräfte drangen in Tallinn ein und beendeten dort die russische (nun bolschewistische) Herrschaft. Hin- und hergerissen zwischen Deutschen und Russen, und von Briten, Finnen und anderen unterstützt, gewannen die Esten im Jahre 1920 ihren Unabhängigkeitskrieg und begannen ihr Leben als Bürger einer unabhängigen Republik. Doch im Jahr 1939 unterzeichneten die Sowjets das Geheimabkommen mit NS-Deutschland und stimmten der Teilung Polens im Austausch gegen die Kontrolle über die baltischen Staaten zu. Sehr bald sicherten sich sowjetische Streitkräfte militärische Stützpunkte in Estland und schlossen das Land 1940 der UDSSR an.

Als die deutsche Wehrmacht 1941 die Sowjetunion überfiel, wurde dadurch der Nichtangriffspakt der beiden Staaten gebrochen, und Estland wurde erneut zum Schlachtfeld zwischen

Deutschen und Russen. 1941 wurden etwa 60 000 Menschen (sechs Prozent der estnischen Bevölkerung) deportiert, in Gefangenenlager gesteckt oder zur sowjetischen Armee eingezogen.[2] Zu den Deportierten zählten Intellektuelle, Bauern, Soldaten und religiöse Führer. 1944 war die sowjetische Herrschaft wieder fest etabliert. Die Esten wurden entsprechend ihrer früheren Verbindungen zu den Sowjets, zu den Nazis oder ihrem Widerstand gegen beide eingeteilt. 1949 waren nur noch 775 000 Esten von einer Vorkriegsbevölkerung von 1 134 000 übriggeblieben.[3] Während die estnische Bevölkerung dahinschwand, ermutigten die Sowjets ethnische Russen, sich in Estland niederzulassen.

Im sowjetischen Estland entwickelte sich der Wunsch nach Wiedererlangung der Unabhängigkeit langsam, aber stetig in der Atmosphäre, die von Glasnost und Perestroika geschaffen wurde. Im Unterschied zur rumänischen Rebellion gegen einen gefürchteten mächtigen Führer richtete Estland seine Revolution gegen einen Besatzerstaat, nämlich die Sowjetunion. Weil die estnische Führung nicht diktatorisch war und in Einklang mit dem Wunsch des Volkes nach Unabhängigkeit handelte, gab es in Estland keinen blutigen politischen Kampf, als das Land sich von der UDSSR trennte. Die unblutige Revolution, die zur erneuten Unabhängigkeit Estlands führte, ist mit Recht als die singende Revolution bekannt geworden, weil sie ihren Anfang bei einer ganztägigen Demonstration auf dem Gelände des Sängerfests von 1988 in Tallinn nahm, aber auch wegen der symbolischen Bedeutung von Volksliedern für das estnische Wir-Gefühl.[4]

Als die estnische Unabhängigkeit wiederhergestellt war, sahen sich die Esten mit vielen praktischen und psychologischen Problemstellungen konfrontiert. Am schwierigsten war die andauernde Anwesenheit von Tausenden früheren Sowjetsoldaten in Estland und die Existenz von Hunderten von militärischen Anlagen, welche Esten nicht betreten durften. Jeder dritte Bewohner war ein ethnischer Russe, ob er nun zu jenen gehörte, die seit Generationen in Estland ansässig waren, oder während der Okkupationszeit ins Land gekommen war.[5] Andere Auseinandersetzungen drehten sich um die Grenzziehung und die Administration der neuen Grenze mit Rußland und um die Übertragung von Besitz, der zuvor unter kommunistischer Kontrolle gestanden hatte. Ungeklärt war auch, wer denn ein Bürger des neuen Staates werden konnte. Die Esten fürchteten zudem, daß die Russen, die nun in Estland lebten, eine «fünfte Kolonne» bilden könnten, die letztendlich eine Rückkehr zur Vorherrschaft der Russen vorbereitete. Das organisierte Verbrechen, das mit verschiedenen ethnischen Mafiagruppen zusammenhing, stellte eine andere Bedrohung für die Kontrolle der Esten über ihr eigenes Land dar.

Hinzu kam, daß die russische Regierung Druck auf Estland ausübte, indem sie sich über Menschenrechtsverletzungen gegen Russen beschwerte. Diese Klagen gründeten sich auf das, was Moskau als außerordentlich strenge und zwiespältige Anforderungen bei der Erteilung der Staatsbürgerschaft begriff.[6] Die estnische Regierung hatte als Bestandteil der Kriterien, die für die Erlangung der Staatsbürgerschaft erfüllt werden mußten, eine schwierige Sprachprüfung eingerichtet, die nicht standardisiert war und die, wie berichtet wurde, sehr geheimnisvolle Fragen enthielt. Da die meisten der Russen, die in Estland lebten, die estnische Sprache nicht sprachen und es wahrscheinlich war, daß die Prüfer ihren früheren Unterdrückern gegenüber negativ eingestellt waren, wurde diese Prüfung als unfair betrachtet.[7] Einigen Darstellungen zufolge bestanden selbst solche Leute die Prüfung nicht, die die schwierige estnische Sprache gut beherrschten. Nach so vielen Jahren der Unterwerfung durch andere Mächte, setzten die jüngst befreiten Esten die Russen mit den Sowjets gleich und fürchteten eine weitere Invasion, insbesondere solange frühere Sowjettruppen in Estland blieben und die aggressive Rhetorik von Ultranationalisten, wie etwa Wladimir Schirinowskij, eine harte Linie gegenüber den baltischen Staaten forderte.[8]

Schaut man sich die komplexen Probleme des unabhängigen Estland durch eine psychoanalytische Brille an, mag dies zur Betrachtung unbewußter, aber potentiell zu Schwierigkeiten führender Elemente nützlich sein. Doch ein derartiges Unterfangen wirft unvermeidlicherweise Fragen auf. Gibt es Methoden zur Untersuchung dieser Elemente und ihrer Modifizierung, so daß sie nicht länger die Großgruppe und zukünftige Generationen beeinträchtigen? Gibt es Wege zur Anwendung psychoanalytischer Einsichten auf politische, rechtliche, ökonomische und soziale Veränderungen in einem Land, das sich um eine neue Identität bemüht? Und letztlich: Wie können Institutionen so gestaltet werden, daß sie die psychologischen Einsichten aufnehmen und als ein Gegenmittel gegen Regressionen in der Großgruppe und bei der Interaktion zwischen Führer und Gefolgschaft wirken?

Um solche Fragen anzusprechen, arbeitete das Center for the Study of Mind and Human Interaction zusammen mit dem Carter Center in Atlanta an einem mehrjährigen Estlandprojekt.[9] Als wir im April 1994, drei Jahre nachdem Estland seine Unabhängigkeit errungen hatte, damit begannen, die Lage zu untersuchen, empfanden wir die Esten als sehr ruhig, reserviert und vorsichtig. Nur wenige waren bereit, ihre Gedanken und Gefühle offen zum Ausdruck zu bringen. Das Leben unter der 50 Jahre währenden Sowjetherrschaft hatte sie eindeutig geprägt. Nachdem sich ein gewisses Maß an Vertrauen gegenüber einem Fremden entwickelt hatte, waren einige Esten bereit, ihre Wut gegenüber den Russen in psychosomatischer Weise, etwa durch den Gesichtsausdruck, zum Ausdruck zu bringen, aber auf andere Weise äußerten sie sie nicht.[10]

Wenn Esten sich selber die Frage stellten: «Wer sind wir jetzt und wohin gehen wir?», dann konnten sie sich allesamt darauf berufen, daß sie es irgendwie geschafft hatten, ein Jahrtausend unter verschiedenen fremden Herren zu überstehen. Während der Sowjetperiode wurde die Geschichte Estlands in einer sowjetischen Lesart neu verfaßt, und die gerade erst wiederentdeckten Helden und Mythen Estlands wurden durch sowjetische ersetzt. Das Russische wurde zur Sprache der Sängerfeste, bis Glasnost und Perestroika dazu führten, daß auch das Estnische geduldet wurde.

Peeter Tulviste, Psychologe und Rektor der Universität Tartu, hat es so formuliert: «Stellen Sie sich vor, Ihr Kind kommt heim aus dem Kindergarten und erzählt Ihnen, Lenin sei der Vater aller Sowjetkinder, oder es teilt Ihnen die Neuigkeit mit, daß das Radio oder das Telefon oder die meisten anderen Dinge von Russen erfunden worden seien oder daß erst unter der Sowjetherrschaft die Kinder in Estland die Chance erhalten hätten, Schulen zu besuchen.»[11] Die estnischen Eltern zögerten aus Furcht vor Strafe, den Darstellungen, die ihre Kinder aus der Schule mitbrachten, entgegenzutreten.

Doch unvermeidlicherweise lernten die Kinder eine zweite, verbotene Geschichte Estlands kennen. So konnte es geschehen, daß ein Kind zufällig ein Bild eines Verwandten sah und dann sagte: «Mutter, ich hab gar nicht gewußt, daß du einen Bruder hast.» Die Mutter berichtete dann möglicherweise, daß ihr Bruder sich in Sibirien befinde, worauf das Kind dann fragte: «Was tut er denn in Sibirien?» Trotz elterlicher Vorsicht würde das Kind auf diese Weise lernen, daß Zehntausende von Esten durch Stalin verbannt worden waren. Dies stellt ein Beispiel für die Weitergabe von historischem Leid über Generationen hinweg dar. Ironischerweise konnte Tulviste auch folgendes beobachten: «Die verbotene Frucht ist süß, und die öffentliche Lüge mobilisiert die Neugier unter jenen, die erkennen, daß es etwas zu verdecken gibt.»[12] Die Esten verfügten unter der Sowjetherrschaft über ihre eigene Version der Geschichte, selbst wenn es nur wenige Gelegenheiten gab, offen über solche Ereignisse und Fragestellungen zu diskutieren. Als die «verbotene Frucht» dann nicht mehr verboten war, wirkte die Verinnerlichung von Ängsten aus früheren Jahrzehnten, die durch die Unterdrückung ethnischer oder nationalistischer Gefühle verursacht war, weiter.

▌▌▌

Die russische Bevölkerung in Estland hatte ein ganz anderes Bild von den drastischen Veränderungen in Estland während der frühen 90er Jahre. Diese Gruppe reichte von jenen, die sich schon lange in Estland niedergelassen hatten, wie etwa den Altgläubigen, die bereits vor 400 Jahren in die Gegend um den Peipsi-See eingewandert waren, bis zu den Neuankömmlingen, die seit dem Ende des Zweiten Weltkriegs in Estland gelebt hatten, und den «Okkupanten», den Technokraten und den früheren Militärs, die nur für kurze Zeit in Estland gelebt hatten, bevor es wieder unabhängig wurde. Für die meisten Angehörigen des russischen Bevölkerungsteils und insbesondere für die Okkupanten, jene Söhne und Töchter eines mächtigen Reiches, denen die Staatsbürgerschaft von der estnischen Regierung wahrscheinlich nicht angeboten wurde, war die Welt über Nacht auf den Kopf gestellt worden. Am Tage zuvor waren sie noch die Herrschenden gewesen, und am nächsten Tag waren sie Bürger zweiter Klasse und gestrandete Flüchtlinge.

Im Gegensatz zu der generellen Angst, die unter den Esten offensichtlich war, herrschte unter Russen in Estland ein Gefühl der Erniedrigung vor. Die drastische Wende der Ereignisse war schwer zu akzeptieren und veranlaßte viele, ihre realen Lebensumstände zu leugnen. Ihre Landsleute in Rußland würden schon etwas unternehmen, um ihnen zu helfen! Als die Hilfe, die sie sich herbeiwünschten, nicht kam, war es anfänglich für die Russen sehr schwierig oder unmöglich, in Betracht zu ziehen, sich den Esten zu unterwerfen, die sie für Angehörige eines kleinen und belanglosen Landes hielten. Viel leichter war es, an der Vorstellung festzuhalten, Bürger einer Großmacht zu sein, was wiederum den Widerstand der Russen in Estland dagegen verstärkte, die estnische Sprache zu lernen und sich den Normen der estnischen Kultur entsprechend zu verhalten.

Die fortgesetzte Anwesenheit von Russen in Estland wurde durch die Lebensbedingungen in Rußland kompliziert, dessen Bürger und Führer ebenfalls eine Rolle in diesem Drama der Revolution und des Wandels spielten. Die russischen Behörden behaupteten, es gäbe in Rußland keine Wohnungen für die in den baltischen Staaten stationierten Truppen. Ebensowenig gäbe es Arbeitsstellen oder Wohnungen für die früheren sowjetischen Techniker und Verwaltungsleute, falls diese aus den baltischen Staaten nach Rußland zurückkehrten. Unterhalb der Ebene der materiellen Probleme, die ein Flüchtlingsstrom aus dem Baltikum auslösen konnte, lag die Befürchtung, daß diese Gruppe ein Auslöser sowohl von militärischer als auch von öffentlicher Unruhe zu einer für Rußland höchst bewegten Zeit sein würde. Die Esten glaubten auf der anderen Seite, angesichts der schlechten und ungewissen Bedingungen in Rußland würde eine wachsende Zahl von Russen in Estland bleiben wollen, wo das Leben besser zu sein versprach, aber ihre Loyalität würde weiterhin Moskau gehören.

Diese Probleme beinhalteten auch eine interessante Dynamik. Für viele Russen, die anderswo in der Sowjetunion lebten, war die baltische Region ein geheimnisvolles und faszinierendes, westliches Land: Sie galt als *sovetkaya* oder *russkaya zagrantiza,* sowjetisches oder russisches Ausland. Hierbei handelte es sich um Länder voller Romantik, verbunden mit der europäischen Ostsee und direktem Zugang zum Westen. Viele Angehörige der russischen Intelligenzija verbrachten gern ihren Urlaub in den baltischen Seebädern, wo die schwere Umweltverschmutzung nicht so stark sichtbar war. Eine Sommerreise in die baltischen Seestädte war in gewissem Maße ein Ersatz für eine verbotene Reise in die westliche Welt. In einigen Gegenden konnte man dort das finnische Fernsehen empfangen, was die Illusion eines Kontakts mit dem kosmopolitischen Westen schuf. Die Russen glaubten auch, sie könnten hier mehr intellektuelle und geistige Freiheit erleben, da Estland über eine lange Tradition hervorragender akademischer Leistungen und religiöser Toleranz verfügte. Die Hochschätzung, die die Russen für die europäischeren Esten besaßen, stieß auch bei den Esten selbst auf Widerhall, die ihre Gruppenidentität und ihren Zusammenhalt durch den Glauben an ihre intellektuelle Überlegenheit über die «Unterdrücker» aufrechterhalten und verteidigt hatten.

Ein Teil des estnischen Mythos hängt mit der Universität Tartu zusammen, die 1632 gegründet worden war, als Estland noch unter schwedischer Herrschaft stand. Nachdem sie aufgrund eines Krieges geschlossen worden war, wurde die Universität als die Kayserliche Universität zu Dorpat durch den russischen Zaren Alexander I. wiedereröffnet. Sie war die einzige deutschsprachige Universität im russischen Reich. 1919 wurde sie anläßlich der estnischen Unabhängigkeit in Tartu Ülikool umbenannt, und obwohl sie nach 1944 zu einer Sowjetinstitution wurde, besaß sie weiterhin Verbindungen zum westeuropäischen Bildungssystem. Daher betrachteten die Russen während der Sowjetära Tartu als eine Art Mekka für junge russische Intellektuelle. Die Universität Tartu zu besuchen oder die Schriften einiger ihrer Professoren zu lesen stellte für viele Studenten ein akzeptiertes Mittel zur Identifizierung mit und zur Artikulation von liberalen und aufgeklärten Ideologien dar.[13]

Unter russischen Intellektuellen gab es Unterstützung für das Freiheitsstreben in Estland und den anderen baltischen Republiken. Doch typischerweise ging diese Unterstützung nur so weit, wie es um die Freiheit von der Diktatur der Kommunistischen Partei ging. Sie umfaßte nicht das Ziel einer vollständigen Unabhängigkeit und Souveränität. Nachdem Estland unabhängig geworden war, waren jene Russen, die in den Esten Mitstreiter im Kampf zum Umsturz des Kommunismus gesehen hatten, manchmal erzürnt und erniedrigt, wenn sie mit üblen sowjetischen Unterdrückern in einen Topf geworfen wurden. Obwohl sie einstmals auf der gleichen Seite gekämpft hatten, wurden sie nun von Esten als Feinde betrachtet. Andere in Rußland, insbesondere Hardliner, fühlten Verachtung gegenüber den Esten (wie auch gegenüber den Letten und Litauern), da sie dafür, daß die Sowjetunion die NS-Streitkräfte im Baltikum besiegt hatte und den baltischen Staaten seit dem Zweiten Weltkrieg Dienstleistungen und Technik zur Verfügung gestellt hatte, nicht dankbar zu sein schienen.

Die Russen waren auch deshalb außer sich, weil die Esten an der Ostgrenze Estlands einen zusätzlichen Landstreifen von 45

Kilometern Breite beanspruchten, wobei sie sich auf Bestimmungen des Friedensvertrags von Tartu (1920) stützten. Für die Esten galt: Falls die Bestimmungen des Abkommens von Tartu von den Russen anerkannt wurden, konnte die Sowjetära als eine Zeit der unerwünschten Okkupation eines freien Landes begriffen werden und ein Bogen von der früheren zu der jetzigen Periode der Unabhängigkeit geschlagen werden. Die Russen jedoch begriffen den Wunsch nach Veränderung der bestehenden Grenze als zusätzliche Schikane und als unberechtigte Forderung, die für die estnische Politik nach der Unabhängigkeit typisch war.[14]

Angesichts dieser Verstrickung von realen Problemen und psychologischen Hindernissen erschien der Gedankenaustausch zwischen Esten, Russen, die in Estland lebten, und Russen aus Rußland als eine beträchtliche Herausforderung, war aber möglicherweise geeignet, Licht auf die Faktoren der Großgruppenpsychologie zu werfen. Derlei Gespräche waren auch aus praktischen Gründen notwendig. Nachdem das Sowjetreich zusammengebrochen war, gab es wenige freundschaftliche offizielle Bemühungen um Lösungen für die Probleme zwischen Russen und Esten, und alle Beteiligten waren besorgt wegen ultranationalistischer Stimmungen auf der jeweils anderen Seite. Diese Oberflächenprobleme wurden durch darunterliegende Gefühle zugespitzt, die von Furcht bis Erniedrigung, von Erleichterung bis zu Rachewünschen reichten. Selbst offene Konfrontation und sogar Blutvergießen schienen zu drohen.

Man mußte eine Gelegenheit schaffen, bei der einflußreiche Vertreter der am Konflikt beteiligten Gruppen zumindest miteinander redeten und einander kennenlernten. Unser ursprüngliches Ziel bestand darin, die Verbreitung von bitteren Emotionen durch die Veranstaltung einer Reihe von Debatten zwischen einflußreichen Vertretern Estlands, Rußlands und Russisch sprechenden Menschen in Estland zu vermindern. Die Zusammenkünfte fanden während dreier Jahre dreimal jährlich statt.[15]

Eine Methode zur Diagnose des emotionalen Zustands von Großgruppen besteht darin, emotionsgeladene Orte aufzusuchen, und dort ihr Verhalten zu beobachten und ihre Bemerkungen anzuhören. Dabei kann es sich um nationale Friedhöfe, Gedenkstätten, Museen oder Denkmäler handeln, die mit starken Gefühlen wegen vergangener oder gegenwärtiger politischer, militärischer oder historischer Umstände besetzt sind. Vielleicht übertreibe ich ein wenig, wenn ich sage, daß das Sammeln von Daten dieser Art für die Großgruppenpsychologie gleichbedeutend ist mit Anhören der Träume eines Patienten in der Psychoanalyse einer Einzelperson. Die Träume eines Patienten gewähren Zugang zu seinem Unbewußten, während das Besuchen von bestimmten Orten einer ähnlichen Aufgabe dient, nämlich dasjenige aufzudecken, was andernfalls verborgen bleiben oder in einem Dialog zwischen Gruppen nicht ausgedrückt würde.

Im Frühjahr 1994 war der frühere sowjetische Atom-U-Boot-Stützpunkt in Paldiski in Estland ein derartiger Brennpunkt. Paldiski liegt am Finnischen Meerbusen, ungefähr 40 Kilometer westlich der estländischen Hauptstadt Tallinn. Zum Zeitpunkt unseres Besuches war die stark befestigte Anlage bereits größtenteils geschlossen, und nur einige wenige Boote, die reparaturbedürftig waren, verblieben noch in der einstmals so belebten Anlage. Der Nuklearreaktor war immer noch aktiv und wurde von einer kleinen Einheit russischer Soldaten bewacht, und einige ehemalige Militärangehörige waren noch in den Kasernen geblieben. Vor der Unabhängigkeit war es Esten verboten, diesen Stützpunkt zu betreten. Bei unserer ersten Begegnung im April 1994 wurde für das amerikanische Team und die russischen und estnischen Teilnehmer eine Besichtigung arrangiert.

Als wir per Bus in Paldiski eintrafen, erinnerte der Stützpunkt an eine riesige Müllkippe. Was einstmals die bestausgestattete Marinebasis der Sowjetunion gewesen war, sah nun aus, als sei es von einem Tornado zerstört worden. Die Russen wanderten in der Anlage in geisterhafter Benommenheit umher. Ein estnischer Geschichtslehrer aus einer nahegelegenen Stadt erwartete unseren Bus und diente uns als Führer. Später boten auch zwei russische Militäroffiziere aus Paldiski in Zivilkleidung an, uns zu begleiten, um uns zusätzliche Informationen über die Basis zu liefern. Sehr bald ergab sich ein Wortgefecht zwischen dem Führer und den Offizieren. Der Este bestand darauf, daß die beiden Russen nicht willkommen seien, da Estland nun wieder ein unabhängiges Land sei und Paldiski nun den Esten gehöre. Die russischen Offiziere entfernten sich verärgert.

Während wir den Stützpunkt besichtigten, zählte unser Führer die historischen Leiden Estlands eins nach dem anderen auf; die Russen lieferten Fakten, die die Vorstellungen von ihrer eigenen Überlegenheit unterstützten und ihre Bemühungen hervorhoben, die undankbaren Esten zu schützen. Oberflächlich betrachtet, drehte sich die Auseinandersetzung um Paldiski darum, wer die Verantwortung für den Abbau der Basis tragen sollte. Die Russen verhielten sich so, als wollten sie sagen: «Da wir, die Söhne und Töchter eines großen und mächtigen Landes, gezwungen sind, unsere militärische Macht abzubauen und uns aus Paldiski zurückzuziehen, werden wir hier unseren Müll und Schrott zurücklassen und hoffen, daß ihr undankbaren Esten darin erstickt. Zumindest werden wir euch dazu zwingen, unseren Dreck aufzuräumen.» Diese Stimmung existierte unabhängig von der Tatsache, daß es möglicherweise nicht genügend Geld oder Zeit gab, um einen ordnungsgemäßen Rückzug zu bewältigen.

Aus den Bemerkungen der Esten war auch herauszuhören, daß sie keine Eile hatten, selber das Chaos fortzuräumen, obwohl sie auch behaupteten, daß es ihnen dazu an finanziellen Mitteln fehle. Die Kommentare der Esten offenbarten sowohl ihren Wunsch, die Sympathie der amerikanischen Gruppe wegen ihrer Opferrolle unter der Sowjetherrschaft zu erringen, als auch ihren unbewußten Widerstand dagegen, ihre Identität als Opfer aufzugeben. Solange Paldiski ein Schrotthaufen blieb, besaßen die Esten ein konkretes Symbol für die Leiden und Ungerechtigkeiten, denen sie sich unter der UDSSR aussetzen mußten. Es ist eine psychologische Realität, daß es gegen jede drastische Veränderung ein gewisses Maß an Widerstand gibt, selbst wenn eine solche Veränderung ein besseres Leben verspricht. Veränderungen der Identität, ob nun jener eines Individuums oder einer Gruppe, produzieren den stärksten Widerstand. Der Besuch von Paldiski gestattete es dem Team, an Ort und Stelle Erfahrungen mit den vorherrschenden Emotionen und Identitätsfragen der einander gegenüberstehenden Gruppen zu machen. Diese Faktoren sollten während der psychopolitischen Dialoge, die nun begannen, als Widerstand gegen den Wandel in Erscheinung treten.[16]

Bei den psychopolitischen Diskussionen handelt es sich nicht um akademische Zusammenkünfte; es geht dabei weder um den Vortrag von Aufsätzen, noch handelt es sich um einmalige Ereignisse. Statt dessen geht es hier um einen Prozeß, dessen Ende offen ist. Ein typisches Treffen dieser Art zieht sich über vier Tage hin. Wie bei den arabisch-israelischen Dialogen wird die Hauptarbeit in kleinen Gruppen mit etwa 12 Teilnehmern, die von mindestens zwei Mitgliedern des CSMHI-Teams geleitet werden, erledigt.[17]

Die Aufgabe der Kleingruppenmoderatoren besteht darin, eine psychologisch risikofreie Umgebung für die Diskussion zu schaffen.[18] Dies wird vor allem durch die Neutralität der Moderatoren erreicht. Neutralität heißt jedoch nicht, daß der ideale Moderator gegenüber den Auswirkungen der Emotionen der Teilnehmenden gleichgültig sein muß. Vielmehr sollte er neugierig bleiben hinsichtlich der Gefühle, die zum Ausdruck gebracht, und der Ereignisse, die beschrieben werden, so daß die Neugier aller Teilnehmer geweckt wird. Es geht darum, in einer Atmosphäre, die dazu ermutigt, die eigenen, rigide vertretenen Ansichten zu modifizieren, eine Vielzahl von Reaktionen hervorzurufen. Die flexible Untersuchung einer Problemstellung verhilft dazu, einen Gegner mit einer unterschiedlichen Meinung wieder menschlich erscheinen zu lassen. Der sichere Rahmen wird verstärkt, wenn die Moderatoren die Emotionen aufnehmen, die an die Oberfläche treten, wenn Mitglieder gegnerischer Gruppen historische Leidensgeschichten austauschen. Während der Begegnung schauen die Moderatoren genau hin und zeichnen Entwicklungen auf, die die Gruppenidentitäten der Teilnehmer und die psychologische Grenze zwischen ihnen bedrohen. Zwei Beispiele für solche Bedrohungen bestehen etwa darin, wenn Antagonisten einander als zu ähnlich begreifen, um die Unterschiedlichkeit ihrer Identitäten aufrechtzuerhalten, oder wenn eine Gruppe als Sprecherin für die andere agiert. Ich ziehe es vor, die zuerst genannte Variante als einen Aspekt des Akkordeonphänomens zu betrachten.

Bei unseren Dialogen in Estland konnten wir beobachten, wie sich das Akkordeon zusammenquetschte, wenn die russischen und estnischen Teilnehmer in einer kleinen Gruppe den Extremisten ihrer jeweiligen Lager die Schuld an den problematischen Beziehungen zwischen ihren Ländern zuschrieben. Einen gemeinsamen Feind zu haben befähigte die Teilnehmer beider Seiten zusammenzukommen – sie schienen freundlich und liebenswürdig miteinander umzugehen, versteckten ihre Aggressionen durch deren Verlagerung auf die Extremisten. Diese illusorische Nähe jedoch bedroht das Prinzip, daß eine Gruppe nicht mit ihrem Opponenten identisch sein darf und eine psychologische Grenze zwischen ihrer Identität und der der anderen Gruppe aufrechterhalten bleiben muß. Durch Darlegung dieses Phänomens beseitigt der Moderator ein illusorisches Gefühl der Zusammengehörigkeit und eine verborgene Furcht, die Widerstände gegen die Fortsetzung des Dialogs schaffen könnten.

Die CSMHI-Gruppe interveniert auch, wenn eine Gruppe zur Sprecherin für die Gegengruppe wird. In einer Kleingruppe begannen die Russen, lange Stellungnahmen darüber abzugeben, wie die Esten fühlen, denken oder reagieren, an was sie glauben und so weiter, statt über ihre eigenen Ansichten zu reden. Ein Moderator griff dann ein und erklärte der Gruppe, daß das, was die Russen über die Esten sagten, genau das sein mochte, von dem sie wünschten oder fürchteten, daß die Esten es denken oder tun würden. Das projektive Verhalten der Russen mag realistisch gewesen sein, doch es kann genausogut auch weit hergeholt und ungenau gewesen sein. Nur wenn die Russen die Esten für sich selber sprechen ließen, könnten sie ihre falschen Vorstellungen ändern und ihre Projektionen in den Griff bekommen. Die Moderatoren baten die Russen, es den Esten zu gestatten, über ihre eigenen Gefühle, Gedanken und Handlungen zu berichten, so daß die Russen eine Realität wahrnehmen konnten, die nicht durch herbeiphantasierte oder projizierte Erwartungen verzerrt war. Im allgemeinen stoppt diese Art der Intervention auch die illusorische Vermischung von Großgruppenidentitäten, verringert die Ängste und schafft einen sicheren Rahmen für wirklichkeitsnahe Diskussionen.

Diskussionen unter den Teilnehmern beginnen oftmals mit einem spezifischen, realen Problem und mit der Zielsetzung, für dieses Problem eine schlüssige Lösung zu finden. Bei einem Kleingruppengespräch schlug ein russischer Diplomat vor, die Esten sollten ein System der «Green Card» (eine Arbeitserlaubnis nach US-amerikanischem Vorbild) einrichten für jene, die in Estland leben, ohne Staatsangehörige zu sein, also für Russen. Er forderte, dieses System dürfe nicht willkürlich sein, sondern das Privileg der «Green Card» sollte durch eine unparteiische Organisation wie einen Gerichtshof vergeben werden. Die Anzahl der Ausländer in Estland würde dadurch sehr stark reduziert werden. Eine estnische Teilnehmerin (ein früheres Kabinettsmitglied) erwiderte, es gebe viele Menschen, die in Estland lebten, von denen sie nicht wünsche, daß sie permanente Einwohner oder Staatsbürger würden, dies gelte etwa für Mitglieder der Mafia und für illegale Immigranten, und sie würde diese Leute lieber ausgewiesen sehen. Ein anderer estnischer Teilnehmer sprach dann über die elf bekannten Mafia-Organisationen, die in Tallinn operierten und zu denen eine estnische Organisation zählte, daneben gab es auch einige Esten in anderen Gruppen. Um mit diesem Problem fertig zu werden, schlug er eine enge Kooperation zwischen estnischen und russischen Sicherheitsorganen vor, um die Mafiaaktivitäten einzudämmen und den Schmuggel dieser Banden über die estnisch-russische Grenze endlich durch wirksame Grenzpatrouillen unter Kontrolle zu bringen.

Die Gesetzesverstöße der Mafia und die große Zahl der illegalen Einwanderer, die die estnischen Grenzen überquerten, waren gewiß reale und bedeutsame Probleme. Die Bedrohung der estnischen Grenzen spürten viele Esten auf persönlicher Ebene. Wenn die physischen Grenzen Estlands unsicher waren, dann war auch die Identität der Esten als Gruppe und als Individuen instabil. Estnische Mitglieder der Kleingruppe versuchten daher, dieser Tatsache auszuweichen, indem sie über den Einsatz von Interpol zur Bekämpfung des organisierten Verbrechens sprachen und vorschlugen, Esten sollten dazu ausgebildet werden, an der Grenze zu patrouillieren, und bekannte Mafia-Kriminelle sollten vor Gericht gestellt und deportiert werden. Tatsachen, Zahlen und andere technische Informationen waren natürlich für die Diskussion notwendig, aber die in zwanghafter Weise im Vordergrund stehende Beschäftigung mit diesen Dingen verdeckte sehr viele wichtige Probleme, die die Russen und Esten immer wieder dazu veranlaßten, nicht übereinzustimmen und jeden echten Fortschritt zu verhindern. Ein Moderator bemerkte dazu: «Die Mafia ist gleichermaßen ein reales und ein psychologisches Problem, da Kriminelle nicht leicht identifiziert werden können. Ist es möglich, daß Esten jeden verdächtigen, der kein Bürger ihres Staates ist?» Ein Russe aus Narva an der estnisch-russischen Grenze, der nun staatenlos war, bemerkte mit offensichtlichem Schmerz, daß gewöhnliche Menschen wie er selber aus vielen oberflächlichen Gründen leicht mit Mafiaangehörigen verwechselt werden könnten. Wie sollten denn Kriminelle von anderen Leuten unterschieden werden? Würden die Esten auch ihn deportieren wollen?

Auf der Ebene unterhalb der praktischen Frage, was denn

mit der nichtestnischen Bevölkerung in Estland geschehen solle, lag das Problem der Aufrechterhaltung der physischen und psychologischen Trennungslinie zwischen Esten und Russen. Auf rein gefühlsmäßiger Ebene bot sich für die Esten eine bestimmte Lösung offensichtlich an, wurde aber nicht ausgesprochen: die Ausschaltung der fremden Elemente insgesamt – durch Deportation oder Exilierung, Gefangenschaft, Marginalisierung, irgendeine Art von Reinigung oder «Ausschaltung». Dies würde den estnischen Wunsch nach Rache gegen den Feind befriedigen und eine Entfernung aller realen oder phantasierten Bedrohungen bedeuten, die von diesen unerwünschten Elementen ausgingen. Es war aber eine höchst unzweckmäßige Lösung, auch wenn sie gewünscht wurde. Die Esten würden dann wie ihre früheren sowjetischen Feinde erscheinen, die die gleichen Verfahrensweisen zur Eliminierung politischer Rivalen und Gefahren und zur Beherrschung von Ländern wie Estland benutzt hatten. Sobald diese Gefühle einmal offen ausgesprochen worden waren, war der Druck, sie im Zaum zu halten, weil sie einfach nicht akzeptabel waren, aus dem Weg geräumt. Die Befürchtungen der estnischen Teilnehmer, die mit ihrem geheimen Wunsch nach Rache zusammenhingen, wurden nun kleiner, so daß sie nun in einer vernünftigeren Weise über praktische Lösungen diskutieren konnten.

Ein anderer Vorschlag für Estland bestand darin, eine undurchlässige Grenze zu schaffen, so daß keine unerwünschten Elemente in das Land einreisen könnten. Aber der Bau einer Mauer rund um Estland wäre auch eine Lösung sowjetischen Typs, die psychologische Verbindungen zum ehemaligen Eisernen Vorhang aufwies. Wenn Estland sich selbst als ein aufstrebendes europäisches Land sah, dann mußte es offene Grenzen selbst dann geben, wenn sie eine Flutwelle von Nicht-Esten – insbesondere von Russen – und von Kriminellen, die mit der Mafia zu tun hatten, zuließen.

Ähnliche Sorgen tauchten in einem Konflikt über den Grenzverlauf gegenüber Rußland auf. Viele Esten unterstützten eine Festlegung ihrer östlichen Grenzen nach Maßgabe des Friedensvertrags von Tartu, und damit wollten sie die existierende Grenze um ungefähr 45 Kilometer nach Osten verlegen. In Estland wurden Karten gedruckt, die sowohl die gegenwärtige Grenze als auch die Demarkationslinie, «wie sie sein sollte», zeigten. Die Esten wünschten diese Grenzziehung, weil dadurch ihr Territorium vergrößert und ein größerer Puffer oder Teiler zwischen Estland und Rußland geschaffen würde. Außerdem hätte sie die frühere Periode der estnischen Unabhängigkeit nochmals bestätigt. Die Grenzziehung nach dem Vertrag von Tartu würde außerdem die Anzahl der Russisch sprechenden Menschen in Estland erheblich erhöhen, die in erster Linie das umstrittene Gebiet bewohnten, und damit würde man mehr unerwünschte Menschen in Estland eingliedern.

Die einzige realistische Möglichkeit für die Russen in Estland bestand in der Assimilation oder Integration. Doch bei früheren Zusammenkünften war dieses Thema entweder so sehr mit Gefühlen belastet, daß diese kaum gezügelt werden konnten, oder es wurde unter endlosen technischen Debatten begraben. Auf der einen Seite bedeutete Assimilation den Zustrom von mehr «feindlichem Blut», welches die estnische Identität schwächen könnte. «Wenn mehr russisches Blut mit unserem eigenen vermischt würde», bemerkte ein Este, «dann würden wir, obwohl wir unser eigenes Land besitzen, nicht so estnisch bleiben, wie wir es nun sind. Wir werden dann verseucht werden… wir werden Mischlinge.»[19]

Die andere Option – die Integration der Russen – konnte ebenfalls die estnische Identität schwer schädigen, denn die Esten sahen in den Russen Aggressoren, die die estnische Lebensweise stärker russisch prägen würden. In einer Diskussion über die Möglichkeit der Integration von russischen und estnischen Kindern in Kindergärten berichteten Esten, daß sie von Situationen gehört hätten, in denen die Aggressivität von auch nur einigen wenigen russischen Kindern in einem estnischen Kindergarten dazu führte, daß sich alle Kinder wie Russen benahmen und die estnischen Kinder Russisch lernten, statt daß die russischen Kinder Estnisch lernten.

Der praktische und pragmatische Fortschritt hinsichtlich vieler Fragestellungen zwischen Esten und Russen wurde durch die Furcht der Esten vor dem Verschwinden verseucht. Darin bestand ihre gemeinsame, angsterregende, unbewußte Phantasie, die sich auf die Wahrnehmung der estnischen Geschichte sowohl der jüngsten als auch der früheren Vergangenheit bezieht. Derlei Gefühle finden ihr Echo im Werk des bekannten estnischen Dichters und früheren Parlamentariers, Jaan Kaplinski, der in «Keine Geschichte des estnischen Volkes» schreibt:

> Ja, wir haben keine Geschichte
> Es kann keine Geschichte
> des estnischen Volkes geben
> Wir sind unhistorisch und was wir haben
> ist bestenfalls eine Ungeschichte.[20]

Während der Sowjetzeit waren viele Esten ins Exil vertrieben oder getötet worden, andere waren zur Russifizierung gezwungen worden, und einige waren in andere Länder Europas oder in die Vereinigten Staaten geflohen, wo ihre estnische Identität ständig in Gefahr war. Die Sowjetherrschaft der jüngsten Zeit war nur ein weiteres Kapitel in der uralten Geschichte des estnischen Kampfes ums Überleben, in der die Sowjets schließlich an die Stelle der Russen, Deutschen, Schweden und Dänen traten. Diese Geschichte wurde durch die Tatsachen ergänzt, daß die Geburtenrate unter den Esten sehr niedrig und die Quote der Alkoholiker und der Selbstmörder hoch war. Obwohl die Esten es geschafft hatten, ihre Unabhängigkeit wiederzuerlangen, wurden diese und andere positive Entwicklungen überschattet von der Belastung der mentalen Repräsentation ihrer Geschichte und durch teils bewußte, meist aber unbewußte Ängste vor dem gänzlichen Verschwinden der Esten. Sie fürchteten sogar, die sowjetische Fremdherrschaft könne durch eine ökonomische und kulturelle Invasion Westeuropas und der Vereinigten Staaten ersetzt werden.

Die Angst der Esten vor dem Verschwinden und die Notwendigkeit zur Verteidigung ihrer Identität gegenüber ausländischen Bedrohungen durchdrangen alles.[21] Der tragische Untergang des Fährschiffs *Estonia* im September 1994, kurz vor einer unserer Konferenzen, war ein traumatisches Symbol dieser komplexen Angelegenheit. Für einige war dieser Vorfall ein Zeichen ihrer Unterlegenheit gegenüber anderen Europäern, und er veranlaßte sie zu der Frage, ob sie überhaupt fähig seien, aus eigener Kraft zu überleben. Würde auch der Staat Estland untergehen und verschwinden? Der Verlust von Hunderten von Menschenleben führte zu einer Massentrauer und Leid, doch auf einem anderen Niveau brachte er auch eine (unausgesprochene) Erniedrigung mit sich, die der Realität von Estlands Vitalität und seinen Verbindungen zu europäischen politischen und wirtschaftlichen Organisationen entgegenlief.

Das Einverständnis, das während der Dialoge in bezug auf Fragen der Grenzziehung und der Staatsbürgerschaft erreicht wurde, veränderte die rechtlichen, wirtschaftlichen und demokratischen Realitäten nicht. Es trug einfach nur dazu bei, die emotionale Gehässigkeit zu beseitigen, die so leicht von effektiver Kommunikation und sachlicher, befreiend wirkender Diskussion ablenken kann.

Wenn man sich im gleichen Raum mit dem Feind befindet, dann löst dies spontan das Erzählen von persönlichen Geschichten mit ethnischem und nationalem Hintergrund aus. Zuerst sind diese Erzählungen oft mit Gefühlen aufgeladen und reflektieren die historischen Leiden einer Großgruppe und eine Art von Psychologie, die ein «Wir» einem «Sie» gegenüberstellt. Der Austausch persönlicher Geschichten gestattete es den Teilnehmern auch, festzustellen, wie individuelle Identitäten mit Großgruppenidentitäten verwoben sind, und zu erkennen, welche Ereignisse zu ihren spezifischen ethnischen oder nationalen Bindungen geführt haben. Die Teilnehmer werden ermutigt, den Geschichten anderer zuzuhören und diese zu diskutieren, um damit die Tür für ein einfühlendes Verstehen zu öffnen.

Ein Este erzählte die folgende Geschichte:

> Als ich vier Jahre alt war, wurden meine Familie und einige Sowjetoffiziere «integriert». Wir wurden gezwungen, in ein einziges Zimmer unserer Wohnung zu ziehen, so daß die Sowjetoffiziere in all den anderen Räumen wohnen konnten. Darüber hinaus waren die neuen Bewohner unserer Wohnung überhaupt nicht daran interessiert, Estnisch zu lernen, um mit uns zu kommunizieren, sondern sie erwarteten von uns, daß wir Russisch lernten und die russische Kultur übernähmen. Sie holten dann ihre Frauen und Kinder nach, aber auch diese weigerten sich, Estnisch zu lernen.

In dieser Geschichte sind die Fragen nach dem «Wir» und dem «Sie», nach dem Opfer und dem Täter klar beantwortet. Doch am nächsten Tag erinnerte sich derselbe Este an eine Geschichte, die ihm seine Mutter erzählt hatte: Als kleines Mädchen hatte sie (während des Ersten Weltkriegs) ein russisches Lazarett besucht und Socken für russische Soldaten gestrickt. Ambivalenz war in die Wahrnehmung dieses Esten von der anderen Gruppe (wieder) eingedrungen. Tatsächlich war eine derartige Ambivalenz ein positives Zeichen, denn sie ersetzte die rigide Trennung zwischen dem «Wir» und dem «Sie». Der Erzähler wies dann darauf hin, daß nach der volkstümlichen Auffassung die Deutschen und nicht die Russen die historischen Feinde der Esten waren, und er deutete an, daß die Esten der Selbstanalyse bedürften, um ihre Wahrnehmung über die Russen zu bändigen.

Wenn ein Konflikt zu einem gemeinsamen Konflikt wird, dann kann die Kleingruppe Symbole und/oder Metaphern hervorbringen, die wichtige Aspekte desselben darstellen. Die Teilnehmer beginnen, mit dieser Metapher zu spielen, sie einander zuzuwerfen wie einen Ball.[22] Die Metapher nimmt wie ein Spielzeug die Aufmerksamkeit der Teilnehmer gefangen und verwandelt diffuse Emotionen und verschwommene Realitäten in ein konkreteres Verständnis des Problems. Das Spielzeug verbindet die Teilnehmer, erlaubt ihnen, gemeinsam an dem Spiel teilzunehmen, während sie sich gleichzeitig mit einer kritischen Fragestellung auseinandersetzen.

In einer kleinen Gruppe erzählte der frühere estnische Präsident Arnold Rüütel eine persönliche Geschichte. Als Staatsoberhaupt Estlands hatte er mit den Sowjets um die Anerkennung der estnischen Unabhängigkeit verhandelt. Er war nach Moskau gerufen worden, um mit Michail Gorbatschow zusammenzutreffen, aber als er zu dem verabredeten Termin erschien, war er gezwungen, zwei Stunden zu warten. Beim Erzählen dieser Geschichte schien Rüütel höchst erregt, wahrscheinlich, weil Gorbatschow sich unsensibel verhalten und allem Anschein nach keinen Respekt für die Bedeutung Estlands und seines Präsidenten aufgebracht hatte.

Als Rüütel seine Geschichte beendet hatte, verkündete Juri Woewoda (damals stellvertretender Vorsitzender des Ausschusses für GUS-Angelegenheiten und Beziehungen zu Landsleuten in der russischen Staatsduma), daß er gegen die kommunistische Herrschaft gewesen sei und daß die Russische Föderation nicht als eine Nachfolgeorganisation der Sowjetunion zu betrachten sei. Er verglich Rußland mit einem riesengroßen, aber dennoch freundlichen Elefanten. Er sagte, obwohl Rußland ein großer Staat sei, in dem es Extremisten wie Schirinowskij gibt, gäbe es keine ernsthaften Gründe für Estland, sich vor Rußland zu fürchten. Ein anderer Teilnehmer fügte hinzu, wenn es sich bei Rußland um einen Elefanten handele, dann sei Estland ein Kaninchen. Daraufhin folgte ein Spiel, bei dem die Teilnehmer alle Verzweigungen einer Beziehung zwischen einem Elefanten und einem Kaninchen diskutierten: Eine solche Verbindung würde sich selbst dann als schwierig erweisen, wenn es sich um Freunde handelte, denn das Kaninchen könne gar nicht anders, als Angst davor zu haben, vom Elefanten zertreten zu werden. Tatsächlich würde das Kaninchen, wäre es zu freundlich und vertrauensvoll, unvorsichtig werden und nicht mehr merken, daß es in der Gefahr schwebte, ungewollt zerquetscht zu werden.

Die Russen verstanden dann, daß es eine psychologische Notwendigkeit für die Esten war, mißtrauisch zu bleiben und russische Gesten des Friedens und der Freundschaft nicht zu akzeptieren. Die Esten galten nun nicht mehr als undankbar, sondern als vorsichtig und wurden so für die Russen als menschliche Wesen akzeptabler. Die Esten verstanden, wie schwierig es war, sich umzustellen und den Elefanten nicht mehr als gefährlich, sondern als freundlich anzusehen, weil das Ausmaß der Gefahr, das mit beiden Typen von Elefanten – den «guten» und den «bösen» – in Verbindung gebracht wurde, psychologisch betrachtet dasselbe war. Und tatsächlich: Wenn sie fortführen, Elefanten als gefährlich zu betrachten, dann würden sie vorsichtig bleiben und somit ihre Furcht verringern.

Die Teilnehmer kamen bei späteren Begegnungen immer wieder auf diese Metaphern zurück. Ein Este bemerkte: «Wenn Rußland ein Elefant ist, dann sind die russischen Menschen in Estland so etwas wie Elefanteneier im Kaninchennest – sie könnten da brüten und das Kaninchen und sein Heim zerstören, oder die Elefanteneltern könnten kommen, um sie zu schützen, wenn sie sich bedroht fühlen.» Ein in Estland lebender Russe trieb die Metapher sogar noch weiter: «Zuerst war die Sowjetunion der Elefant, dann war es die russische Armee, die immer noch in Estland stand, und nun sind es die russischen Rentner. Die russische Präsenz in Estland ist nun viel kleiner und besteht meist aus alten Männern, doch die Esten fürchten sich immer noch. Demnächst wird irgend jemand anderes der Sündenbock sein.» Ein anderer Russe fügte hinzu, die Metapher vom Elefanten für Russen habe unangemessene negative Nebenbedeutungen: «Rußland ist nicht dumm, riesig und tolpatschig. Wir werden nicht auf das Kaninchen treten. Wir haben alle unter dem Sowjetsystem gelitten [er selber war unter der Sowjetherrschaft eingekerkert gewesen]. Wir haben zuviel gemeinsam, weshalb machen wir da von unseren Differenzen soviel her?»

Dennoch war selbst bei der negativen Anwendung dieses Spiels die ernsthafte Frage der Staatsbürgerschaft für Russisch sprechende Menschen in Estland symbolisch eingeschlossen. Wenn Gefühle, die Angst hervorrufen, durch symbolische Objekte repräsentiert werden und Namen erhalten, dann werden sie weniger bedrohlich. Man kann einen Feind besser tolerieren, wenn er definiert ist und sich offen bewegt, als einen unbekannten Feind, der im Schatten lauert.

Während jeder psychopolitische Dialog seine eigene Geschichte hat, die sich im Laufe der viertägigen Begegnungsphase entwickelt, weist die Reihe der Zusammenkünfte von einem Treffen zum nächsten ihre eigene Fortentwicklung auf.[23] Die Entwicklung der Serie kann phänomenologisch dargestellt werden. Harold Saunders beispielsweise sieht fünf Stufen des Dialoges, die zum Wandel von Konfliktbeziehungen führen: die Entscheidung, sich auf einen Dialog einzulassen; die Skizzierung der Beziehungen; die Sondierung der Dynamik der Beziehungen mit dem Ziel, Willen zum Wandel zu schaffen; das Entwerfen von Szenarien zur Veränderung von Beziehungen; schließlich das Umsetzen von Szenarien in Handeln.[24]

Ende 1995 hatten die Teilnehmer die vierte Stufe von Saunders' Dialogbeschreibung erreicht, was zum einen darauf zurückzuführen war, daß der Prozeß durch die amerikanische Gruppe gefördert wurde, zum anderen hatten sich die politischen estnisch-russischen Beziehungen verändert. Das russische Militär war nun vollständig aus Estland abgezogen, was Ängste vor einer weiteren Besetzung minderte. Die Gefahr eines Chaos hatte sich stark verringert, und viele Formen internationaler Hilfe waren infolgedessen reduziert oder zeitlich begrenzt worden. Trotz dieser positiven Prognose waren Probleme im Zusammenhang mit der Staatsbürgerschaft, der Integration, der Erziehung, der Kriminalität, der ökonomischen und politischen Entwicklung, der Verwaltungsreform, der Sicherheit und andere weiter vorhanden und nicht leicht zu lösen.[25] Ungefähr 350000 Nicht-Esten, die meisten von ihnen Russisch sprechende Menschen, lebten immer noch in Estland, und wirklichen Fortschritt in Hinblick auf ihre Stellung gab es kaum.[26] Bei den psychopolitischen Begegnungen war die lähmende Furcht, die die früheren Treffen beherrscht hatte, nicht mehr zu erkennen. Esten, Russen in Estland und Russen waren nun imstande, ihren Zorn offener zum Ausdruck zu bringen, was die Vermutung nahelegte, daß unterdrückte Emotionen keine bösartigen Konsequenzen mehr haben würden.

Die Tatsache, daß es in Estland stets einen Bevölkerungsteil geben würde, der nicht aus Esten besteht, löste nicht mehr die gleichen Ängste vor Verseuchung und Untergang aus. Die Esten schienen die Integration von Fremden als unvermeidlich zu akzeptieren. Teilnehmer aus Rußland machten deutlich, daß die Russen in Estland um ihrer Zukunft willen direkt mit den Esten zusammenarbeiten müssen – Rußland konnte diese Dinge nicht für sie entscheiden. Doch nach Aussagen eines Teilnehmers aus Moskau wurden die Russen, die Estnisch lernten und in Estland zu bleiben beabsichtigten, als Verräter angesehen. Solche Stimmungen fanden in der russischen Presse ihren Widerhall. Einige Teilnehmer aus Rußland wollten den Russen in Estland den Anspruch auf ein gutes Leben absprechen und von ihnen hören, daß sie immer noch ihre Mutter (Rußland) gegenüber ihrer Stiefmutter (Estland) vorzögen. Und was die Russen, die in Estland lebten, angeht, so erklärte ein Teilnehmer aus Narva, der Ende 1995 immer noch keine staatsbürgerlichen Rechte besaß, daß er nicht in dem Maße ein Opfer sei, wie er einstmals gemeint hatte. Seine halbwüchsige Tochter hatte Estnisch gelernt und die Sprachprüfung für den Erwerb der Staatsbürgerschaft bestanden.

Daß die Tochter dieses Teilnehmers sich tatsächlich um Integration bemühte und in diesem Sinn ihren Vater beflügelt hatte, führte das Moderatorenteam dazu, seine Aufmerksamkeit mehr der Zukunft Estlands zuzuwenden als der Gegenwart und der Vergangenheit. Wir wollten feststellen, ob sich die jüngere Generation von Esten und Russen in Estland tatsächlich schneller und positiver dem Wandel anpaßte. Daher wurden vier estnische und vier estnisch-russische Universitätsstudenten eingeladen, sich am Gespräch zu beteiligen. Diese Studenten kamen mit der festen Überzeugung in die Gruppe, daß sie anders und weit progressiver waren als ihre Elterngeneration. Ihre Teilnahme an Kleingruppengesprächen wie auch ihre Einzelbegegnungen mit den Moderatoren offenbarten, daß sie sich zwar von der älteren Generation unterschieden, aber doch vielfach die gleichen Haltungen einnahmen, die die Grenzlinien und Unterschiede zwischen den beiden Gruppen verstärkten und betonten. Die Erkenntnis der Studenten, daß sie von Stereotypen geprägte Auffassungen voneinander vertraten und sich unbewußt als Sprecher der vorhergegangenen Generation artikulierten, schmerzte sie tief. Ernsthaft versuchten sie, in einer offeneren und nützlicheren Art als die ältere Generation herauszufinden, wie und warum sie derartige Ansichten vertraten. Die älteren Teilnehmer erlebten den emotionalen Austauschprozeß unter Mitgliedern der jüngeren Gruppe mit, und viele von ihnen wurden von dem, was sie hörten, wirklich beeinflußt.

Außerhalb des Dialogs gab es, selbst innerhalb kleiner Gemeinschaften von Bauern und Fischern, immer noch Sackgassen auf dem Weg zu einer neuen sozialen, politischen, wirtschaftlichen und psychologischen Ordnung. Das Verstehen neuer Konzepte, das Fällen von Entscheidungen und die Organisation von Gruppen und Individuen auf lokaler Ebene blieben höchst problematisch. Dies führte zu Ungewißheit, zu Gefühlen der Hilflosigkeit und zu Konfliktpotentialen.

Im dritten Jahr des Estlandprojektes wurden drei estnische Kommunen für Gemeindeprojekte zur Unterstützung beim Aufbau von demokratischen Institutionen ausgewählt: Mustamäe, ein Vorort von Tallinn; Klooga, ein kleines Dorf, das etwa 40 Kilometer von Tallinn entfernt liegt, und schließlich Mustvee, eine Stadt am Peipsi-See an der Grenze zwischen Estland und Rußland. An jedem dieser Orte war die Bevölkerung ungefähr zur Hälfte estnisch und zur Hälfte russisch, und jeder von ihnen hatte seine ganz besonderen, eigenen Probleme, die die Vielfalt der Themen widerspiegelten, um die es bei Beziehungen zwischen Esten und Russen, die in Estland lebten, ging.[27] Wir wollten als Katalysator wirken, während jede Gemeinde demokratische und adaptive Methoden zum Umgang mit den Problemen und zur Entwicklung eines Gegenmittels gegen mögliche Spannungen in multi-ethnischen Gemeinschaften entwickelte.

Mustamäe ist ein typischer Vorort der estnischen Hauptstadt, und dort hatte ein offener Dialog über kulturelle Verschiedenartigkeit und Demokratie bereits begonnen. Die Teilnehmer konzentrierten sich auf die Integration und andere Probleme in estnischen und estnisch-russischen Kindergärten.

Die Situation in Klooga, einer heruntergekommenen Ortschaft in der Nähe ehemaliger sowjetischer Militäranlagen, stellte sich ganz anders dar. Die Esten in Klooga waren im allgemeinen Neuankömmlinge, die in frühere Militärwohnungen eingezogen waren, während die Russen, in der Regel ohne estnische Staatsbürgerschaft, in erster Linie junge Frauen mit Kindern waren, die zurückgelassen worden waren, nachdem die Basis geschlossen worden war. Sehr häufig war nicht bekannt, wo sich die Ehemänner aufhielten. Hier gab es kein wirkliches Gemeinschaftsbewußtsein, die ethnischen Spaltungen gingen tief, und viele öffentliche Dienstleistungen wie Polizei, Müllabfuhr und die Lieferung von Heizkraft, die aus einer zerstörten Anlage hätte kommen sollen, waren nicht vorhanden. Das Ziel bestand in Klooga darin, zur Entwicklung eines Gemeinschaftsgefühls anzuregen, ohne Konflikte anzuheizen.

In Mustvee, einem Landstädtchen, das von der Fischerei und der Landwirtschaft lebte, hatten Esten und Russen über Generationen hinweg friedlich zusammengelebt. Bei den Russen handelte es sich meist um Altgläubige, um Mitglieder einer orthodoxen Sekte, die sich vor über 400 Jahren in der Gegend angesiedelt hatten. Viele Einwohner sprechen sowohl Russisch als auch Estnisch. Während der Sowjetära machte die zentrale

Kontrolle das Leben einfach und überschaubar: Zu einem bestimmten Zeitpunkt tauchte ein Lastwagen auf, um den Fisch, der im Peipsi-See gefangen worden war, sowie die Zwiebeln und die Gurken der nahegelegenen landwirtschaftlichen Betriebe einzusammeln, und er brachte all dies dann nach Sankt Petersburg. Mit der Unabhängigkeit verlor Mustvee seinen wichtigsten Markt, und die Sowjetbehörden fällten nicht mehr die Entscheidungen für die Gemeinde, was die einst unbeschwerten Beziehungen zwischen Esten und Russen durcheinanderbrachte. Hier war es unser Ziel, den Dorfbewohnern dabei zu helfen, ihre Wirtschaft durch gemeinsame Anstrengungen wiederzubeleben.

In jeder der drei Ortschaften war die psychologische Internalisierung der Sowjetkultur offensichtlich, aber am offensichtlichsten war sie in Mustvee. Als 20 Esten und 20 Russen (meist Altgläubige) begannen, sich regelmäßig zu treffen, um die Entwicklung eines Gemeinschaftsprojekts zu diskutieren, neigten die Teilnehmer dazu, Reden zu halten, statt sich auf wirkliche Dialoge einzulassen. Während einer dastand und redete, sprachen die anderen Teilnehmer weiter miteinander und ignorierten den Redner. Am Ende erwarteten sie, daß irgendeine Autoritätsperson die Entscheidung für sie fällte. Aber was sie wirklich lernen mußten, war, wie man unabhängige Entscheidungen fällt und einen Konsens erreicht.

Als Mustvee für ein mögliches Gemeinschaftsprojekt in Betracht gezogen wurde, war sein neuer estnischer Bürgermeister besonders interessiert. Wie es der Zufall wollte, war er gerade dabei, zu entscheiden, wo er die neuen Abwasserrohre für die Stadt kaufen sollte. Sich mit Fragen zu Kosten und Qualität der Ware selbst zu befassen, ohne die Anweisungen eines Sowjetbeamten zu befolgen, war für ihn wie ein Spiel, eine neue, aufregende Erfahrung.[28]

Das Estlandprojekt ist das einzige Experiment, das ich kenne, welches sich mit der systematischen und langfristigen Anwendung von psychoanalytischer Großgruppenpsychologie unter Hinzuziehung eines interdisziplinären Förderungsteams beschäftigt. Die Gesamtkosten für unsere sechsjährige direkte, regelmäßige Tätigkeit werden ungefähr drei Millionen Dollar betragen. Wenn man bei einem ethnischen Konflikt keine «Präventivmedizin» anwendet und er in Gewalttätigkeit umschlägt, dann sind die Kosten sowohl menschlicher als auch finanzieller Art weit höher als das, was in Estland ausgegeben wurde. Während die Zahl der Toten und die Kosten für Hilfsmaßnahmen in Regionen wie dem Gebiet um die Großen Seen in Afrika, dem Balkan, Transkaukasien und anderen Gegenden weiterhin wachsen, müssen alternative Mittel zur effektiven Abwendung potentieller Konflikte erforscht werden.[29]

Psychoanalyse und Diplomatie

Beim Studium der Großgruppenpsychologie am Ende des 20. Jahrhunderts habe ich mich auf psychoanalytische Vorstellungen gestützt, die zunächst zu Beginn dieses Jahrhunderts Wurzeln schlugen, und sie durch meine Beobachtungen im klinischen Bereich ergänzt. Bei der Präsentation von theoretischen Konzepten habe ich mich auf jene konzentriert, die dazu beitragen, meine Beobachtungen zu erklären, und es bewußt vermieden, Theorien auszubreiten, die für diese Beobachtungen kaum relevant sind. Die Metapher vom ethnischen Zelt, die in diesem Buch immer wieder zur Anwendung kommt, ist keine psychoanalytische Konstruktion – sie illustriert einfach nur eine Idee. Ich habe mich auf psychoanalytische Konzepte gestützt, um die unterschiedlichen Komponenten des Zeltes und ihre Entwicklung zu beschreiben.

Ich bin mir dessen bewußt, daß sehr viel mehr geschehen muß, um meine hier mitgeteilten Ergebnisse abzusichern oder zu modifizieren. Beinahe all meine Daten stammen aus Gegenden überall auf der Erde, wo Gruppengefühle geschürt worden sind oder wo es Kämpfe gegeben hat, um sich politischen oder historischen Veränderungen anzupassen. Wir werden sehr viel mehr lernen können, wenn wir benachbarte Gruppen in friedlichen Verhältnissen studieren. Wie kann es geschehen, daß mentale Repräsentationen von gewählten Traumata oder gewähltem Ruhm in den Schlummerzustand versetzt werden, so daß sie keine Großgruppengefühle mehr entzünden können? Wie trauern die Mitglieder einer Gruppe adaptiv über Verluste in der Vergangenheit oder über Veränderungen, ohne daß dies Gefühle des Zorns, der Erniedrigung und den Wunsch nach Rache auslöst? Wie kann die vorrangige Beschäftigung mit kleineren Differenzen zwischen Nachbarn zu einer spielerischen Angelegenheit werden, und wie können größere Differenzen akzeptiert werden, ohne daß sie von Rassismus vergiftet werden? Dies sind bedeutsame Fragen, und die Antworten darauf können uns Hinweise darauf geben, wie ein Programm für ein friedliches Zusammenleben aussehen muß.

Das Leben unter einem totalitären Regime gestattet es nicht, ethnische Gefühle zum Ausdruck zu bringen, die zu politischer Instabilität führen können. Doch das Erreichen friedlicher Koexistenz zwischen ethnischen Gruppen durch Unterdrückung von seiten einer zentralen Macht stellt nur eine Pseudolösung des Problems dar, und meiner Ansicht nach ist der Preis dafür allzu hoch. Manchmal kann die Persönlichkeit eines Führers potentiell gewalttätige Spannungen auflösen – in diesem Zusammenhang ist an Nelson Mandela und den Wandel in Südafrika zu denken. Doch in anderen Situationen können positive Veränderungen auf wirtschaftlichem Gebiet, verbunden mit einer allgemeinen Konfliktmüdigkeit, eine Atmosphäre schaffen, die für Kompromiß und Versöhnung reif ist. In der ersten Hälfte dieses Jahrhunderts gab es in Südtirol ethnische Spannungen zwischen deutschsprachigen und italienischsprachigen Bevölkerungsteilen. Seit den 50er Jahren trat dieses auf ungenügender Anpassung an die Realität beruhende ethnische Bewußtsein zumindest für einige Jahrzehnte zurück, als sich die wirtschaftliche Lage stark verbesserte und die italienische Führung beschloß, die Deutsch sprechenden Menschen in Ruhe zu lassen.[1] Es wäre nützlich, diese gewaltfreien erfolgreichen Veränderungen durch psychopolitische, diagnostische Arbeiten zu untersuchen, um zu sehen, ob es zusätzliche, verborgene Elemente gab, die zu einem positiven Ergebnis führten.

Während die diplomatische Kultur empfänglicher wird für nicht von Regierungsseite ausgehende Bemühungen um die Regelung von Konflikten überall in der Welt, sollten Vermittler höchst vorsichtig sein, wenn es darum geht, die Versöhnung zwischen früheren Feinden zu beschleunigen. In den letzten Jahren hat das Konzept der Entschuldigung durch den Angreifer und der Bitte um Vergebung stark an Zuspruch gewonnen. Dies geschah insbesondere, seit sich Michail Gorbatschow für die Rolle der Sowjets bei den Massakern im Wald von Katyn in Polen entschuldigt hat.

Die Vorstellung, daß eine Gruppe oder ihr Führer eine andere Gruppe um Vergebung bittet, mag auf eine möglicherweise wirkungsvolle Geste hinauslaufen, wenn die Basis dafür bereits gelegt ist. Vergebung ist nur dann möglich, wenn die Gruppe, die gelitten hat, eine beträchtliche Trauerleistung erbracht hat. Das Schwergewicht sollte bei alldem darauf gelegt werden, die Trauerarbeit zu unterstützen, und nicht auf den einzelnen (allem Anschein nach magischen) Akt des Bittens um Vergebung. Nachhaltige Großgruppenkonflikte können nicht in einem einzigen Schritt gelöst werden.

Letztendlich können inoffizielle Versuche zur Lösung von Großgruppenkonflikten nur bis zu einem bestimmten Punkt reichen. Es kommt eine Zeit, da Vereinbarungen zwischen konkurrierenden Parteien offiziell anerkannt werden müssen. Als gemeinsame Vorsitzende der Commission on Global Governance haben Sir Shridath Ramphal und seine Kollegen bei den Vereinten Nationen sich intensiv um eine Ergänzung zur UN-Charta bemüht, die es den Vereinten Nationen aus humanitären Gründen gestattet, in entsprechenden Fällen bei innerstaatlichen Krisen innerhalb souveräner Staaten zu intervenieren. Dies würde der Staatengemeinschaft das Recht geben, in viele ethnische Streitfragen einzugreifen.

Als Ramphal im Juni 1995 die zweite Vorlesung über globale

Sicherheit an der Universität Cambridge in England hielt, stellte er fest, daß sich die Welt fünf Jahre nach dem Ende des kalten Krieges und dem Aufhören vieler Zwänge nuklearen Wettrennens immer noch in folgendem Zustand befand:

[Sie ist] spannungsgeladener, verletzlicher, instabiler, und die Menschen [sind] furchtsamer und unsicherer. Die Menschheit bleibt eine gefährdete Spezies, selbst wenn unser Verschwinden weniger von einem großen Knall als von einem Winseln begleitet sein mag. Am Vorabend eines neuen Jahrhunderts und eines neuen Jahrtausends haben wir möglicherweise weniger Grund anzunehmen, daß wir das Recht auf Leben an künftige Generationen weitergeben, als unsere Vorfahren im Jahr 1900 oder gar im Jahr 1000. Es gibt keinen Zweifel, daß wir unbedingt eine neue universelle Ethik des Überlebens und der Neuordnung der globalen Prioritäten benötigen.[2]

Ramphal stellte dann noch fest, daß es keine weltweite Sicherheit ohne Rechtsstaatlichkeit überall auf der Welt geben kann: «Nur wenige würden dies in Frage stellen, aber zwischen Erkenntnis und Handeln liegt ein großes Dunkel.»[3]

Die psychoanalytische Untersuchung der Psychologie von Großgruppen kann viel leisten, um dieses weite, schattenreiche Gebiet aufzuhellen. Ein besseres Verständnis und eine Anwendung dieser Ideen mögen dazu verhelfen, jene irrationalen und hartnäckigen Faktoren zu entschleiern, die zu Gewalt führen, so daß man mit ihnen effektiver umgehen kann und wir unsere schlimmsten Feinde – unsere gemeinsamen Identitätskonflikte und Ängste – aus der Dunkelheit ans Licht bringen können.

DANKSAGUNG

Ich möchte meine tiefe Dankbarkeit gegenüber all meinen Kollegen am Center for the Study of Mind and Human Interaction (CSMHI) der Universität von Virginia zum Ausdruck bringen, weil sie mich beim Schreiben dieses Buches unterstützt haben. Das CSMHI ist eine interdisziplinäre «Denkfabrik» zum Studium der Psychologie von Großgruppen und zur Anwendung der Ergebnisse auf Probleme wie ethnische Spannungen, Terrorismus, gesellschaftliche Traumata, nationale und internationale Konflikte. Die Fakultät und das Aufsichtsgremium dieses Centers umfassen Experten für Psychoanalyse, Psychiatrie, Außenpolitik, Geschichte, politische Wissenschaft, Umweltpolitik.

Insbesondere habe ich Joy Boissevain zu danken, der Programmdirektorin des CSMHI. Ohne ihre unermüdlichen Bemühungen hätte ich dieses Projekt nicht vollenden können. Weiterhin möchte ich für ihre Mitarbeit danken: Carole Hamilton; Bruce Edwards, geschäftsführender Herausgeber der Vierteljahresschrift des CSMHI *Mind and Human Interaction*; Kelly Hale, meiner Verwaltungsassistentin; Clare Aukofer, Kommunikationsberaterin von CSMHI. Yuri Urbanovich, früher an der Fakultät der diplomatischen Akademie in Moskau und gegenwärtig internationaler Gastgelehrter am CSMHI, war immer zu Gesprächen über die Sowjetunion und Rußland bereit.

Ganz besonders dankbar bin ich Norman Itzkowitz, Professor für nahöstliche Studien an der Princeton University und Mitglied des Beratungsgremiums von CSMHI. Kapitel 7 dieses Werkes, «Zwei Felsen in der Ägäis: Die Auseinandersetzung zwischen Türken und Griechen», gründet sich auf Untersuchungen, die wir gemeinsam unternahmen und die in zwei Bänden erschienen sind: *The Immortal Atatürk: A Psychobiography* (1984) und *Turks and Greeks: Neighbors in Conflict* (1994). Professor Itzkowitz war der erste, der meine Aufmerksamkeit auf ödipale Problemstellungen lenkte, die den osmanisch-türkischen Sultan Mehmet II. betreffen. Freundlicherweise prüfte er auch das Kapitel 4, «Alter Zündstoff für ein modernes Inferno: Zusammenbruch des Zeitgefühls in Bosnien-Herzegowina», auf historische Genauigkeit. Ich danke auch Mehmet Suphi, einem Historiker aus Istanbul, Türkei, für seine Beratung.

Eine frühe Fassung des Kapitels 12, «Totem und Tabu in Rumänien: Die Internalisierung eines ‹toten› Führers und die Restabilisierung eines ethnischen Zeltes», wurde in der Zeitschrift *Mind and Human Interaction* 1995 publiziert und erhielt 1996 den L. Bryce Boyer Award der Society for Psychological Anthropology der American Anthropological Association. Diese hochgeschätzte Anerkennung veranlaßte mich zur Aktualisierung der Arbeit über Rumänien für dieses Buch. Ich möchte auch Harry G. Barnes, dem früheren US-Botschafter in Rumänien, für seine Überprüfung dieses Kapitels und seine hilfreichen Vorschläge danken.

Viele der in diesem Buch dargestellten Untersuchungen waren wegen meiner Zugehörigkeit zum CSMHI möglich. Das Zentrum wiederum wäre undenkbar ohne die ständige Unterstützung durch die School of Medicine der Universität von Virginia und eine großzügige Förderung aus verschiedenen Quellen, darunter der Pew Charitable Trust, die William and Flora Hewlett Foundation, das US Institute of Peace und das International Research and Exchanges Board. Insbesondere danken möchte ich der Massey-Stiftung, die an die Einzigartigkeit des

CSMHI glaubte und deren ständige Unterstützung lebenswichtig für das Wachstum des Zentrums gewesen ist.

Theresa Park von der Firma Sanford J. Greenburger Associates, meine literarische Agentin, war die erste, die daran glaubte, daß *Blutsgrenzen* geschrieben werden sollte, und ermutigte mich während seiner Vorbereitung. John Glusman, Vizepräsident und geschäftsführender Direktor des Verlags Farrar, Straus und Giroux, unterbreitete mir wertvolle Vorschläge, um mein Werk für ein breiteres Publikum verständlicher zu machen. Ich danke ihnen beiden.

FUSSNOTEN

VORWORT

1. Bei der Smutnoje Wremja handelt es sich um eine Phase, die mit dem Tod Iwans des Schrecklichen 1584 begann und mit der Wahl des Zaren Michail Fjodorowitsch auf den russischen Thron endete. Sie war gekennzeichnet durch kämpferische Auseinandersetzungen innerhalb des russischen Adels, durch ausländische Eingriffe, wirtschaftliche Krisen und chronische Instabilität.

2. Nagorny Karabach war 1922 aus Armenien «herausgeschnitten» und Aserbeidschan zugeteilt worden, als die Region Bestandteil der Sowjetunion wurde. Nachitschewan, eine weitgehend muslimische Region zwischen Iran und Armenien, wurde ebenfalls Aserbeidschan zugeschlagen, obwohl es nicht an dieses grenzte. Als Armenien und Aserbeidschan im Jahr 1936 jeweils Sowjetrepubliken wurden, blieb diese ungewöhnliche territoriale Gemengelage erhalten.

3. Nachdem Moldawien eine unabhängige Republik geworden war, kam es zu einer politischen Lösung seiner ethnischen Probleme. Siehe Lebevada, «Psychological Aspects of Ethnic Conflict».

4. M. Baklanov, «Moscow, August 1991», *Sputnik*, Sonderbeilage, Oktober 1991, S. 4.

5. Zwischen 1918 und 1940 waren Estland, Lettland und Litauen unabhängige Staaten. Danach wurden sie von Sowjetstreitkräften besetzt und der UdSSR einverleibt.

6. Während der Stalinzeit wurden nahezu 200 000 Krimtataren in Viehzügen nach Usbekistan in Zentralasien deportiert. Viele von ihnen starben – entweder schon beim Transport oder später bei dem Versuch, in dieser unwirtlichen Gegend zu überleben. Tschetschenen, Inguschen, Kalmücken, Karachai und Balkaren wurden aus anderen Gegenden ebenfalls deportiert. In einer Geheimrede stellte Chruschtschow im Jahr 1956 die während der Stalinära begangenen Gewalttaten dar und gestattete den Überlebenden die Heimkehr – ausgenommen davon waren allerdings die Tataren, da die Krim für die Kommunisten von zu großer strategischer Bedeutung war. 1987 schließlich reagierte Gorbatschow auf Demonstrationen von Tataren in Moskau und erlaubte ihnen die Rückkehr auf die Krim. An der Oberfläche schien das Problem damit gelöst, doch obwohl die massenhaften Rücksiedlungen bereits

begonnen hatten, benutzten die Tataren die Gelegenheit, das Leid ihres in der Stalinzeit ausgelösten Traumas in der Öffentlichkeit zur Schau zu tragen.

7. Itzkowitz, «Ottomanization of the Soviet Union», S. 15.
8. Dieser Bericht stammt vom Internationalen Komitee vom Roten Kreuz, *ICRC 1993: Emergency Appeals*, Genf, Dezember 1992, S. 87.
9. Human Rights Watch, *Georgia/Abkhazia: Violation of the Laws of War and Russia's Role in the Conflict*, New York 1995, S. 25.
10. State Department, *Country Reports on Human Rights Practices*, Washington D. C. (GPO) 1994, S. 887–891. Siehe auch MacFarlane, Minear und Shenfield, *Armed Conflict in Georgia*, S. 26.
11. S. J. Hedges, P. Cary, R. Knight, P. Glastris, D. Hawkins und D. Pasternak, «Will Justice Be Done?», Sonderbericht in *U. S. News & World Report*, 25. Dezember 1995 – 1. Januar 1996, S. 50. Siehe auch Allen, *Rape Warfare*.
12. Nnoli, *Ethnic Conflict in Africa*, S. 7.
13. Ibid., S. 8.
14. Ibid.
15. Ibid.
16. Horowitz, *Ethnic Groups in Conflict*, S. 603, stellt fest: «Quellenmaterial aus Nigeria zeigt, daß der Föderalismus den ethnischen Konflikt sowohl mildern als auch verschärfen kann. Sehr viel hängt dabei von der Zahl der Einzelstaaten einer Föderation, von ihrer Grenzziehung und von ihrer ethnischen Zusammensetzung ab.»
17. Des Forges, «Burundi».
18. Malkki, *Purity and Exile*, S. 21–22.
19. A. de Swaan, «Widening Circles of Disidentification: On the Psycho- and Socio-Genesis of the Hatred of Distant Strangers: Reflections on Rwanda», Beitrag zum Kongreß «Civilization and Its Enduring Discontents: Violence and Aggression in Psychoanalytic and Anthropological Perspective», Bellagio, Italien, 4. September 1996.
20. Siehe Wallensteen und Axell, «Major Armed Conflicts», S. 12 und 81; Margareta Sollenberg und Peter Wallensteen, «Major Armed Conflicts», S. 15; International Negotiation Network, *The Carter Center State of the World Conflict Reports, 1994–1995*, S. 6, und *1995–1996*, S. 12–13. Zu Anfang des Jahres 1996 gab es weltweit 71 bewaffnete Konflikte, die jedoch nicht alle von größerer Bedeutung waren.
21. H. D. S. Greenway, «Roots of Ethnic Conflict», *Boston Globe*, 13. Dezember 1992, S. 42.
22. Einige Regeln und Vorschriften, die die moderne Diplomatie bestimmen, gehen bis ins 15. Jahrhundert zurück, als die diplomatische Repräsentation in wachsendem Maße institutionalisiert wurde und zwischen souveränen politischen Gebilden ständige Missionen eingerichtet wurden.

23. Während des kalten Krieges wurden beispielsweise verschiedene Abschreckungstheorien entwickelt, die sich alle auf rationale Überlegungen stützten. Der Hauptgedanke bestand darin, eine Drohung zu formulieren, die den Gegner von aggressiven Handlungen abhielt. Dann wurde die physische Fähigkeit demonstriert, die Drohung wahrzumachen, um ihr so mehr Nachdruck und Deutlichkeit zu verleihen. Diese Abschreckungstheorien bezogen sich ganz speziell auf die vom bipolaren Zeitgeist bestimmte Möglichkeit eines uneingeschränkten Nuklearkrieges zwischen den Vereinigten Staaten und der Sowjetunion, bei dem es keine Sieger geben konnte. Vom diplomatisch-fachlichen Standpunkt her ist es interessant, daß die Abschreckung nicht nur als bloße Theorie galt, als könne man Abschreckung genauso mit logischen Mitteln überprüfen und messen wie physikalische Gesetze. Man zählte also die Panzer, die Mannschaftsstärke, die Schiffe, die Unterseeboote und die Raketen jeder Seite und stellte sie denen der Gegenseite gegenüber. Theorie und Realität wurden als gleichwertig betrachtet. Viele Politiker und Politikwissenschaftler stimmen dahingehend überein, daß die Drohung einer gesicherten gegenseitigen Vernichtungsfähigkeit (MAD = mutually assured destruction) zum Fällen rationaler Entscheidungen ermutigte und damit Sowjets und Amerikaner daran hinderte, ihre nuklearen Arsenale zum Einsatz zu bringen. Dann verhielt sich der ägyptische Präsident Anwar el-Sadat 1973 ganz anders, als es die Abschreckungstheorien erwarten ließen: Er entschloß sich zum Krieg mit Israel, obwohl er wußte, daß die ägyptische Luftwaffe der israelischen in einem uneingeschränkten Krieg nicht gewachsen war. Warum hatte er sich nicht abschrecken lassen?

Auch der Krieg zwischen Argentinien und Großbritannien um die Falklandinseln 1982 zeigte das Scheitern der Abschreckungsidee. Obwohl die Briten eindeutig militärisch überlegen waren und ihre Regierungschefin, Premierministerin Margaret Thatcher, eindeutig entschlossen war, britisches Territorium zu verteidigen, scharten sich die Argentinier, zumindest zu Beginn, um die provokativen Ansprüche von Präsident Leopoldo Galtieri, der später angesichts der Niederlage zurücktrat.

Die Lehre der Abschreckung konnte weder den ägyptisch-israelischen Krieg von 1973 noch den Falklandkonflikt angemessen erklären, was zu einer Neubewertung dieses wissenschaftlichen Ansatzes führte. In den frühen achtziger Jahren suchte man nach neuen Erklärungen für mangelhafte Entscheidungsprozesse, in diesem Zusammenhang bediente man sich auch der kognitiven Psychologie. Politologen machten nun umfangreiche Anleihen bei den Konzepten der kognitiven Psychologie, und einige Einsichten trugen dazu bei, das irrationale Verhalten angeblich rationaler Staaten zu erklären. Es gab jedoch keine Versuche, sich der Psychoanalyse zu bedienen, um das

Verständnis für irrationale Politik zu ergänzen oder die Gefühle zu verstehen, die mit historischen Ereignissen zusammenhängen.

24. Arndt, «New Diplomacy in the Post-Imperial World», S. 144.
25. Horowitz, *Ethnic Groups in Conflict*, S. 140.

KAPITEL 1

1. De Vos, «Ethnic Pluralism: Conflict and Accommodation», S. 9.
2. Ibid.
3. Stein, «International and Group Milieu of Ethnicity».
4. R. Cohen, «Ethnicity Problems and Focus on Anthropology».
5. Cole, *People of Malaysia;* Shapiro, *Jewish People: A Biological History.*
6. Zur weiteren Untersuchung dieses Themas siehe Thomson et al., «Psychology of Western European Neo-Racism».
7. Commission on Human Rights Sub-commission on Prevention of Discrimination and Protection of Minorities. Economic and Social Council. United Nations E/CN.4/Sub. 2/1992/11, 14. Juli 1992.
8. Committee of International Relations, *Us and Them: The Psychology of Ethnonationalism,* S. 20.
9. Gittler, «Defining an Ethnic Minority», S. 6. Siehe auch Peterson, «Concepts of Ethnicity», S. 234.
10. Peterson, «Concepts of Ethnicity», S. 234.
11. Loewenberg, *Fantasy and Reality in History,* S. 196.
12. Ibid. George Orwell machte in einem Aufsatz von 1945 einen Unterschied zwischen Nationalismus und Patriotismus. Der Patriotismus war für ihn eine «Hingabe an einen bestimmten Ort und eine bestimmte Lebensweise, die man für die beste in der Welt hält, ohne jedoch den Wunsch zu hegen, diese auf andere Völker zu übertragen. [Er] ist seinem Wesen nach defensiv im militärischen wie im kulturellen Sinne» («Notes on Nationalism», S. 362). Orwell, der den Patriotismus für eine ganz normale Angelegenheit hielt, beschrieb danach den Nationalismus als bösartig: Nationalismus sei sauer gewordener Patriotismus und umfasse «Machthunger beeinflußt durch Selbsttäuschung» (S. 367).
13. Chasseguet-Smirgel, «Blood and Nation», S. 31.
14. Howell, «Tragedy, Trauma... and Triumph», S. 116.
15. Loewenberg, *Fantasy and Reality in History,* S. 196.
16. Ibid., S. 198.
17. Erik H. Erikson, «Ontogeny of Ritualization», S. 606.
18. Boyer, «On Man's Need to Have Enemies».
19. Murphy, «Intergroup Hostility and Social Cohesion».
20. Auden, «The Sea and the Mirror», S. 36.
21. Freud, *Massenpsychologie und Ich-Analyse;* Le Bon, *The Crowd.*

22. Der menschliche Geist entwickelt sich in Phasen von der frühen Kindheit an. Jede Entwicklungsstufe verfügt über ein Repertoire von mentalen Werkzeugen zum Umgang mit der inneren und der äußeren Welt. Angesichts von Bedrohungen kann ein Individuum zumindest teilweise wieder zurückfallen auf die zumindest partielle Benutzung von mentalen Mechanismen einer früheren Stufe. Dies bezeichnet man als *Regression*. Auch Gruppen können regredieren.

23. S. Freud, *Warum Krieg?*, S. 203–215.

24. Mitscherlich, «Psychoanalysis and Aggression of Large Groups», S. 164.

KAPITEL 2

1. Anwar el-Sadat war nicht der erste politische Führer der jüngsten Zeit, der die psychologische Grundlage internationaler Konflikte erkannte. 1974 schickte die türkische Regierung Streitkräfte nach Zypern, die die Insel praktisch in zwei Teile teilten, nämlich den nördlichen, türkischen, und den südlichen, griechischen. Dabei ging es um den Schutz der auf der Insel lebenden Türken. Angesichts der zwischen Griechenland und der Türkei bestehenden Probleme hielt der damalige türkische Premierminister Bülent Ecevit im Jahr 1979 eine Rede, in der er darüber sprach, daß die meisten der zwischen Griechen und Türken bestehenden Probleme psychologischer Art seien. Während Ecevits Bemerkungen keine psychologischen Untersuchungen internationaler Beziehungen auslösten, entzündete Sadats Ansehen in der Welt und insbesondere in den Vereinigten Staaten Interesse an dieser Thematik.

2. Regelmäßig schlossen sich den amerikanischen Psychiatern zwei Diplomaten an: Joseph Montville, der heute Direktor des Preventive Diplomacy Program am Center for Strategic and International Studies in Washington D. C. ist, und Harold Saunders, ein früherer Assistant Secretary of State für nahöstliche und südasiatische Angelegenheiten (1978–1981). Saunders hatte Henry Kissinger auf seinen vielen Reisen zwischen Jerusalem und Kairo begleitet und 1978 in Camp David am Treffen zwischen Jimmy Carter, Menachem Begin und Anwar el-Sadat teilgenommen, bei dem die Vereinbarungen von Camp David formuliert wurden.

3. Psychoanalytiker stellen oftmals fest, daß eine von einem Patienten erlebte Emotion eng damit zusammenhängende alte Erinnerungen aktiviert, die diese Emotion nähren können. Dies läßt sich auch bei ganz gewöhnlichen Menschen feststellen. (Siehe Eissler, «Defects of Ego Structure»; Peto, «On Effect Control»; V. D. Volkan, *Primitive Internalized Object Relations*, S. 172–173).

KAPITEL 3

1. Pollock, *Mourning-Liberation Process,* Bd. 1, S. 3, 145; Bd. 2, S. 5, 51.
2. S. Freud, «Trauer und Melancholie», S. 198–199.
3. Tähka, «Dealing with Object Loss».
4. V. D. Volkan, *Linking Objects and Linking Phenomena,* S. 101–106; Volkan und Zintl, *Life after Loss,* S. 71–84.
5. Das Vietnam War Memorial wurde von der 21jährigen Maya Ying Lin entworfen, die damals gerade anfing, an der Yale University Architektur zu studieren. Als ihr Entwurf für die Gedenkstätte in der Öffentlichkeit bekannt wurde, gefiel er einigen nicht, die beispielsweise einwandten: «Das Denkmal liegt unterirdisch und bringt damit Scham zum Ausdruck» oder «Es ist schwarz, eine Farbe der Schande» (Scruggs, *To Heal a Nation,* S. 82). Dennoch wurde das Projekt vollendet, und die schwarze Granitmauer begann ein Eigenleben zu führen. Lin wünschte, daß die Veteranen und die Besucher ihre eigenen Reflexionen im Stein wahrnehmen sollten, während sie die Namen der Toten und Vermißten lasen. Dies verbinde sie symbolisch mit den Toten. 1992 schrieb Kurt Volkan, Chefredakteur von *Middle East Insight,* dazu:

   Als eine Widerspiegelung des Todes erlaubt es die Gedenkstätte den Lebenden, sich durch Sehen und Berühren mit den Toten zu verschmelzen. Als eine Reflexion der Psychodynamik des Trauerns führte Lins Kreativität zu einem Ritual, das durch sich selbst lindernd wirkt; die Besucher wiederholen den Trauerprozeß symbolisch und meistern ihn so, und dies geschieht jedesmal, wenn sie kommen und gehen, den Stein berühren und loslassen. ... Diese Mauer kann so persönlich sein wie eine Mutter, die um ihren verlorenen Sohn weint, sie kann so öffentlich sein wie eine Nation, die um ihre Vergangenheit weint, die sie noch nicht bewältigt hat.

   («Vietnam War Memorial», S. 76–77.)

6. K. T. Erikson, «Loss of Communality at Buffalo Creek», S. 302–325.
7. Lifton und Olson, «Human Meaning of Total Disaster».
8. Williams und Parkes, «Psychosocial Effects of Disaster».
9. D. A. Maurer, «A Long Road to Rebuilding Hope: Missionary Collects Supplies for Navajo», *The Daily Progress,* Charlottesville, 18. Juni 1992.
10. Nach der Befreiung Kuwaits von der irakischen Besetzung zeigte sich ein kuwaitischer Vater im Gespräch mit mir eindeutig schuldbewußt, weil er während der Okkupation nicht imstande gewesen war, seine Kinder vor der Angst zu schützen. Er schämte sich, weil einige irakische Soldaten ihn vor den Augen seiner Kinder erniedrigt hatten.

11. Volkan und Ast, *Spektrum des Narzißmus*, S. 103–150.
12. Am 25. November 1995 berichtete das zweite Programm des israelischen Fernsehens über die jahrzehntelange Sorglosigkeit im Umgang mit dem Trauma, das die Holocaust-Überlebenden nach ihrer Ankunft in Israel erlebten. Der Bericht handelte vor allem von den Erfahrungen von Opfern, die in psychiatrische Krankenhäuser kamen.
13. Moses und Cohen, «An Israeli View», S. 130.
14. Ibid.
15. Viele orthodoxe Juden ziehen es vor, sich selbst eher in Beziehung zu dem verlorenen Tempel in Jerusalem als zum Holocaust zu definieren; und Israelis afrikanischer Herkunft berichten manchmal, sie seien vom Holocaust weniger betroffen als andere Juden.
16. Loewenberg, «Psychological Reality of Nationalism», S. 7.
17. Kakar, *Colors of Violence*, S. 5.
18. Ibid., S. 10.
19. Ibid., S. 131.
20. Harris, «Reading the Mask».

KAPITEL 4

1. Karadžić und Mladić sprachen auch ausführlich von Titos Begräbnis. Präsident Carter hatte seine Mutter, Lillian Carter, dorthin geschickt, und ihre Anwesenheit war sehr positiv bewertet worden. Die Diskussion beschäftigte sich auch sehr intensiv mit dem Ersten Weltkrieg und mit der jüngeren Zeitgeschichte, soweit sie direkt mit den Ereignissen in Bosnien-Herzegowina zu tun hatte.
2. Die Völker des früheren Jugoslawien – Serben, Kroaten, Montenegriner, Slowenen und bosnische Muslime – sind allesamt Südslawen und haben daher die gleichen Wurzeln. Erst ihre geschichtlichen und religiösen Differenzen machen sie zu unterschiedlichen ethnischen Gruppen.
3. Vulliamy, *Season in Hell*, S. 157.
4. «Das Fernsehen war *das* Schlüsselelement, das die Flammen des serbisch-kroatischen Konflikts nährte, die das Nachkriegsjugoslawien verschlangen … Die Regimes in Belgrad und Zagreb übten gleichermaßen … die totale Kontrolle über Rundfunk und Fernsehen aus und verschufen sich öffentliche Unterstützung, indem sie der Bevölkerung eine Mahlzeit servierten, die sich aus Lügen, Erfindungen und Propaganda teils schreckenerregender, teils sentimentaler Art zusammensetzte» (Parin, «Open Wounds», S. 41).
5. In der jugoslawischen Volksarmee waren 12 Prozent der Offiziere Kroaten, aber die Kroaten machten 1991 22,1 Prozent der Gesamtbevölkerung aus. Nur 2,4 Prozent der Armeeoffiziere waren Muslime, obwohl diese 1991

8,4 Prozent der Bevölkerung Jugoslawiens stellten (Cirić, «From Partisans to Security Service»).

6. In der heutigen Welt, die von elektronischer Kommunikation und den Medien geprägt ist, verfügen wir über einen breiten Zugang zu Ereignissen und Menschen überall auf der Welt, und dieses Überangebot an Informationen kann uns zu der Annahme verleiten, daß Kommunikation über die kulturellen Grenzen hinweg keine Schwierigkeiten bereitet. Dies stimmt aber nicht immer. Ich habe enge Freunde aus der früheren Sowjetunion, die Jahre nach ihrer Trennung vom Sowjetsystem immer noch Auffassungen und Denkweisen vertreten, die sich erheblich von denen ihrer amerikanischen Freunde unterscheiden. Die kommunistische Weltsicht scheint in diesen früheren Sowjetbürgern weiterzuleben. Manchmal ziehen sie eine zentrale Autorität der individuellen Initiative vor, als wünschten sie immer noch, daß man ihnen sagt, was sie zu tun haben. Immer wieder versichern sie sich der Zustimmung der Behörden und der vorgesetzten Stellen für ihr Handeln, auch dann, wenn dies nach amerikanischen Maßstäben ganz unnötig ist.

7. Derartige Faktoren existieren noch heute, sie werden aber von anderen Motivationen in den Schatten gestellt, die die komplizierten Denk- und Planungsvorgänge betreffen, die von modernen Spitzenpolitikern bewältigt werden müssen. Im allgemeinen verweisen die ausgeklügelten Entscheidungsstrukturen heutiger politischer Systeme die persönlichen Interessen der Machthabenden auf die hinteren Ränge.

8. Itzkowitz, *Ottoman Empire and Islamic Tradition*, S. 16.

9. Volkan und Itzkowitz, *Turks and Greeks: Neighbours in Conflict*, S. 60.

10. R. Lewis, *Everyday Life in Ottoman Turkey*, S. 13.

11. Ein weiterer Verbündeter des Fürsten Lazar war Ban Tvrtko, der die bosnische Region beherrschte. Vor der Schlacht auf dem Amselfeld hatte Tvrtko seine eigene Krönung zum König von Serbien, Bosnien, Dalmatien «und den westlichen Ländern» arrangiert, und er wurde außerdem von den Ungarn als König anerkannt. Trotz Tvrtkos Versuch, sich als Erbe der Dynastie der Nemanjiden durchzusetzen, war Fürst Lazar ihm gegenüber freundlich geblieben. Während Tvrtko persönlich nicht an der Schlacht im Kosovo teilnahm, schickte er jedoch einige seiner Leute zum Kampf gegen die Türken.

12. Dank der Arbeit von Emmert *(Serbian Golgatha)* gibt es nun in englischer Sprache detaillierte Darstellungen verschiedener Versionen der «historischen Wahrheit» über die Schlacht auf dem Amselfeld.

13. Einige der von Emmert (ibid.) erwähnten Quellen vertreten die Einschätzung, Murat I. sei mit mehr als 100 000 Männern auf das Amselfeld gekommen und Lazar habe ein Heer von mehr als 70 000 Kämpfern um sich geschart. Der Historiker Kinross besteht jedoch darauf, daß die osmanische Armee zahlenmäßig unterlegen gewesen sei (vgl. *Ottoman Centuries*, S. 58).

14. Bis 1497 haben serbische Quellen den Namen des Attentäters nicht genannt, der von da an als Miloš Kobilić angegeben wurde. Chroniken aus verschiedenen Jahrhunderten haben jedoch Hinweise auf andere mögliche Attentäter gegeben, darunter auch Fürst Lazar persönlich. Einige türkische Darstellungen behaupten, nachdem die Türken die Schlacht gewonnen hatten, sei der 70jährige Murat einen Augenblick lang ungeschützt auf dem Schlachtfeld zurückgelassen worden, und da sei er von einem verwundeten serbischen Soldaten getötet worden. In jüngster Zeit jedoch akzeptieren die Historiker Miloš Kobilić als Attentäter.

15. Wenn diese Darstellung richtig ist, dann macht sie die nach der Schlacht auf dem Amselfeld entstandene serbische Sitte verständlich, daß die Arme eines Untertanen hinter seinem Rücken zusammengehalten wurden, wenn er sich dem Sultan nähert, um dessen rechten Fuß zu küssen.

16. Als Bayezit zum neuen osmanischen Sultan ernannt wurde, ordnete er die Strangulierung seines anderen überlebenden Bruders an und führte so die Sitte des kaiserlichen Brudermordes ein. Man fand auch eine Stelle im Koran, die diese Praxis sanktionierte. Auf diese Weise sollte das neue Reich vor dem Auseinanderbrechen geschützt werden. Die Familienfehden und Intrigen unter europäischen christlichen Herrschern des Mittelalters gab es in der osmanischen Herrscherfamilie nicht, da die Osmanen eine Lösung für Geschwisterrivalitäten gefunden hatten.

17. F. Tinç, «Türbedar Kadın Rüyasi» (Der Traum der Gruftwächterin), *Hürriyet*, 7. Juni 1996, S. 4.

18. Parin, «Open Wounds», S. 43.

19. Marković, «The Secret of Kosovo», S. 111. 18 Jahre vor der Schlacht auf dem Amselfeld hatten die Türken die Serben am Fluß Maritsa geschlagen. Viele Christen auf dem Balkan standen bereits unter ihrem Einfluß, und einige von ihnen schlossen sich Murats Streitkräften gegen das Heer des Fürsten Lazar an. Die meisten Historiker halten die serbische Niederlage an der Maritsa für entscheidend im Hinblick auf die Besiegelung des Schicksals Serbiens. Dennoch wurde die Schlacht im Kosovo und nicht die an der Maritsa zu einem gewählten Trauma.

20. Das hier wiedergegebene Lied stammt aus Marković, «The Secret of Kosovo», S. 114. Andere serbische Lieder finden sich in Pennington und Levi, *Marko the Prince*, und Zimmerman, *Serbian Folk Poetry*.

21. Diese Darstellung stammt von Emmert, *Serbian Golgatha*.

22. Diese Geschichte entwickelte sich langsam und nahm ihre gegenwärtige Gestalt in Marvo Orbini, *Il regno degli Slavi* von 1601 an; nach Emmert, *Serbian Golgatha*, S. 106.

23. Die Lithographie, die den Titel «Das Festmahl des Fürsten» trägt, stammt von Adam Stafanović und entstand 1870.

24. Marković, «The Secret of Kosovo», S. 116.
25. Bereits früher, im Jahr 1804, führte Karageorge, der «Schwarze Georg», einen ernstzunehmenden Aufstand gegen die Osmanen an. Am Ende wurde Karageorge von den Türken besiegt, und später wurde auch er als religiöse Gestalt betrachtet und als Messias verehrt.
26. Nach *Vojincki Glasnik*, 28. Juni 1932, zitiert in Emmert, *Serbian Golgatha*, S. 133–134.
27. J. Cvijić, *Balkansko Polustrvo I juznosevenske Īzemle*, Belgrad 1986, berichtet in Emmert, *Serbian Golgatha*, S. 135.
28. Bohlen, *A Witness to History*. Der Erzherzog, der über die Taktlosigkeit seiner Zeitplanung informiert worden war, befand sich schon im Begriff, Sarajevo zu verlassen, als er und seine Frau erschossen wurden.
29. Vulliamy, *Season in Hell*.
30. Kaplan, *Balkan Ghosts*, S. 38.
31. Emmert, *Serbian Golgatha*, Anhang.
32. Kaplan, *Balkan Ghosts*, S. 39.
33. Vulliamy, *Season in Hell*, S. 51.
34. «Eine gemeinsame paranoide Störung verbreitet sich sehr schnell, erreicht in Zeiten wirtschaftlicher oder politischer Krisen und kollektiver Spannung große Massen, wenn deren Kritikfähigkeit reduziert und ihre realistische Sicht der Lage vernebelt ist» (M. Jakovljević, «Psychiatric Perspectives of the War against Croatia», *Croatian Medical Journal 2* [1992], S. 43, zitiert bei Parin, «Open Wounds», S. 50).
35. S. Sullivan, «To His Hometown, Serb Karadžić Is a Local Hero Who Made Good», *Washington Post*, 21. April 1996, S. A20.
36. Allen, *Rape Warfare*, S. 80.
37. S. Power, «The World of Radovan Karadžić», *U. S. News and World Report*, 24. Juli 1995.
38. S. Kinzer, «The Nightmare's Roots: The Dream World Called Serbia», *New York Times*, 16. Mai 1993, S. 2. Siehe auch L. J. Cohen, *Broken Bonds*.
39. K. B. Deklava und J. M. Post, «Poet of Death: The World of Dr. Radovan Karadžić» (Beitrag zur Jahrestagung der International Society of Political Psychology, Washington, D. C., 4.–10. Juli 1995).
40. Vulliamy, *Season in Hell*.
41. Deklava und Post, «Poet of Death».
42. Ibid.
43. Ibid.
44. Persönliche Gespräche mit Norman Itzkowitz. Siehe auch Fine, «Medieval and Ottoman Roots of Modern Bosnian Society».
45. Hatiboğlu, *Bosna'ya Farklı bir bakış*.
46. Der Konflikt der Jahre 1992 bis 1995 stellt nicht den ersten Fall einer «ethni-

schen Säuberung» unter den bosnischen Muslimen dar. Zu Ereignissen dieser Art kam es in einigen Teilen des früheren Jugoslawien bereits im letzten Viertel des vergangenen Jahrhunderts, als Bosnien Österreich-Ungarn zugesprochen wurde, und sie setzten sich während der beiden Balkankriege fort. Die muslimische Bevölkerung nahm damals um etwa 25 Prozent ab, dies war auf eine Kombination von «ethnischer Säuberung» und Fluchtbewegung ins Osmanische Reich zurückzuführen.

47. S. Toros, *Milliyet,* 25. September 1995, S. 12.
48. Seifert, «War and Rape, a Preliminary Analysis», S. 63. Seifert zitiert auch Statistiken, die zeigen, daß in bewaffneten Konflikten die Verluste unter Zivilisten häufig größer sind als unter Militärangehörigen; vor allem nach einem UNICEF-Bericht von 1989 waren 90 Prozent der Kriegsopfer seit dem Zweiten Weltkrieg Zivilisten, und zwar meist Frauen und Kinder. Gutman *(Witness to Genocide,* S. 78) berichtet, daß Serben verlangt hätten, führende Persönlichkeiten einer Gemeinde sollten Moscheen entheiligen, indem sie etwa dort ein Kreuz schlugen, Schweinefleisch aßen und Geschlechtsverkehr mit jungen Mädchen (also Jungfrauen) hatten, während die zusammengetriebenen Gemeindemitglieder Zeugen der Schändung wurden. Weigerte sich die betreffende Person, wurde er fortgeschafft und vermutlich getötet.
49. Itzkowitz, *Ottoman Empire and Islamic Tradition,* S. 50.
50. Lazarovich-Hrebelianovich und Calhoun, *Serbian People,* Bd. 1, S. 322.
51. Gutman, *Witness to Genocide.*
52. Hatiboğlu, *Bosna'ya Farklı, bir bakış.*
53. Gutman, *Witness to Genocide.*
54. Ibid.
55. Ausgestrahlt am 12. März 1996.
56. B. Allen, *Rape Warfare,* S. 87.
57. Auch anderswo ist beobachtet worden, daß unbewußte Phantasien zum Ausdruck kamen, in denen sich die Bevölkerung einer bedrohten Gesellschaft vervielfachte. 1975 berichteten Williams und Parkes von einem Anwachsen der Geburtenrate in dem walisischen Dorf Aberfan in den ersten fünf Jahren, nachdem eine Lawine von Kohlenschlamm dort 116 Kinder und 28 Erwachsene verschüttet hatte. Sie führen diesen Anstieg auf «einen Prozeß biosozialer Regeneration durch Paare, die selber kein Kind verloren haben», zurück («Psychosocial Effects of Disaster», S. 304). Die Einwohner von Aberfan erlebten weder einen Aufruhr noch einen Krieg, sondern eine Naturkatastrophe. Dennoch weist die Studie auf den Drang hin, die Bevölkerungszahl nach einer Bedrohung der Gemeinschaft zu steigern. Höchstwahrscheinlich waren sich die Erwachsenen nicht ihres Wunsches bewußt, die Dorfbevölkerung zu vermehren. Die Untersuchung von Williams und

Parkes hilft auch zu verstehen, warum sich zypriotische Türken so intensiv mit der Fruchtbarkeit der Vögel beschäftigten, die sie als gemeinsames Hobby in den Jahren ihrer Gefangenschaft zwischen 1963 und 1968 aufzogen. Als die Hindus in Indien wahrnahmen, daß die muslimische Bevölkerung sehr schnell anwuchs, fürchteten sie, eine derartige Steigerung würde die wirtschaftlichen Ressourcen verschlingen. Daher wurde diese Entwicklung als bedrohlich angesehen. Daraufhin bildete sich wiederum die Phantasievorstellung heraus, die eigene Zahl vermehren zu müssen. So spricht ein Graffito, das für die Steigerung der Familiengrößen eintritt, die Hindu-Frauen mit folgenden Worten an: «Bekomme sofort das nächste Kind und gelegentlich noch ein weiteres nach dem achten» (Mazumdar, «For Rama and Hindutva», S. 7).

58. Stiglmayer, «Rapes of Bosnia-Herzegovina», S. 88.

59. Nach Allcock «zeigen die Kosovo-Geschichten die Serben als eine Art auserwähltes Volk» («Kosovo: The Heavenly and the Earthly Crown», S. 169).

60. Neben den schlechten wirtschaftlichen Bedingungen in Jugoslawien hat auch Milošević' Persönlichkeit meiner Ansicht nach im Ablauf der Ereignisse eine Rolle gespielt. Wegen der Selbstmorde seiner beiden Eltern konnte er höchstwahrscheinlich Elterngestalten nicht mehr vertrauen. Es gibt Hinweise darauf, daß er statt dessen sehr stark von seiner dominierenden Ehefrau Mirjana abhing, als spiele diese selber eine Mutterrolle, während er sich gleichzeitig vorsichtig verhielt, als fürchte er, erneut verraten und erniedrigt zu werden. Es wird auch behauptet, Mirjana sei die einzige Freundin gewesen, die er je gehabt habe. Nachdem Milošević Präsident geworden war, lieferte Mirjanas Tagebuch, das in dem Magazin *Duga* erschien, Hinweise darauf, daß er eine Affäre mit einer Fernsehmoderatorin hatte; doch versöhnte sich das Paar später wieder (berichtet von S. Sullivan und T. Sonenshine, «All in the Family», *Newsweek,* 16. Dezember 1996, S. 38–39). Milošević lebt meist sehr zurückgezogen und leidet möglicherweise gelegentlich an Depressionen.

61. J. Pomfret, «Serbia's Elastic Man», *Washington Post,* 28. Dezember 1996, S. C1, C3.

KAPITEL 5

1. Einige Erwachsene, insbesondere Männer, benötigen die Anwesenheit eines leblosen Objekts, etwa eines Schuhs, um den Geschlechtsakt vollziehen zu können. Der Schuh oder ein anderes Fetischobjekt muß verfügbar sein und gesehen, berührt und gerochen werden können. Die Bedeutung des Fetischs für einen Erwachsenen wird im Zusammenhang mit der Kastrationsangst der betreffenden Person verständlich. Wenn es einem Jungen nicht gelingt, während der Kindheit den Ödipuskomplex zu überwinden, dann bleibt in ihm,

meist unbewußt, die Furcht zurück, sein Vater werde ihn wegen seiner inzestuösen Wünsche bestrafen. Als Erwachsener wird er sich dann einer Vielzahl von Mitteln bedienen, um mit seiner weiterhin bestehenden Kastrationsangst fertig zu werden. Dabei entscheidet er sich unter Umständen für die Möglichkeit des Fetischismus. In diesem Falle symbolisiert das Fetischobjekt unbewußt einen zusätzlichen Phallus, ja sogar einen Phallus, den auch Frauen haben könnten. So hält er, obwohl er weiß, daß dies nicht der Realität entspricht, unbewußt an der Auffassung fest, daß jeder Mensch einen Phallus besitzt. Dies bedeutet, daß niemand, auch er selbst nicht, kastriert ist, und daher kann er sexuell potent sein. Während er sich zuvor schon mit der unbewußten Bedeutung des Fetischs beschäftigt hatte, konzentrierte sich Sigmund Freud in «Fetischismus» auf dieses Thema.

2. Winnicot untersuchte 1953 die Funktion von transitionellen Objekten in seiner Arbeit «Transitional Objects and Transitional Phenomena».

3. Ein Kind, das einen Fächer als magisches lebloses Objekt benutzte, wird von Mahler (*On Human Symbiosis*, S. 202) beschrieben. Es gibt auch bei Erwachsenen den Gebrauch solcher leblosen Objekte, insbesondere unter Schizophrenen.

4. Ich beschrieb erstmals bei meiner Präsidentschaftsansprache an die International Society of Political Psychology im Juni 1985 angemessene Ersatzobjekte (oder Ziele) der Externalisierung. Siehe auch V. D. Volkan, *The Need to Have Enemies and Allies*, S. 31, 74.

5. Emde, «Positive Emotions for Psychoanalytic Theory».

6. Emde und Harmon, «Engogenous and Exogenous Smiling Systems».

7. Siehe S. Freud, *The Origins of Psychoanalysis* und «Drei Abhandlungen zur Sexualtheorie», S. 87–89.

8. S. Freud, «Massenpsychologie und Ich-Analyse», S. 99.

9. Es gibt andere Arten von Identifizierung, die ein reiferes Kind und seine komplizierten Beziehungen zu anderen betreffen. So erklärt das Konzept der Identifizierung mit dem Aggressor, das zuerst von A. Freud entwickelt wurde, warum ein vierjähriges Kind immer wieder mit einem scharfen Gegenstand Löcher in eine Puppe bohrt, nachdem es am Tage zuvor beim Arzt eine Spritze in den Arm bekommen hat. Hier verwandelt das Kind seine passive Rolle beim Arzt in einen Zustand, in dem es aktiv ist und die Dinge beherrscht. Dennoch sind es vor allem die frühen Ich-Identifizierungen, die bei der Entwicklung der Identität des Kindes eine Rolle spielen.

10. Es gibt jedoch Menschen, denen es nicht gelingt, ihre verbliebenen schwarzen und weißen Anteile zu integrieren, und denen es dann für den Rest ihres Lebens schwerfällt, ihre Persönlichkeit aufzubauen. Als Erwachsene bleiben sie unintegriert, als setzten sie sich aus zwei verschiedenen Personen zusammen, sie zeigen wahrhaftig eine Spaltung wie die in *Dr. Jekyll and Mr. Hyde*.

Wenn alles ganz normal verläuft, erlangt ein Kind im Alter von 36 Monaten die Fähigkeit, andere Menschen seiner Umgebung, etwa seine Mutter, als integrierte Persönlichkeiten zu erkennen. Vor diesem Zeitpunkt ist ihm nicht völlig klar, daß es sich bei der liebenden und der enttäuschenden Mutter um ein und dieselbe Person handelt; die Mutter war zuvor entweder nur gut oder nur schlecht. Eine der Realität entsprechende Vorstellung von der Mutter, die manchmal gut und manchmal schlecht ist, entwickelt das Kind, nachdem sich seine integrativen Fähigkeiten voll entwickelt haben.

11. Einmal, im Jahre 1926, sprach S. Freud in einer Rede vor den Mitgliedern des Vereins B'nai B'rith in Wien von dessen emotionalen Kräften.

12. E. H. Erikson, «The Problem of Ego Identification», S. 113.

13. Ibid., S. 57.

14. Blos, *Adolescent Passage,* S. 171.

15. Zitiert nach: Glass, *Private Terror/Public Life,* S. 35.

16. Dies stimmt auch im Hinblick auf die Integration von guten und schlechten (sonstigen) Objektbeziehungen. Siehe Kernberg, *Borderline Conditions and Pathological Narcissism;* und V. D. Volkan, *Primitive Internalized Object Relations.*

17. In der Psychoanalyse hat der Begriff Projektion verschiedene Bedeutungen. Um der Klarheit willen benutze ich in diesem Buch den Begriff *Externalisierung,* wenn ich die Übertragung von nicht-integrierten Selbstanteilen und Objektelementen auf andere Menschen oder Dinge meine, und den Begriff *Projektion,* wenn ich mich auf die Verlagerung von unerwünschten Impulsen, Gedanken oder Gefühlen «nach außen» beziehe.

18. W. Nathaniel Howell war fast am Ende seiner Dienstzeit als US-Botschafter in Kuwait, als es zur Invasion kam. Trotz wiederholter Drohungen von seiten der Iraker weigerten er und seine sieben Mitarbeiter sich, die Botschaft in Kuwait-Stadt zu verlassen. Drei Jahre später leiteten Botschafter Howell (nun im Ruhestand) und seine Frau Margie, eine frühere Krankenschwester in der Psychiatrie, eine Gruppe des CSMHI zum Studium der gesellschaftlichen Auswirkungen der irakischen Invasion auf die Kuwaitis (Howell, «Tragedy, Trauma … and Triumph» und «The Evil That Men Do …»; siehe auch Saathoff, «In the Halls of Mirrors» und «Kuwait's Children»).

19. Persönliche Mitteilung Gregory Saathoffs von 1996. Autos spielten während der Invasion auch eine wichtige Rolle für die in der Falle sitzenden US-Bürger und die Mitarbeiter der amerikanischen Botschaft. Obwohl sie alle Fahrzeuge auf ihrem Gelände unbrauchbar gemacht hatten, indem sie Teile der Motoren benutzten, um andere lebenswichtige Motoren am Laufen zu halten, vergeudeten sie wertvolles Wasser, um die unbrauchbaren Wagen zu waschen. Dies bedeutete für sie eine Art von «Nicht-Abhängigkeits-Er-

klärung» gegenüber den zuschauenden irakischen Soldaten (siehe Bodine, «Saddam's Siege of Embassy Kuwait», S. 124).

20. V. D. Volkan, *Cyprus – War and Adaption*, S. 91.

21. Lind, «Dream as Simple Wish-Fulfillment».

22. Myers und Yochelson, «Color Denial in the Negro». Siehe auch Vitols, Walters und Keeler, «Hallucinations and Delusions».

23. Manning, «Cultural and Value Factors».

24. Grier und Cobbs, *Black Rage;* Pinderhughes, «Origins of Racism»; Wilkerson, «Destructiveness of Myths».

25. Grier und Cobbs, *Black Rage,* S. 129.

26. Apprey, «African-American Experience».

KAPITEL 6

1. V. D. Volkan, *The Need to Have Enemies and Allies,* S. 246.

2. Pinderhughes, «Paired Differential Bonding». Siehe auch Committee of International Relations, *Us and Them.*

3. Jacobson, *Self and the Object World;* Mahler, *On Human Symbiosis;* Kernberg, *Borderline Conditions and Pathological Narcissism.*

4. Spitz, *First Year of Life,* S. 150–162.

5. Parens, *Development of Aggression in Early Life.*

6. M. M. Suárez-Orozco, «Immigrants and Refugees in the Post-National Space» (Beitrag zur Tagung «Civilization and Its Enduring Discontents: Violence and Aggression in Psychoanalytic and Anthropological Perspective», Bellagio, Italien, 4. September 1996).

7. Während der Bush-Administration galt der militärische Schutz der Grenze zwischen den USA und Mexiko als notwendig im Kampf gegen den Drogenschmuggel. 1994 billigten die Wahlberechtigten in Kalifornien die «Proposition 187». Hier ging es um den Ausschluß von illegalen Einwanderern von verschiedenen öffentlich finanzierten Leistungen, darunter medizinischer Versorgung außerhalb von Notfällen und Unterricht für illegal im Lande befindliche Kinder an öffentlichen Schulen. (1997 befand sich die «Proposition» vor verschiedenen Bundes- und Staatsgerichten noch im Prozeßstadium.)
   Im Januar 1996 unterzeichnete Präsident Bill Clinton Gesetze, die das Budget des Immigration and Naturalization Service von $ 2,1 Mrd. 1995 auf $ 2,6 Mrd. erhöhten. Ein großer Teil dieses Geldes sollte für verstärkte Grenzkontrollen und zur Abschreckung illegaler Einwanderer eingesetzt werden.

8. V. D. Volkan, *Cyprus – War and Adaption,* S. 98.

9. Stein, «On Professional Allegiance in the Study of Political Psychology», S. 248.

10. S. Freud, «Das Tabu der Virginität», S. 219.

11. S. Freud, «Massenpsychologie und Ich-Analyse».
12. Ibid., Freud erwähnte dieses Thema auch in *Die Zukunft einer Illusion*.
13. Horowitz, *Ethnic Groups in Conflict*.
14. Kakar, *Colors of Violence*, S. 165.
15. Butler, «Yugoslavia Mon Amour», S. 123.
16. Ibid.
17. Brenner, *The Mind in Conflict*, S. 123.
18. Sandler und A. Freud, «Discussions in the Hampstead Index of the Ego and the Mechanism of Defence». Zur Entmenschlichung siehe Bernard, Ottenberg und Redl, «Dehumanization: A Composite Psychological Defense in Relation to Modern War».
19. Kubie, «Outgoing of Racial Prejudice».
20. A. de Swaan, «Widening Circles of Disidentification: On the Psycho- and Socio-Genesis of the Hatred of Distant Strangers; Reflections on Rwanda» (Beitrag zur Tagung «Civilization and Its Enduring Discontents: Violence and Aggression in Psychoanalytic and Anthropological Perspective», Bellagio, Italien, 4. September 1996).
21. «Khomeini's Dark Vision», *Boston Globe*, 28. Januar 1985, S. 14.
22. Loewenberg, *Fantasy and Reality in History*, S. 167.
23. Der Krieg als Therapie wird erwähnt in Fornari, *Psychoanalysis of War*.

KAPITEL 7

1. Die Türken behaupteten, der Name dieser Felsen tauche in den 1923 am Ende des türkischen Unabhängigkeitskrieges im Zusammenhang mit dem Vertrag von Lausanne unterzeichneten Dokumenten nicht auf. Daraus schlossen sie, diese Felsen seien nicht griechischer Souveränität unterstellt worden.
2. 1995 vermittelte Richard C. Holbrooke eine Friedensregelung zwischen Serben, Kroaten und bosnischen Muslimen, die in den Vereinbarungen von Dayton festgehalten wurde.
3. Einige Historiker betrachten die Schlacht von Manzikirt als ein für die byzantinische Geschichte wichtigeres Ereignis als den Fall von Konstantinopel. Dies gilt jedoch nicht vom psychologischen Standpunkt aus, da das Byzantinische Reich nach der Schlacht von Manzikirt weiterbestand. Daher wurde die Vorstellung vom Fall Konstantinopels, der das Byzantinische Reich zum Zusammenbruch gebracht hatte, zum wichtigsten gewählten Trauma für die Griechen.
4. Itzkowitz, *Ottoman Empire and Islamic Tradition*, S. 59.
5. Mango, «Greece and Turkey: Unfriendly Allies».
6. Herzfeld, *Ours Once More*.
7. Baggally, *Greek Historical Folksongs*, S. 84.
8. Ibid., S. 92–93.

9. R. Lewis, *Everyday Life in Ottoman Turkey*, S. 181.

10. Herzfeld, *Ours Once More*.

11. Ibid., S. 32.

12. Evlambios, *Amaranth: The Roses of Hellas Reborn*.

13. Zamblios, «Modern Greek Language» und *Whence the Vulgar and Traghoudho?*; Politis, «Khelidhonisma» und *Introductory Lecture for Class in Hellenic Mythology*.

14. Kazantzakis, *Rechenschaft vor El Greco*, S. 68.

15. Herzfeld, *Ours Once More*, S. 119.

16. Young, *Greek Passion*.

17. Schwoebel, *Shadow of the Crescent*.

18. Ibid.

19. Volkan und Itzkowitz, «Istanbul, Not Constantinople».

20. Blos, *Adolescent Passage*, S. 179.

21. Adivar, *Osmanli Türklerinde Ilim*.

22. Von Hammer-Purgstall, *Histoire de l'empire Ottoman*, 18 Bde.

23. Kinross, *Ottoman Centuries*.

24. Volkan und Itzkowitz haben in *Immortal Atatürk*, S. 268–276, ausführlich die Symbolik untersucht, die mit Istanbul zusammenhängt. Tevfik Fikret, ein großer türkischer Dichter des 20. Jahrhunderts, nannte in seinem Gedicht *Sis* («Nebel», 1902) Istanbul «die inzestuöse Gestalt des Zeitalters». Talat Halman, ein zeitgenössischer türkischer Dichter, beschrieb die Stadt in seinem Gedicht «Istanbul» als eine Prostituierte (in *A Last Lullaby*, S. 8–9).

25. Volkan und Itzkowitz, *Turks and Greeks* (S. 68) und «Istanbul, Not Constantinopel».

26. Millas, «Türk edebiyat nda Yunan imaji».

27. Am 22. September 1996 fanden in Griechenland allgemeine Wahlen statt. Unter den Wahlkampfthemen spielten die Spannungen um die Felsen von Kardak/Imia eine Rolle. Kostas Simitis wurde zum Premierminister gewählt und verteidigte damit seine Stellung als Nachfolger des verstorbenen Andreas Papandreou. Es hatte den Anschein, als nehme Simitis im Konflikt mit der Türkei eine flexiblere Haltung ein als Papandreou. Die öffentliche Meinung in beiden Ländern leistete weiterhin Widerstand gegen eine Annäherung.

KAPITEL 8

1. J. Pomfret, «For Ousted Bosnians, a Trail of Tears», *Washington Post*, 14. Juli 1995, S. A26.

2. «Latvians to Remove the Remains of Soldiers of Red Army», *New York Times*, 3. Februar 1993.

3. «Latvia to Rebuild National Cemetery to Past Condition», *American Baltic News*, April 1993.

4. Für weitere Informationen über dieses Treffen siehe Volkan und Harris, «Vaccinating the Political Process». Siehe auch R. Cullen, «Cleansing Ethnic Hatred», *Atlantic Monthly,* August 1993, S. 30–36, mit einer Darstellung dieser Begegnung.

5. Meine Begleiter waren Joyce Neu, stellvertretende Direktorin des Conflict Resolution Program am Carter Center, und Yuri Urbanivich, internationaler Gastgelehrter am CSMHI und früherer Lehrbeauftragter an der Diplomatischen Akademie des sowjetischen Außenministeriums in Moskau.

KAPITEL 9

1. As'ad Masri, ein palästinensisch-amerikanischer Psychiater, und Nuha Abudabbeh, ein palästinensisch-amerikanischer Psychologe, begleiteten mich auf dieser Reise.

2. Kohn, *Idea of Nationalism,* S. 9.

3. Kracke, *Force and Persecution: Leadership in Amazon Society.*

4. Loewenberg, *Fantasy and Reality in History,* S. 10.

5. Burns, *Leadership,* S. 379.

6. M. Holden, «Bargaining and Command in the Administrative Process: Chief Executives and the Executive Entourage» (Beitrag für das Institute of Government, Universität von Virginia, April 1984). Siehe auch Holden, «Bargaining and Command by Head of U.S. Government Departments».

7. Burns, *Leadership,* S. 425.

8. Ibid., S. 427.

9. Ibid., S. 37.

10. Es gab auch noch andere dramatische Ereignisse in Atatürks Kindheit. Volkan und Itzkowitz verfaßten eine psychoanalytische Biographie dieses Machthabers unter dem Titel *Immortal Atatürk.* Was hier berichtet wird, stützt sich auf diese ausführliche Untersuchung über Atatürk.

11. Zaleznik, «Charismatic and Consensus Leaders».

KAPITEL 10

1. B. Lewis, *Assassins: A Radical Sect in Islam.*

2. Reich, «Understanding Terrorist Behavior», S. 264.

3. Berichtet bei Kramer, «Hizbullah: The Calculus of Jihad», S. 542.

4. «An Interview with Secretary-General of Hezbollah Sheikh Hassan Nasrallah», *Middle East Insight,* 12, Nr. 4–5 (Mai – August 1996), S. 38 – 43; 84–85.

5. Ibid., S. 38.

6. Ibid., S. 39.

7. Kramer, «Moral Logic of Hizballah», S. 133.

8. Kramer, «Hizbullah: The Calculus of Jihad», S. 540.

9. Ibid.

10. Said Amir Arjomand, Professor für Soziologie an der State University of New York in Stony Brook, gibt folgende prägnante Beschreibung des islamischen Fundamentalismus:

> Die Einheitlichkeit des islamischen Fundamentalismus im Lauf der Geschichte ergibt sich aus seiner Bekräftigung der zentralen Glaubenssätze des Islam: Glaube an den Monotheismus und die Überzeugung, über die endgültige Offenbarung des Koran zu verfügen. Diese Einheitlichkeit gründet sich fest auf die Kenntnis des Koran, auf die Teilnahme am Gottesdienst der uneingeschränkten Akzeptanz (*bila kayf*) der wortwörtlichen Wahrheit der Heiligen Schrift. All dies führt zu einer bestimmten Art von gottesfürchtiger Persönlichkeit, die davon überzeugt ist, die Wahrheit der göttlichen Offenbarung zu kennen, und die anderen Auffassungen von Wahrheit gegenüber intolerant ist. («Unity and Diversity in Islamic Fundamentalism», S. 191–192.)

Valerie J. Hoffmann, Religionswissenschaftlerin an der Universität von Illinois in Urbana-Champaign, fügt dem hinzu:

> Die Auffassung vom Islam als umfassendem Code für alle Aspekte des Lebens und seine enge Verbindung mit der personlichen und der nationalen Identität gleichermaßen verleihen der islamischen Lösung eine Authentizität, die keine andere Ideologie besitzen könnte. («Muslim Fundamentalism: Psychosocial Profiles», S. 225.)

11. «Interview with Sheikh Hassan Nasrallah», S. 40.

12. Lomarsky, «Political Significance of Terrorism», S. 89.

13. Weinberg, «Terrorists and Terrorism», S. 81.

14. «Interview with Sheikh Hassan Nasrallah», S. 42.

15. J. Knutsen, unveröffentlichte Notizen, 1981.

16. Dem Ausschuß für Terrorismus des CSMHI gehörten an: Maurice Apprey, Anatoly Golubovsky aus Rußland, Max Harris, Botschafter i. R. W. Nathaniel Howell, Katherine Kennedy, J. Anderson Thomson Jr., Yuri Urbanovich aus Rußland, Caroll A. Weinberg und ich selber. Die Ergebnisse der Ausschußarbeit sind veröffentlicht worden. Siehe Volkan und Harris, «The Psychodynamics of Ethnic Terrorism».

17. Joseph Montville, der als Angehöriger des diplomatischen Dienstes im Irak, im Libanon, in Libyen und Marokko tätig war und nun Direktor des Preventive Diplomacy Program am Center for Strategic and International Studies ist, zitiert eine Anzahl von Terroristen aus Israel und Nordirland, deren «Bekehrung» zum Terrorismus auf bestimmte Begegnungen mit staatlich sanktionierter Gewalttätigkeit zurückzuführen ist. Er schrieb:

> Jeder der ursprünglichen [IRA-] Hungerstreikenden von 1981 verfügte über das, was man als eine... Bekehrungserfahrung betrachten könnte, dies reichte von Francis Hughes, der im Alter von siebzehn Jahren «durch

eine Einheit des örtlichen Ulster Defense Regiment angehalten und schrecklich verprügelt wurde», bis zu Patsy O'Hara, dem «die britische Armee in den Fuß schoß, als er zwölf Jahre alt war». («Psychological Roots of Ethnic and Sectarian Terrorism», S. 176–177.)

18. Maligner (bösartiger) Narzißmus stellt eine ungewöhnliche und destruktive Variante der zur Gewohnheit gewordenen, alles beherrschenden exzessiven Eigenliebe (narzißtische Persönlichkeitsstruktur) dar. Eine narzißtische Person verhält sich, als stelle sie ein ganz besonderes Wesen dar, das ein Recht auf die besten Dinge der Welt besitzt. Sie handelt, als sei sie der am besten aussehende, intelligenteste und mächtigste Mensch. Die narzißtische Persönlichkeitsstruktur entwickelt sich als defensive Anpassung an Verletzungen und Erniedrigungen in der Kindheit sowie wegen mangelnden Selbstbewußtseins. Ein Mensch mit einer exzessiven und zur Gewohnheit gewordenen Eigenliebe sagt nicht «Aua!», sondern: «Ich stehe darüber, verletzt werden zu können.» Da das Leben reich an wirklichen Grausamkeiten ist, wird die Großartigkeit der meisten Narzißten hin und wieder bedroht. Zu solchen Zeiten verspüren sie Depressionen und suchen psychoanalytische oder psychotherapeutische Hilfe.

   Es gibt auch erfolgreiche Narzißten. Jene unter ihnen, die sehr intelligent sind oder Führungsqualitäten aufweisen, können es schaffen, eine Hauptrolle zu spielen: Sie führen dann eine Institution, ein Unternehmen oder sogar einen Staat.

   Der maligne Narzißmus als Variante der durch und durch narzißtischen Persönlichkeit zwingt eine Person, anderen Schaden zuzufügen oder sie sogar zu töten, um sich wohl zu fühlen. Durch Aggression kann ein solcher Mensch nicht nur seine Adrenalindrüsen aktivieren, sondern auch sein Selbstwertgefühl stärken. Und dies macht ihn gefährlich.

19. Stone, «Murder», S. 646.

20. Volkan und Ast, *Spektrum des Narzißmus*, S. 92.

21. Post, «Terrorist Psycho-Logic», S. 37–38.

22. Ibid., S. 31. Für radikale, ideologisch motivierte Terroristen mag die Zugehörigkeit zu einer kleinen Gruppe entscheidend sein, deren Identität geradezu davon abhängt, an den Rändern der Gesellschaft angesiedelt zu sein.

23. Clark, «Patterns in the Lives of ETA Members».

24. Kramer, «Moral Logic of Hizballah», S. 143.

25. C. Couglin, «Hamas, the Many», *The Sunday Telegraph*, London, 10. März 1996, S. 26.

26. Ibid.

KAPITEL 11

1. Die Informationen, die diesem Kapitel zugrunde liegen, stammen aus einem langen Gespräch zwischen Abdullah Öcalan und dem linksstehenden türkischen Autor Yalcin Küçük. Dieser Dialog wurde in türkischer Sprache in einem 416 Seiten umfassenden Buch unter dem Titel *Kürt Bahçesinde Sözlesi* veröffentlicht, in dem Öcalan auf Fragen antwortet, die Küçük ihm stellt. Doch Öcalan liefert nicht nur Antworten auf Fragen. Er möchte unbedingt seine Lebensgeschichte erzählen. Immer wieder kehrt er zu seinen Kindheitserinnerungen zurück, als wolle er die inneren Motive für seine Aktivitäten als Erwachsener verstehen. Es liegen in ausreichendem Maße Beschreibungen von Vorfällen aus seiner Kindheit, von seinen Gefühlen, von nachweisbaren Symbolen (wie Schlangen, die seine Eltern und seine Wut repräsentieren) und von Zusammenhängen zwischen Handlungen in der Kindheit und im Erwachsenenalter vor, um eine psychoanalytische Rekonstruktion von Öcalans innerer Welt zu ermöglichen.

2. Öcalan und Küçük, *Kürt Bahçesinde Sözlesi*, S. 36.

3. Ibid., S. 37.

4. Ibid., S. 31.

5. Ibid., S. 59.

6. Ibid., S. 28.

7. Ibid., S. 28.

8. Ibid., S. 30.

9. Ibid., S. 62.

10. Ibid., S. 37.

11. Ibid., S. 32.

12. Ibid., S. 26.

13. Ibid., S. 56.

14. Ibid., S. 55.

15. Ibid., S. 55.

16. Ibid., S. 35.

17. Ibid., S. 63.

18. Ibid., S. 138.

19. Ibid., S. 136.

20. Ibid., S. 33.

21. Ibid., S. 33.

22. Ibid., S. 34.

23. Ibid., S. 35.

24. Blos, *Adolescent Passage*, S. 179.

25. Öcalan und Küçük, *Kürt Bahçesinde Sözlesi*, S. 98.

26. Ibid., S. 100.

27. Ibid., S. 44.

28. Ibid., S. 60.
29. Ibid., S. 146.
30. Ibid., S. 138.
31. Ibid., S. 60.
32. Ibid., S. 57.
33. Ibid., S. 57.
34. Ibid., S. 57.
35. Ibid., S. 400.
36. Ibid., S. 408.
37. Ibid., S. 64.
38. Ibid., S. 74.
39. Ibid., S. 75.

KAPITEL 12

1. Nach dem Beitritt wurden die meisten Patrioten schnell in ihrer Hoffnung enttäuscht, die Opposition gegen die Sowjetinvasion bedeute Reformen daheim. Diese Information stützt sich auf persönliche Gespräche mit Botschafter Harry G. Barnes Jr., US-Botschafter in Rumänien zu Zeiten Ceauşescus und seit 1995 Direktor des Conflict Resolution Program am Carter Center in Atlanta, Georgia.

2. Wegen dieser aggressiven Förderung des Bevölkerungswachstums und der extremen Armut der meisten Familien waren die Waisenhäuser mit Kindern aus zerrütteten oder gestörten Familien überfüllt. Da man zu ihrer Behandlung verschmutzte Nadeln und verseuchte Blutkonserven benutzte, wurden mehr als 3000 dieser Kinder Aids-Opfer. Heute gibt es in Bukarest Tausende von Straßenkindern, die verlassene Gebäude und Parks bevölkern. Durch ihre sexuellen Aktivitäten haben sich das Aids-Virus sowie Hepatitis B, Syphilis und Tuberkulose verbreitet.

3. R. Cullen, «Report from Romania: Down with the Tyrant», *The New Yorker*, 2. April 1990, S. 94–112.

4. Neben den 2,2 Millionen Ungarn, die in Rumänien leben, gibt es 60 000 in der Slowakei und 385 000 in Serbien. Nach Beginn der «ethnischen Säuberung» durch die Serben fanden mehr als 20 000 von ihnen in Ungarn Zuflucht.

5. Einer meiner Gewährsleute, der sich zum Zeitpunkt des Aufruhrs in Timisoara befand, berichtete, die Menschen dort hätten nicht in andere Städte telefonieren können. Cullen erzählt jedoch die Geschichte einer Frau aus Bukarest, die während des Ereignisses von einem Freund in Timişoara angerufen wurde. Der Freund sagte in sorgfältig verhüllender Weise nur: «Hier herrscht ein Riesenorkan, der Himmel ist rot» (siehe Cullen, «Report from Romania», S. 96). Cullen hielt auch fest, daß die Menschen in Bukarest

durch die BBC und Radio Free Europe von den Ereignissen in Timişoara erfuhren. Dazu liegen wissenschaftliche Analysen vor, aber bei meiner psychopolitischen Diagnose interessierte mich weniger die absolute Wahrheit als die Wahrnehmung der Menschen von den Ereignissen. Doch meine Gesprächspartner in Rumänien konnten mir in dieser Hinsicht nicht weiterhelfen. Um die ersten Tage der Revolution hatte sich eine Aura der Vieldeutigkeit gelegt.

6. Einige Beobachter in den Vereinigten Staaten, darunter auch manche Kongreßabgeordnete, fürchteten, das Trauma, das durch den Sturz Ceauşescus und die darauffolgende Suche Rumäniens nach einer neuen Identität und einem Platz in der Welt ausgelöst wurde, könne zu einem verschärften ethnischen Konflikt oder gar zu offenen, bewaffneten Auseinandersetzungen zwischen Rumänen und im Lande lebenden Ungarn führen. Daher wurden die Mittel für ein Team von Amerikanern bewilligt, die die Lage in Rumänien untersuchen sollten. An dessen Spitze stand der frühere Diplomat Joseph Montville. Außerdem gehörten dazu: Merle Lefkoff, Experte für Konfliktregelung, Jerome Delli Priscoli vom Konfliktregelungsprogramm des U. S. Army Corps of Engineers und der Autor dieses Buches.

7. Siehe *Cuvîntul*, Bukarest, 28. März 1990, S. 1 und *Le Monde*, 26. April 1990.

8. Im Mai 1990 fanden in Rumänien erstmals seit 1937 freie Wahlen statt. Durch einen erdrutschartigen Sieg wurde Iliescu gewählt. Doch viele Rumänen offenbarten mir ihren Argwohn hinsichtlich der Wahlergebnisse und sprachen von Berichten, die sie gehört hätten, in denen es um Bedrohungen und sogar Todesfälle in einigen Wahllokalen ging.

9. Nicu Ceauşescu starb im September 1996 nach einer Krankheit.

10. Gallager, «Vatra Româneasca», S. 594. Die großrumänische Idee begann nicht mit Ceauşescu. Sie war der Kampfruf der rumänischen Nationalisten in der Zeit vor dem Zweiten Weltkrieg. Sie war ein Symbol des Anspruchs, alle Rumänen in einem Staat zusammenzufassen – auch wenn sie in Gebieten lebten, die zu Ungarn, Rußland oder Bulgarien gehörten. Ceauşescu entfachte solche Stimmungen, modifizierte aber die Gebietsansprüche Rumäniens. Er forderte keinen zusätzlichen Grund und Boden, sondern konzentrierte sich auf eine Art «Säuberung» Transsylvaniens und versuchte, die Bedeutung Rumäniens durch monumentale Bauprojekte zu steigern.

11. Shafir, «Best Selling Spy Novels Seek to Rehabilitate Romanian Securitate», S. 18. Die Ursprünge des modernen Rumänien reichen bis 1859 zurück, als sich das Osmanische Reich, das Gebiete umfaßte, die heute zu Rumänien gehören, im Niedergang befand. Aufgrund äußeren Drucks erklärten sich die Osmanenherrscher damals bereit, die Fürstentümer Moldau und Walachei unter einem Herrscher zusammenzufassen. So entstand das moderne Rumänien, über das allerdings Istanbul immer noch die Oberherrschaft ausübte (Sugar, *Southeastern Europe under Ottoman Rule*). Die volle

Unabhängigkeit wurde dagegen erst nach dem Berliner Kongreß von 1878 erreicht. Transsylvanien, das heute ein Teil Rumäniens ist, war 1699 von den Osmanen an die Ungarn gelangt, also lange vor der Geburt des modernen Rumänien. Der heutige rumänische Staat konsolidierte sich 1918, nach dem Ersten Weltkrieg, durch die Einbeziehung von Transsylvanien, dem Banat von Temeşvár und anderen Gebieten. 1940 gingen das nördliche Transsylvanien und andere Landesteile wieder an Ungarn verloren, sie wurden aber bereits 1944 zurückerlangt. Die ständigen Grenzverschiebungen und wechselnden Machtverhältnisse haben in der Region ihre Spuren hinterlassen, was sich in dem ethnischen Konflikt zwischen Rumänen und Ungarn in Transsylvanien widerspiegelt.

Die Wurzeln des rumänisch-ungarischen Konflikts reichen mehr als tausend Jahre zurück. Der traditionellen rumänischen Geschichtsschreibung zufolge heirateten römische Legionäre, die im letzten vorchristlichen Jahrhundert ins Land kamen, ortsansässige Dakerinnen (das antike Dakien ist heute unter dem Namen Transsylvanien bekannt); jene, die nach dem Abzug der römischen Soldaten zurückblieben, begründeten den historischen Anspruch Rumäniens auf diese Gegend. Die Ungarn führen ihre Abstammung auf die Magyaren zurück, die angeblich viele Jahrhunderte später die unbewohnten Gebirgsregionen im Herzen Dakiens besiedelten. Beide Gruppen beanspruchen dieses Gebiet als ihre angestammte Heimat, und das Thema weckt starke Emotionen. Zur Veranschaulichung: Zwischen ungarischen und rumänischen Emigranten kam es Anfang 1990 bei einer Tagung in der Columbia University beinahe zu einer Schlägerei, als man darüber diskutierte, «ob einige wenige Worte aus einer ungarischen Chronik, die um das Jahr 1200 verfaßt wurde, die Anwesenheit von Rumänen in Transsylvanien vor der späten Ankunft der Ungarn im 9. Jahrhundert beweisen» (I. Deák, «Survivors», *New York Review of Books,* 5. März 1992, S. 41).

Im letzten Jahrzehnt des Ceauşescu-Regimes wurden die nationalistischen Gefühle in Rumänien verstärkt, was möglicherweise geschah, um von der sich verschlechternden Wirtschaftslage abzulenken. Die Regierung zahlte «Umsiedlungsprämien» an Bürger rumänischer Abstammung, wenn sie sich in von Ungarn bewohnten Gebieten niederließen, und gleichzeitig beschnitt sie die kulturellen Chancen für Ungarn in Rumänien. Doch neben solchen Zeiten ethnischer Konflikte gibt es ein historisches Vermächtnis von Phasen ethnischer Harmonie in Transsylvanien. 1568, als anderswo in Europa Religionskriege tobten, herrschte in Transsylvanien eine Atmosphäre der Toleranz und des gegenseitigen Verständnisses. Damals war Transsylvanien ein Vorbild für die Koexistenz verschiedener Nationalitäten und ethnischer Gruppen. Doch obwohl Ceauşescu nicht mehr die ethnischen Spannungen anheizt, sind Harmonie und friedliche Koexistenz bis heute nicht zurückgekehrt.

12. Siehe *Adevarul,* Cluj, 27. Dezember 1991.

13. Während seines Rumänienbesuchs im Jahre 1993 traf sich das US-Team im Parlamentsgebäude in Bukarest mit einem Senator und vier Abgeordneten der PUNR, doch bald wurde deutlich, daß diese keine unserer Fragen beantworten würden – statt dessen legten sie Erklärungen und Darlegungen vor. Senator Adrian Meţiu erinnerte uns wiederholt daran, daß wir bei der Analyse ethnischer Konflikte nicht alles in Computer füttern könnten, sondern den von ihnen vorgelegten Ergebnissen vertrauen müßten, denn Computer könnten schließlich die Gefühle des Volkes nicht zur Kenntnis nehmen (wir hatten ihm gegenüber niemals Computer erwähnt und benutzen sie bei unserer Untersuchung der ethnischen Probleme Rumäniens tatsächlich nicht). Man erzählte uns, die Politik der PUNR zur Lösung der ethnischen Probleme in Transsylvanien entspräche der «natürlichen Art», was bedeutete, die Rumänen sollten keiner Forderung der ungarischen Minderheit nachgeben, da dies einen Dominoeffekt zur Folge haben würde. Der Senator legte uns Statistiken vor, die verdeutlichen sollten, wie gut es den Ungarn in Transsylvanien ging und daß sie nicht diskriminiert wurden. Bei der Darstellung der Position der PUNR erwähnte Meţiu, daß er als 10jähriger miterlebt habe, wie ein geistig zurückgebliebener Gärtner «einfach zum Spaß» von Ungarn in einem Park brutal ermordet worden sei. Er behauptete, die «Okkupanten» seien durchorganisiert nach Transsylvanien gekommen, um sich für immer hier anzusiedeln, und hätten sogar ihre eigenen Postangestellten mitgebracht. Andere schlossen sich dem Senator an und lieferten uns eine Liste historischer Beschwerden gegen die Ungarn. Sie bezogen sich auf die schlechte Behandlung der Rumänen durch die Ungarn in der Vergangenheit und äußerten die Befürchtung, daß, wenn man den Forderungen der HUDR nachkomme, dies zur Einrichtung einer ungarischen «Einflußzone» führen werde. Ihren Aussagen nach wollte Ungarn seine wirtschaftliche Sphäre nach Transsylvanien hinein ausdehnen.

14. Gallager, «Vatra Româneasca», S. 576.

15. Gallager, «Ethnic Tension in Cluj», S. 28. Bei den Wahlen 1993 wurde Bürgermeister Funar mit nur 10,8 Prozent der Stimmen Dritter im Rennen um die Präsidentschaft, aber es gelang ihm, den Ultranationalismus deutlicher wahrnehmbar zu machen und Sehnsucht nach Ceauşescu hervorzurufen.

16. Ursprünglich waren die ethnischen Spannungen entbrannt, weil das ungarische Wort *áruház* (Laden) an einem Geschäft zu lesen stand, dies führte zu einem Verbot sämtlicher Anzeigen und Plakate in ungarischer Sprache – eine Form von sprachlicher «Säuberung». Die Gesetzgebung, der Funar zustimmte, verhinderte die Chancen der Zweisprachigkeit in Cluj-Napoca nahezu vollständig. Eine Geschichte über Funar, die geradezu ein Witz ist, spiegelt seine tiefsitzende Angst vor der ungarischen Bedrohung wider. Als

der ethnische Ungar Erno Jakap den Antrag auf eine Lizenz für eine private Kabelfernsehstation stellte, erhielt er diese nicht, weil sein Angebot auch Sendungen von MTV umfassen sollte. Anscheinend glaubte Funar, daß MTV für Magyar Television und nicht für Music Television stand (siehe C. J. Williams, «Tempers Flaring in Transsylvania City», *Los Angeles Times*, 27. Oktober 1992, S. H2).

17. Bei meiner zweiten Reise nach Rumänien empfing mich meine Freundin mit einem Buch, das Eminescus Gedicht *Luceafărul* (Luzifer) enthielt, und sie brachte in ihrer Widmung ihren ethnischen Stolz zum Ausdruck, indem sie schrieb, daß Rumänien in einem kleinen Land schon immer große und schöne Völker gehabt habe und auch in Zukunft haben werde.

18. Abse und Jessner, «Psychodynamics of Leadership», S. 693.

19. Gilbert, «Religion and Nationalism in Romania», S. 181.

20. Es gab in Rumänien auch Anzeichen des Fortschritts. Während meines ersten Besuchs sorgte Vasile Popovici dafür, daß unser Team eine Abstimmung im rumänischen Parlament beobachten konnte, in der es darum ging, es Ungarn zu gestatten, Unternehmen in Transsylvanien zu erwerben. Rumänische Ultranationalisten hatten behauptet, ein derartiger Schritt werde einer ungarischen wirtschaftlichen Invasion in Rumänien den Weg bereiten. Die Parlamentsdebatte schien aber eher verspielt als ernsthaft; wenn man solche ernsthaften ethnischen Angelegenheiten mit Humor erörtern kann, dann ist man vielleicht auch imstande, die Fallstricke einer bösartigen Fremdenfeindlichkeit zu vermeiden.

21. J. C. Scott, *Domination and the Arts of Resistance: Hidden Transcripts*, New Haven 1990, weitergeführt von Harris in «Reading the Mask».

22. M. Jenkins, «After the Revolution», *Washington City Paper*, 16. Januar 1995, S. 33.

23. Berichtet in Ionescu, «Romania Admitted to the Council of Europe», S. 45.

24. Im Zweiten Weltkrieg beteiligte sich Rumänien zunächst an der Ausrottung der Juden (etwa 200 000 bis 300 000 von ihnen wurden ermordet). Nach 1943 schützte Rumänien die überlebenden Juden (etwa 300 000 vor NS-Deutschland).

25. J. Perlez, «Romanians Vote Today, but Change Isn't Likely», *New York Times*, 3. November 1996, S. 19.

26. «Romanian Leader Takes Office», Bericht von Associated Press in *The Daily Progress*, 30. November 1996, S. A6.

KAPITEL 13

1. Das erste Sängerfest wurde durch Reformen ermöglicht, die der russische Zar Alexander II. (1855–1881) durchführte, dazu zählte auch die Abschaffung der Leibeigenschaft. Zwischen 1869 und 1896 fanden vor großem Publikum sechs nationale Sängerfeste statt.

2. Taagepera, *Estonia: Return to Independence.*

3. Konferenz über Sicherheit und Zusammenarbeit in Europa, «Human Rights and Democratization in Estonia», 1993, S. 9.

4. Die Sängerfeste fanden auch während der Sowjetära weiterhin alle fünf Jahre statt. Oftmals waren 30 000 Sänger und 200 000 Zuhörer dabei.

5. Viele russische Familien zogen nach 1945 nach Estland, und sie machten schließlich etwa ein Drittel der Bevölkerung des Landes aus. Sie konzentrieren sich weitgehend auf den Nordosten Estlands um die Grenzstadt Narva.

6. Die meisten der in Estland lebenden Russen können die Anforderung erfüllen, vor Erlangung der Staatsbürgerschaft fünf Jahre im Lande gelebt zu haben. Außerdem wurden estnische Sprachkenntnisse und Vertrautheit mit dem Verfassungs- und dem Staatsbürgerschaftsrecht verlangt.

   Es gab im Westen Kritik an den estnischen Staatsbürgerschaftsgesetzen. Im Jahre 1992 schuf die Konferenz über Sicherheit und Zusammenarbeit in Europa (KSZE) das neue Amt eines Hochkommissariats für nationale Minderheiten. Der frühere niederländische Außenminister Max van der Stoel übernahm diese Position als erster. Im Jahre 1993 erklärte er nach mehreren Besuchen in Estland, Vorwürfe wegen Menschenrechtsverletzungen seien unbegründet. Van der Stoel drängte die estnische Regierung, liberalere Gesetze zu erlassen.

   Meiner Beobachtung nach betrachten die meisten politisch Verantwortlichen in Estland den Hochkommissar nicht als einen Freund Estlands und unterstellen ihm Sympathien für die russischen Beschwerden. Bei einem Besuch im Büro der KSZE in Tallinn im Jahr 1996 gewann ich den Eindruck, daß die Auffassungen und die Aktivitäten dieser Organisation von Realpolitik bestimmt waren, ohne daß die Opfergefühle der Esten oder der Russen in Betracht gezogen wurden. Die KSZE wäre besser aufgenommen worden, hätte sie die emotionale Anteilnahme der beteiligten Seiten an Fragen der Staatsbürgerschaft mit in Betracht gezogen. Statt dessen sahen insbesondere die Esten die KSZE als eine Stimme des Gewissens (kritisches Über-Ich), was die alltägliche Zusammenarbeit zwischen der KSZE und der estnischen Regierung strapazierte.

   1995 gelangte Manfred H. Weigandt, der im Bonner Bundesministerium für wirtschaftliche Zusammenarbeit für die baltischen Staaten zuständig war, zu dem Schluß, im allgemeinen verletzten die estnischen Gesetze das internationale Recht nicht («Russian Minority in Estonia»).

7. Da die Sprachprüfungen, die die estnische Regierung vor Erlangung der Staatsbürgerschaft verlangte, im Mittelpunkt der Auseinandersetzung standen, war es notwendig, soviel wie möglich über ihren Inhalt und ihre Durchführung zu erfahren und auch andere politische Regelungen hinsichtlich der Staatsbürgerschaft und der Personaldokumente kennenzulernen.

Joyce Neu, Soziolinguistin am Carter Center, beobachtete zahlreiche Sprachprüfungen und traf auch mit dem Leiter der Nationalen Sprachbehörde zusammen, die unter Aufsicht des estnischen Ministeriums für Kultur und Erziehung für die Durchführung der Staatsbürgerschaftsprüfungen zuständig war. Die Mitarbeiter der Nationalen Sprachbehörde erhielten eine Liste der Vorschläge von Dr. Neu, und sie erfuhr später, daß die Behörde einigen von ihnen gefolgt war. Man bat sie auch um Informationen über die sprachliche Integrationspolitik in anderen Ländern.

8. Die Empfindung, Bedrohungen ausgesetzt zu sein, fand auch in der starken Umweltverschmutzung ein Echo. Der Nordosten des Landes galt als die am stärksten verschmutzte Gegend des europäischen Kontinents, gefährliche Gifte waren in der Luft, im Wasser und im Boden zu finden. Abfälle und Abwässer aus Industrie und Haushalten gelangten unbehandelt ins Trinkwasser, in der Nähe radioaktiver Abfallager lebten Menschen, und mit Umweltbelastungen zusammenhängende Gesundheitsprobleme waren weit verbreitet. Hinzu kam, daß viele Gebäude heruntergekommen oder mit Brettern vernagelt waren. Schätzungen zufolge benötigte man 4 Milliarden Dollar, um die allerschlimmsten Umweltprobleme Estlands zu lösen. (Berichtet in «Them and Us», *Economist,* 17. August 1996, S. 67f.)

9. Das Estlandprojekt wurde eingeleitet, nachdem sich unser Team tiefe Einblicke in die Lage der baltischen Republiken verschafft hatte. Vor den ersten Treffen in Estland hatten wir zwei Begegnungen in Kaunas in Litauen (1992) und in Riga in Lettland (1993). Dabei waren einflußreiche Vertreter aus allen drei baltischen Ländern sowie aus Rußland anwesend (siehe Volkan und Harris, «Negotiating a Peaceful Separation» und «Vaccinating the Political Process»).

10. Während der sowjetischen Phase war der direkte Ausdruck von Zorn über das Regime gefährlich. Auf diese Weise «lernte» und verinnerlichte die Bevölkerung Methoden, Zorn ohne Worte (psychosomatisch) zum Ausdruck zu bringen. Nachdem Estland seine Unabhängigkeit wiedererlangt hatte, begann der schwedische Psychoanalytiker Carl-Erik Brattemo 1992 damit, eine Gruppe von estnischen Psychologen in der Theorie und in den Techniken der psychoanalytischen Psychotherapie auszubilden. 1994 berichtete mir Brattemo von seinen Beobachtungen darüber, wie die Esten geistig auf die ersten Jahre des politischen Wandels reagierten. Er schrieb, die Esten seien mißtrauisch und vorsichtig im Umgang mit anderen, wenn sie diese als autoritär betrachteten. Sie neigten dazu, ihre Urteile und Ratschläge innerhalb der Kategorien von «falsch» und «richtig» anzusiedeln. Estnische Patienten hätten große Schwierigkeiten, wenn es bei der Therapie um freies Assoziieren ging, und die Therapeuten bedürften der Ermutigung, auf das zu hören, was die Patienten spontan äußerten. Indessen empfand Brattemo die Esten

als gastfreundlich, wissensdurstig und voller Liebe zum Gesang, insbesondere zu ihren heimischen Liedern.

11. Tulviste, «History Discovered at Home», S. 124.

12. Ibid., S. 125.

13. Nach Anatoly Golubovky (einem früheren ausländischen Gastgelehrten am CSMHI, der als Forschungsmitarbeiter am Allunionsinstitut für Kunstforschung des sowjetischen Kulturministeriums tätig war) orientierten sich viele junge russische Gelehrte an den Werken von Yury Lotman, einem Professor aus Tartu, dessen Fachgebiete die Semiotik und die strukturelle Analyse waren. Wer sich mit liberalen Gesinnungen identifizierte, brachte dies zum Ausdruck, indem er aus Lotmans Schriften zitierte.

14. Am 19. November 1996 einigten sich russische und estnische Vertreter in Moskau auf Grenzziehungen im Peipsi-See. Estland ließ damit seine bisherige Forderung nach Wiederherstellung der Grenzen nach dem Friedensvertrag von Tartu aus dem Jahre 1920 fallen. Diese Vereinbarung schuf jedoch neue Besorgnisse. Viele Russen glaubten, die Bereitschaft der Esten zur Einigung in kontroversen Grenzfragen sei auf ihren Wunsch nach einem NATO-Beitritt zurückzuführen, da Estland von dieser Organisation nicht aufgenommen werden konnte, solange es noch Grenzprobleme hatte. Die Russen erhoben heftigen Einspruch gegen den Beitritt irgendeiner der baltischen Republiken zur NATO, diese Entwicklungsmöglichkeit betrachteten sie als Gefahr für ihre Sicherheit und außerdem als eine Erniedrigung. Anfang 1997 stimmte die estnische Regierung offiziell der Grenzregelung zu, die russische aber weigerte sich, dies zu tun.

15. Im folgenden nennen wir die Namen der wichtigsten Teilnehmer an den Dialogen, die das CSMHI/Carter Center in Estland durchführte. Auch jene, die Regierungsverantwortung trugen, nahmen als Privatpersonen an den Gesprächen teil.
Esten: Arnold Rüütel, früherer estnischer Präsident und Zweiter bei den Präsidentschaftswahlen von 1996, die gegenwärtigen oder früheren Parlamentarier Klara Hallik, Toomas Alatalu, Arvo Haug, Mati Hint und Jaan Kaplinski, die Akademiemitglieder Priit Järve, Peeter Vares, Mati Heidmets und Mare Haab, der Psychiater Arno Aadamsoo und der Psychologe Endel Talvik.
Estland-Russen (sowohl Teilnehmer mit als auch ohne estnische Staatsbürgerschaft): Sergei Issakov, Professor an der Universität Tartu und eines von sechs estlandrussischen Parlamentsmitgliedern, Alexei Semionov und Iliya Nikiforov, der frühere und jetzige Vorsitzende der russischen Repräsentantenversammlung, Vladimir Homyakov und Sergei Gorokhov aus Narva.
Aus Rußland: Alexander Trofimov, russischer Botschafter in Estland, Juri Woewoda, bis 1996 stellvertretender Vorsitzender des Ausschusses für GUS-Angelegenheiten und Beziehungen zu Landsleuten in der russischen Staats-

duma, Aivars Lezdinysh, damals Mitglied der russischen Duma, Viacheslav
Bakhmin, damals Direktor der Abteilung für Internationale Humanitäre
und Kulturelle Zusammenarbeit im Ministerium für Auswärtige Angelegenheiten der Russischen Föderation, Andrei A. Sacharow, erster Stellvertretender Generaldirektor der Stiftung für die Entwicklung des Parlamentarismus
in Rußland, Valeriy Fadeev und Vera Gracheva, Fachleute des Außenministeriums, die Akademiemitglieder Alexander Obolonski, Zoya Zarubina und
Stanislav Roshin.

Aus Litauen: Halina Kobeckaite, Botschafterin Litauens in Estland.

Vom CSMHI/Carter Center: der Psychoanalytiker Maurice Apprey und der
Autor, die Psychiater Demetrios A. Julius, Gregory B. Saathoff und J. Anderson Thomson Jr., die Psychologin Carrie E. Schaffer, die Krankenschwester und Moderatorin Margie S. Howell, die früheren Diplomaten Richard
T. Arndt, Botschafter W. Nathaniel Howell, Joseph V. Montville, Harold
H. Saunders und Yuri V. Urbanovich, der Historiker Norman Itzkowitz,
die Soziolinguistin Joyce Neu, der Ökologe George J. Moein, die Mitarbeiter von CSMHI Joy R. Boissevain und Bruce A. Edwards.

16. Die letzten russischen Soldaten verließen Estland im September 1995, und
der Stützpunkt Paldiski wurde nun endgültig geschlossen. Einen Monat später besuchte ich Paldiski ein zweites Mal. Immer noch lebten hier einige
Russen, die alle keine estnische Staatsbürgerschaft besaßen, und einige Esten
waren in leere Kasernengebäude eingezogen. Zwar war ein Teil von Paldiski
gereinigt worden, die Anlage blieb als Symbol der russischen Anwesenheit in
Estland aber immer noch ein Brennpunkt. Der Stadtrat setzte sich aus Esten
zusammen, die, was die Kontrolle der Basis anging, sehr patriotisch eingestellt waren. Eine kleine Mannschaft estnischer Soldaten bewachte den Ha-
fen, in dem es allerdings keine Schiffe gab. Einige Esten sahen in Paldiski
eine wichtige zukünftige NATO-Basis, falls sich Estland diesem Verteidi-
gungsbündnis anschließen sollte.

17. Mein Verständnis für die Dynamik von Kleingruppen stützt sich auf eine als
«Feldforschungs-Methode» bezeichnete Lehrmethode, die ich in den späten
60er und frühen 70er Jahren am Department of Psychiatry an der School of
Medicine der Universität von Virginia entwickelt habe (siehe Volkan und
Hawkins, «Field-work Case in Teaching Clinical Psychiatry», «Field-work
Method of Teaching» und «Learning Group»). Die Lehre erfolgte in Kleingruppen von etwa acht Psychiatern, die in Krankenhäusern arbeiteten, die
sich regelmäßig – für über 225 Stunden im Jahr – mit mir (als Lehrer/Leiter)
und gelegentlich mit meinen Beratern trafen. Die Kleingruppen beobachteten (hinter einem Einwegspiegel) alle Behandlungssitzungen eines Patienten,
die von einem der Psychiater durchgeführt wurden. Zu dieser Feldarbeit
gehörten auch gleichzeitige Diskussionen mit dem Leiter, die dazu beitru-

gen, den Ärzten an Ort und Stelle Kenntnisse zu vermitteln. Das Lernen der Gruppe stellte einen *Prozeß* dar, der verschiedene vorhersehbare Phasen durchlief. Ich habe dieses Programm für fünf aufeinanderfolgende Klassen von Psychiatern wiederholt.

Die Erfahrungen mit der Lenkung der Psychodynamik dieser nicht aus Patienten bestehenden Gruppen waren unentbehrlich für die Koordinierung der Gesprächsgruppen in Estland, die zwei Jahrzehnte danach stattfanden. Als Leiter hatte ich eine Technik entwickelt, um mit Angst umzugehen, hatte Interpretationen gegeben, wenn Psychiater zu Ersatzobjekten für die Übertragungen von Patienten wurden, hatte dazu beigetragen, intellektuelles Verstehen mit emotionaler Erfahrung zu verbinden, hatte mich mit Lernwiderständen auseinandergesetzt, zur Neugier ermuntert und als Rollenmuster gedient. Beim Umgang mit diesen Lerngruppen ging es nicht darum, die Teilnehmer zu therapieren, sondern ihnen zu helfen, neue Wege zum Begreifen dessen, was sie beobachteten, zu erschließen. Weitere Informationen über Kleingruppendynamik stützen sich auf Untersuchungen über Patienten in Gruppentherapien. Die Mitglieder unseres Teams, insbesondere jene, die für bestimmte psychologische Gebiete zuständig sind, haben außerdem aus grundlegenden Werken von Psychoanalytikern profitiert, so von: Foulkes und Anthony, *Group Psychotherapy;* Bion, *Experience in Groups;* Abse, *Clinical Notes on Group Analytic Psychotherapy.*

Bions Untersuchungen über kleine Arbeitsgruppen deuten beispielsweise darauf hin, daß Gruppen immer dann auf einem ausgereiften Niveau arbeiten, wenn sich ihre Mitglieder der Durchführung einer bestimmten Aufgabe verpflichtet fühlen – erst dann kann man sie strenggenommen als eine Arbeitsgruppe bezeichnen. Doch wenn eine Kleingruppe nicht auf vernünftige Weise funktionieren kann und es zu einer Regression kommt, dann ist sie dafür anfällig, sich bestimmten unbewußten Phantasien entsprechend zu verhalten. Die Gruppenmitglieder können beispielsweise ihr Mißtrauen untereinander steigern und ihren Leiter als allmächtigen Retter empfinden. Ohne eine Aufgabenstellung, auf die man sich entweder stillschweigend oder ausdrücklich geeinigt hat, kann eine Arbeitsgruppe nicht eingerichtet werden, und die Kleingruppe stellt dann nicht mehr dar als eine Ansammlung von Individuen. Der Leiter einer Arbeitsgruppe muß effektiven Kontakt zur realen Welt aufrechterhalten, weil er sonst zu den Phantasien der Gruppenmitglieder beiträgt.

Während Bions Kleingruppendynamik für Therapiegruppen von acht bis zwölf Leuten nützlich ist, die zusammentreffen, um ihre Lage mit Hilfe eines Gruppenleiters zu verbessern, verfolgten unsere Begegnungen in Estland einen anderen Zweck. Sie zielten darauf ab, den Teilnehmern ihre Großgruppenkonflikte besser verständlich zu machen. Im Unterschied zu

Lern- oder Therapiegruppen wurden die Dialoggruppen in Estland von verschiedenen Leitern beeinflußt, die ihre Psychodynamik veränderten. Jede Dialoggruppe umfaßte Untergruppen (Esten, Russen, in Estland lebende Russen), die jeweils ihren eigenen ausdrücklich ernannten oder stillschweigend anerkannten Anführer besaßen. Zusätzlich wurde jede Gruppe von amerikanischen Moderatoren geleitet. Darüber hinaus standen die Gruppenmitglieder auch unter dem Einfluß von politischen Führern, die bei den Begegnungen nicht dabei waren.

Da der Mittelpunkt des Interesses auf den psychologischen Bedingungen der Interaktion von Großgruppen lag, wie sie sich in den Dialogen spiegelte, wurde die Kleingruppendynamik, die die Teilnehmer als Einzelpersönlichkeiten betraf, nur in Betracht gezogen, wenn sie störend war. Die Schaffung einer Arbeitsgruppe während der Dialoge setzte Aufmerksamkeit für die Art und Weise voraus, in der die Mitglieder ihre «ethnischen Gewänder» trugen, sowie für die Arten von Projektionen, die die «Gewänder» der anderen auslösten. Wenn Teilnehmer über sich selbst sprachen, versuchten die Moderatoren anschließend zu zeigen, wie diese persönlichen Geschichten die Historie der Gruppen widerspiegelten, und sie halfen dabei, den Grad der emotionalen Anteilnahme an Ereignissen und mentalen Darstellungen zu beleuchten. Wenn die Gruppengeschichte so auf eine persönliche Ebene gebracht wird, kann sie zu einer intimen gemeinsamen Erfahrung werden, was wiederum dabei hilft, die verhärteten Positionen von Großgruppen zu lockern.

Wenn Moderatoren sich auf laufende psychopolitische Gespräche mit widerstreitenden Gruppen einlassen, dann werden sie in Estland wie anderswo zu Zielen der Projektionen von Gruppenmitgliedern. Wenn dies geschieht, verfügen Moderatoren, die eine Ausbildung im Bereich der Psychologie oder Psychiatrie haben, über einen Vorteil, denn sie sind den Umgang mit den Übertragungen ihrer Patienten gewöhnt. Gegenübertragungen – also irrationale Erwartungen von seiten der Moderatoren – können ebenfalls auftauchen. Auseinandersetzungen mit politisch wichtigen Persönlichkeiten können den Moderatoren ein unbegründetes Gefühl von Omnipotenz verleihen. Da wir dieses Phänomen nach Jahrzehnten der Feldforschung kennen, ist es nicht besonders wahrscheinlich, daß wir Gegenübertragungsreaktionen aufkommen lassen.

18. Sandler, «Background of Safety».

19. Diese Vorstellung der Blutvermischung erinnert an die Weigerung der Armenier, aserbeidschanisches Blut zu akzeptieren, und an die Serben, die leugneten, daß die Nachkommen der von ihnen vergewaltigten muslimischen Frauen Anteile an «muslimischem Blut» besitzen. Großgruppen heben im Konfliktfall die Reinheit des Blutes hervor, und es gibt einen psychologischen

Grund für diese Verhaltensweise. Während der Entwicklungsjahre eines Kindes, wenn sich dessen Vorstellung vom Körper herausbildet, erscheint es ihm schwerer, Symbole für Blut zu erkennen, als solche für sichtbare äußere Aspekte des Körpers (siehe Chasseguet-Smirgel, «Blood and Nation»). Durch blutende Verletzungen werden sich Kinder bewußt, daß es unter ihrer Haut etwas Lebendiges gibt. Wenn sie ihre Identitäten herausbilden und sie psychologische Grenzen und innere Einzigartigkeit erkennen, wird ihr Selbst, das in ihnen lebendig ist, symbolisch mit Blut verflochten. Blut und Identität gehen eine Verbindung ein. Ich kannte einmal einen schizophrenen Jungen, der erfuhr, daß er ein Adoptivkind war. Auf der Suche nach seiner Herkunft entwickelte er Phantasien über verschiedene Eltern. Wiederholt verletzte er sich durch feine Schnitte und untersuchte dann sein Blut unter dem Mikroskop, als könne er auf diese Weise seine wahre Identität herausfinden. Die Sorgen der Esten im Hinblick auf Assimilation und ihre Furcht vor Blutvermischung spiegeln eine Angst vor Identitätsabschwächung wider.

20. Kaplinski, *I Am Spring in Tartu*, S. 19.

21. Siehe auch Apprey, «Heuristic Steps for Negotiating Ethno-National Conflicts».

22. Diese Situation ist mit dem Einsatz von Spielen in der Kinderpsychoanalyse zu vergleichen: Das Kind und der Psychoanalytiker spielen mit Spielzeugen und stellen damit symbolisch die mentalen Konflikte des Kindes dar, anschließend arbeiten sie an deren Lösung.

23. Julius («Practice of Track Two Diplomacy», S. 203–204) beschreibt die sich entwickelnde Psychodynamik bei der Serie der arabisch-israelischen Dialoge, die von der American Psychiatric Association gefördert wurden.

24. Saunders und Slim, «Dialogue to Change Conflictual Relationships».

25. Probleme zwischen Estland und Rußland tauchten auch auf dem Gebiet der Religion auf. 1993 bestimmte die estnische Regierung den estnischen Zweig der orthodoxen Kirche zum legalen Nachfolger der orthodoxen Kirche von vor 1940 und damit zum rechtmäßigen Eigentümer des Kirchenbesitzes. Dieser estnische Zweig proklamierte auch seine Bindung an Konstantinopel (Istanbul) anstelle von Moskau. Russische Gemeinden hielten dagegen weiter an ihren kirchlichen Bindungen fest. 1996 schickte Boris Jelzin einen offiziellen Brief an den estnischen Präsidenten Lennart-Georg Meri. Darin forderte er feste Garantien dafür, daß die moskautreuen Pfarrgemeinden ihr Eigentum behalten konnten. Doch bis Ende 1996 ist darauf noch keine positive Reaktion erfolgt.

26. 1996 ließ sich die nichtestnische (meist russische) Bevölkerung in Estland in fünf Kategorien einteilen: Bürger durch Naturalisierung seit 1991 (etwa 60 000); Menschen, über deren Anträge auf Einbürgerung noch nicht entschieden war (etwa 80 000); Menschen, die die Staatsbürgerschaft anderer

Länder als Estland beantragt hatten (Zahl unbekannt); Bürger anderer Staaten (etwa 80 000 Russen); unentschiedene Fälle (etwa 330 000 zur zeitweiligen Niederlassung registriert, 50 000 nicht registriert). Die problematischsten Kategorien waren die beiden letztgenannten.

27. Die Leitung der CSMHI-Projekte in Mustamäe, Klooga und Mustvee liegt in den Händen des Psychologen Endel Talvik und der Spezialistin für Umweltpolitik Gulnara Ishkuzina-Roll.

28. In der psychoanalytischen Literatur ist die Verinnerlichung eines politischen Systems durch die Bevölkerung kaum diskutiert worden, wenn man von einigen Stellen im Werk von Erik H. Erikson absieht. Wenn man aus nächster Nähe beobachtet, wie Kulturen wie die von den Sowjets geschaffene die Verhaltensmuster, Denkweisen und Kommunikationsmodelle der Menschen geprägt haben, dann wird die Notwendigkeit deutlich, dieses Phänomen genauer zu untersuchen.

29. Es gibt kaum wissenschaftliche Methoden zur Messung der Effektivität der inoffiziellen Diplomatie. Die Psychologin Carrie Schaffer, die unserem Team angehört, arbeitet gegenwärtig an der Entwicklung eines Tests zur Veranschaulichung der Wahrnehmung der ethnischen Identität eines Gruppenmitgliedes wie auch der Mitglieder einer entgegengesetzten ethnischen Gruppe. Dieser psychologische Test wird Teilnehmern aus jeder der drei Gemeinden in Estland vorgelegt sowie einer Kontrollgruppe von Esten und Russen, die in Estland leben. Durch Messung von Veränderungen in der Wahrnehmung der ethnischen Identität hoffen wir, Veränderungen in Großgruppenbeziehungen quantitativ veranschaulichen zu können.

NACHWORT

1. Petschauer, «Diplomacy of Vamik Volkan». Petschauer, der in Südtirol aufwuchs, führte dieses Beispiel ethnischer Spannungen an, als er mich 1995 für diesen Artikel interviewte.

2. S. Ramphal, «Global Governance», Universität Cambridge, 5. Juni 1995, S. 11.

3. Ibid.

WEITERFÜHRENDE LITERATUR

Blos, P.: *Adoleszenz. Eine psychoanalytische Interpretation.* Klett-Cotta, Stuttgart, 1995.

Foulkes, S. H.: *Gruppenanalytische Psychotherapie.* Pfeiffer, München, 1992.

Freud, A.: *Das Ich und die Abwehrmechanismen.* Fischer, München, 1997.

Freud, S.: *Gesammelte Werke in Einzelbänden.* Fischer, München, 1987.

Gutman, R.: *Augenzeuge des Völkermords. Reportagen aus Bosnien.* Steidl, Göttingen, 1994.

Kakar, S.: *Die Gewalt der Frommen. Zur Psychologie religiöser und ethnischer Konflikte.* C. H. Beck, München, 1997.

Kaplan, R. D.: *Die Geister des Balkan. Eine Reise durch die Geschichte und Politik eines Krisengebietes.* Kabel, München, 1993.

Kernberg, O. F.: *Borderline-Störungen und pathologischer Narzißmus.* Suhrkamp, München, 1983.

Lewis, B.: *Die Assassinen. Zur Tradition des religiösen Mordes im radikalen Islam.* Piper, München, 1993.

Parens, H.: *Kindliche Aggressionen. Wie wir Grenzen setzen und den konstruktiven Umgang mit Gefühlen pflegen können.* Kösel, München, 1995.

Stiglmayer, A. (Hg.): *Massenvergewaltigung. Krieg gegen die Frauen.* Kore, Freiburg, 1993.